审计工作底稿指引

（上　册）

北京注册会计师协会　编

经济科学出版社

责任编辑：黄双蓉
责任校对：徐领弟
版式设计：代小卫
技术编辑：王世伟

图书在版编目（CIP）数据

审计工作底稿指引/北京注册会计师协会编．—北京：经济科学出版社，2012.2
ISBN 978-7-5141-1527-7

Ⅰ.①审… Ⅱ.①北… Ⅲ.①审计标准-基本知识-中国 Ⅳ.①F239.221

中国版本图书馆 CIP 数据核字（2012）第 014177 号

审计工作底稿指引（上、下册）
北京注册会计师协会 编
经济科学出版社出版、发行 新华书店经销
社址：北京市海淀区阜成路甲 28 号 邮编：100142
总编部电话：88191217 发行部电话：88191540
网址：www.esp.com.cn
电子邮件：esp@esp.com.cn
固安县保利达印务有限公司印刷
880×1230 16 开 62 印张 1660000 字
2012 年 1 月第 1 版 2012 年 1 月第 1 次印刷
ISBN 978-7-5141-1527-7 定价：178.00 元（上、下册）
（图书出现印装问题，本社负责调换）

编委会成员名单

修订序言

2010 年 11 月 1 日，财政部发布《中国注册会计师审计准则第 1101 号——注册会计师的总体目标和审计工作的基本要求》等 38 项审计准则，对《中国注册会计师审计准则第 1101 号——财务报表审计的目标和一般原则》等 35 项准则进行修订，并于 2012 年 1 月 1 日起施行；2008 年 5 月和 2010 年 4 月财政部会同证监会、审计署、银监会、保监会等五部委发布了《企业内部控制基本规范》以及《企业内部控制评价指引》、《企业内部控制应用指引》和《企业内部控制审计指引》等三个配套指引，标志着我国内部控制规范体系的初步建立。

为帮助北京地区会计师事务所贯彻落实新执业准则，结合企业内部控制基本规范和配套指引的相关要求，在北京注册会计师协会王建新秘书长的积极倡导下，张文丽副秘书长亲自主持和组织专家对 2006 年北京注册会计师协会组织编写、出版的《审计工作底稿指引》进行了修订。修订后的指引将审计准则的新要求和新变化融入到工作底稿中，希望能为注册会计师在加深理解风险导向审计理念的基础上，如何高效率、高质量地完成审计工作、编制审计工作底稿提供切实有效的帮助。

本指引实质性测试部分由大华会计师事务所合伙人季丰负责编写，风险评估阶段了解内部控制以及进一步审计程序中控制测试等部分由信永中和会计师事务所董秦川负责编写，初步业务活动及风险评估阶段了解被审计单位（不包括内部控制）等部分由中瑞岳华会计师事务所合伙人魏先锋负责编写，信永中和会计师事务所合伙人谭小青进行了总撰。北京注册会计师协会薛晋伟、彭晖对本书进行了审阅，张文丽负责审定。在此，我们谨对各位专家表示衷心的感谢。

由于编者水平有限，而实务操作中难免出现各种更为繁杂的情况，本指引所述内容仅供会计师事务所和注册会计师参考。欢迎各界专业人士对本指引提出修改意见和建议，届时我们将适时进一步修订。

《审计工作底稿指引》使用说明

一、本指引的编写原则

（一）引导注册会计师以及广大从业人员在实务中，按照风险导向审计理念执行审计业务并编制审计工作底稿

风险导向审计要求注册会计师以重大错报风险的识别、评估和应对为审计工作主线，将其贯穿于从项目承接到出具审计报告的审计业务全过程。审计中运用“自上而下”和“自下而上”相结合的审计思路，判断被审计单位可能存在的重大错报风险，根据风险评估结果分配审计资源，做到有的放矢，提高审计效率。

从2006年审计准则发布以来，风险导向审计理念的推广和实施已经5年，但实际应用效果与预期尚存在一定差距，主要体现在风险评估程序（包括对内部控制的了解和测试）与实质性程序脱节，实务中存在不分析、不识别重大错报风险，仅机械地执行审计程序的思维惯性，造成风险导向审计加大审计成本、降低审计效率的认识误区，致使风险导向审计理念没有得到普遍运用。为解决这个问题，本次再版时我们按照审计逻辑对工作底稿进行重新分类并增加相关说明，以求帮助注册会计师正确理解风险导向审计的理念，真正应用风险导向审计的方法，保质高效地完成审计工作。

（二）注重可操作性和实用性

1. 增强审计程序的可操作性。为了增加指引的可操作性，本次修订按照目标导向的方法列示底稿顺序。例如，在初步业务活动阶段，先将初步业务活动最终形成的结论底稿（初步业务活动汇总表）列示在所有底稿之前，再将相关审计证据索引至其他底稿，使底稿间的逻辑性和层次感更清晰。

2. 增加重要事项解读性。为方便理解和实际运用，底稿示例内容的选取大多选择最重要和最基本的要素，并在底稿中增加相应的使用说明，提示使用者正确理解和选择。

3. 强调审计程序的针对性。注册会计师执行的所有程序必须有针对性，应针对重大错报风险以及所有重大类别的交易、账户余额和披露实施必要的审计程序。

二、本指引主要内容

从审计逻辑出发，本指引将审计底稿分为以下五个部分：一是“初步业务活动工作底稿”；二是“风险评估工作底稿”，包括审计策略和具体审计计划的制订；三是“进一步审计程序工作底稿”，包括控制测试和实质性程序两部分；四是“特殊项目实质性测试工作底稿”；五是“审计报告相关工作底稿示例”。

第四部分“特殊项目实质性测试工作底稿”，主要为注册会计师在实务中审计固有风险较高以及需要更多专业判断的复杂交易或事项提供参考，严格意义上属于进一步审计程序的一部分，由于其特殊性和重要性，本指引将其单独作为一个部分。

（一）初步业务活动及相关工作底稿编制说明

1. 初步业务活动的相关要求

《中国注册会计师审计准则第 1201 号——计划审计工作》第六条、第十三条规定，注册会计师应当在本期（或首次）审计业务开始时开展下列初步业务活动：（1）针对保持（接受）客户关系和具体审计业务，实施相应的质量控制程序。（2）评价遵守相关职业道德要求（包括独立性要求）的情况。（3）就审计业务约定条款与被审计单位达成一致意见。（4）如果被审计单位变更了会计师事务所，按照相关审计准则和职业道德要求的规定，与前任注册会计师进行沟通。

2. 初步业务活动的目标

在审计实务中，初步业务活动是风险导向审计一个重要环节，是注册会计师及其所在会计师事务所进行风险控制的关键步骤。初步业务活动应该达到以下三个目标：

第一，完成初步风险评估。通过了解财务报告编制基础及审计报告用途，了解被审计单位的基本情况、持续经营能力和重大经营风险，了解主要股东、关键管理人员和治理层的诚信度，从而判断被审计单位是否具备可审计性。

第二，根据会计师事务所人力资源情况选派合伙人组建项目组，判断拟组成的项目组是否具有执行业务必备的专业胜任能力、技术手段（如信息系统审计能力）以及必要的时间和资源。

第三，判断会计师事务所和项目组能否遵守职业道德规范，能否保持独立性。

3. 初步业务活动底稿编制说明

初步业务活动也称项目承接阶段工作，是所有审计项目必经阶段。

（1）承接项目前的风险评估。

在项目承接阶段，注册会计师首先需要明确审计目的、被审计单位和注册会计师各自的责任、沟通项目时间安排等；其后，采用询问、分析、观察和检查等方式进行初步风险评估。

初步风险评估程序包括两方面，即一般风险评估和特别项目风险评估。一般风险评估包括六项内容：①了解被审计单位业务、经营环境及其主要变化；②财务资料初步分析；③经营结果与预算比较；④多年报表分析；⑤中期审计结果分析；⑥参观被审计单位的经营场所等。注册会计师通过履行上述程序初步了解和识别与接受（或保持）审计项目的相关风险。

（2）特别项目风险评估。

在初步业务活动阶段，注册会计师就应该对被审计单位舞弊、持续经营、关联方等可能存在重大错报风险的领域（或称特别项目）做初步地了解和评价。

在初步业务活动中对特别项目的重大错报风险主要采用询问等方式获取初步了解，这些特殊问题可以直接询问被审计单位管理当局从内部获取信息，本指引列举询问的主要内容供使用者参考。但如果根据职业判断认为从被审计单位外部获取的信息更有助于识别重大错报风险，注册会计师应当实施其他审计程序以获取这些信息，并记录在底稿中。

（3）项目承接的考虑。

完成对被审计单位的初步风险评估工作后，结合对事务所和项目组的专业胜任能力和独立性的评估，会计师事务所和注册会计师决定是否承接（或保持）审计项目，编制初步业务活动结果汇总表。

需要说明的是，项目承接阶段初步风险评估仅仅是风险评估工作的开端，为制定有效的审计策略和具体计划还需要注册会计师针对报表层次和认定层次重大错报风险计划和实施风险评估程序。

（二）风险评估及相关工作底稿编制说明

1. 重大错报风险评估的总体要求

《中国注册会计师审计准则第 1201 号——计划审计工作》第九条要求注册会计师必须计划实施风险评估工作，在审计计划中记录风险评估程序的性质、时间安排和范围。

《中国注册会计师审计准则第 1211 号——通过了解被审计单位及其环境识别和评估重大错报风险》第八条："注册会计师应当实施风险评估程序，为识别和评估财务报表层次和认定层次的重大错报风险提供基础。但是，风险评估程序本身并不能为形成审计意见提供充分、适当的审计证据。"因而在完成风险评估程序以后，注册会计师还需要针对风险评估结果设计针对性应对措施（包括审计策略和具体审计计划），计划进一步审计工作的开展和实施。

关于风险评估工作底稿的编制，《中国注册会计师审计准则第 1211 号——通过了解被审计单位及其环境识别和评估重大错报风险》第三十五条："注册会计师应当就下列事项形成审计工作底稿：（1）项目组进行的讨论以及得出的重要结论；（2）对被审计单位及其环境各个方面的了解要点、对内部控制各项要素的了解要点，获取上述了解的信息来源，以及实施的风险评估程序；（3）在财务报表层次和认定层次识别和评估的重大错报风险；（4）识别出的特别风险和无法通过实质性程序获取充分、适当证据的风险以及了解的相关控制。"

2. 了解内容控制的相关要求

《中国注册会计师审计准则第 1211 号——通过了解被审计单位及其环境识别和评估重大错报风险》第十五条："注册会计师应当了解与审计相关的内部控制。虽然大部分与审计相关的控制可能与财务报告相关，但并非所有与财务报告相关的控制都与审计相关。"

上述与财务报告相关的内部控制简称财务报告内部控制，是由被审计单位的董事会、监事会、经理层及全体员工实施的旨在合理保证财务报告及相关信息真实、完整而设计和运行的内部控制，以及用于保护资产安全的内部控制中与财务报告可靠性目标相关的控制，被审计单位财务报告内部控制以外的其他控制，为非财务报告内部控制，财务报告内部控制和非财务报告内部控制统称内部控制。

《企业内部控制基本规范》中指明内部控制是由企业董事会、监事会、经理层和全体员工实施的、旨在实现控制目标的过程。内部控制的目标是合理保证企业经营管理合法合规、资产安全、财务报告及相关信息真实完整，提高经营效率和效果，促进企业实现发展战略。

判断一项控制单独或连同其他控制是否与审计相关属于注册会计师的专业判断，判断时需要考虑以下因素：（1）重要性；（2）相关风险的重要程度；（3）被审计单位的规模；（4）被审计单位业务的性质；（5）被审计单位经营的多样性和复杂性；（6）适用的法律法规；（7）内部控制的情况和适用的要素；（8）作为内部控制组成部分的系统（包括使用服务机构）的性质和复杂性；（9）一项特定控制（单独或连同其他控制）是否以及如何防止或发现并纠正重大错报。

有一种例外的情况，如果与经营效率及效果和合规性目标相关的控制与注册会计师实施审计程序时评价或使用的数据相关，则这些控制也可能与审计相关，但这些控制可能与财务报告内部控制无直接关系，如预算控制等。

以上与审计相关的内部控制、财务报告内部控制以及内部控制的关系示意图如下：

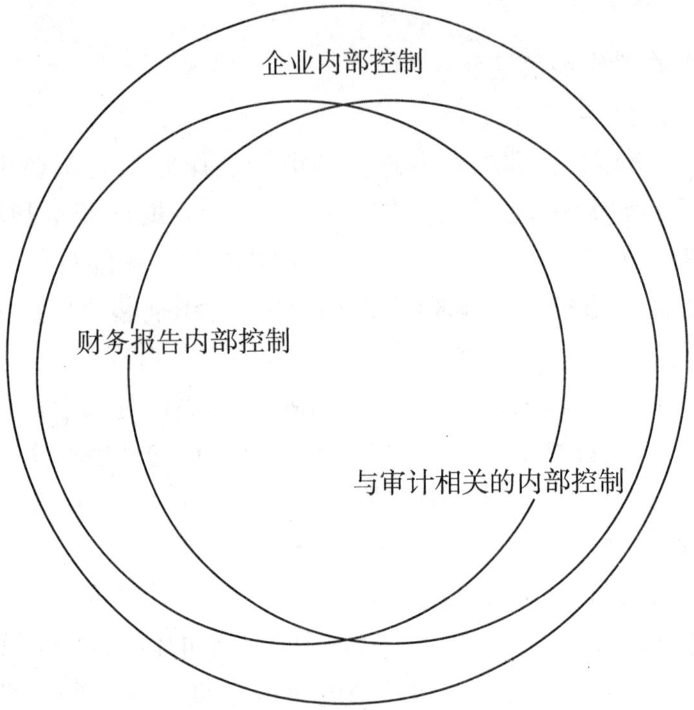

《企业内部控制基本规范》第五条规定，企业内部控制包含内部环境、风险评估、控制活动、信息与沟通、内部监督五个要素。注册会计师应该按照 1211 号审计准则第十七条至第二十七条的规定，对上述五个要素中与审计相关的部分进行了解和评估。

3. 风险评估阶段对注册会计师的要求

在会计师事务所确定承接（保持）项目后，注册会计师结合初步业务活动中对被审计单位情况的了解和初步风险评估的结果，计划并实施对重大错报风险的评估工作。

风险导向审计的效果和效率不依赖对审计程序的无目的选择和机械执行，很大程度上依赖于对重大错误风险评估的结果。有效的重大错报风险评估要求注册会计师掌握企业战略、经营及行业分析工具、内部控制等方面的新知识，目前 CPA 考试增加了《公司战略及风险管理》科目也可见一斑。对注册会计师有如下要求：

（1）要求注册会计师将专业知识的范围从对会计、财务管理、税法、经济法规及审计准则的理解和把握上扩大到对企业战略知识的了解和认知上。

现代风险导向审计以系统观和战略观为指导思想，从被审计单位的战略活动着手，建立合理的报表预期，分析财务报表的合理性和可靠性。注册会计师无论是从宏观层面了解被审计单位及其环境，如行业状况、监管环境及影响企业的其他因素，还是从战略层面熟悉被审计单位的性质，如企业目标、战略制定执行情况、经营方针等。都要求注册会计师具备企业战略方面的知识。

（2）要求注册会计师掌握新的审计分析工具。

在实务中，审计程序主要包括风险评估程序和审计测试程序（控制测试和实质性测试程序），且以风险评估为中心。审计准则 1211 号要求注册会计师了解被审计单位的目标、战略以及可能导致财务报告重大错报风险的企业经营风险，达到这一要求需要注册会计师掌握除报表分析外的新分析工具。包括主要用于分析被审计单位内外部环境的战略分析工具（如行业分析框架）；主要对企业的业务流程进行分解和分析的流程分析工具（如价值链法）以及绩效分析工具等。

（3）要求注册会计师具备企业内部控制方面的知识。

注册会计师需要对企业内部控制框架（如 COSO 框架）、目标、要素以及（与财务报告相关）风险有深入地了解，能利用对标的方式熟练辨识和分析被审计单位企业层面内部控制和业务流程层面存在的重大错报风险和关键控制措施的有效性，在此基础上开展对被审计单位（与审计相关的）内部控制的了解和风险识别。

（4）要求会计师事务所及注册会计师尽量做到分行业审计，不断积累行业知识。

现代风险导向审计结果主要依赖风险评估，而风险评估采用的各种分析方法以行业知识为基础，注册会计师出于成本收益原则的考虑，不可能做到对各个行业都精通。注册会计师只有分行业审计，才能凭借不断积累的行业知识形成合理预期，判断被审计单位经营风险以及重大错报风险，制定有针对性的应对措施。

4. 重大错报风险评估阶段工作应注意的五个方面

（1）在项目承接阶段注册会计师就应该有意识开始风险评估工作，从分析被审计单位的经营风险和舞弊风险（管理层凌驾于内部控制之上的风险）着手重大错报风险评估工作。

（2）重视并通过对业务数据的收集和分析，建立对财务报表各类交易、账户余额和披露的预期，强调业务数据和会计数据之间的对比分析，判断财务报表的合理性。

（3）重视项目组内部对于风险的讨论和分析。便于自下而上的汇集重大错报风险。

（4）合理考虑审计报告的用途，确定适当的重要性水平，合理决定审计资源的配置和投入。

（5）破除机械执行审计程序的思维惯性。注册会计师应针对识别和评估出的重大错报风险设计最有效的审计方案。对于无法识别其内部控制轨迹的中小企业，可考虑直接采用实质性程序（即细节测试和分析性程序）。

5. 风险评估底稿编制说明

本指引风险评估底稿主要内容包括审计策略及具体审计计划、重大错报风险结果汇总表、项目组—风险评估讨论记录、项目组—审计计划讨论记录、了解被审计单位情况及其环境（不包括内部控制）、了解被审计单位内部控制，其中了解内部控制分为了解被审计单位企业层面内部控制和了解被审计单位流程层面内部控制。

（1）审计策略及具体审计计划。

风险评估阶段的工作成果是根据对重大错报风险评估的结果设计进一步审计程序并记录在书面审计计划中，实务中审计策略和具体审计计划应该从初步业务活动完成后就开始着手进行，但并非一次完成而是在连续和动态地收集、更新与分析信息的过程中编写完成。底稿记录的内容包括总体审计策略以及对风险评估工作的计划和对重大错报风险的应对措施（即对进一步审计程序的计划）。

（2）了解被审计单位及其环境（不包括内部控制）。

了解被审计单位及其环境（不包括内部控制），需要注册会计师利用询问和调查问卷的方式获取内部信息，并采用综合运用各种分析工具结合外部信息对被审计单位情况进行了解和分析，并将支持风险评估结果的结论记录在底稿中，该结果也会对注册会计师选择了解被审计单位的内部控制范围产生影响。

（3）了解被审计单位内部控制。

在风险评估阶段，注册会计师了解与审计相关内部控制的目的是设计进一步审计程序，而不是对其内部控制的有效性发表意见，因而注册会计师的审计结论为内部控制的健全性、对内部控制的依赖程度、是否需要进行控制测试。实务中，对被审计单位内部控制的测试主要分为两个方面：一是企业层面内部控制测试；二是业务流程层面内部控制测试。

（4）了解被审单位企业层面内部控制。

企业层面内部控制是业务流程层面控制有效设计和运行的基础，通常并不直接针对某一具体重大交易、账户和披露及其相关认定设计和运行，但会直接对财务报表层次重大错报风险结果产生影响。注册会计师了解的范围包括与财务报告相关的内部（控制）环境、风险评估、信息系统一般控制、信息沟通、持续监督以及期末财务报告流程等，本指引中将了解范围列示的要点进行了细化，举例说明了访谈的要点，便于注册会计师实际应用时借鉴。

（5）了解被审计单位业务流程层面内部控制。

业务流程层面的内部控制通常是指《企业内部控制基本规范》界定的内部控制五要素之一控制活动。审计准则要求注册会计师应该了解与审计相关的控制活动，即注册会计师为评估认定层次重大错报风险并设计进一步审计程序应对评估的风险而认为有必要了解的控制活动，还包括与特别风险和依赖实质性程序无法得到有效证据（如高度自动化业务流程）相关的控制活动。审计并不要求了解与财务报表中每类重大交易、账户余额和披露或与其每项认定相关的所有控制活动，实务中哪些控制活动与审计相关需要注册会计师应用专业判断。

了解业务流程层面内部控制可以采用自上而下的方法，即注册会计师首先识别出可能存在认定层次重大错报风险的重大交易（如收入的完整性）、重大账户余额和重大披露，找到其对应的业务流程（如销售业务流程），找出与某项认定的错报风险（如收入的完整性）相关的关键控制点，分析关键控制点的设计有效性，通过穿行测试检查其是否得到运行，从而验证是否存在认定层面重大错报风险。

或者采用自下而上的方法，直接选择被审计单位重要业务流程（如销售业务流程）进行了解，通过对标的方法分析其中是否存在控制缺陷，从而评价是否存在可能导致认定层面的重大错报风险。

本指引再版参照《企业内部控制应用指南》列举的业务流程，选择了资金活动等五个重要的内部控制流程以及财务报表流程进行举例说明，每个业务流程的底稿结构一致，由初步评价表、评价导引表、了解内部控制——控制流程、评价内部控制——控制目标和控制活动、穿行测试底稿组成，其中所列举的控制目标和控制措施方便使用者作为对标的参考依据。

（三）进一步审计程序及相关工作底稿编制说明

注册会计师在制定出审计策略及具体审计计划后，项目组应该按照审计计划开展进一步审计工作，进一步审计程序包括实质性程序和控制测试。

1. 实质性程序的相关要求

《中国注册会计师审计准则第 1231 号——针对评估的重大错报风险采取的应对措施》第二条规定：“实质性程序，是指用于发现认定层次重大错报的审计程序。实质性程序包括下列两类程序：（一）对各类交易、账户余额和披露的细节测试；（二）实质性分析程序。”第十八条规定：“无论评估的重大错报风险结果如何，注册会计师都应当针对所有重大类别的交易、账户余额和披露，设计和实施实质性程序。”

2. 控制测试的相关要求

《中国注册会计师审计准则第 1231 号——针对评估的重大错报风险采取的应对措施》第八条规定：“当存在下列情形之一时，注册会计师应当设计和实施控制测试，针对相关控制运行的有效性，获取充分、适当的审计证据：（一）在评估认定层次重大错报风险时，预期控制的运行是有效的（即在确定实质性程序的性质、时间安排和范围时，注册会计师拟信赖控制运行的有效性）；（二）仅实施实质性程序并不能够提供认定层次充分、适当的审计证据。”

3. 控制测试底稿编制说明

控制测试的质量和效果取决注册会计师对于样本总体、样本量的选择以及对于控制偏差的分析、判断和处理，审计准则对于控制测试的时间、范围以及连续审计对于内部控制测试的影响做出了明确规定，注册会计师应该加以掌握。

本指引对于每个控制活动的测试底稿采用同样的结构，由运行有效性汇总表、运行有效性评价表、关键控制点测试底稿（包含检查、询问、观察底稿）构成。同时，指引还提供了样本量的选择经验表，以及资金活动及其子流程的示例，如投资活动、筹资活动等重要流程的关键控制点和相关控制措施等供使用者参考，注册会计师在实务中可以参照示例，根据实际情况新增、修改、补充或者删除这些控制活动、重要流程和关键控制点，以便符合被审计单位实际情况，完成审计工作底稿得出审计结论。

三、使用本指引的注意事项

第一，本指引不能替代《中国注册会计师执业准则》及其指南。本指引与《中国注册会计师执业准则》及指南若有冲突，应当以准则和指南为准。本指引侧重于说明风险导向审计模式下审计工作底稿的总体设计思路，主要以中型制造企业为例进行描述。

第二，本指引不能替代注册会计师的职业判断。职业判断是注册会计师的灵魂，是提高审计效率和质量的根本所在，注册会计师应该在理解风险导向审计实质的基础上，充分运用职业判断，根据被审计单位的实际情况和具体执业需要，开展审计工作编制工作底稿。

第三，本指引再版借鉴了《企业内部控制应用指引》对于业务流程的分类方法，选取的流程涵盖了导致大多数企业财务报表发生错报风险较高的业务循环以及财务报表循环，业务循环包括资金循环、采购循环、销售循环、资产管理循环、担保循环等五个循环。

需要说明的是，业务流程的划分虽然存在约定俗成，但需要注册会计师的职业判断，在实务中，业务循环的划分应与被审计单位的具体情况相适应，而不能机械套用《企业内部控制应用指引》和本指引中对业务循环的划分。例如，对于银行业、软件行业、数据出版行业等，需要注册会计师根据其主要经营业务特点重新划分或新增业务循环进行了解、测试和评估。

目　录

（上　册）

第一部分　初步业务活动工作底稿

第二部分　风险评估工作底稿

第三部分　进一步审计程序工作底稿

（下　册）

第四部分　特殊项目实质性测试工作底稿

第五部分　审计报告相关工作底稿示例

第一部分

初步业务活动工作底稿

初步业务活动结果汇总表

被审计单位名称：__________ 编制人：__________ 日期：__________ 索引号：__________
会计期间：__________ 复核人：__________ 日期：__________ 页次：__________

项目	结论	备注	索引
1. 是否就审计的目的、双方责任、时间安排、审计收费等达成一致			
2. 管理层是否诚信			
3. 会计师事务所是否具有独立性			
4. 会计师事务所是否具有胜任能力			

审计说明：

审计结论（是否承接或者保持项目）： 批准人：

初步业务活动导引表

被审计单位名称：	________	编制人：	________	日期：	________	索引号：	________
会　计　期　间：	________	复核人：	________	日期：	________	页　次：	________

审计目标：对审计风险和事务所的胜任能力进行评估，决定是否承接（保持）项目

审计方法：询问、观察、分析性程序、检查

审计程序	执行情况	执行人	索引号
1. 就审计的目的、双方责任、时间安排、审计收费等进行沟通			
2. 对审计风险进行初步评估			
3. 对特别风险实施初步评估，关注管理层诚信			
4. 对专业胜任能力和独立性进行评估			
……			

一、就审计的目的、双方责任、时间安排、审计收费等进行沟通

被审计单位名称：__________ 编制人：__________ 日期：__________ 索引号：__________
会 计 期 间：__________ 复核人：__________ 日期：__________ 页 次：__________

审计目标：就审计的目的、双方责任、时间安排、审计收费等进行沟通
审计方法：询问

审计程序	执行情况	执行人	索引号
1. 就审计目标与被审计单位沟通，确定审计范围、审计报告的用途和审计报告的格式			
2. 就审计报告出具的时间要求与被审计单位沟通			
3. 与被审计单位管理层关于财务报告的责任及需要提供的协助条件进行沟通			
4. 就审计的计费方法与被审计单位沟通			

就审计的目的、双方责任、时间安排等进行沟通记录

被审计单位名称：__________ 编制人：__________ 日期：__________ 索引号：__________
会计期间：__________ 复核人：__________ 日期：__________ 页次：__________

1. 审计的目标

2. 审计报告的用途和审计报告的格式

3. 审计范围

4. 审计报告出具的时间要求

5. 管理层关于财务报告的责任

6. 管理层需要提供的协助条件

7. 审计的计费方法

8. 审计约定书的签订

审计说明：

审计结论：

二、对审计风险进行初步评估

被审计单位名称：__________　编制人：__________　日期：__________　索引号：__________
会　计　期　间：__________　复核人：__________　日期：__________　页　次：__________

审计目标：对审计风险进行初步评估，以决定是否承接（保持）项目
审计方法：询问、观察、分析性程序、检查

审计程序	执行情况	执行人	索引号
1. 了解被审计单位业务、经营环境等基本情况			
2. 经营结果与预算比较			
3. 报表分析			
4. 年报及其他资料分析			
5. 前期及中期审计结果分析			
6. 参观被审计单位经营场所的记录			

关于对初步风险评估的提示

对企业的了解总是逐步深入的，这里的风险评估程序的目的是对被审计单位的初步了解，其目的是通过初步风险评估，会计师事务所及注册会计师判断是否可以接受委托承接或保持项目。

1. 了解被审计单位业务、经营环境的主要情况，及其变化（连续审计时适用）。

了解被审计单位业务、经营环境的主要情况及其变化主要是利用外部收集资料和访谈等方法。了解公司工商登记相关信息、所有制、股权结构、公司架构（即分子公司和对外股权投资）、所处行业情况（包括发展趋势和竞争情况）、会计基础工作的质量、会计记录和档案的完整性，内部控制建设情况（包括管理层对内部控制的理解、内部控制建设依据的标准）。

由于重大的变化往往给被审计单位带来经营风险，项目组分析审计单位业务、经营环境的主要情况及其变化，有助于建立对被审计单位财务状况和经营成果以及现金流量的总体合理预期，确定审计重点。因而连续审计时，注册会计师分析审计单位业务的变化可以从生产、采购、销售等各个环节展开，外部的经营环境的变化主要围绕各种相关的法律法规及其他外部因素的变化展开，如环保政策、税收政策、金融政策以及新技术、新商业模式的出现、竞争格局变化等。

2. 经营结果与预算比较

关注是否有预算，如果有预算，关注实际经营结果与预算是否有差异，初步调查差异的原因。

3. 报表分析

报表分析是为了获得对被审计单位的整体的认识，重点关注是否有异常变动及不符合常识的地方。

4. 前期审计结果和中期审计结果分析

本程序适用于连续审计及实施了中期审计的被审计单位。项目组应充分利用已有的审计结果，以确定审计重点。

5. 参观被审计单位的经营场所

参观被审计单位的经营场所主要是获得对被审计单位的一个初步的感性认识，需要关注生产是否正常进行，员工是否工作是否饱满，工作压力适当，设备利用是否正常合理、产、供、销是否独立完整等情况。

（一）了解被审计单位业务、经营环境的基本情况

被审计单位名称：__________	**编制人：**__________	**日期：**__________	**索引号：**__________
会计期间：__________	**复核人：**__________	**日期：**__________	**页次：**__________

审计目标：了解被审计单位业务、经营环境的基本情况及其变化
审计方法：询问、检查、分析
审计程序：就被审计单位业务、经营环境等的基本情况询问管理层、检查相关文件

了解结果的记录：

1. 业务经营的主要情况及其近一年来的变化

2. 经营环境的主要情况及其近一年来的变化

审计说明：

审计结论：

（二）经营结果与预算的比较分析表

被审计单位名称：__________ 编制人：__________ 日期：__________ 索引号：__________
会 计 期 间：__________ 复核人：__________ 日期：__________ 页 次：__________

审计目标：对经营结果与预算、预期进行比较，评估审计风险
审计方法：分析（就主要的预算指标展开分析）

项目	预算数	报表数据	差异说明	备注

审计说明：

审计结论：

（三）多期报表对比分析表

被审计单位名称： ________ **编制人：** ________ **日期：** ________ **索引号：** ________

会　计　期　间： ________ **复核人：** ________ **日期：** ________ **页　次：** ________

报表项目	20×1年已审数	20×2年已审数	20×3年已审数	20×4年已审数	20×5年已审数	变动说明
流动资产：						
货币资金						
交易性金融资产						
应收票据						
应收账款						
预付款项						
应收利息						
应收股利						
其他应收款						
存货						
一年内到期的非流动资产						
其他流动资产						
流动资产合计						
非流动资产：						
可供出售金融资产						
持有至到期投资						
长期应收款						
长期股权投资						
投资性房地产						
固定资产						
在建工程						
工程物资						
固定资产清理						
生产性生物资产						
油气资产						
无形资产						
开发支出						
商誉						
长期待摊费用						
递延所得税资产						
其他非流动资产						
非流动资产合计						
资产总计						

多期报表对比分析表——资产负债表分析

被审计单位名称：__________ 编制人：__________ 日期：__________ 索引号：__________
会计期间：__________ 复核人：__________ 日期：__________ 页次：__________

报表项目	20×1年已审数	20×2年已审数	20×3年已审数	20×4年已审数	20×5年已审数	变动说明
流动负债：						
短期借款						
交易性金融负债						
应付票据						
应付账款						
预收款项						
应付职工薪酬						
应交税费						
应付利息						
应付股利						
其他应付款						
一年内到期的非流动负债						
其他流动负债						
流动负债合计						
非流动负债：						
长期借款						
应付债券						
长期应付款						
专项应付款						
预计负债						
递延所得税负债						
其他非流动负债						
非流动负债合计						
负债合计						
所有者权益（或股东权益）：						
实收资本（或股本）						
资本公积						
减：库存股						
专项储备						
盈余公积						
一般风险准备						
未分配利润						
外币报表折算差额						
归属于母公司股东的所有者权益合计						
少数股东权益						
所有者权益合计						
负债和所有者权益总计						

多期报表对比分析表——利润表分析

被审计单位名称：__________ 编制人：__________ 日期：__________ 索引号：__________
会 计 期 间：__________ 复核人：__________ 日期：__________ 页 次：__________

报表项目	20×1 年已审数	20×2 年已审数	20×3 年已审数	20×4 年已审数	20×5 年已审数	变动说明
营业总收入						
其中：营业收入						
营业总成本						
其中：营业成本						
营业税金及附加						
销售费用						
管理费用						
财务费用						
资产减值损失						
加：公允价值变动收益						
投资收益（损失以“－”号填列）						
其中：对联营企业和合营企业的投资收益						
营业利润（亏损以“－”号填列）						
加：营业外收入						
减：营业外支出						
其中：非流动资产处置损失						
利润总额（亏损总额以“－”号填列）						
减：所得税费用						
净利润（净亏损以“－”号填列）						
归属于母公司所有者的净利润						
少数股东损益						
每股收益：						
（一）基本每股收益						
（二）稀释每股收益						
其他综合收益						
综合收益总额						
归属于母公司所有者的综合收益总额						
归属于少数股东的综合收益总额						

多期报表对比分析表——比率趋势分析（1）

被审计单位名称：＿＿＿＿ 编制人：＿＿＿＿ 日期：＿＿＿＿ 索引号：＿＿＿＿
会计期间：＿＿＿＿ 复核人：＿＿＿＿ 日期：＿＿＿＿ 页次：＿＿＿＿

会计报表项目	20×1年	20×2年	20×3年	20×4年	20×5年	变动说明
一、流动性						
流动比率 ＝流动资产÷流动负债						
速动比率 ＝(流动资产－存货)÷流动负债						
现金比率 ＝现金÷流动负债						
已获利息倍数 ＝息税前利润÷利息费用						
固定支出保障倍数 ＝(税前利润＋固定支出)÷固定支出						
经营活动现金流量与固定支出比率 ＝经营活动净现金流量÷固定支出						
利息与长期负债比率 ＝利息费用÷长期负债×100%						
二、资产管理比率						
存货周转率 ＝主营业务成本÷存货平均余额×100%						
应收账款周转率 ＝主营业务收入净额÷应收账款平均余额×100%						
营运资金周转率 ＝主营业务收入净额÷(流动资产－流动负债)×100%						
总资产周转率 ＝主营业务收入净额÷平均资产总额×100%						

多期报表对比分析表——比率趋势分析（2）

被审计单位名称：__________　　编制人：__________　　日期：__________　　索引号：__________
会　计　期　间：__________　　复核人：__________　　日期：__________　　页　次：__________

会计报表项目	20×1年	20×2年	20×3年	20×4年	20×5年	变动说明
三、盈利能力比率						
销售毛利率 =[（销售收入－销售成本）÷销售收入]×100%						
主营业务利润率 =主营业务利润÷主营业务收入净额×100%						
总资产回报率 =息税前利润÷资产总额×100%						
权益回报率 =息税前利润÷所有者（股东）权益总额×100%						
四、生产能力比率						
原材料成本占收入比例 =销售成本中的原材料成本÷相应的销售收入×100%						
人工成本占收入比例 =销售成本中的人工成本÷相应的销售收入×100%						
人均收入 =收入总额÷员工人数						
人均成本 =销售成本÷生产员工人数						
人均人工成本 =人工成本÷相应的员工人数						
营业费用和管理费用占收入比例 =（营业费用＋管理费用）÷销售收入×100%						

（四）年报及其他资料分析

被审计单位名称：__________ 编制人：__________ 日期：__________ 索引号：__________
会　计　期　间：__________ 复核人：__________ 日期：__________ 页　次：__________

1. 以前年报中需要进一步关注的问题（重点了解和分析业务问题）

2. 其他外部资料显示进一步关注的问题（重点了解和分析业务问题）

审计说明：

审计结论：

（五）对前期、中期审计结果的分析

（适用于实施过中期审计的情况）

被审计单位名称：________	编制人：________	日期：________	索引号：________
会　计　期　间：________	复核人：________	日期：________	页　次：________

1. 前期、中期审计的主要会计问题

2. 前期、中期审计的主要审计问题

3. 对风险评估和进一步程序的影响

审计说明：

审计结论：

（六）参观被审计单位经营场所的记录

被审计单位名称：________	编制人：________	日期：________	索引号：________
会 计 期 间：________	复核人：________	日期：________	页 次：________

审计目标：参观经营场所
审计方法：观察
审计结果记录：

1. 参观场所的时间及人员

2. 概况

3. 生产情况

4. 员工情况

5. 设备利用情况

……

审计说明：

审计结论：

三、针对特别项目的初步风险评估

被审计单位名称：________	编制人：________	日期：________	索引号：________
会　计　期　间：________	复核人：________	日期：________	页　次：________

审计目标：针对特别项目实施初步风险评估，重点关注管理层的诚信
审计方法：询问

审计程序	执行情况	执行人	索引号
1. 就舞弊的考虑询问管理层			
2. 就持续经营考虑询问管理层			
3. 就法律法规问题询问管理层			
4. 就关联方问题询问管理层			
5. 就或有事项询问管理层			
……			

（一）就舞弊的考虑询问管理层记录

被审计单位名称：__________　编制人：__________　日期：__________　索引号：__________
会　计　期　间：__________　复核人：__________　日期：__________　页　次：__________

审计目标：了解舞弊风险
审计方法：询问
询问并记录：

1. 向管理层询问事项记录

2. 询问内部审计人员记录

3. 向被审计单位内部的相关人员询问是否存在或可能存在舞弊的记录

4. 同前任注册会计师沟通管理层的诚信问题

5. 分析舞弊动机、机会和解释（或者理由），判断舞弊风险的可能性

审计说明：

审计结论：

就舞弊的考虑询问管理层及有关人员的要点提示

1. 向管理层询问的事项可以包括：

（1）管理层对舞弊导致的财务报表重大错报风险的评估结果；

（2）管理层对舞弊风险的识别和应对过程；

（3）管理层就其对舞弊风险的识别和应对过程与治理层沟通的情况；

（4）管理层就其经营理念及道德观念与员工沟通的情况。

2. 询问内部审计人员的事项可以包括：

（1）内部审计人员对被审计单位舞弊风险的认识；

（2）内部审计人员在本期是否实施了用以发现舞弊的程序；

（3）管理层对通过内部审计程序发现的舞弊是否采取了适当的应对措施；

（4）内部审计人员是否了解任何舞弊事实、舞弊嫌疑或舞弊指控。

3. 向被审计单位内部的下列人员询问是否存在或可能存在舞弊：

（1）不直接参与财务报告过程的业务人员；

（2）负责生成、处理或记录复杂、异常交易的人员及其监督人员；

（3）负责法律事务的人员；

（4）负责道德事务的人员；

（5）负责处理舞弊指控的人员。

（二）就持续经营考虑询问管理层记录

被审计单位名称：__________　编制人：__________　日期：__________　索引号：__________
会　计　期　间：__________　复核人：__________　日期：__________　页　次：__________

向管理层询问下列事项，并做出记录：

1. 财务方面存在的可能导致对持续经营假设产生重大疑虑的事项或情况

2. 经营方面存在的可能导致对持续经营假设产生重大疑虑的事项或情况

3. 在其他方面存在的可能导致对持续经营假设产生重大疑虑的事项或情况

审计说明：

审计结论：

就持续经营考虑询问管理层提示

向管理层询问下列事项，可以从以下方面展开：

一、财务方面存在的可能导致对持续经营假设产生重大疑虑的事项或情况：

（1）无法偿还到期债务；
（2）无法偿还即将到期且难以展期的借款；
（3）无法继续履行重大借款合同中的有关条款；
（4）存在大额的逾期未缴税金；
（5）累计经营性亏损数额巨大；
（6）过度依赖短期借款筹资；
（7）无法获得供应商的正常商业信用；
（8）难以获得开发必要新产品或进行必要投资所需资金；
（9）资不抵债；
（10）营运资金出现负数；
（11）经营活动产生的现金流量净额为负数；
（12）大股东长期占用巨额资金；
（13）重要子公司无法持续经营且未进行处理；
（14）存在大量长期未作处理的不良资产；
（15）存在因对外巨额担保等或有事项引发的或有负债。

二、经营方面存在的可能导致对持续经营假设产生重大疑虑的事项或情况：

（1）关键管理人员离职且无人替代；
（2）主导产品不符合国家产业政策；
（3）失去主要市场、特许权或主要供应商；
（4）人力资源或重要原材料短缺。

三、在其他方面存在的可能导致对持续经营假设产生重大疑虑的事项或情况：

（1）严重违反有关法律法规或政策；
（2）异常原因导致停工、停产；
（3）有关法律法规或政策的变化可能造成重大不利影响；
（4）经营期限即将到期且无意继续经营；
（5）投资者未履行协议、合同、章程规定的义务，并有可能造成重大不利影响；
（6）因自然灾害、战争等不可抗力因素遭受严重损失。

（三）就法律法规问题询问管理层记录

被审计单位名称：__________ 编制人：__________ 日期：__________ 索引号：__________
会 计 期 间：__________ 复核人：__________ 日期：__________ 页 次：__________

向管理层询问下列事项，并做出记录（下述问题为常见问题，审计人员可以根据实际情况调整）：

1. 对被审计单位经营活动可能产生重要影响的法律法规主要包括

2. 被审计单位为遵守有关法律法规而采用的政策和程序主要包括

3. 管理层在识别、评价和处理诉讼、索赔与税务纠纷时采用的政策和程序包括

4. 被审计单位遵守了适用于被审计单位及其行业的法律法规的情况

审计说明：

审计结论：

（四）就关联方问题询问管理层记录

被审计单位名称：__________ 编制人：__________ 日期：__________ 索引号：__________
会 计 期 间：__________ 复核人：__________ 日期：__________ 页 次：__________

（下述问题为常见问题，审计人员可以根据实际情况调整）

1. 被审计单位的主要股东包括

2. 控股股东控制的主要企业包括

3. 关键管理人员包括

4. 关键管理人员控制的企业包括

审计说明：

审计结论：

（五）就或有事项询问管理层记录

被审计单位名称：＿＿＿＿＿　编制人：＿＿＿＿＿　日期：＿＿＿＿＿　索引号：＿＿＿＿＿
会　计　期　间：＿＿＿＿＿　复核人：＿＿＿＿＿　日期：＿＿＿＿＿　页　次：＿＿＿＿＿

注册会计师应向管理层询问企业是否存在下列或有事项（提示：仅部分列示，非全部）：

一、或有负债

1. 或有负债的种类及其形成原因，包括已贴现商业承兑汇票、未决诉讼、未决仲裁、对外提供担保等形成的或有负债。

2. 经济利益流出不确定性的说明。

3. 或有负债预计产生的财务影响，以及获得补偿的可能性；无法预计的，应当说明原因。

二、很可能会给企业带来经济利益的或有资产及其形成的原因、预计产生的财务影响等

审计说明：

审计结论：

四、对胜任能力和独立性进行初步评估

被审计单位名称：__________　编制人：__________　日期：__________　索引号：__________
会计期间：__________　复核人：__________　日期：__________　页次：__________

审计目标：对胜任能力和独立性进行评估
审计方法：询问、检查

审计程序	执行情况	执行人	索引号
1. 评价胜任能力			
（1）对行业情况及特点的了解程度			
（2）需要项目组人员的时间、数量、级别			
（3）根据项目特点，是否必须具备 IT 系统审计能力			
……			
2. 评价独立性			
……			

评价胜任能力和独立性的记录

被审计单位名称：	________	编制人：	________	日期：	________	索引号：	________
会　计　期　间：	________	复核人：	________	日期：	________	页　次：	________

审计目标：对胜任能力和独立性进行评估

审计方法：询问、检查

记录：

1. 评价会计师事务所是否具备足够的人员

2. 评价项目组人员的专业素质和专业经验

3. 评价会计师事务所和项目组的独立性

审计说明：

审计结论：

第二部分

风险评估工作底稿

总体审计策略及具体审计计划

被审计单位名称：	________	编制人：	________	日期：	________	索引号：	________
会　计　期　间：	________	复核人：	________	日期：	________	页　次：	________

一、审计范围

二、项目进度安排（审计阶段关键时间节点）

三、对风险评估阶段工作的计划

四、重要性水平及可容忍误差

五、针对评估出的报表层次重大错报风险及特别风险采取的审计方案（索引至）

六、针对评估出的认定层面重大错报风险设计采取的审计方案（索引至）

七、对舞弊包括管理层舞弊的特殊考虑及对策

八、项目组人员分工及时间安排对集团审计的特殊考虑（如适用）

九、对专家工作、其他注册会计师、企业内部审计工作利用的安排

十、与治理层和管理层的沟通安排预计项目成本、预计收费

十一、预计项目成本、预计收费

识别的重大错报风险汇总表

被审计单位名称：__________ 编制人：__________ 日期：__________ 索引号：__________
会 计 期 间：__________ 复核人：__________ 日期：__________ 页 次：__________

识别的重大错报风险	索引号	属于财务报表层次还是认定层次	是否属于特别风险	受影响的交易类别、账户余额和列报认定

（一）识别的报表层次的重大错报风险汇总表

被审计单位名称：__________ 编制人：__________ 日期：__________ 索引号：__________
会 计 期 间：__________ 复核人：__________ 日期：__________ 页 次：__________

索引号	风险描述
财务报表层次的重大错报风险对审计工作的影响：	
确定的总体应对措施：	
对计划的进一步审计程序总体方案的影响：	

说明：

（二）评估的认定层次的重大错报风险汇总表

被审计单位名称：__________　编制人：__________　日期：__________　索引号：__________
会　计　期　间：__________　复核人：__________　日期：__________　页　次：__________

重大账户	认定	识别的重大错报风险	风险评估结果（高中低）	审计方案
应收账款				
递延所得税资产				
……				
收入				
成本				
……				
资本公积				
……				

注：若为评估出的特别风险需要特别说明原因及对策。

项目组——风险评估讨论记录

被审计单位名称：__________　编制人：__________　日期：__________　索引号：__________
会　计　期　间：__________　复核人：__________　日期：__________　页　次：__________

审计目标：通过讨论，分享项目组的信息和知识，分析评估重大错报风险，并设计有针对性的审计程序。

参加人员：

会议地点：

会议日期：

会议记录：

关于风险评估讨论会议提示

在确定审计策略和具体审计计划前，项目组应召开风险评估会议，讨论对审计风险的影响，并做出记录：

（1）在经济不稳定的国家或地区开展业务；
（2）在高度波动的市场开展业务；
（3）在严厉、复杂的监管环境中开展业务；
（4）持续经营和资产流动性出现问题，包括重要客户流失；
（5）融资能力受到限制；
（6）行业环境发生变化；
（7）供应链发生变化；
（8）开发新产品或提供新服务，或进入新的业务领域；
（9）开辟新的经营场所；
（10）发生重大收购、重组或其他非经常性事项；
（11）拟出售分支机构或业务分部；
（12）复杂的联营或合资；
（13）运用表外融资、特殊目的实体以及其他复杂的融资协议；
（14）重大的关联方交易；
（15）缺乏具备胜任能力的会计人员；
（16）关键人员变动；
（17）内部控制薄弱；
（18）信息技术战略与经营战略不协调；
（19）信息技术环境发生变化；
（20）安装新的与财务报告有关的重大信息技术系统；
（21）经营活动或财务报告受到监管机构的调查；
（22）以往存在重大错报或本期期末出现重大会计调整；
（23）发生重大的非常规交易；
（24）按照管理层特定意图记录的交易；
（25）应用新颁布的会计准则或相关会计制度；
（26）会计计量过程复杂；
（27）事项或交易在计量时存在重大不确定性；
（28）存在未决诉讼和或有负债。

项目组——审计计划讨论记录

被审计单位名称：________	编制人：________	日期：________	索引号：________
会　计　期　间：________	复核人：________	日期：________	页　次：________

参加人员：

会议地点：

会议时间：

会议目的：项目组核心人员（合伙人、经理及其他重要项目组成员）根据初步业务活动获取的信息以及风险评估阶段识别出来的风险对总体审计策略进行讨论，并将讨论结果（至少涵盖以下六个方面）记录于底稿中。

（一）界定审计范围

（二）审计的总体进度安排

（三）项目组内部、与委托人、被审计单位的沟通机制和方法

（四）项目组工作的重要方向

（五）确定执行业务所需人员的级别、数量、时间安排

（六）是否利用专家的工作，包括 IT 审计专家

项目组讨论结果：

关于项目组对审计计划的讨论会议提示

一、项目组讨论审计计划对于合理配置审计资源，降低审计风险具有重要意义，项目组的讨论可以从下几个方面展开，在实施项目组讨论时，项目负责人应该指定人做好会议记录，该记录构成审计工作底稿的内容。项目组的讨论可以围绕以下方面展开：

1. 被审计单位的总体情况和报告要求

2. 对于连续审计业务，讨论上年审计工作情况以识别重要问题

3. 如果被审计单位及其环境发生重大变化，讨论变化对审计工作的影响

4. 讨论财务报表容易发生错报的领域及发生错报的方式

5. 讨论重要审计事项和风险领域

6. 讨论发生舞弊导致的重大错报风险的可能性

7. 讨论重要性水平的设定

8. 讨论总体审计策略

9. 讨论在考虑上述所有因素后，能否建立对被审计单位财务报表的预期

10. 针对重大错报风险的审计方案

了解被审计单位情况及其环境
（不包括内部控制）

一、了解被审计单位行业状况、法律环境与监管环境以及其他外部因素导引表

被审计单位名称：__________　　编制人：__________　　日期：__________　　索引号：__________
会　计　期　间：__________　　复核人：__________　　日期：__________　　页　次：__________

审计目标：对被审计单位行业状况、法律环境与监管环境以及其他外部因素进行一般了解
审计方法：询问、观察、分析性程序

审计程序	执行情况	执行人	索引号
1. 了解被审计单位的行业状况			
2. 了解被审计单位所处的法律环境及监管环境			
3. 了解影响被审计单位经营活动的其他外部因素			
……			

（一）了解被审计单位的行业状况

被审计单位名称：__________ 编制人：__________ 日期：__________ 索引号：__________
会 计 期 间：__________ 复核人：__________ 日期：__________ 页 次：__________

记录：

1. 被审计单位所处行业的总体发展趋势

2. 被审计单位所处发展阶段（如起步、快速成长、成熟/产生现金流入或衰退阶段）

3. 被审计单位所面临的市场的需求、市场容量和价格竞争情况

4. 被审计单位所在该行业受经济周期波动影响的情况及应对措施

5. 被审计单位所在行业受技术发展影响的程度

6. 被审计单位所在行业开发新技术的情况

7. 被审计单位的竞争者（行业前十名的名称），以及他们所占的市场份额

8. 被审计单位及其竞争者主要的竞争优势（可以从成本、技术等方面展开）

9. 被审计单位业务的增长率和总体的财务业绩与行业的平均水平及主要竞争者相比的状况，以及存在重大差异的原因

10. 了解竞争者采取的竞争行为（如购并活动、降低销售价格、开发新技术等）对被审计单位的经营活动产生影响

审计说明：

审计结论：

（二）了解被审计单位所处的法律环境及监管环境

被审计单位名称：__________　　编制人：__________　　日期：__________　　索引号：__________
会　计　期　间：__________　　复核人：__________　　日期：__________　　页　次：__________

记录：

1. 国家对于行业的监管要求（关注是否存在特殊要求）

2. 新出台的法律法规对被审计单位的影响

3. 国家货币、财政、税收和贸易等方面政策的变化对被审计单位的经营活动产生影响

4. 与被审计单位相关的税务法规发生变化的情况

审计说明：

审计结论：

（三）了解影响被审计单位经营活动的其他外部因素

被审计单位名称：________	编制人：________	日期：________	索引号：________
会 计 期 间：________	复核人：________	日期：________	页 次：________

审计目标：了解影响被审计单位经营活动的其他外部因素（宏观经济等）

审计方法：询问

审计程序：

1. 宏观经济状况以及未来的发展趋势

2. 目前国内或本地区的经济状况（如增长率、通货膨胀、失业率、利率等）对被审计单位经营活动的影响

3. 被审计单位的经营活动受到外币汇率波动或全球市场力量的影响的情况

审计说明：

审计结论：

二、了解被审计单位的性质导引表

被审计单位名称：__________ 编制人：__________ 日期：__________ 索引号：__________
会 计 期 间：__________ 复核人：__________ 日期：__________ 页 次：__________

审计目标：对被审计单位的性质进行一般了解
审计方法：询问、检查

审计程序	执行情况	执行人	索引号
1. 了解被审计单位的所有权结构			
2. 了解被审计单位的治理结构			
3. 了解被审计单位的组织结构			
4. 了解被审计单位的经营活动			
5. 了解被审计单位的投资活动			
6. 了解被审计单位的筹资活动			
……			

（一）了解被审计单位的所有权结构

被审计单位名称：__________　　编制人：__________　　日期：__________　　索引号：__________
会　计　期　间：__________　　复核人：__________　　日期：__________　　页　次：__________

1. 所有权结构（列出股东名称及股份）和企业性质

2. 分析股东之间是否存在关联

3. 被审计单位最终控制人的情况

审计说明：

审计结论：

（二）了解被审计单位的治理结构

被审计单位名称：__________ 编制人：__________ 日期：__________ 索引号：__________
会 计 期 间：__________ 复核人：__________ 日期：__________ 页 次：__________

1. 了解被审计单位的治理结构的建设情况（关注股东会、董事会、监事会的组成和运作情况）

2. 了解治理层和管理层的关系

审计说明：

审计结论：

（三）了解被审计单位的组织结构

被审计单位名称：__________ 编制人：__________ 日期：__________ 索引号：__________
会 计 期 间：__________ 复核人：__________ 日期：__________ 页 次：__________

1. 企业的组织结构

2. 说明各级组织的职能

审计说明：

审计结论：

（四）了解被审计单位的经营活动

被审计单位名称：__________ 编制人：__________ 日期：__________ 索引号：__________
会 计 期 间：__________ 复核人：__________ 日期：__________ 页 次：__________

审计方法：询问、检查

记录：

1. 了解主营业务的性质

2. 了解与被审计单位生产产品或提供劳务相关的市场信息

3. 了解被审计单位业务的开展情况

4. 了解被审计单位从事电子商务的情况

5. 了解被审计单位地区与行业分布

6. 了解被审计单位生产设施、仓库的地理位置及办公地点

7. 了解被审计单位关键客户（如列出十大客户，了解销售量）

8. 了解被审计单位重要供应商（列出十大供应商）

9. 了解被审计单位劳动用工情况（员工人数及结构）

10. 了解被审计单位研究与开发活动及其支出（研发机构及支出情况）

11. 了解被审计单位关联方交易

审计说明：

审计结论：

（五）了解被审计单位的投资活动

被审计单位名称：＿＿＿＿＿＿ 编制人：＿＿＿＿＿＿ 日期：＿＿＿＿＿＿ 索引号：＿＿＿＿＿＿

会 计 期 间：＿＿＿＿＿＿ 复核人：＿＿＿＿＿＿ 日期：＿＿＿＿＿＿ 页 次：＿＿＿＿＿＿

审计方法：检查、询问

记录：

1. 了解被审计单位近期拟实施或已实施的并购活动与资产处置情况

2. 了解被审计单位证券投资、委托贷款的发生与处置

3. 了解被审计单位资本性投资活动（固定资产和无形资产等的投资）

4. 被审计单位不纳入合并范围的投资情况（公司名称及持股比例）

审计说明：

审计结论：

（六）了解被审计单位的筹资活动

被审计单位名称：__________	编制人：__________	日期：__________	索引号：__________
会　计　期　间：__________	复核人：__________	日期：__________	页　次：__________

审计方法：检查、询问

记录：

1. 了解被审计单位债务结构和相关筹资条款

2. 了解被审计单位固定资产的融资租赁

3. 了解被审计单位关联方融资

4. 了解被审计单位实际受益股东

5. 了解被审计单位衍生金融工具的运用

审计说明：

审计结论：

三、了解被审计单位会计政策的选择和运用导引表

被审计单位名称：__________ 编制人：__________ 日期：__________ 索引号：__________
会　计　期　间：__________ 复核人：__________ 日期：__________ 页　次：__________

审计目标：对被审计单位会计政策进行一般了解
审计方法：询问、检查

审计程序	执行情况	执行人	索引号
1. 对被审计单位的会计政策调查（见附表）			
2. 评估被审计单位会计政策的合理性			
（1）资产减值政策合理性分析			
（2）折旧合理性分析			
（3）各种摊销政策合理性分析			
（4）收入确认政策合理性分析			
（5）成本计算及结转方法合理性分析			

（一）主要会计政策调查记录（一）

受访人：

序号	项目	一贯政策	备注
1	执行何种会计制度？		
2	税项及附加		
	（a）增值税税率		
	（b）营业税税率		
	（c）城市维护建设税税率		
	（d）所得税税率		
	（e）所得税的会计处理方法		
	（f）印花税计算方法		
	（g）房产税计算方法		
	（h）土地使用税计算方法		
	（i）车船税计缴方法		
	（j）减免税政策及方法		
	（k）土地增值税税率		
	（l）教育费附加比率		
	（m）消费税税率		
3	合并报表编制范围		
	（a）编制合并报表的条件		
	（b）合并单位家数		
4	会计年度		
5	记账本位币		
6	会计核算是否实行权责发生制，采用借贷记账法		
7	外币换算采用哪种政策		
	（a）按照年初（发生时/月初）汇率折合人民币记账年末/月末按照结账日汇率进行调整发生汇兑损益计入当年（月）财务费用		
	（b）若采用其他方法，请解释		
8	外币会计报表的折算方法		
9	现金等价物的确定标准		
10	坏账处理		
	（a）坏账处理采用哪种方法（直接转销法/备抵法）		
	（b）采用备抵法时，坏账准备计提范围与比率		

（二）主要会计政策调查记录（二）

被审计单位名称：__________ 编制人：__________ 日期：__________ 索引号：__________
会 计 期 间：__________ 复核人：__________ 日期：__________ 页 次：__________

序号	项目	一贯政策	备注
11	存货计价方法		
	（a）购入与入库计价方法（计划价格/实际价格）		
	（b）领用与发出（计划价格/先进先出/加权平均）		
	（c）低值易耗品摊销（一次摊销法/五五摊销法）		
	（b）盘盈、盘亏、毁损报废结转什么项目处理		
	（e）存货跌价准备的计提方法		
12	固定资产		
	（a）采用的计价方法（实际成本计价）		
	（b）采用的折旧率（综合折旧率/分类折旧率/个别折旧率）		
	（c）折旧计算方法（直线平均法/工作量法）		
	（d）预计残值率（%）		
13	在建工程利息资本化的方法		
14	在建工程转为固定资产的方法		
15	产品成本计算方法（品种法/分批法/定单法）		
16	无形资产及土地使用权摊销方法		
17	递延资产及其他资产摊销期限		
18	开办费摊销期限（起止时间）		
19	短期投资跌价准备核算方法		
20	短期投资收益确认方法		
21	长期投资的核算方法		
	（a）采用成本法核算持有投资（股权）比例		
	（b）采用权益法核算持有投资（股权）比例及家数		
	（c）长期股权投资收益的确认方法		
	（d）股权投资差额的核算方法		
22	长期债券投资折溢价摊销方法		
23	长期投资减值准备的核算方法		
24	收入的确认方法		
25	利润分配		
	（a）法定公积金按税后利润提取比例		
	（b）公益金按税后利润提取比例		
	（c）任意盈余公积金按税后利润提取比例		
	（d）股利政策如何？股利按税后利润提取比例		
26	……		

（三）对被审计单位会计政策、会计估计变更的调查

被审计单位名称：__________ **编制人：**__________ **日期：**__________ **索引号：**__________
会　计　期　间：__________ **复核人：**__________ **日期：**__________ **页　次：**__________

审计方法：询问、检查
审计程序：

1. 了解会计政策变更、会计估计变更情况

2. 评估会计政策变更、会计估计变更的合理性

审计说明：

审计结论：

四、了解被审计单位的目标、战略以及相关经营风险导引表

被审计单位名称：__________ 编制人：__________ 日期：__________ 索引号：__________
会　计　期　间：__________ 复核人：__________ 日期：__________ 页　次：__________

审计目标：了解被审计单位的目标、战略以及相关经营风险，并评价其对财务报表的影响
审计方法：询问、检查、观察以及分析性程序

审计程序	执行情况	执行人	索引号
1. 了解行业发展情况和行业发展可能导致的被审计单位不具备足以应对行业变化的人力资源和业务专长等风险			
2. 了解开发新产品或提供新服务的情况和开发新产品或提供新服务可能导致的被审计单位产品责任增加等风险			
3. 了解业务扩张情况和业务扩张可能导致的被审计单位对市场需求的估计不准确等风险			
4. 了解新颁布的会计法规及其可能导致的被审计单位执行法规不当或不完整，或会计处理成本增加等风险			
5. 了解监管要求及其可能导致的被审计单位法律责任增加等风险			
6. 了解本期及未来的融资条件及其可能导致的被审计单位由于无法满足融资条件而失去融资机会等风险			
7. 了解信息技术的运用及其可能导致的被审计单位信息系统与业务流程难以融合等风险			

（一）了解行业发展情况

被审计单位名称：________	编制人：________	日期：________	索引号：________
会计期间：________	复核人：________	日期：________	页次：________

审计程序：

1. 了解被审计单位所属行业的前5年发展情况

2. 了解被审计单位所属行业未来5年的发展趋势

3. 了解被审计单位在行业中的地位，以及被审计单位的发展战略和目标

4. 了解被审计单位实现其战略目标的实施方案

审计说明：

审计结论：

（二）了解开发新产品或提供新服务的情况

被审计单位名称：__________ 编制人：__________ 日期：__________ 索引号：__________
会 计 期 间：__________ 复核人：__________ 日期：__________ 页 次：__________

审计程序：

1. 了解被审计单位前 5 年开发新产品或提供新服务的情况

2. 了解被审计单位未来 5 年开发新产品或提供新服务的发展计划和目标

3. 了解开发新产品或提供新服务对于被审计单位战略目标实现的重要性

4. 了解被审计单位已经开始研发但尚未投入市场的新产品或新服务的情况

审计说明：

审计结论：

（三）了解业务扩张情况

被审计单位名称：	________	编制人：	________	日期：	________	索引号：	________
会　计　期　间：	________	复核人：	________	日期：	________	页　次：	________

审计程序：

1. 了解被审计单位前 5 年业务增长的情况，包括业务收入总量和市场份额的增长情况

2. 了解被审计单位未来 5 年业务的发展计划和目标

审计说明：

审计结论：

（四）了解新颁布的会计法规

被审计单位名称：________　编制人：________　日期：________　索引号：________
会　计　期　间：________　复核人：________　日期：________　页　次：________

审计程序：

1. 了解适用于被审计单位新颁布的会计法规

2. 了解新颁布的会计法规可能对被审计单位财务报告显示的财务状况和经营成果产生的影响

3. 了解被审计单位针对新颁布的会计法规的应对方式和应对计划

审计说明：

审计结论：

（五）了解监管要求

被审计单位名称：________	编制人：________	日期：________	索引号：________
会计期间：________	复核人：________	日期：________	页次：________

审计程序：

1. 了解被审计单位适用的各项监管要求

2. 了解被审计单位适用的各项监管要求可能对财务报表显示的财务状况和经营成果的影响

3. 了解被审计单位针对各项监管要求的应对方式和应对计划

审计说明：

审计结论：

（六）了解本期及未来的融资条件

被审计单位名称：__________ 编制人：__________ 日期：__________ 索引号：__________
会　计　期　间：__________ 复核人：__________ 日期：__________ 页　次：__________

审计程序：

1. 了解被审计单位本期的融资条件

2. 了解被审计单位未来的融资条件

审计说明：

审计结论：

（七）了解信息技术的运用

被审计单位名称：__________　　编制人：__________　　日期：__________　　索引号：__________
会　计　期　间：__________　　复核人：__________　　日期：__________　　页　次：__________

审计程序：

1. 了解被审计单位目前使用的信息技术

2. 了解信息技术对于被审计单位的重要性

3. 了解信息技术在被审计单位实现战略目标中的作用

审计说明：

审计结论：

五、了解被审计单位财务业绩的衡量和评价导引表

被审计单位名称：＿＿＿＿＿　编制人：＿＿＿＿＿　日期：＿＿＿＿＿　索引号：＿＿＿＿＿
会　计　期　间：＿＿＿＿＿　复核人：＿＿＿＿＿　日期：＿＿＿＿＿　页　次：＿＿＿＿＿

审计目标：考虑管理层是否面临实现某些关键财务业绩指标的压力，并进而分析该等压力可能导致管理层存在歪曲财务报表的可能性

审计方法：询问和检查适用于企业的各项监管法律法规以及行业规定，检查企业内部的绩效考核文件，与管理层的访谈和分析性程序等

审计程序	执行情况	执行人	索引号
1. 了解被审计单位的关键业绩指标			
2. 了解被审计单位的业绩趋势			
3. 了解被审计单位预测、预算和差异分析管理方法			
4. 了解被审计单位管理层和员工业绩考核与激励性报酬政策			
5. 了解被审计单位分部信息与不同层次部门的业绩报告			
6. 了解被审计单位与竞争对手的业绩比较			
7. 了解外部机构针对被审计单位提出的报告或与被审计单位相关的报告			

（一）了解被审计单位的关键业绩指标

被审计单位名称：__________ 编制人：__________ 日期：__________ 索引号：__________

会 计 期 间：__________ 复核人：__________ 日期：__________ 页 次：__________

审计程序：

1. 了解各项法律法规以及监管要求的关键业绩指标（例如关于投资规模、注册资本金、关于盈利能力、关于偿债能力）

2. 了解股东要求的关键业绩指标

3. 了解主要贷款人要求的关键业绩指标

审计说明：

审计结论：

（二）了解被审计单位的业绩趋势

被审计单位名称：	________	**编制人：**	________	**日期：**	________	**索引号：**	________
会 计 期 间：	________	**复核人：**	________	**日期：**	________	**页 次：**	________

审计程序：

1. 了解被审计单位所在行业的发展趋势

2. 了解被审计单位关键业绩指标的 5 年趋势

审计说明：

审计结论：

（三）了解被审计单位预测、预算和差异分析

被审计单位名称：________	编制人：________	日期：________	索引号：________
会　计　期　间：________	复核人：________	日期：________	页　次：________

审计程序：

1. 了解被审计单位对预测、预算与实际差异的管理方法

2. 了解被审计单位竞争对手的业绩和业绩趋势

审计说明：

审计结论：

（四）了解被审计单位管理层和员工业绩考核与激励性报酬政策

被审计单位名称：__________ 编制人：__________ 日期：__________ 索引号：__________
会 计 期 间：__________ 复核人：__________ 日期：__________ 页 次：__________

审计程序：

1. 了解被审计单位管理层业绩考核方式和关键考核指标，以及激励性报酬政策

2. 了解被审计单位员工业绩考核方式和关键考核指标，以及激励性报酬政策

审计说明：

审计结论：

（五）了解被审计单位分部信息与不同层次部门的业绩报告

被审计单位名称：__________　　编制人：__________　　日期：__________　　索引号：__________
会　计　期　间：__________　　复核人：__________　　日期：__________　　页　次：__________

审计程序：

1. 了解被审计单位分部信息的业绩报告

2. 了解被审计单位不同层次部门的业绩报告

审计说明：

审计结论：

（六）了解被审计单位与竞争对手的业绩比较

被审计单位名称：__________　编制人：__________　日期：__________　索引号：__________
会　计　期　间：__________　复核人：__________　日期：__________　页　次：__________

审计程序：

1. 了解被审计单位所属主要市场的竞争情况

2. 了解被审计单位竞争对手的业绩和业绩趋势

审计说明：

审计结论：

（七）了解外部机构提出的报告

被审计单位名称：	________	**编制人：**	________	**日期：**	________	**索引号：**	________
会计期间：	________	**复核人：**	________	**日期：**	________	**页次：**	________

审计程序：

1. 了解财务分析师提出的针对被审计单位或与被审计单位相关的报告

2. 了解信用评级机构提出的针对被审计单位或与被审计单位相关的报告

3. 了解监管机构提出的针对被审计单位或与被审计单位相关的报告

审计说明：

审计结论：

了解和评价被审计单位与审计相关的内部控制

一、了解和评价被审计单位企业层面内部控制

（一）了解和评价被审计单位企业层面内部控制程序表

被审计单位名称：	________	编制人：	________	日期：	________	索引号：	________
会 计 期 间：	________	复核人：	________	日期：	________	页 次：	________

审计目标：

通过该部分审计程序的执行，了解被审计单位企业层面内部控，识别并评估内部控制重大缺陷，判断企业层面内部控制是否为业务层面内部控制提供了适当的基础。

通常审计流程：

1. 在了解被审计单位及其环境（不包括内部控制）后，依据了解的情况建立对企业内部控制的预期判断和初步判明的重大错报风险领域的基础上计划并开展对企业层面内部控制的了解。

2. 根据企业的复杂程度确定对企业层面内部控制的了解范围。其范围应足够使注册会计师识别重大错报风险。

3. 记录了解过程和结论以及拟采用的应对措施。其中包括被审计单位企业层面内部控制是否足以应对舞弊风险。

审计方法及程序：

1. 对于企业层面内部控制多采用询问的方式，询问的方式有问卷调查、面谈、讨论会、陈述。
2. 观察方法通常包含观看、现场观察、侧面观察。
3. 检查文件和记录。
4. 重新执行。

（二）了解和评价被审计单位企业层面内部控制初步评价表

被审计单位名称：__________ **编制人：**__________ **日期：**__________ **索引号：**__________
会 计 期 间：__________ **复核人：**__________ **日期：**__________ **页 次：**__________

企业层面内部控制风险初步评价
注册会计师测试企业层面控制，应当把握重要性原则，至少应当关注： （一）与内部环境相关的控制； （二）针对董事会、经理层凌驾于控制之上的风险而设计的控制； （三）企业的风险评估过程； （四）对内部信息传递和财务报告流程的控制； （五）对控制有效性的内部监督和管理层自我评价。

对企业层面内部控制的测试结论

控制要素	识别的缺陷	重大缺陷（是/否）	索引号	列入与管理层沟通事项（是/否）	列入与治理层的沟通事项（是/否）

总体评价结论类型	结　论
企业层面内部控制是否能够应对舞弊风险	
企业层面内部控制总体有效性	
是否执行业务层面的内控评价	

（三）了解被审计单位企业层面内部控制汇总表

被审计单位名称：__________ **编制人：**__________ **日期：**__________ **索引号：**__________
会 计 期 间：__________ **复核人：**__________ **日期：**__________ **页 次：**__________

内 容	索引号
了解被审计单位企业层面内控运行有效性需要考虑的事项（提示）：	
一、了解控制环境明细表	
二、了解风险评估过程明细表	
三、了解与财务报告相关的信息系统明细表	
四、沟通调查明细表	
五、总体控制活动明细表	
六、对控制的监督明细表 （一）全面监督 （二）审计委员会（内审机构）的监督	
七、期末财务报告流程调查明细表	
八、会计政策的选择和使用调查明细表	
九、反舞弊的计划和控制调查明细表	
十、相关文件检查工作底稿示例	
十一、提示需要检查的相关文件明细表	

了解被审计单位企业层面内部控制（一）

了解控制环境明细表

被审计单位名称：__________　编制人：__________　日期：__________　索引号：__________
会　计　期　间：__________　复核人：__________　日期：__________　页　次：__________

需要考虑的事项		结论	存在的缺陷	索引
1	诚信和道德价值观念的沟通与落实			
	是否有本企业的价值、规范和可接受行为的书面文件（如：管理守则、董事会及其他重要的管理委员会的章程、其他人力资源的政策）			
	管理层是否身体力行，高级管理人员是否起表率作用			
	管理层将其期望的道德行为和可接受的行为在组织中有效进行沟通			
	员工接受关于道德行为和可接受行为标准的培训			
	对违反有关政策和行为规范的事项，管理层是否采取适当的惩罚措施			
	员工是否知道并确信违反了相关制度后将受到惩罚			
	员工是否知晓遵守公司的行为准则会被管理层赏识			
2	对胜任能力的重视程度			
	财会人员以及信息管理人员是否具备与企业业务性质和复杂程度相称的足够的胜任能力和培训			
	在员工发生错误时，是否通过调整人员或系统来加以处理			
	管理层是否配备足够的财会人员以适应业务发展和有关方面的需要			
	财务人员是否具备理解和运用会计准则所需的技能			
	是否通过必要的人事政策（雇佣、薪酬、绩效考核）以确保员工拥有与其职责相适应的工作能力			
3	治理层的参与程度			
	董事会是否建立了审计委员会或类似机构			
	董事会成员是否具备适当的经验和资历			
	董事会成员是否保持相对的稳定性			
	董事会能有效独立于管理层以外			
	董事会能有效地监督会计报告的形成过程			
	董事会/审计委员会积极地参与监督会计报告的形成过程			
	董事会/审计委员会积极地参与管理层的风险评估过程			
	董事会是否与内部审计人员以及注册会计师有联系和沟通			

续表

需要考虑的事项		结论	存在的缺陷	索引
	联系和沟通的性质以及频率是否与企业的规模和业务复杂程度相匹配			
	董事会/审计委员会积极地参与监控所有重大内控的有效性			
4	管理层的理念和经营风格			
	管理层对内部控制是否给予了适当地关注			
	管理层在承担和监控经营风险方面是风险偏好者还是风险规避者			
	管理人员遇到内控缺陷采取了适当的措施			
	管理人员遇到过度冒险采取了适当的措施			
	员工相信公司是合乎商业道德的，并且管理层的行为是诚信的			
	管理层在选择会计政策和作出会计估计时是倾向于激进还是保守			
	管理人员遇到低质量的会计政策采取了适当的措施			
	对于重大的内部控制和会计事项，管理层是否征询注册会计师的意见，或经常在这些方面跟注册会计师存在不同意见			
	高级管理人员识别可能引发员工不道德行为的能力			
5	组织结构			
	现有组织结构能促进控制政策和控制程序全面有效地被履行			
	在制定组织结构时，管理当局适当地考虑了内部控制和财务报告的风险			
	员工清楚知晓哪些与控制相关的活动需要他们执行，并知晓如何履行			
6	职权与责任的分配			
	是否建立适当的授权体系（授权表）			
	是否已针对授权交易建立适当的政策和程序			
	公司在信息支持、培训、资金、预算、人员等方面为员工履行职责提供必要的资源支持			
7	人力资源政策与实务			
	在招聘、培训、考核、晋升、薪酬、调动和辞退员工方面是否都有适当的政策和程序			
	是否有书面的员工岗位职责手册			
	人力资源政策与程序是否清晰，并且定期发布和更新			
	是否设定适当的程序，对分散在各地区和海外的经营人员建立和沟通人力资源政策与程序			

了解被审计单位企业层面内部控制（二）

了解风险评估过程明细表

被审计单位名称：__________ 编制人：__________ 日期：__________ 索引号：__________
会　计　期　间：__________ 复核人：__________ 日期：__________ 页　次：__________

需要考虑的事项		结论	存在的缺陷	索引
1	企业是否已建立其整体目标（包括长期、中期、短期），并传达到相关层次，同时辅以具体策略和业务流程层面的计划			
2	制定的企业目标是否符合行业发展规律，制定依据是否合理，是否激进或保守，是否可实现			
3	具体策略和业务流程层面的计划与企业的整体目标是否匹配，能否有效地服务于整体目标			
4	针对上述目标和计划的实现过程，企业是否已建立风险评估过程，包括风险分类、识别风险，估计风险的重大性，评估风险发生的可能性以及确定需要采取的应对措施			
5	企业是否综合运用风险规避、风险降低、风险分担和风险承受等风险应对策略，实现对风险的有效控制，能否提供审计师相关案例			
6	管理层是否具备识别影响公司发布可靠财务报告的风险的能力；如对自身应承担会计责任的了解，具备基础的财务及会计知识，选聘企业财务负责人时考虑的要素			
7	确定与财务报告相关的风险已被分析并评价			
8	管理层是否适当识别因变化而新产生的与发表可靠财务报告相关的风险，该等变化包括			
	监管及经营环境的变化			
	新晋升高管人员			
	新采用的或升级后的 IT 系统			
	业务快速发展			
	新技术			
	新的生产线的启用、新产品（业务）的投产			
	发展海外经营			
	新的会计政策或其他的财务报告要求			
	企业重组			

了解被审计单位企业层面内部控制（三）

了解与财务报告相关的信息系统明细表

被审计单位名称：__________ 编制人：__________ 日期：__________ 索引号：__________
会 计 期 间：__________ 复核人：__________ 日期：__________ 页 次：__________

需要考虑的事项		结论	存在的缺陷	索引
1	信息系统应用总体情况			
	企业是否已经在重大业务流程（如销售、采购、资金管理、财务结账和报告）中采用了相关信息系统			
	企业是否设立了专门的信息技术管理部门（或岗位），专职人员的专业胜任能力如何，是否取得了相关的资格认证			
	在重大业务流程中使用信息系统的员工是否经过适当的培训，在授权范围内能熟练使用信息系统			
	信息技术管理部门制定并维持信息系统的风险评估政策和程序，包括的风险			
	——信息的可靠性			
	——信息的完整性			
	——信息技术人员的能力			
	——对于所有重要系统和区域的安全性评价			
	信息技术部门制定了下列政策，以确保信息质量			
	——信息系统的记录标准统一			
	——数据、交易的完整性			
	——数据的所有权			
	——数据、交易的可靠性			
2	了解企业信息系统一般控制			
	系统开发和变更管理是否经过适当的授权、测试和批准			

续表

	需要考虑的事项	结论	存在的缺陷	索引
	系统安全和访问是否得到足够重视，是否只有经过授权的人员才能访问数据和应用系统，并且他们只能执行已经被授权功能			
	是否对支持财务信息的数据进行适当备份，是否已经建立相关流程，保证系统自动按照计划任务（批处理）的执行得到监控			
3	信息系统是否能够向管理层提供有关企业的业绩报告，包括相关的外部和内部信息			
4	向适当人员提供的信息是否充分、具体和及时，使其能够有效的履行职责			
5	信息系统的开发及变更在多大程度上与企业的战略计划相适应，以及如何与企业整体层面和业务流程层面的目标相适应			
6	管理层是否提供适当的人力和财力以开发必需的信息系统			
7	管理层如何监督程序的开发、变更和测试工作			
8	对于主要的数据中心，是否建立了重大灾难数据恢复计划			

观察被审计单位企业层面内部控制的运行（四）

沟通调查明细表

被审计单位名称：__________ 编制人：__________ 日期：__________ 索引号：__________
会 计 期 间：__________ 复核人：__________ 日期：__________ 页 次：__________

需要考虑的事项		结论	存在的缺陷	索引
1	企业是否建立信息与沟通制度，明确内部控制相关信息的收集、处理和传递程序，确保信息及时沟通，促进内部控制有效运行			
2	企业是否建立了相关制度（例会制度、报告制度）并采用有效手段（如内部网站、邮件系统）将内部控制相关信息在企业内部各管理级次、责任单位、业务环节之间传递和沟通，重要信息是否及时传递给董事会、监事会和经理层			
3	管理层就员工的岗位职责和控制责任是否进行了有效沟通（如入职培训、员工手册培训、书面的岗位描述）			
4	针对可疑的不恰当事项和行为是否建立了沟通制度（如举报制度和投投诉人保护制度）			
5	组织内部的沟通（如销售和生产部门、财务和资产管理部门等）的充分性是否能够使人员有效的履行职责			
6	对于与客户、供应商、监管者和其他外部人士的沟通，管理层是否及时采取适当的进一步行动			
7	是否受到某些监管机构发布的监管要求的约束			
8	外部人士在多大程度上获知企业的行为守则			

了解被审计单位企业层面内部控制（五）

总体控制活动明细表

被审计单位名称：__________ 编制人：__________ 日期：__________ 索引号：__________
会　计　期　间：__________ 复核人：__________ 日期：__________ 页　次：__________

需要考虑的事项		结论	索引
1	企业的主要经营活动是否都有必要的控制政策和程序		
2	管理层在预算、利润和其他财务和经营业绩是否都有清晰的目标		
3	团队内部是否对上述目标加以清晰的记录和沟通，并积极地对其进行监控		
4	是否存在计划和报告系统，以识别与目标业绩的差异，并向适当层次的管理层报告该差异		
5	是否由适当层次的管理层对上述差异进行调查，并及时采取适当的纠正措施		
6	不同人员的职责应在何种程度上相分离，以降低舞弊和不当行为发生的风险		
7	会计系统中的数据是否定期与实物资产进行核对		
8	是否建立了适当的保护措施，以防止未经授权接触文件、记录和资产		
9	是否存在信息安全职能部门负责监控信息安全政策和程序		

了解被审计单位企业层面内部控制（六）

对控制的监督明细表——全面监督

被审计单位名称：__________ 编制人：__________ 日期：__________ 索引号：__________
会 计 期 间：__________ 复核人：__________ 日期：__________ 页 次：__________

需要考虑的事项		结论	索引
1	企业是否制定内部控制监督制度，明确内部审计机构（或经授权的其他监督机构）和其他内部机构在内部监督中的职责权限，规范内部监督的程序、方法和要求		
2	内部审计机构（或经授权的其他监督机构）能否直接向受董事会或者审计委员会负责，机构人员的专业胜任能力和经营是否适当，其在企业中的地位是否适当		
3	企业是否对建立与实施内部控制的情况进行常规、持续的监督检查		
4	企业是否对于内部控制进行定期专门评价		
5	企业是否制定内部控制缺陷认定标准，对监督过程中发现的内部控制缺陷，是否分析缺陷的性质和产生的原因，提出整改方案，采取适当的形式及时向董事会、监事会或者经理层报告		
6	企业进行内部控制自我评价的方式、范围、程序和频率是否适当		
7	企业是否以书面或者其他适当的形式，妥善保存内部控制建立与实施过程中的相关记录或者资料（如内控手册，自我评价底稿等），确保内部控制建立与实施及评价过程的可验证性		
8	管理层收到所有外部和内部关于内控有效的信息的及时和准确		
9	管理层是否采纳内部审计人员和注册会计师有关内部控制的建议		

了解被审计单位企业层面内部控制（七）

对控制的监督明细表——审计委员会的监督

被审计单位名称：__________ 编制人：__________ 日期：__________ 索引号：__________
会 计 期 间：__________ 复核人：__________ 日期：__________ 页 次：__________

需要考虑的事项		结论	索引
1	审计委员会的成员是否独立于公司的管理当局		
2	审计委员会成员知晓其职责		
3	审计委员会是否积极、定期与外部审计人员、内部审计人员及关键财务管理人员进行沟通		
4	审计委员会对重要的事件知晓并适当地做出反应，事件包括：内部控制的重大缺陷；财务报告的问题反舞弊的程序和控制		
5	审计委员会的专业胜任能力		
6	委员会的会议数量和时间是否与企业的规模和业务负责程度相匹配		

了解被审计单位企业层面内部控制（八）

期末财务报告流程调查明细表

被审计单位名称：__________ 编制人：__________ 日期：__________ 索引号：__________

会 计 期 间：__________ 复核人：__________ 日期：__________ 页 次：__________

需要考虑的事项		结论	存在的缺陷	索引
1	各级财务人员是否具备相关的专业胜任能力，对会计准则和外部监管要求是否熟练掌握，能否独立编制财务报表及附注			
2	对日常记账的控制行为（数据录入、核对、审核等）能提供合理地保证，以使重大的错报被预防或发现			
3	企业是否制定统一的报表编制流程和上报及复核程序（不考虑外部审计师的工作），对报表的编制质量有考核机制			
4	财务人员对于财务报告（合并财务财务报表）中的调整（如合并抵销、非常规会计事项的处理）有能力进行有效地控制			
5	企业是否有具备专业胜任能力的人员对于财务报告编制及其披露进行有效地控制			
6	编制财务报表所需的重要会计估计是否向管理层报告，管理层是否知晓其后果			
7	会计估计的选用是依靠充分的、相关的、可靠的数据			
8	会计估计、基本假设等的支持信息被适当地复核和认可			
9	重要的会计估计和其后得到的结果相比较一致，评估估计的程序可靠			
10	重要的会计估计与企业的经营计划一致			

了解被审计单位企业层面内部控制（九）

会计政策的选择和使用调查明细表

被审计单位名称：__________ 编制人：__________ 日期：__________ 索引号：__________
会 计 期 间：__________ 复核人：__________ 日期：__________ 页 次：__________

需要考虑的事项		结论	存在的缺陷	索引
1	企业是否制定统一的会计政策和核算手册			
2	审计委员会（董事会）被告知			
	最初选择和应用的会计政策			
	重要的会计政策的选择及变更			
	重要的会计政策的应用及变更			
3	审计委员会被告知重要的非常规交易的会计处理方法			
4	审计委员会（董事会）被告知采用了存在争议或缺失权威会计指引的重要会计政策，及其可能造成的影响			

了解被审计单位企业层面内部控制（十）

反舞弊的计划和控制调查明细表

被审计单位名称：__________ 编制人：__________ 日期：__________ 索引号：__________
会 计 期 间：__________ 复核人：__________ 日期：__________ 页 次：__________

需要考虑的事项		结论	存在的缺陷	索引
1	企业强调的文化之一是诚信和高度的道德标准			
2	管理层识别并评估企业中舞弊的风险控制手段是否适当			
3	是否建立对重大非常规业务相关的控制，识别特殊的会计分录			
4	是否建立与关联交易相关的控制			
5	企业是否建立针对董事会、经理层凌驾于控制之上的风险而设计专门的控制			

了解被审计单位企业层面内部控制（十一）

相关文件检查工作底稿示例

被审计单位名称：________ **编制人：**________ **日期：**________ **索引号：**________
会 计 期 间：________ **复核人：**________ **日期：**________ **页 次：**________

第一部分：基础信息

了解到的内部控制的情况：________________

内部控制中涉及的人员：________________

观察的日期：________

简要描述了解情况：________________

测试目标

该文件提供了与以下被审计单位企业层面控制运行有效性相关的证据：

□控制环境 □全面监督
□风险评价 □审计委员会的监督
□信息与沟通 □反舞弊程序和控制
□期末财务报告 □会计政策的选择和应用

第二部分：结论的概述

审计人员通过了解识别以下与评价上述控制有效性相关的事项：

——控制依照设计运行的证据

审计人员了解到以下情况，表明控制是有效设计和运行的：________________

——设计无效或运行无效的证据

审计人员观察到以下情况与有效的内部控制相偏离：________________

了解被审计单位企业层面内部控制（十二）

提示需要检查的相关文件明细表

被审计单位名称：__________ 编制人：__________ 日期：__________ 索引号：__________
会　计　期　间：__________ 复核人：__________ 日期：__________ 页　次：__________

建议检查文件	索引
一、关于被审计单位企业层面的内部控制政策和程序性文件	
——公司行为守则	
——董事会章程	
——审计委员会章程	
——投资委员会章程	
——薪酬委员会章程	
——其他重要委员会章程	
——重要人力资源政策	
——对于特殊例外事项的处理政策	
——全面预算管理文件	
——会计政策及会计估计	
——风险评估程序	
——全面信息技术的战略计划	
二、与上述控制制度和程序执行相关的执行文件	
——董事会会议纪要	
——审计委员会会议纪要	
——其他各专业委员会会议纪要	
——内部的工作备忘和电子邮件	
——有关程序执行过程中的与第三方的信件或电子邮件	
——员工提交的有疑问事项的处理记录	
——实物资产被定期盘点的记录	
——培训计划和实施情况记录	
——财务预算执行情况的分析报告	
——关键业务的风险评估程序记录（如可行性研究报告、决策文件）	
——审计委员会遵守独立性的声明文件	
——会计制度会计估计变更的复核过程记录文件	
——授权体系的文件	
——对非常规交易的授权记录	

（四）访谈问卷示例

1. 访谈问卷汇总表

被审计单位名称：__________ **编制人：**__________ **日期：**__________ **索引号：**__________
会 计 期 间：__________ **复核人：**__________ **日期：**__________ **页 次：**__________

内 容	索引号
1. 对公司管理层成员访谈问卷	
2. 对公司董事会成员访谈问卷	
3. 对审计委员会（内审机构）成员访谈问卷	
4. 对公司员工访谈问卷	

2. 访谈问卷（一）

对公司管理层成员访谈问卷

被审计单位名称：	________	编制人：	________	日期：	________	索引号：	________
期　　间：	________	复核人：	________	日期：	________	页　次：	________

审计目标：

准备一份访谈问卷

记录管理层的回答并依此进行评估

讨论对象：高级管理人员

讨论的主题：

一、控制环境

1. 你是否参与建立并积极推行公司的基本行为守则；

2. 是否经常与员工讨论企业文化；

3. 个人对发现的不可接受的行为、可疑的会计实务的观点；

4. 是否经常思考在自己的管理范围内是否存在诱发不道德行为的诱因，如有做出何种反应；

5. 对及时修正控制缺陷必要性的认识；

6. 在参与决定组织结构时是否充分考虑了财务报告和控制；

7. 对合理分配职责的看法；

8. 你认为公司现有的人力资源政策是否确保公司吸引和保持适当的有胜任能力的人员的数量；

9. 对本公司控制环境有效性的整体评价。

二、风险评估

1. 请对公司风险评估程序进行描述：

——风险的识别

——风险管理战略

——董事会的积极参与

2. 是否有经营的重大变更；

3. 你本人是否关注经营的变动对财务报告的挑战；

4. 你认为公司目前对财务报告的程序和控制的变化及时做出反应的能力。

三、信息系统和沟通

1. 在你的业务管理过程中是否关注财务信息的使用；

2. 工作过程中是否对必需的信息进行适当及时的沟通。

四、监督

1. 公司是否制订了为定期收集关于内控有效性的信息的程序；

2. 日常工作中是否对收集到的信息进行分析和评估；

3. 根据评估结果是否采取适当地修正行动。

五、反舞弊的程序和控制

1. 是否知晓舞弊或疑似舞弊的影响；

2. 对员工的偷窃行为或贪污行为的看法和你认为应该采取的政策；

3. 对故意操纵财务报表的看法和你认为应该有的对策；

4. 公司是否有为减轻舞弊风险采取行动。

六、请介绍非常规事项的处理程序

讨论对象：财务管理人员

需要增加的讨论主题：

七、期末财务报告

如何发现错误的日记账，并发现后如何处理。

八、对非常规事项处理的控制，包括构造交易的过程、何时考虑相应的会计处理、董事会的参与

九、请简述公司对会计估计控制的程序和方法

十、请简述公司编制财务报表的控制程序

十一、会计政策的选择和运用的控制

3. 访谈问卷（二）

对公司董事会成员访谈问卷

被审计单位名称：	________	编制人：	________	日期：	________	索引号：	________
会　计　期　间：	________	复核人：	________	日期：	________	页　次：	________

审计目标：

准备一份访谈问卷

记录董事会成员的回答并依此进行评估

讨论对象：所有的董事会成员

讨论的主题：

一、控制环境

1. 你是否阅读过公司的行为守则；

2. 你是否认为这些行为守则可以帮助管理层和员工识别不被接受的商业惯例和行为；

3. 你是否参与了关于企业文化和管理层管理风格的讨论，以及这些讨论如何影响了控制的整体有效性；

——如果是，管理层做出了哪些决定

——如果否，什么阻碍你参加

4. 如果知晓管理层有不可接受的行为，将会执行什么样的程序来调查此事；

5. 关于建立员工匿名报告可疑的会计或审计事项的程序，董事会是如何参与执行的；

6. 过去三年中你是否知晓公司存在的控制缺陷；

7. 董事会是如何监督管理层，并保持自身的独立性；

8. 董事会成员在提出问题时是否保持充分的独立性，即使这些问题是困难的且寻根究底的；

9. 董事会如何达到并维持适当的财务专家评价的水平；

10. 对控制环境有效性的整体结论。

二、风险评估

1. 董事会如何参与风险管理过程的；

2. 针对企业面对的风险，董事会最近提出哪些关注的焦点和问题。

三、信息系统和沟通

1. 你是否获取了全部所需的信息以帮助监督管理层的目标和战略、公司的财务状况、经营成果和重要协议的条款；

——如果是，这些信息是否是可靠、及时、充分

——如果不是，缺失的信息是什么

2. 描述董事会和独立审计人员关于公司的会计政策质量的会谈。

四、反舞弊的程序和控制 - 舞弊的详细情况

你是否知晓舞弊或疑似舞弊对公司影响，如果是，描述：

——发生了什么

——相关的人员

——如何发现的

——公司是如何处理的

五、非常规交易的处理

1. 过去一年中企业进了入哪些非常规交易?

——处理的商业目的是什么

——复核交易和批准完成交易应遵循什么程序

2. 董事会参与复核和批准的范围是什么?

——交易

——交易的会计处理和报告

4. 访谈问卷（三）

对审计委员会成员访谈问卷

被审计单位名称：＿＿＿＿	编制人：＿＿＿＿	日期：＿＿＿＿	索引号：＿＿＿＿
会 计 期 间：＿＿＿＿	复核人：＿＿＿＿	日期：＿＿＿＿	页 次：＿＿＿＿

审计目标：

准备一份访谈问卷；

记录审计委员会的回答并依此进行评估。

讨论对象：所有的审计委员会成员

讨论的主题：

一、控制环境

过去三年中你是否知晓公司存在的控制缺陷？

——你是如何知晓的

——你采取了什么措施

二、信息和沟通

1. 你是否获取了为执行你的职责而所需的全部的信息：

——如果是，这些信息是否是可靠、及时、充分

——如果不是，缺失的信息是什么

2. 审计委员会是否针对以下问题进行了讨论：

——最初选择和运用的重要会计政策

——所选择的重要会计政策的变更

——所运用的重要会计政策的变更

——惯用以处理重要的非常规交易的会计方法

——在有争议的或新兴领域内的重要会计政策的影响

3. 你是否认为审计委员会已被告知这些情况：

——如果是，采取什么步骤可以确保你可以被很好地告知

——如果不是，如何改进关于通知审计委员会选择或应用会计政策的程序

4. 描述审计委员会和独立的审计人员关于公司的会计政策质量的会谈。

5. 对于会谈结果董事会采取了哪些行动？

三、审计委员会的监督

1. 审计委员会的结构和对管理当局的监督：

——审计委员会是如何监督管理层并保持其独立性

——董事会成员在提出问题时是否保持充分的独立性，即使这些问题是困难的且寻根究底的

——审计委员会如何达到并维持一个合适的财务专家评价的水平

2. 职责的理解：

——作为审计委员会成员，审计委员会如何就你的职责与你进行沟通

——你认为自己是否已充分地理解自己的职责

3. 审计委员会积极地关注重大事件：

——在最近的一年中，委员会关注的重大事项是什么，考虑内控事件、财务报告事件、反舞弊程序和控制

——你如何描述审计委员会与外部审计员、内部审计员、关键的财务负责人的相互作用

四、反舞弊的程序和控制

你是否知晓舞弊或疑似舞弊的影响，如果是，描述：

——发生了什么

——相关的人员

——如何发现的

——公司是如何处理的

5. 访谈问卷（四）

（1）对公司员工访谈问卷

被审计单位名称：__________ 编制人：__________ 日期：__________ 索引号：__________
期　　　间：__________ 复核人：__________ 日期：__________ 页　次：__________

审计目标：
准备一份调查表；
请员工回答或填写并依此进行评估。
调查对象：根据一定原则确定的财务或非财务人员

内　容	强烈反对	反对	无法发表意见	同意	强烈的同意
道德价值					
我阅读过公司的行为守则					
公司的行为守则帮助我识别不可接受的商业惯例					
如果我在工作中观察到了不可接受的行为需要将情况报告给管理人员并我相信事件将会被调查					
我相信证明做出高道德标准行为的人员会被奖励					
我相信做出不可接受行为的人会被惩罚					
在过去的三年中我被高层管理人员询问过是否做过被认为不道德的行为					
我知道在过去的三年中有人被高层管理人员询问过是否做过被认为不道德的行为					
公司绝大多数员工表现出符合道德的行为					
公司绝大多数管理人员表现出符合道德的行为					
员工政策					
已经告知我的工作职责					
已经告知我关于评价我工作成绩的标准					
我收到的关于工作成绩的反馈帮助我改进工作					

续表

内　　容	强烈反对	反对	无法发表意见	同意	强烈的同意
我在执行工作中所需的信息会被传送给我					
——正确的					
——及时的					
——完整的					
我接受的训练帮助我更好的工作					
我在有效的履行职责时被合理授权					
绝大多数情况下公司会提供给我必要的资源来支持我的有效执行工作					
——预算					
——人员					
——监督性的指导					
企业价值观					
请列出最经常被奖励的行为（可包括：客户服务、利润最大化、改革、团队建设、扩展业务等）					
其他					
是否有其他的关于公司文化和管理层政策的方面加强或降低你的工作有效性					
如果有家庭成员或朋友向你询问“在这里工作怎么样?”你会如何反应					

（2）对公司员工访谈问卷调查结果评价

被审计单位名称：__________ 编制人：__________ 日期：__________ 索引号：__________

期　　间：__________ 复核人：__________ 日期：__________ 页　次：__________

说明：本表格的完成需要依赖前表的工作成果，对前表的5个可能的反馈分别赋予一个分值，例如："强烈的同意"表述为5，依次递减。将每个问题员工的回答汇总并计算出一个平均值，填入下表的空白部分。

内　　容	平均反映值		
	知晓	行动	态度
道德价值			
我阅读过公司的行为守则			
公司的行为守则帮助我识别不可接受的商业惯例			
如果我在工作中观察到了不可接受的行为需要将情况报告给管理人员并我相信事件将会被调查			
我相信证明做出高道德标准行为的人员会被奖励			
我相信做出不可接受行为的人会被惩罚			
在过去的三年中我被高层管理人员询问过是否做过被认为不道德的行为			
我知道在过去的三年中有人被高层管理人员询问过是否做过被认为不道德的行为			
公司绝大多数员工表现出符合道德的行为			
公司绝大多数管理人员表现出符合道德的行为			
员工政策			
已经告知我的工作职责			
已经告知我关于评价我工作成绩的标准			
我收到的关于工作成绩的反馈帮助我改进工作			

续表

内　容	平均反映值		
	知晓	行动	态度
我在执行工作中所需的信息会被传送给我			
——正确的			
——及时的			
——完整的			
我接受的训练帮助我更好的工作			
我在有效的履行职责时被合理授权			
绝大多数情况下公司会提供给我必要的资源来支持我的有效执行工作			
——预算			
——人员			
——监督性的指导			

二、了解和评价被审计单位业务流程层面内部控制程序表

被审计单位名称：__________ 编制人：__________ 日期：__________ 索引号：__________
期　　　间：__________ 复核人：__________ 日期：__________ 页　次：__________

审计目标：

了解内部控制，评价其设计是否合理并得到执行，评价时还应该关注执行人是否具备专业胜任能力和拥有必要的授权。评估与认定层次相关的重大错报风险。

审计程序：

1. 询问管理层和被审计单位内部的其他人员；
2. 分析程序；
3. 观察被审计单位的经营活动、生产经营场所和厂房设备；
4. 检查文件、记录、内部控制手册和管理层及治理层编制的报告；
5. 追踪交易在财务报告信息系统中的处理过程（穿行测试）。

（一）资金活动内部控制评价

1. 初步评价表

被审计单位名称：__________ **编制人：**__________ **日期：**__________ **索引号：**__________
期　　　间：__________ **复核人：**__________ **日期：**__________ **页　次：**__________

内控风险初步评价标准	
重要提示： 如出现下列情况表明认定层次可能存在重大错报。 （1）相关内控制度并未建立； （2）相关内控制度未得到执行、不能防止或发现和纠正重大错报或漏报。	
对内控制度的初步评价	
评价依据：访谈记录（　　）；调查问卷（　　）；文字描述（　　）	
评价： （1）简要描述评价过程，发现的问题，与认定层次相关的重大错报风险。 （2）是否识别出非常规交易或重大事项；是否进一步识别出其他风险，如果已识别出其他风险，将对审计计划产生哪些影响？应将相应事项完整的记录在“项目组－审计计划讨论”文件中。	
沟通事项： 是否需要就已识别出的内部控制设计或执行方面的重大缺陷，与适当层次的管理层或治理层进行沟通？	
评价结论类型：	结　论
内部控制健全程度（高、中、低）	
是否考虑依赖内部控制（全部、部分）	
是否执行控制测试（是、否）	

2. 资金活动内部控制评价导引表

被审计单位名称：__________ 编制人：__________ 日期：__________ 索引号：__________
期　　间：__________ 复核人：__________ 日期：__________ 页　次：__________

内　容	执行人	索引号
1. 了解内部控制设计——控制流程		
2. 评价内部控制——控制目标和控制活动是否能控制风险		
3. 证据检查（与本业务循环相关的内部控制制度文件、资料、凭证等）		
4. 确定控制是否得到执行（穿行测试）		

了解内部控制——控制流程（1）

被审计单位名称：________ 编制人：________ 日期：________ 索引号：________

期　　间：________ 复核人：________ 日期：________ 页　次：________

说明：了解公司资金活动内部控制，并按内部控制活动设计进行描述，参考内容如下：

一、受本循环影响的主要交易和账户余额

主要交易	会计科目	损益类科目本期发生额	资产负债表类项目期末余额	本循环财务指标

二、本循环所涉及的主要部门及人员

涉及部门	主要人员职务	主要人员名字	职责分工

三、不相容职务分离制度

了解并描述被审计单位建立的有关职责分工的政策和程序（关注但不限于不相容职务相分离及各相关部门之间相互牵制情况），并评价其是否有助于建立有效的内部控制，通常下列职务是不相容的，不得由同一部门或同一人资金活动业务的全过程。

1. 不相容职务相互分离。

筹资活动：筹资方案的拟订与决策分离；筹资合同或协议的审批与订立分离；与筹资有关的

各种款项偿付的审批与执行分离；筹资业务的执行与相关会计记录分离。

投资活动：对外投资项目的可行性研究与评估；对外投资的决策与执行；对外投资处置的审批与执行；对外投资绩效评估与执行。有价证券操作人员、保管人员不能同时负责有价证券的盘点工作；投资业务的执行与相关会计记录分离。

资金营运：现金业务中的不相容岗位应当相互分离、制约和监督，出纳不得兼任稽核、会计档案保管和收入、支出、费用、债权债务账目的登记工作。出纳、会计分开，钱账分管。

存款的审批人同出纳、支票保管人员和记账员职责相分离，负责调整银行往来账的人员同现金收付、负责应收和应付款的人员职责分离。

严禁将办理资金支付业务的相关印章和票据集中一人保管，印章要与空白票据分管，财务专用章要与企业法人章分管。

2. 各相关部门之间相互牵制并在其授权范围内履行职责，同一部门或个人不得处理筹资、投资与资金营运业务的全过程。

证据检查：组织结构图、职责分工文件等。

四、筹资活动业务流程（示例）

1. 提出筹资方案

一般由财务部门根据公司的发展战略、预算情况与资金现状等因素，提出初始筹资方案，应包括筹资额度、筹资形式、利率、筹资期限、资金使用等内容，提出投资方案的同时还应与生产经营相关业务部门沟通协调，保证资金筹集和使用相互协调一致。初始筹资方案应经过充分论证，以保证筹资方案的有效性，防范筹资风险。

1.1 进行筹资方案的战略性评估，包括是否与企业发展战略相符合；筹资规模是否得当。

1.2 进行筹资方案的经济性评估，如筹资成本是否最低，资本结构是否恰当，筹资成本与资金收益是否匹配。

1.3 进行筹资方案的风险性评估，如筹资方面面临哪些风险，风险的大小是否得当、可控，是否与收入匹配。

证据检查：筹资方案、筹资方案的评估文件、贷款计划等。

2. 筹资方案审批

了解并描述筹资业务的授权批准方式、权限、程序和责任。

2.1 根据分级授权审批制度，按照规定程序严格审批经过可行性论证的筹资方案。

2.2 审批中应实行集体审议或联签制度，保证决策的科学性。

证据检查：筹资方案审批单、授权文件等。

3. 编制筹资计划

企业应根据审核批准的筹资方案，编制较为详细的筹资计划，经过财务部门等相关部门批准后，严格按照相关程序筹集资金。

3.1 根据筹资方案，结合当时的经济金融形势，分析不同筹资方式的资金成本，正确选择筹资方式和不同方式的筹资数量，财务部门或资金管理部门制订具体筹资计划。

3.2 根据授权审批制度报有关部门批准。

证据检查：筹资计划、筹资计划批准文件等。

4. 实施筹资

描述各业务处理部门职责和相应文件记录。通过银行借款方式筹集资金的，应与有关金融机构洽谈，达成一致意见后签署相关合同，债券或股票的签发和保管委托专门机构代理，公司设有专人负责备查登记并定期与代理机构核对；利息或股息支付应遵循的相关程序，同时选择合理的股利支付方式，兼顾投资者的近期与长远利益，股利分配方案最终应经股东大会通过，如果是上市公司还必须按照信息披露要求进行公告；筹资业务及时进行会计处理；合同设有专人管理等。

4.1 根据筹资计划进行筹资。

4.2 签订筹资协议，明确权利和义务。

4.3 按照岗位分离与授权审批制度，各环节和各责任人正确履行审批监督责任，实施严密的筹资程序和岗位分离控制。

4.4 按照筹资合同或协议，正确计提、支付利息或股利。

4.5 做好严密的筹资记录，发挥会计控制的作用。

证据检查：借款合同、代理协议、发行股票或债券的清单、备查簿等。

5. 筹资活动评价与责任追究

了解并描述相关部门的筹资监督管理职能，如各部门监督管理内容、制度及相关报告等。

5.1 促成各部门严格按照确定的用途使用资金。

5.2 监督检查，督促各环节严密保管未发行的股票、债券。

5.3 监督检查，保证利息计提和支付的准确性。

5.4 加强债务偿还和股利支付环节的监督管理。

5.5 评价筹资活动过程，追究违规人员责任。

证据检查：相关绩效考核指标及记录；定期分析报告；内审记录等。

五、投资活动业务流程（示例）

1. 提出投资方案

应根据企业发展战略、宏观经济环境、市场状况等，提出本企业的投资项目规划，在对规划进行筛选的基础上，确定投资方案。对投资方案应进行严格的可行性研究与分析。

1.1 进行投资方案的战略性评估，包括是否与企业发展战略相符合。

1.2 投资规模、方向和时机是否适当。

1.3 对投资方案进行技术、市场、财务可行性研究，深入分析项目的技术可行性与先进性、市场容量与前景，以及项目预计现金流量、风险与报酬，比较或评价不同项目的可行性。

证据检查：投资方案、投资方案的可行性论证文件。

2. 投资方案审批

了解并描述投资业务的授权批准方式、权限、程序和责任。

2.1 明确审批人对投资业务的授权批准方式、权限、程序和责任，不得越权。

2.2 审批中应实行集体决策审议或者联签制度。

2.3 与有关被投资方签署投资协议。

证据检查：投资方案审批单、授权文件、投资协议等。

3. 编制投资计划

根据审批通过的投资方案，编制详细的投资计划，落实不同阶段的资金投资数量、投资具体内容、项目进度、完成时间、质量标准与要求等，并履行相关审批手续，投资活动需要签订合同或协议的，应当签订合同协议，并遵循合同管理的相关规定。

3.1 核查企业当前资金额及正常生产经营预算对资金的需求量，积极筹措投资项目所需资金。

3.2 制定详细的投资计划，并根据授权审批制度报有关部门批准。

证据检查：投资计划、投资计划批准文件，投资合同或协议等。

4. 实施投资方案

分别描述股权投资、债券投资的业务处理部门职责和相应文件记录。在投资项目执行过程中，密切关注投资项目的市场条件和政策变化，做好投资项目的会计记录和账务处理，对外投资权益证书和有关凭证的保管与记录情况等。

4.1　根据投资计划进度，严格分期、按进度适时投放资金，控制资金流量和时间。

4.2　以投资计划为依据，按照职务分离制度和授权审批制度，各环节和各责任人真确履行审批监督责任，对项目实施过程进行监督和控制，防止各种舞弊行为，保证项目建设的质量和进度求。

4.3　做好严密的会计记录，发挥会计控制的作用。

4.4　做好跟踪分析工作，及时评价投资的进展，将分析和评价的结果反馈给决策层，以便及时调整投资策略或制定投资推出策略。

4.5　在项目实施中，必须根据各种条件，准确对投资价值进行评估。如果发生投资减值，应及时提取减值准备。

4.6　涉及股权投资和企业并购的，应聘请具有相关执业资格的中介机构（包括财务顾问、律师、注册会计师、注册评估师）对有关事项进行认证并出具意见；重大并购项目应履行向相关监管机构报批、报备、公告程序。

证据检查：审计报告、法律意见书、财务顾问报告、董事会（股东大会）报告决议、合同谈判记录、审核合同的记录、投资协议、权属证明、投资记录等。

5. 投资资产处置控制

了解并描述企业投资资产处置情况，如投资本金的收回、转让价格等。

5.1　投资资产的处置应该通过专业中介机构，选择相应的资产评估方法，客观评估投资价值，同时确定处置策略，重视投资到期本金的收回。

5.2　投资资产的处置必须通过董事会的授权批准，应加强投资收回和处置环节的控制，对投资收回、转让、核销等决策和审批程序作出明确规定。

5.3　核销投资应当取得不能收回投资的法律文书和相关证明文件。

证据检查：投资处置报告、评估报告、法律文书和相关证明文件等。

六、资金营运业务流程（示例）

1. 货币资金环节

货币资金作为流动性最强、盈利性最弱的资金，应保持在企业日常经营支付需要的恰当水平上，合理的货币资金持有数量，应采用成本模式、随机模式等特定方法进行决策，并编制现金预算进行严格控制，同时货币资金收付遵循严格的内部控制制度。

1.1　资金预算。

1.1.1　公司应根据战略目标和经营计划，编制年度、月度资金预算。

1.1.2　公司应制定预算调整政策和程序，必要时对年度、月度资金预算进行调整。

1.1.3　公司应设置预算管理部门负责预算工作的组织和执行，授权专门人员负责资金预算的审批。

1.1.4　各预算部门应按月编制“资金差异报告表”，分析实际与预算的明差异原因，报送预算管理部门。

1.1.5　预算管理部门应定期编制预算执行结果报告，作为公司管理层经营决策的参考。

证据检查：年度和月度资金预算，预算调整政策和程序，资金差异报告表，预算执行报告。

1.2　现金。

1.2.1　收到现金时，出纳人员应当给缴款人员出具正式收据或发票。

1.2.2　定期对收到的货币资金与开具的发票、收据金额进行核对，以确保收到的货币资金全部入账。

1.2.3　付出现金时，应当在付款的原始凭证上加盖“付讫”戳记。

1.2.4　出纳人员应当严格按《现金管理条例》或公司规定的范围支付现金。

1.2.5　出纳人员支付现金时，不得从公司的现金收入中直接支付（即坐支现金）。

1.2.6　出纳人员应根据授权批准的付款凭证支付现金，不得将现金借给私人、以白条抵库，不得编制用途套取现金。

1.2.7　业务人员原则上不得收取现金，特殊情况下应经授权批准；收到现金的业务人员应当及时按照规定将现金以安全和恰当的方式汇回公司指定账户或送交出纳。

1.2.8　出纳人员应检查付款凭证/付款申请的合理性，付款凭证/付款申请应由申请人签字；并由复核人审核，复核人应当对批准后的货币资金支付申请进行复核。

1.2.9　公司应当指定库存现金限额制度，库存现金限额一般是三天的正常现金支付的需要量，超过应送存银行。

1.2.10　库存现金应当存放在符合安全标准的保险柜中。

1.2.11　公司空白收款收据、空白发票，应由现金出纳人员妥善保管。

1.2.12　每月末，财务部应当指定现金出纳以外的人员对现金进行盘点，制作现金盘点表。

1.2.13　主管人员应当定期或不定期地对库存现金进行核对和抽查。

1.2.14　出纳人员应对当天办理的现金收付业务做到日清月结，确保账款相符。

1.2.15　出纳人员应当每日逐笔登记“现金日记账”，每天下班之前结出现金余额，与实存现金进行核对相符后，据以编制“库存现金日报表”。

1.2.16　出纳人员应当连同原始凭证送交会计人员复核，由会计人员据以填制记账凭单。

证据检查：组织结构图、岗位职责说明书、现金管理制度、收付款凭证、现金日记账、盘点记录。

1.3　银行存款。

1.3.1　银行票据与有关印章保管的职务应当相互分离。

1.3.2　使用网络银行进行电子付款的公司应当遵循二级复核制度，银行出纳和二级复核人员应由不同人员担任，各自保管网络银行密码，并相互保密。

1.3.3　公司应当根据《人民币银行结算账户管理办法》制定本公司银行账户的使用规定。

1.3.4　公司应当根据《人民币银行结算账户管理办法》及本公司银行账户的规定开立使用银行账户。

1.3.5　公司不得出租、出借银行结算账户，不得利用银行结算账户套取银行信用。

1.3.6　所有银行存款户的开设和终止是否都有正式的批准手续。

1.3.7　出纳人员应对收款凭证和银行对账单核对，以保证存入银行账号的日期和金额正确。

1.3.8　对于赊销业务，收款凭证应与应收账项账簿记录核对一致。

1.3.9　银行间资金划转应报经授权人审核批准，并登记于账簿内；银行账簿应定期与银行对账单进行核对，以保证所有的收付款业务均已完整入账。

1.3.10　记账凭证与原始凭证的内容、金额应当一致。

1.3.11　收款、付款业务的内容应当与企业经营活动相关。

1.3.12 出纳人员应根据经过授权审批的付款凭证办理付款业务。

1.3.13 赊购的业务，付款凭证与应付账款明细账记录应当核对一致。

1.3.14 出纳人员应根据经济业务的情况选用恰当的结算方式。

1.3.15 出纳人员应检查付款凭证/付款申请的合理性，付款凭证/付款申请应由申请人签字；并由复核人审核，复核人应当对批准后的货币资金支付申请进行复核。

1.3.16 银行空白票据应设置专用登记簿上顺号登记，并定期销号。

1.3.17 出纳人员必须登记所有支票和其他票据的收支备查记录。

1.3.18 公司应当制定支票领用管理办法。

1.3.19 支票的签署应当采用会签制度，经过指定的支票签署者的审批后签发。

1.3.20 已签署的支票应当由支票签署人保管，直至支票由签署人或其授权的其他职员寄出或递交给受票人为止。

1.3.21 支票签章人应当经董事会授权（索取授权书及支票签章样式）。

1.3.22 所有支票支出交易应当取得支付凭证。

1.3.23 作废支票应当及时注销或者顺号保存。

1.3.24 支票的寄发或领取应当有签收或邮寄记录防止支票遗失或被挪用。

1.3.25 支票应当依据支票簿序号开立，并保持完整的记录。

1.3.26 未使用的支票应当由非支票签章人另行保存。

1.3.27 在收款形式为支票时，出纳人员应当在支票送交银行后，核实款项是否到账。

1.3.28 定期直接从银行取得对账单。

1.3.29 月末，由除出纳和现金记账人员以外的其他人员对对账单进行审核，以防止对账单被涂改、擦除和填加。

1.3.30 月末，由除出纳和现金记账人员以外的其他人员核对银行对账单上所有的借项、贷项记录和账上的记录；对不符事项编制银行余额调节表，并查明未达账项的原因。

1.3.31 由主管人员或独立稽核人员对银行余额调节表进行复核。

1.3.32 复核后的银行余额调节表应经复核人员签章。

证据检查：组织结构图、岗位职责说明书、银行存款管理制度、收付款凭证、银行存款日记账、银行对账单、银行余额调节表。

1.4 其他货币资金。

1.4.1 检查公司是否存在银行本票存款、银行汇票存款、信用证存款、信用卡存款、外埠存款、在途货币资金等其他货币资金。

1.4.2 外埠存款支用及收回应按公司规定的审批手续执行。

1.4.3 对其他货币资金应按会计准则的规定进行正确的账务处理和披露。

证据检查：其他货币资金管理制度、收付款凭证、相关账务处理。

1.5 备用金。

1.5.1 公司应制定备用金的限额管理及拨补办法。

1.5.2 公司应对每笔零星支出设定最高限额。

1.5.3 出纳人员应根据经适当核准的付款凭证支付备用金。

1.5.4 付出现金时，应当在付款的原始凭证上加盖“付讫”戳记。

1.5.5 公司应对备用金进行不定期抽点。

证据检查：备用金管理制度、收付凭证、盘点记录。

1.6 印章管理。

1.6.1　公司应当建立印章管理卡，专人领取和归还印章情况在卡上予以记录。

1.6.2　财务专用章、财务负责人名章应当分开保管。

1.6.3　公司应明确规定不得在空白单据、空白区域及重要事项填写不全的单据、文书上加盖印章。

1.6.4　需要新刻印章时应履行相应审批程序。

证据检查：印章管理制度、使用记录。

2. 储备资金环节

储备资金主要包括企业在原材料、燃料、备品备件、辅助材料、库存商品等存货资产上占用的资金，合理确定储备资金占用数量；保证储备资金安全完整。

2.1　编制各种储备资金预算，对储备资金占用进行严密控制。

2.2　使用经济订货量模型进行储备资金采购决策。

2.3　采用 ABC 法、ERP 系统、JIT 制度等进行存货控制。

2.4　建立严密的存货收发保管制度，防止存货收发储存环节的错弊，保证存货安全完整。

证据检查：储备资金预算、存货收发保管制度等。

3. 生产资金环节

在制造业企业，储备资金投入生产过程，就形成生产资金，生产资金的形成过程，也就是企业发生生产消耗、形成产品成本的过程。

3.1　编制生产预算，有计划组织生产。

3.2　按生产通知单领料，严格履行领料手续。

3.3　制定产品目标成本和消耗定额，严格控制成本发生。

3.4　建立生产台账，编制生产进度表，对产品生产和交接进行严格控制。

3.5　建立质量检验制度和责任成本制度，开展成本差异分析，落实责任制，促进产品质量和生产效率提高。

3.6　建立完善的成本核算制度和会计账簿体系，准确合适产品成本。

证据检查：生产预算、生产通知单、领料单、各产品目标成本及消耗定额、生产台账、生产进度表、生产台账、成本差异分析报告、成本计算表及相关账务处理等。

4. 新的储备资金环节

对制造业企业，生产完工，产品验收入库，生产资金就转化为新的储备资金。新的储备资金环节同前述“2. 储备资金环节”。

证据检查：新的储备资金预算、产成品收发保管制度等。

5. 新的货币资金环节

企业将原来购进的库存商品（商品流通企业）或者完工验收入库的产品（制造业企业）销售出去，储备资金就重新转化为货币资金，完成了资金的一个循环过程。资金营运就是从一个循环的结束到下一个循环的开始，周而复始，构成资金营运周转的完整过程。

5.1　准确进行收入费用配比，足额补偿成本。

5.2　遵守利润分配规定和程序，及时、恰当分配利润，妥善处理各方利润关系。

5.3　加强应收账款管理，减少坏账损失，及时收回货款。

5.4　建立严密的资金收入控制程序，严格资金收入控制，保证收入货币资金的安全完整。

证据检查：收入费用配比计算表、利润分配政策、应收账款管理政策、资金收款政策等。

七、信息系统

本循环使用的应用软件：

信息系统名称	计算机运作环境	来源	初次安装时间

初次安装后对信息系统进行的任何重大修改、开发与维护

信息系统名称	重大修改、开发与维护	更新日期

拟于将来实施的重大修改、开发与维护

本年度对信息系统进行的重大修改、开发与维护及其影响

评价内部控制——控制目标和控制活动（2）

被审计单位名称：________ 编制人：________ 日期：________ 索引号：________

会 计 期 间：________ 复核人：________ 日期：________ 页 次：________

序号	主要业务活动	控制目标	被审计单位制度设计的控制措施	相关的重大账户	受影响的相关认定							控制活动对实现控制目标是否有效（是/否）	是否得到执行		是否测试运行有效性（是/否）
					存在/发生	完整性	权利和义务	计价和分摊	准确性	截止	分类		是/否/不适用	索引号	
1	提出筹资方案	进行筹资方案可行性论证	1. 进行筹资方案的战略性评估，包括是否与企业发展战略相符合；筹规模是否得当。 2. 进行筹资方案的经济性评估，如筹资成本是否最低，资本结构是否恰当，筹资成本与资金收益是否匹配。 3. 进行筹资方案的风险性评估，如筹资方面面临哪些风险，风险的大小是否得当、可控，是否与收入匹配。	短期借款、长期借款、应付债券、长期应付款、实收资本、资本公积	√	√	√								

续表

序号	主要业务活动	控制目标	被审计单位制度设计的控制措施	相关的重大账户	受影响的相关认定							控制活动对实现控制目标是否有效（是/否）	是否得到执行		是否测试运行有效性（是/否）
					存在/发生	完整性	权利和义务	计价和分摊	准确性	截止	分类		是/否/不适用	索引号	
2	筹资方案审批	选择批准最优筹资方案	1. 根据分级授权审批制度，按照规定程序严格审批审批经过可行性论证的筹资方案。 2. 审批中应实行集体审议或联签制度，保证决策的科学性。	短期借款、长期借款、应付债券、长期应付款、实收资本、资本公积	√	√	√								
3	编制筹资计划	制订确实行的具体筹资计划，科学规划筹资活动，保证低成本高效率筹资	1. 根据筹资方案，结合当时的经济金融形势，分析不同筹资方式的资金成本，正确选择筹资方式和不同方式的筹资数量，财务部门或资金管理部门制订具体筹资计划。 2. 根据授权审批制度报有关部门批准。	短期借款、长期借款、应付债券、长期应付款、实收资本、资本公积	√	√	√								

续表

序号	主要业务活动	控制目标	被审计单位制度设计的控制措施	相关的重大账户	受影响的相关认定							控制活动对实现控制目标是否有效（是/否）	是否得到执行		是否测试运行有效性（是/否）
					存在/发生	完整性	权利和义务	计价和分摊	准确性	截止	分类		是/否/不适用	索引号	
4	实施筹资	保证筹资活动计划正确、合法、有效进行	1. 根据筹资计划进行筹资。 2. 签订筹资协议，明确权利和义务。 3. 按照岗位分离与授权审批制度，各环节和各责任人正确履行审批监督责任，实施严密的筹资程序和岗位分离控制。 4. 按照筹资合同或协议，正确计提、支付利息或股利。 5. 做好严密的筹资记录，发挥会计控制的作用。	短期借款、长期借款、应付债券、长期应付款、实收资本、资本公积、盈余公积、未分配利润、财务费用	√	√	√	√	√	√	√				
5	筹资活动评价与责任追究	保证筹集资金的正确有效使用，维护筹资信用	1. 促成各部门严格按照确定的用途使用资金。 2. 监督检查，督促各环节严密保管未发行的股票、债券。 3. 监督检查，保证利息计提和支付的准确性。 4. 加强债务偿还和股利支付环节的监督管理。 5. 评价筹资活动过程，追究违规人员责任。	短期借款、长期借款、应付债券、长期应付款、实收资本、资本公积、盈余公积、未分配利润、财务费用	√	√	√	√	√	√					

续表

序号	主要业务活动	控制目标	被审计单位制度设计的控制措施	相关的重大账户	受影响的相关认定							控制活动对实现控制目标是否有效（是/否）	是否得到执行		是否测试运行有效性（是/否）
					存在/发生	完整性	权利和义务	计价和分摊	准确性	截止	分类		是/否/不适用	索引号	
6	提出投资方案	进行投资方案可行性论证	1. 进行投资方案的战略性评估，包括是否与企业发展战略相符合。 2. 投资规模、方向和时机是否适当。 3. 对投资方案进行技术、市场、财务可行性研究，深入分析项目的技术可行性与先进性、市场容量与前景，以及项目预计现金流量、风险与报酬，比较或评价不同项目的可行性。	交易性金融资产、可供出售金融资产、持有至到期投资、长期股权投资	√	√	√								
7	投资方案审批	选择批准最优秀方案	1. 明确审批人对投资业务的授权批准方式、权限、程序和责任，不得越权。 2. 审批中应实行集体决策审议或者联签制度。 3. 与有关被投资方签署投资协议。	交易性金融资产、可供出售金融资产、持有至到期投资、长期股权投资	√	√	√								

续表

序号	主要业务活动	控制目标	被审计单位制度设计的控制措施	相关的重大账户	受影响的相关认定							控制活动对实现控制目标是否有效（是/否）	是否得到执行		是否测试运行有效性（是/否）
					存在/发生	完整性	权利和义务	计价和分摊	准确性	截止	分类		是/否/不适用	索引号	
8	编制投资计划	制订确实行的投资计划，作为项目投资的控制依据	1. 核查企业当前资金额及正常生产经营预算对资金的需求量，积极筹措投资项目所需资金。 2. 制订详细的投资计划，并根据授权审批制度报有关部门批准。	交易性金融资产、可供出售金融资产、持有至到期投资、长期股权投资	√	√	√								
9	实施投资方案	保证投资活动按计划合法、有序、有效进行	1. 根据投资计划进度，严格分期、按进度适时投放资金，控制资金流量和时间。 2. 以投资计划为依据，按照职务分离制度和授权审批制度，各环节和各责任人正确履行审批监督责任，对项目实施过程进行监督和控制，防止各种舞弊行为，保证项目建设的质量和进度。	交易性金融资产、可供出售金融资产、持有至到期投资、长期股权投资、投资收益	√	√	√	√	√	√	√				

续表

序号	主要业务活动	控制目标	被审计单位制度设计的控制措施	相关的重大账户	受影响的相关认定							控制活动对实现控制目标是否有效（是/否）	是否得到执行		是否测试运行有效性（是/否）
					存在/发生	完整性	权利和义务	计价和分摊	准确性	截止	分类		是/否/不适用	索引号	
9	实施投资方案	保证投资活动按计划合法、有序、有效进行	3. 做好严密的会计记录，发挥会计控制的作用。 4. 做好跟踪分析工作，及时评价投资的进展，将分析和评价的结果反馈给决策层，以便及时调整投资策略或制定投资推出策略。	交易性金融资产、可供出售金融资产、持有至到期投资、长期股权投资、投资收益	√	√	√	√	√	√	√				
10	投资资产处置控制	保证投资资产的处理符合企业的利益	1. 投资资产的处置应该通过专业中介机构，选择相应的资产评估方法，客观评估投资价值，同时确定处置策略，重视投资到期本金的收回。 2. 投资资产的处置必须通过董事会的授权批准，应加强投资收回和处置环节的控制，对投资收回、转让、核销等决策和审批程序做出明确规定。 3. 核销投资应当取得不能收回投资的法律文书和相关证明文件。	交易性金融资产、可供出售金融资产、持有至到期投资、长期股权投资、投资收益	√	√	√	√	√	√	√				

序号	主要业务活动	控制目标	被审计单位制度设计的控制措施	相关的重大账户	受影响的相关认定							控制活动对实现控制目标是否有效（是/否）	是否得到执行		是否测试运行有效性（是/否）
					存在/发生	完整性	权利和义务	计价和分摊	准确性	截止	分类		是/否/不适用	索引号	
11	货币资金环节	合理确定货币资金持有量；防止错弊，保证货币资金安全完整	1. 编制现金预算，对货币资金需要量、收付时间和金额、支付标准等进行严密控制。 2. 使用最佳现金持有量模型进行最佳现金持有量决策。 3. 加强货币资金日常管理。 4. 建立货币资金收支两条线制度，集团公司还应同时建立货币资金集中管理制度，严格对货币资金的管控。 5. 建立严格的货币资金收支授权审批制度和职务分离制度，防止发生错弊的风险。 5.1 制定资金的限制接近措施，未经授权不得经办资金收付业务；明确不同级别管理人员的权限。 5.2 会计对相关凭证进行横向和纵向复核。	现金、银行存款、其他货币资金、应收账款、其他应收款、应付账款、其他应付款、应付职工薪酬、应交税费及相关成本费用类账户	√	√	√		√	√					

续表

序号	主要业务活动	控制目标	被审计单位制度设计的控制措施	相关的重大账户	受影响的相关认定							控制活动对实现控制目标是否有效（是/否）	是否得到执行		是否测试运行有效性（是/否）
					存在/发生	完整性	权利和义务	计价和分摊	准确性	截止	分类		是/否/不适用	索引号	
11	货币资金环节	合理确定货币资金持有量；防止错弊，保证货币资金安全完整	5.3 出纳根据复合后的相关首付款凭证收款和付款，并加盖戳记。 5.4 出纳人员根据资金收复凭证登记日记账，会计人员根据相关凭证登记有关明细分类账；主管会计登记总分类账。 5.5 账证核对、账表核对与账实核对。 5.6 授权专人保管资金；定期、不定期盘点。 5.7 开设、使用与撤销的授权；是否有账外账。 5.8 票据统一印制或购买；票据由专人保管；印章与空白票据分管；财务专用章与企业法人章分管。	现金、银行存款、其他货币资金、应收账款、其他应收款、应付账款、其他应付款、应付职工薪酬、应交税费及相关成本费用类账户	√	√	√		√	√					

续表

序号	主要业务活动	控制目标	被审计单位制度设计的控制措施	相关的重大账户	受影响的相关认定							控制活动对实现控制目标是否有效（是/否）	是否得到执行		是否测试运行有效性（是/否）
					存在/发生	完整性	权利和义务	计价和分摊	准确性	截止	分类		是/否/不适用	索引号	
12	储备资金环节	合理确定储备资金占用数量；保证储备资金安全完整	1. 编制各种储备资金预算，对储备资金占用进行严密控制。 2. 使用经济订货量模型进行储备资金采购决策。 3. 采用 ABC 法、ERP 系统、JIT 制度等进行存货控制。 4. 建立严密的存货收发保管制度，防止存货收发储存环节的错弊，保证存货安全完整。	原材料、燃料、备品备件、辅助材料、在产品、库存商品		√			√						
13	生产资金环节	合理组织生产，有效控制成本	1. 编制生产预算，有计划组织生产。 2. 按生产通知单领料，严格履行；领料手续。 3. 制定产品目标成本和消耗定额，严格控制成本发生。 4. 建立生产台账，编制生产进度表，对产品生产和交接进行严格控制。	在产品、库存商品		√			√		√				

续表

序号	主要业务活动	控制目标	被审计单位制度设计的控制措施	相关的重大账户	受影响的相关认定							控制活动对实现控制目标是否有效（是/否）	是否得到执行		是否测试运行有效性（是/否）
					存在/发生	完整性	权利和义务	计价和分摊	准确性	截止	分类		是/否/不适用	索引号	
13	生产资金环节	合理组织生产，有效控制成本	5. 建立质量检验制度和责任成本制度，开展成本差异分析，落实责任制，促进产品质量和生产效率提高。 6. 建立完善的成本核算制度和会计账簿体系，准确合适产品成本。	在产品、库存商品		√			√		√				
14	新的储备资金环节	确定储备资金的合理占用数量，保证储备资金安全完整	与前述储备资金环节的风险控制措施相同。	原材料、燃料、备品备件、辅助材料、在产品、库存商品		√			√						

续表

序号	主要业务活动	控制目标	被审计单位制度设计的控制措施	相关的重大账户	受影响的相关认定							控制活动对实现控制目标是否有效（是/否）	是否得到执行		是否测试运行有效性（是/否）
					存在/发生	完整性	权利和义务	计价和分摊	准确性	截止	分类		是/否/不适用	索引号	
15	新的货币资金环节	准确进行成本补偿，合理进行利润分配；建立商品销售和货款回收制度	1. 准确进行收入费用配比，足额补偿成本。 2. 遵守利润分配规定和程序，及时、恰当分配利润，妥善处理各方利润关系。 3. 加强应收账款管理，减少坏账损失，及时收回货款。 4. 建立严密的资金收入控制程序，严格资金收入控制，保证收入货币资金的安全完整。	原材料、燃料、备品备件、辅助材料、未分配利润、应付股利、应收账款、坏账准备、现金、银行存款		√			√						

资金活动证据检查工作底稿（3）

被审计单位名称：	________	编制人：	________	日期：	________	索引号：	________
会　计　期　间：	________	复核人：	________	日期：	________	页　次：	________

一、获取被审计单位建立内部控制制度的政策文件和依据

二、获取被审计单位资金活动的风险矩阵、流程文档和证据表单

三、获取与资金活动内部控制设计有效性相关的文件

1. 筹资方案、筹资方案的评估文件、筹资方案审批单

2. 借款合同、代理协议、发行股票或债券的清单、备查簿

3. 投资方案、投资方案的可行性论证文件、投资方案审批单

4. 投资合同或协议、投资处置报告

5. 收付款凭证、银行存款日记账、银行对账单、银行余额调节表、储备资金预算、生产预算、收入费用配比计算表、利润分配政策、应收账款管理政策、资金收款政策

筹资活动内部控制穿行测试（4－1）

被审计单位名称：________ 编制人：________ 日期：________ 索引号：________

会　计　期　间：________ 复核人：________ 日期：________ 页　次：________

审计目标：通过穿行测试，了解和评价筹资活动内部控制设计是否合理并得到执行，评估与财务报表相关的重大错报风险。

审计过程：{包括记录选样方法等}

样本序号	业务内容	筹资时间	筹资期限	筹资金额	主要控制点执行情况的检查										
					1	2	3	4	5	6	7	8	9	10	…

标识 1：不相容职务已分开设置并得到执行；

标识 2：筹资方案经过战略性、经济性、风险性评估；

标识 3：有筹资方案的核准文件；

标识 4：有筹资计划文件；

标识 5：有签署的借款合同、代理协议、发行股票或债券的清单等筹资协议，登记备查簿并专人管理；

标识 6：检查项目已登记在合同台账且与账簿记录核对相符；

标识 7：筹资已正确入账；

标识 8：还款手续齐全并已正确入账；

标识 9：利息支出手续齐全并已正确入账；

标识 10：定期取得代理机构代理信息报告并核对一致；

…：……

穿行测试说明：｛针对上述穿行测试过程中的事项进行相关说明｝

编制说明：

1. 在执行财务报表审计业务时，注册会计师应运用职业判断，结合被审计单位实际情况设计和执行穿行测试。
2. 注册会计师应对整个流程执行穿行测试，涵盖交易自发生至记账的整个过程。
3. 如拟实施控制测试，在本循环中执行穿行测试检查的项目也可作为控制测试的测试项目之一。

审计结论：

1. 经________抽查________笔业务，发现________控制设计或执行存在________问题，财务报表________认定可能存在重大错报风险。
2. 对________控制不依赖（中度\ 高度依赖），拟对________控制执行控制测试。

投资活动内部控制穿行测试（4－2）

被审计单位名称：______	编制人：______	日期：______	索引号：______
会 计 期 间：______	复核人：______	日期：______	页 次：______

审计目标：通过穿行测试，了解和评价投资活动内部控制设计是否合理并得到执行，评估与财务报表相关的重大错报风险。

审计过程：{包括记录选样方法等}

样本序号	业务内容	投资时间	投资业务种类	投资金额	主要控制点执行情况的检查										
					1	2	3	4	5	6	7	8	9	10	…

续表

标识 1：不相容职务已分开设置并得到执行；
标识 2：有投资方案并得到批准；
标识 3：有投资方案的可行性论证报告并得到批准；
标识 4：有投资计划及投资计划的审批文件；
标识 5：签署投资协议、专人归档管理并定期核对一致；
标识 6：重大并购项目已履行规定程序，并按规定程序报批、报备、公告；
标识 7：定期进行投资分析；
标识 8：已专人保管投资证券、建立备查登记并定期盘点核对一致；
标识 9：投资已正确进行账务处理；
标识 10：已按规定程序进行投资处置；
…：……

穿行测试说明：{针对上述穿行测试过程中的事项进行相关说明}

编制说明：

1. 在执行财务报表审计业务时，注册会计师应运用职业判断，结合被审计单位实际情况设计和执行穿行测试。
2. 注册会计师应对整个流程执行穿行测试，涵盖交易自发生至记账的整个过程。
3. 如拟实施控制测试，在本循环中执行穿行测试检查的项目也可作为控制测试的测试项目之一。

审计结论：

1. 经________抽查________笔业务，发现________控制设计或执行存在________问题，财务报表________认定可能存在重大错报风险。
2. 对________控制不依赖（中度\ 高度依赖），拟对________控制执行控制测试。

资金营运内部控制穿行测试（4-3）

被审计单位名称：________ 编制人：________ 日期：________ 索引号：________

会 计 期 间：________ 复核人：________ 日期：________ 页 次：________

审计目标：通过穿行测试，了解和评价资金营运内部控制设计是否合理并得到执行，评估与财务报表相关的重大错报风险。

审计过程：{包括记录选样方法等}

样本序号	资金营运环节	业务内容	样本日期	样本金额	主要控制点执行情况的检查										
					1	2	3	4	5	6	7	8	9	10	…

续表

标识 1：不相容职务已分开设置并得到执行；
标识 2：申请付款项目有预算，并符合预算管理的要求；
标识 3：付款单据经审核，履行了审批程序，付款后在原始单据加盖“付讫”戳记；
标识 4：记账凭证与原始凭证的内容、金额核对一致，赊销业务，收款凭证与应收账款记录核对一致；
标识 5：赊销业务，收款凭证与应收账款记录核对一致；
标识 6：收付款记录与银行对账单核对一致；
标识 7：合理确定储备资金占用数量，保证储备资金安全完整；
标识 8：按照生产预算，合理组织生产，建立生产台账和完善的成本核算制度和会计账簿体系，有效控制成本；
标识 9：准确进行成本补偿，合理进行利润分配；建立商品销售和货款回收制度；
标识 10：各资金营运环节已正确进行账务处理；
…：……

穿行测试说明：{针对上述穿行测试过程中的事项进行相关说明}

编制说明：
1. 在执行财务报表审计业务时，注册会计师应运用职业判断，结合被审计单位实际情况设计和执行穿行测试。
2. 注册会计师应对整个流程执行穿行测试，涵盖交易自发生至记账的整个过程。
3. 如拟实施控制测试，在本循环中执行穿行测试检查的项目也可作为控制测试的测试项目之一。

审计结论：
1. 经________抽查________笔业务，发现________控制设计或执行存在________问题，财务报表________认定可能存在重大错报风险。
2. 对________控制不依赖（中度\ 高度依赖），拟对________控制执行控制测试。

（二）采购业务内部控制评价

1. 初步评价表

被审计单位名称：＿＿＿＿＿＿ **编制人：**＿＿＿＿＿＿ **日期：**＿＿＿＿＿＿ **索引号：**＿＿＿＿＿＿
会 计 期 间：＿＿＿＿＿＿ **复核人：**＿＿＿＿＿＿ **日期：**＿＿＿＿＿＿ **页 次：**＿＿＿＿＿＿

<table>
<tr><td colspan="2" align="center">内控风险初步评价标准</td></tr>
<tr><td colspan="2">重要提示：
如出现下列情况表明认定层次可能存在重大错报。
（1）相关内控制度并未建立；
（2）相关内控制度未得到执行、不能防止或发现和纠正重大错报或漏报。</td></tr>
<tr><td colspan="2" align="center">对内控制度的初步评价</td></tr>
<tr><td colspan="2">评价依据：访谈记录（　　）；调查问卷（　　）；文字描述（　　）</td></tr>
<tr><td colspan="2">评价：
（1）简要描述评价过程，发现的问题，与认定层次相关的重大错报风险。
（2）是否识别出非常规交易或重大事项；是否进一步识别出其他风险，如果已识别出其他风险，将对审计计划产生哪些影响？应将相应事项完整的记录在“审计计划修正记录”文件中。</td></tr>
<tr><td colspan="2">沟通事项：
是否需要就已识别出的内部控制设计或执行方面的重大缺陷，与适当层次的管理层或治理层进行沟通？</td></tr>
<tr><td>评价结论类型：</td><td align="center">结　论</td></tr>
<tr><td>内部控制健全程度</td><td></td></tr>
<tr><td>是否考虑依赖内部控制</td><td></td></tr>
<tr><td>是否执行控制测试</td><td></td></tr>
</table>

2. 采购业务内部控制评价导引表

被审计单位名称：__________ 编制人：__________ 日期：__________ 索引号：__________
会 计 期 间：__________ 复核人：__________ 日期：__________ 页 次：__________

内 容	执行人	索引号
1. 了解内部控制设计——控制流程		
2. 评价内部控制——控制目标和控制活动是否能控制风险		
3. 证据检查（与本业务循环相关的内部控制制度文件、资料、凭证等）		
4. 确定控制是否得到执行（穿行测试）		

了解内部控制——控制流程（1）

被审计单位名称：__________　编制人：__________　日期：__________　索引号：__________
会　计　期　间：__________　复核人：__________　日期：__________　页　次：__________

说明：了解公司采购业务内部控制，并按内部控制活动设计进行描述，参考内容如下：

一、受本循环影响的主要交易和账户余额

主要交易	会计科目	损益类科目本期发生额	资产负债表类项目期末余额	本循环财务指标

二、本循环所涉及的主要部门及人员

涉及部门	主要人员职务	主要人员名字	职责分工

三、不相容职务分离制度

了解并描述被审计单位建立的有关职责分工的政策和程序（关注但不限于不相容职务相分离及各相关部门之间相互牵制情况），并评价其是否有助于建立有效的内部控制，通常下列职务是不相容的，不得由同一部门或同一人担保业务的全过程。

1. 不相容职务相互分离：请购与审批、询价与确定供应商、采购合同的订立与审批、采购与验收、实物资产的保管与会计记录、付款审批与执行等职务分离。

2. 各相关部门之间相互牵制并在其授权范围内履行职责，同一部门或个人不得处理担保业务的全过程。

证据检查：组织结构图、职责分工文件等。

四、采购业务业务流程（示例）

1. 编制需求计划和采购计划

需求部门一般根据生产经营需要向采购部门提出物资需求计划，采购部门根据该需求计划归类汇总平衡现有库存物资后，统筹安排采购计划，并按照规定的权限审批后方可执行。了解并描述需求计划和采购计划的审批权限和程序。

1.1 生产、经营、项目建设等部门，应当根据实际需求准确、及时编制需求计划。需求部门提出需求计划时，不能指定或变相指定供应商。

1.2 采购计划是企业年度生产经营计划的一部分，在制定年度生产经营计划过程中，企业应当根据发展目标和实际需要，结合库存和在途情况科学安排采购计划，防止采购过高或过低。

1.3 采购计划应纳入采购预算管理，经相关负责人审批后，作为企业刚性指令严格执行。

证据检查：需求计划及审批文件、采购计划及审批文件。

2. 请购

企业生产经营部门根据采购计划和实际需求，提出采购申请，一般情况下包括下列内容：

2.1 建立采购申请制度，依据购买物资或接受劳务的类型，确定归口管理部门，授予相应的请购权，明确相关部门或人员的职责权限及相应的请购程序。企业可以根据实际需要设置专门的请购部门，对需求部门提出的请购需求进行审核，并进行归类汇总，统筹安排企业的请购计划。

2.2 具有请购权的部门对于预算内采购项目，应当严格按照预算执行进度办理请购手续，并根据市场变化提出合理采购申请。对于超预算和预算外采购项目，应先履行预算调整程序，由具备相应审批权限的部门或人员审批后，再行办理请购手续。

2.3 具备相应审批权限的部门或人员审批采购申请时，应重点关注采购申请内容是否准确、完整，是否符合生产经营需要，是否符合采购计划，是否在采购范围内等。对不符合采购规定的采购申请，应要求请购部门调整请购内容或拒绝批准。

证据检查：采购制度、请购单等。

3. 选择供应商

选择供应商，也就是确定采购渠道，了解并描述对供应商选择的批准方式、权限、程序和责任。

3.1 建立科学的供应商评估和准入制度，对供应商资质信誉情况的真实性和合法性进行审查，确定合格的供应商清单，健全企业统一的供应商网络。企业新增供应商的市场准入、供应商新增服务关系以及调整供应商物资目录，都要由采购部门根据需要提出申请，并按规定的权限和程序审核批准后，纳入供应商网络。

3.2 采购部门应当按照公平、公正和竞争的原则，择优确定供应商，在切实防范舞弊风险的基础上，与供应商签订质量保证协议。

3.3 建立供应商管理信息系统和供应商淘汰制度，对供应商提供物资和劳务的质量、价格、交货及时性、供货条件及其资信、经营状况等进行实时管理和考核评价，根据考核评价结果，提出供应商淘汰和更换名单，经审批后对供应商进行合理选择和调整，并在以供应商管理系统中作出相应记录。

证据检查：供应商评估和准入制度、供应商物资目录及相应审批文件、供应商管理和考核评价记录及系统中修正记录等。

4. 确定采购价格

了解并描述企业确定采购价格的批准方式、权限、程序和责任。

4.1　健全采购定价机制，采取协议采购、招标采购、询比价采购、动态竞价采购等多种方式，科学合理的确定采购价格。对标准化程度高、需求计划性强、价格相对稳定的物资，通过招标、联合谈判等公开、竞争方式签订框架协议。

4.2　采购部门应当定期研究大宗通用重要物资的成本构成与市场价格变动趋势，确定重要物资品种的采购执行价格或参考价格。建立采购价格数据库，定期开展重要物资的市场供求形势及价格走势商情分析并合理利用。

证据检查：采购定价制度、大宗通用重要物资的成本构成与市场价格变动趋势记录及采购价格数据库等。

5. 订立框架协议或采购合同

了解并描述签订框架协议或采购合同及审核合同条款的授权批准方式、权限、程序和责任。

5.1　对拟签订框架协议的供应商的主体资格、信用状况等进行风险评估；框架协议的签订引入竞争机制，确保供应商具备履约能力。

5.2　根据确定的供应商、采购方式、采购价格等情况，拟定采购合同，准确描述合同条款，明确双方权利、义务和违约责任，按照规定权限签署采购合同。对于影响重大、涉及较高专业技术和法律关系复杂的技术合同，应当组织法律、技术、财会等专业人员参与谈判，必要时可聘请外部专家参与相关工作。

5.3　对重要物资验收量与合同量之间允许的差异，应当作出统一规定。

证据检查：框架协议或采购合同、合同签批单、合同台账等。

6. 管理供应过程

企业建立严格的采购合同跟踪制度，科学评价供应商的供货情况，并根据合理选择的运输工具和运输方式办理运输、投保等事宜，实时掌握物资采购供应过程的情况。主要措施如下：

6.1　依据采购合同中确定的主要条款跟踪合同履行情况，对有可能影响生产或工程进度的异常情况，应作出书面报告并及时提出解决方案，采取必要措施，保证需求物资的及时供应。

6.2　对重要物资建立并执行合同履约过程中的巡视，点检和监造制度。对需要监造的物资，择优确定监造单位，签订监造合同，落实监造责任人，审核确认监造大纲，审定监造报告，并及时向技术等部门通报。

6.3　根据生产建设进度和采购物资特性等因素，选择合理的运输工具和运输方式，办理运输、投保等事宜。

6.4　实行全过程的采购登记制度或信息化管理，确保采购过程的可追溯性。

证据检查：异常情况书面报告、监造合同、采购登记记录等。

7. 验收

验收是指企业对采购物资和劳务的检验接收，确保其符合合同相关规定或产品质量要求，了解并描述企业验收执行过程和相关制度。

7.1　制定明确的采购验收标准，结合物资特性确定必建物资目录，规定此类物资出具质量检验报告后方可入库。

7.2　验收机构或人员应当根据采购合同及质量检验部门出具的质量检验证明，重点关注采购合同、发票等原始单据与采购物资的数量、质量、规格型号等核对一致。对验收合格的物资，填制入库凭证，加盖物资“收讫章”，登记事务账，及时将入库凭证传递给财会部门。物资入库前，采购部门需检查质量保证书、商检证书或合格证等证明文件。

7.3 对于验收过程中发生的异常情况，验收机构或人员应当立即向企业有权管理的相关机构报告，相关机构应当查明原因并及时处理。

证据检查：采购制度及采购验收标准、入库凭证、发票等原始单据，检查质量保证书、商检证书或合格证等证明文件、异常情况书面报告等。

8. 付款

付款是指企业在对采购预算、合同、相关单据凭证、审批程序等内容审核无误后，按照采购合同规定及时向供应商办理支付款项的过程。了解并描述企业付款执行过程和相关制度。

8.1 严格审查采购发票等票据的真实性、合法性和有效性，判断采购款项是否确实应予支付。审查发票填制内容是否与发票种类相符、发票加盖的印章是否与票据的种类相符合等。重视采购付款的过程控制和跟踪管理，如发现异常情况，应拒绝向供应商付款，避免出现资金损失和信用损失。

8.2 根据国家有关支付结算的相关规定和企业生产经营的实际情况，合理选择支付方式，并严格遵循合同规定，防范付款不当带来的法律风险，保证资金安全。除不足转账起点金额的采购可以支付现金外，采购价款应通过银行办理转账。

8.3 加强预付账款和定金的管理，涉及大额或长期的预付款项，应当定期进行追踪核查，综合分析预付账款的期限，占用款项的合理性、不可收回风险等情况，发现有疑问的预付款，应当采取措施，尽快收回款项。

证据检查：资金支付审批单、预付账款和定金分析记录等。

9. 会计控制

会计系统控制包括采购物资的确认、应付款项的管理、采购退回的处理等。了解并描述财会部门在会计系统控制中的职责分工、措施、程序和责任。

9.1 企业应当加强对购买、验收、付款业务的会计控制，详细记录供应商情况、采购申请、采购合同、采购通知、验收证明、入库凭证、退货情况、商业票据、款项支付等情况、做好采购各环节的记录，确保会计记录、采购记录与仓储记录核对一致。

9.2 指定专人通过函证等方式，定期向供应商寄发对账函，核对应付款项、应付票据、预付账款等往来款项，对供应商提出的异议应及时查明原因，报有权管理的部门或人员批准后，作出相应调整。

证据检查：会计记录与合同台账、验收记录及库存台账的核对记录、应付款项对账单等。

10. 采购业务的后评估

了解并描述采购业务后评估的制度及相应考核体系情况。

10.1 企业应当定期对物资需求计划、采购计划、采购渠道、采购价格、采购质量、采购成本、协调或合同签约与履行情况等物资采购供应活动进行专项评估和综合分析，及时发现采购业务薄弱环节，优化采购流程。

10.2 将物资需求计划管理、供应商管理、储备管理等方面的关键指标纳入业绩考核体系，促进物资采购与生产、销售等环节的有效衔接，不断防范采购风险、全面提升采购效能。

证据检查：物资采购供应活动专项评估和综合分析报告、采购指标业绩考核政策及记录等。

五、信息系统

本循环使用的应用软件：

信息系统名称	计算机运作环境	来源	初次安装时间

初次安装后对信息系统进行的任何重大修改、开发与维护

信息系统名称	重大修改、开发与维护	更新日期

拟于将来实施的重大修改、开发与维护

本年度对信息系统进行的重大修改、开发与维护及其影响

评价内部控制——控制目标和控制活动（2）

被审计单位名称：________　编制人：________　日期：________　索引号：________

会　计　期　间：________　复核人：________　日期：________　页　次：________

序号	主要业务活动	控制目标	被审计单位制度设计的控制措施	相关的重大账户	受影响的相关认定							控制活动对实现控制目标是否有效（是/否）	是否得到执行		是否测试运行有效性（是/否）
					存在/发生	完整性	权利和义务	计价和分摊	准确性	截止	分类		是/否/不适用	索引号	
1	编制需求计划和采购计划	需求计划或采购计划合理，采购计划符合生产需要	1. 生产、经营、项目建设等部门，应当根据实际需求准确、及时编制需求计划。需求部门提出需求计划时，不能指定或变相指定供应商。 2. 采购计划是企业年度生产经营计划的一部分，在制订年度生产经营计划过程中，企业应当根据发展目标和实际需要，结合库存和在途情况科学安排采购计划，防止采购过高或过低。根据年度采购计划，结合实际生产情况，制订月度采购计划。 3. 采购计划应纳入采购预算管理，经相关负责人审批后，作为企业刚性指令严格执行。	存货及相关费用成本账户等	√										

续表

序号	主要业务活动	控制目标	被审计单位制度设计的控制措施	相关的重大账户	受影响的相关认定							控制活动对实现控制目标是否有效（是/否）	是否得到执行		是否测试运行有效性（是/否）
					存在/发生	完整性	权利和义务	计价和分摊	准确性	截止	分类		是/否/不适用	索引号	
2	请购	建立采购制度、请购按照授权适当审批，保证企业正常生产经营	1. 建立采购申请制度，依据购买物资或接受劳务的类型，确定归口管理部门，授予相应的请购权，明确相关部门或人员的职责权限及相应的请购程序。企业可以根据实际需要设置专门的请购部门，对需求部门提出的请购需求进行审核，并进行归类汇总，统筹安排企业的请购计划。 2. 具有请购权的部门对于预算内采购项目，应当严格按照预算执行进度办理请购手续，并根据市场变化提出合理采购申请。对于超预算和预算外采购项目，应先履行预算调整程序，由具备相应审批权限的部门或人员审批后，再行办理请购手续。 3. 具备相应审批权限的部门或人员审批采购申请时，应重点关注采购申请内容内容是否准确、完整，是否符合生产经营需要，是否符合采购计划，是否在采购范围内等。对不符合采购规定的采购申请，应要求请购部门调整请购内容或拒绝批准。	存货、相关费用成本账户、应付账款、应付票据等	√		√								

续表

序号	主要业务活动	控制目标	被审计单位制度设计的控制措施	相关的重大账户	受影响的相关认定							控制活动对实现控制目标是否有效（是/否）	是否得到执行		是否测试运行有效性（是/否）
					存在/发生	完整性	权利和义务	计价和分摊	准确性	截止	分类		是/否/不适用	索引号	
3	选择供应商	供应商的选择符合公司的经营目标和最大利益，供应商的更新符合企业的规章制度。对供应商数据的修改须正确、及时、完整	1. 建立科学的供应商评估和准入制度，对供应商资质信誉情况的真实性和合法性进行审查，确定合格的供应商清单，健全企业统一的供应商网络。企业新增供应商的市场准入、供应商新增服务关系以及调整供应商物资目录，都要由采购部门根据需要提出申请，并按规定的权限和程序审核批准后，纳入供应商网络。 2. 采购部门应当按照公平、公正和竞争的原则，择优确定供应商，在切实防范舞弊风险的基础上，与供应商签订质量保证协议。 3. 建立供应商管理信息系统和供应商淘汰制度，对供应商提供物资和劳务的质量、价格、交货及时性、供货条件及其资信、经营状况等进行实时管理和考核评价，根据考核评价结果，提出供应商淘汰和更换名单，经审批后对供应商进行合理选择和调整，并在以供应商管理系统中做出相应记录。	存货、相关费用成本账户、应付账款、应付票据等	√		√								

续表

序号	主要业务活动	控制目标	被审计单位制度设计的控制措施	相关的重大账户	受影响的相关认定							控制活动对实现控制目标是否有效（是/否）	是否得到执行		是否测试运行有效性（是/否）
					存在/发生	完整性	权利和义务	计价和分摊	准确性	截止	分类		是/否/不适用	索引号	
4	确定采购价格	采购定价机制科学，定价方式适当，对重要物资品种价格跟踪监控，采购价格合理，符合公司的经营目标和最大利益	1. 健全采购定价机制，采取协议采购、招标采购、询比价采购、动态竞价采购等多种方式，科学合理地确定采购价格。对标准化程度高、需求计划性强、价格相对稳定的物资，通过招标、联合谈判等公开、竞争方式签订框架协议。 2. 采购部门应当定期研究大宗通用重要物资的成本构成与市场价格变动趋势，确定重要物资品种的采购执行价格或参考价格。建立采购价格数据库，定期开展重要物资的市场供求形势及价格走势商情分析并合理利用。	存货、相关费用成本账户、应付账款、应付票据等	√		√	√	√						
5	订立框架协议或采购合同	框架协议签订妥当，保证物资采购顺畅，在授权范围内订立采购合同，对合同对方主体资格及合同内容严格审核，避免重大疏漏或欺诈	1. 对拟签订框架协议的供应商的主体资格、信用状况等进行风险评估；框架协议的签订引入竞争机制，确保供应商具备履约能力。 2. 根据确定的供应商、采购方式、采购价格等情况，拟定采购合同，准确描述合同条款，明确双方权利、义务和违约责任，按照规定权限签署采购合同。对于影响重大、涉及较高专业技术和法律关系复杂的技术合同，应当组织法律、技术、财会等专业人员参与谈判，必要时可聘请外部专家参与相关工作。 3. 对重要物资验收量与合同量之间允许的差异，应当做出统一规定。	存货、相关费用成本账户、应付账款、应付票据等	√	√	√	√	√						

序号	主要业务活动	控制目标	被审计单位制度设计的控制措施	相关的重大账户	受影响的相关认定							控制活动对实现控制目标是否有效（是/否）	是否得到执行		是否测试运行有效性（是/否）
					存在/发生	完整性	权利和义务	计价和分摊	准确性	截止	分类		是/否/不适用	索引号	
6	管理供应过程	有效跟踪采购合同履行情况，选择合理运输方式，重视运输过程保险风险，保证采购物资无损失且按时供应	1. 依据采购合同中确定的主要条款跟踪合同履行情况，对有可能影响生产或工程进度的异常情况，应做出书面报告并及时提出解决方案，采取必要措施，保证需求物资的及时供应。 2. 对重要物资建立并执行合同履约过程中的巡视，点检和监造制度。对需要监造的物资，择优确定监造单位，签订监造合同，落实监造责任人，审核确认监造大纲，审定监造报告，并及时向技术等部门通报。 3. 根据生产建设进度和采购物资特性等因素，选择合理的运输工具和运输方式，办理运输、投保等事宜。 4. 实行全过程的采购登记制度或信息化管理，确保采购过程的可追溯性。	存货、相关费用成本账户、应付账款、应付票据等	√	√	√	√	√						

序号	主要业务活动	控制目标	被审计单位制度设计的控制措施	相关的重大账户	受影响的相关认定							控制活动对实现控制目标是否有效（是/否）	是否得到执行		是否测试运行有效性（是/否）
					存在/发生	完整性	权利和义务	计价和分摊	准确性	截止	分类		是/否/不适用	索引号	
7	验收	验收标准明确、程序规范，对验收中存在的异常情况，及时处理，保证账实相符，采购物资无损失	1. 制定明确的采购验收标准，结合物资特性确定必建物资目录，规定此类物资出具质量检验报告后方可入库。 2. 验收机构或人员应当根据采购合同及质量检验部门出具的质量检验证明，重点关注采购合同、发票等原始单据与采购物资的数量、质量、规格型号等核对一致。对验收合格的物资，填制入库凭证，加盖物资“收讫章”，登记事务账，及时将入库凭证传递给财会部门。物资入库前，采购部门需检查质量保证书、商检证书或合格证等证明文件。 3. 对于验收过程中发生的异常情况，验收机构或人员应当立即向企业有权管理的相关机构报告，相关机构应当查明原因并及时处理。	存货、相关费用成本账户、应付账款、应付票据等	√	√	√	√	√						

续表

序号	主要业务活动	控制目标	被审计单位制度设计的控制措施	相关的重大账户	受影响的相关认定							控制活动对实现控制目标是否有效（是/否）	是否得到执行		是否测试运行有效性（是/否）
					存在/发生	完整性	权利和义务	计价和分摊	准确性	截止	分类		是/否/不适用	索引号	
8	付款	付款审核严格、付款方式得当、严格控制付款金额，避免资金损失或信用受损	1. 严格审查采购发票等票据的真实性、合法性和有效性，判断采购款项是否确实应予支付。审查发票填制内容是否与发票种类相符、发票加盖的印章是否与票据的种类相符合等。重视采购付款的过程控制和跟踪管理，如发现异常情况，应拒绝向供应商付款，避免出现资金损失和信用损失。 2. 根据国家有关支付结算的相关规定和企业生产经营的实际情况，合理选择支付方式，并严格遵循合同规定，防范付款不当带来的法律风险，保证资金安全。除不足转账起点金额的采购可以支付现金外，采购价款应通过银行办理转账。 3. 加强预付账款和定金的管理，涉及大额或长期的预付款项，应当定期进行追踪核查，综合分析预付账款的期限，占用款项的合理性、不可收回风险等情况，发现有疑问的预付款，应当采取措施，尽快收回款项。	存货、相关费用成本账户、应付账款、应付票据、现金、银行存款等	√	√	√	√	√						

续表

序号	主要业务活动	控制目标	被审计单位制度设计的控制措施	相关的重大账户	受影响的相关认定							控制活动对实现控制目标是否有效（是/否）	是否得到执行		是否测试运行有效性（是/否）
					存在/发生	完整性	权利和义务	计价和分摊	准确性	截止	分类		是/否/不适用	索引号	
9	会计控制	企业账实相符、账证相符、账账相符、账表相符，保证存货及相关成本费用账户、应付款项等会计核算的真实性和可靠性	1. 企业应当加强对购买、验收、付款业务的会计控制，详细记录供应商情况、采购申请、采购合同、采购通知、验收证明、入库凭证、退货情况、商业票据、款项支付等情况、做好采购各环节的记录，确保会计记录、采购记录与仓储记录核对一致。 2. 指定专人通过函证等方式，定期向供应商寄发对账函，核对应付款项、应付票据、预付账款等往来款项，对供应商提出的异议应及时查明原因，报有权管理的部门或人员批准后，做出相应调整。	存货、相关费用成本账户、应付账款、应付票据、现金、银行存款等	√	√	√	√	√	√	√				
10	采购业务的后评估	促进物资采购与生产、销售等环节的有效衔接，不断防范采购风险，全面提升采购效能	1. 企业应当定期对物资需求计划、采购计划、采购渠道、采购价格、采购质量、采购成本、协调或合同签约与履行情况等物资采购供应活动进行专项评估和综合分析，及时发现采购业务薄弱环节，优化采购流程。 2. 将物资需求计划管理、供应商管理、储备管理等方面的关键指标纳入业绩考核体系，促进物资采购与生产、销售等环节的有效衔接，不断防范采购风险、全面提升采购效能。	存货、相关费用成本账户、应付账款、应付票据、现金、银行存款等	√		√								

采购业务证据检查工作底稿（3）

被审计单位名称：__________ 编制人：__________ 日期：__________ 索引号：__________
会 计 期 间：__________ 复核人：__________ 日期：__________ 页 次：__________

一、获取被审计单位建立内部控制制度的政策文件和依据

二、获取被审计单位采购业务的风险矩阵、流程文档和证据表单

三、获取与采购业务内部控制设计有效性相关的文件

1. 需求计划及审批文件、采购计划及审批文件

2. 供应商评估和准入制度、供应商物资目录及相应审批文件、供应商管理和考核评价记录及系统中修正记录

3. 采购定价制度、大宗通用重要物资的成本构成与市场价格变动趋势记录及采购价格数据库

4. 框架协议或采购合同、合同签批单、合同台账

5. 采购制度及采购验收标准、入库凭证、发票等原始单据，检查质量保证书、商检证书或合格证等证明文件、异常情况书面报告

采购业务内部控制穿行测试（4）

被审计单位名称：________ 编制人：________ 日期：________ 索引号：________
会 计 期 间：________ 复核人：________ 日期：________ 页 次：________

审计目标：通过穿行测试，了解和评价采购业务内部控制设计是否合理并得到执行，评估与财务报表相关的重大错报风险。
审计过程：{包括记录选样方法等}

样本序号	业务内容	发票内容	采购时间	采购金额	主要控制点执行情况的检查										
					1	2	3	4	5	6	7	8	9	10	…

续表

标识1：需求计划及采购计划由相应权限人员按照规定程序审批； 标识2：所有采购均已按规定编制请购单； 标识3：请购申请经批准，超预算和预算外采购符合规定； 标识4：有科学的供应商评估和准入制度，按照相应审批权限制定供应商目录并实时管理和考评； 标识5：有科学的采购定价机制，定价方式适当，对重要物资品种价格跟踪监控记录； 标识6：有框架协议或采购合同，且经过审批，并登记合同台账； 标识7：收到货物时指定专人验收并编写验收报告； 标识8：付款已填制资金支付审批单并经批准； 标识9：采购物资已及时正确入账，款项已支付与采购金额核对一致； 标识10：定期核对与供应商的债权债务金额； …：……
穿行测试说明：{针对上述穿行测试过程中的事项进行相关说明}
编制说明： 1. 在执行财务报表审计业务时，注册会计师应运用职业判断，结合被审计单位实际情况设计和执行穿行测试。 2. 注册会计师应对整个流程执行穿行测试，涵盖交易自发生至记账的整个过程。 3. 如拟实施控制测试，在本循环中执行穿行测试检查的项目也可作为控制测试的测试项目之一。
审计结论： 1. 经________抽查________笔业务，发现________控制设计或执行存在________问题，财务报表________认定可能存在重大错报风险。 2. 对________控制不依赖（中度\ 高度依赖），拟对________控制执行控制测试。

（三）销售业务内部控制评价

1. 初步评价表

被审计单位名称： ________ **编制人：** ________ **日期：** ________ **索引号：** ________
会 计 期 间： ________ **复核人：** ________ **日期：** ________ **页 次：** ________

内控风险初步评价标准	
重要提示： 如出现下列情况表明认定层次可能存在重大错报。 （1）相关内控制度并未建立； （2）相关内控制度未得到执行、不能防止或发现和纠正重大错报或漏报。	
对内控制度的初步评价	
评价依据： 访谈记录（ ）；调查问卷（ ）；文字描述（ ）	
评价： （1）简要描述评价过程，发现的问题，与认定层次相关的重大错报风险。 （2）是否识别出非常规交易或重大事项；是否进一步识别出其他风险，如果已识别出其他风险，将对审计计划产生哪些影响？应将相应事项完整的记录在“审计计划修正记录”文件中。	
沟通事项： 是否需要就已识别出的内部控制设计或执行方面的重大缺陷，与适当层次的管理层或治理层进行沟通？	
评价结论类型：	**结　论**
内部控制健全程度	
是否考虑依赖内部控制	
是否执行控制测试	

2. 销售业务内部控制评价导引表

被审计单位名称：__________ 编制人：__________ 日期：__________ 索引号：__________
会 计 期 间：__________ 复核人：__________ 日期：__________ 页 次：__________

内 容	执行人	索引号
1. 了解内部控制设计——控制流程		
2. 评价内部控制——控制目标和控制活动是否能控制风险		
3. 证据检查（与本业务循环相关的内部控制制度文件、资料、凭证等）		
4. 确定控制是否得到执行（穿行测试）		

了解内部控制——控制流程（1）

被审计单位名称：__________ 编制人：__________ 日期：__________ 索引号：__________
会 计 期 间：__________ 复核人：__________ 日期：__________ 页 次：__________

说明：了解公司销售业务内部控制，并按内部控制活动设计进行描述，参考内容如下：

一、受本循环影响的主要交易和账户余额

主要交易	会计科目	损益类科目本期发生额	资产负债表类项目期末余额	本循环财务指标

二、本循环所涉及的主要部门及人员

涉及部门	主要人员职务	主要人员名字	职责分工

三、不相容职务分离制度

了解并描述被审计单位建立的有关职责分工的政策和程序（关注但不限于不相容职务相分离及各相关部门之间相互牵制情况），并评价其是否有助于建立有效的内部控制，通常下列职务是不相容的，不得由同一部门或同一人销售业务的全过程。

1. 不相容职务相互分离：订单的接受与赊销的审批、销售合同的订立与审批、销售与运货、实物资产保管与会计记录、收款审批与执行等职务相互分离。

2. 各相关部门之间相互牵制并在其授权范围内履行职责，同一部门或个人不得处理担保业务的全过程。

证据检查：组织结构图、职责分工文件等。

四、销售业务业务流程（示例）

1. 销售计划管理

企业销售预测的基础上，结合企业生产能力，设定总体目标额及不同产品的销售目标额，进而为能实现该目标而设定具体营销方案和实施计划。了解并描述企业相关部门制订和审核销售计划的职责和相关程序。

1.1 企业应当根据发展战略和年度生产经营计划，结合企业实际情况，制订年度销售计划，在此基础上结合客户订单情况，制订月度销售计划，并按规定的权限和程序审批后下达执行；

1.2 定期对各种产品（商品）区域销售额、进销差价、销售计划与实际销售情况等进行分析，结合生产状况，及时调整销售计划，调整后的销售计划需履行相应的审批程序。

证据检查：年度销售计划及审批文件、调整后销售计划及审批文件。

2. 客户开发与信用管理

了解并描述企业加强现有客户维护，开发潜在目标客户，积极开拓市场份额的政策和程序，了解并描述企业的信用审核制度及执行全过程，了解并描述企业对于境外客户和新开发的客户建立的信用保证制度，对有销售意向的客户进行资信评估，根据企业自身风险和接受程度确定具体的信用等级。

2.1 企业应当在进行充分市场调查的基础上，合理细分市场并确定目标市场，根据不同的目标群体的具体需求，确定定价机制和信用方式，灵活运用销售折扣、销售折让、信用销售、代销和广告宣传等多种策略和营销方式，促进销售目标实现，不断提高市场占有率。

2.2 建立和不断更新维护客户信用动态档案，由与销售部门相对独立的信用管理部门对客户付款情况进行持续跟踪和监控，提出划分、调整客户信用等级的方案。根据客户信用等级和企业信用政策，拟定客户赊销限额和时限，经销售部、财会部等具有相关权限的人审批。对于境外客户和新开发客户，应建立严格的信用保证制度。

证据检查：销售部门管理政策、赊销政策及相关审批制度、信用保证制度、客户信用动态档案及相关审批权限等。

3. 销售定价

了解并描述商品价格的确定、调整及相应的审批程序。

3.1 根据有关价格政策、综合考虑企业财务目标、营销目标、产品成本、市场状况及竞争对手情况等多方面因素，确定产品基准定价。定期评价产品基准价格的合理性，定价或调价须经具有相应权限人员的审核批准。

3.2 在执行基准定价的基础上，针对某些商品可以授予销售部门一定限度的价格浮动权，销售部门可结合产品市场特点，将价格浮动权向下实行逐级递减分配，同时明确权限执行人。价格权限执行人必须严格遵守规定的价格浮动范围。

3.3 销售折扣、销售折让等政策的制定应由具有相应权限的人员审核批准。

证据检查：产品基准定价及审批文件、特殊商品价格浮动权限表、销售折扣、销售折让等销售政策及审批文件等。

4. 订立销售合同

了解并描述签订销售合同及审核合同条款的授权批准方式、权限、程序和责任。

4.1 订立销售合同前，企业应当制定专门人员与客户进行业务洽谈、磋商或谈判，关注客户信用状况，明确销售定价、结算方式、权利与义务条款等相关内容。重大的销售业务谈判还应当吸收财会、法律等专业人员参加，并形成完整的书面记录。

4.2 企业应当建立健全销售合同订立及审批管理制度，明确必须签订合同的范围，规范合同订立程序，确定具体的审核、审批程序和所涉及的部门人员及相应权责。

4.3 销售合同草案经审批同意后，企业应授权有关人员与客户签订正式销售合同。

证据检查：销售合同、重大销售业务谈判会议纪要、销售合同签批单、销售合同台账等。

5. 发货

发货是根据销售合同的约定向客户提供商品的环节。了解并描述企业发货执行过程和相关制度。

5.1　销售部门应当按照经审核后的销售合同开具相关的销售通知交仓储部门和财会部门。

5.2　仓储部门应当落实出库、计量、运输等环节的岗位责任，对销售通知进行审核，严格按照所列的发货品种和规格、发货数量、发货时间、发货方式、接货地点等，按规定的时间进行发货，形成相应的发货单据，并应连续编号。

5.3　应当以组织合同或条款等形式明确运输方式、商品短缺、毁损或编制的责任、到货验收方式、运输费用承担、保险等内容，货物交接环节应做好装卸和检验工作，确保货物的安全发运，由客户验收确认。

5.4　企业应当做好发货各环节的记录，填制相应的凭证，建立全过程的销售登记制度，并加强销售计划、销售合同、销售通知、发运凭证、销售发票等文件和凭证的相互核对工作。

证据检查：销售通知单、发货出库单据、客户验收货物确认单、销售登记各文件之间的核对记录等。

6. 收款

收款是企业经授权发货后与客户结算的环节，按照发货时是否收到货款，可分为现销和赊销。了解并描述企业收款执行过程和相关制度。

6.1　结合公司销售政策，选择恰当的收款方式，加快款项回收，提高资金的使用效率。

6.2　建立票据管理制度，特别是加强商业汇票的管理。

6.3　加强赊销管理。

6.4　加强代销业务款项的管理，及时与代销商结算账款。

6.5　收取的现金、银行本票、汇票等应及时缴存银行并登记入账，不得擅自坐支现金。

证据检查：票据管理制度、赊销管理、代销业务款项的管理制度及代销款收回单据、现销款项入账单据、收款台账等。

7. 客户服务

企业与客户之间建立信息沟通机制，对客户提出的问题，应予以及时解答或反馈、处理，不断改进商品服务质量和服务水平，以提升客户满意度和忠诚度。客户服务包括：产品维修、销售退回、维护升级等。了解并描述企业客户服务的相关制度和管理办法。

7.1　结合竞争对手客户服务水平，建立和完善客户服务制度。

7.2　设专人或部门进行客户服务和跟踪。

7.3　建立产品质量管理制度，加强销售、生产、研发、质量检验等相关部门之间的沟通协调。

7.4　做好客户回访工作，定期或不定期开展客户满意度调查；建立客户投诉制度，记录所有的客户投诉，并分析产生的原因及解决措施。

7.5　加强销售退回控制。销售退回须经具有相应权限的人员审批后方可执行。

证据检查：客户服务制度、产品维修记录、产品维修费预计依据、销售退回相关单据等。

8. 会计系统控制

会计系统控制包括销售收入的确认、应收款项的管理、坏账准备的计提和冲销、销售退回的处理等。了解并描述财会部门在会计系统控制中的职责分工、措施、程序和责任。

8.1　企业应加强对销售、发货、收款业务的会计系统控制，确保会计记录、销售记录与仓储记录核对一致。

8.2　建立应收账款清收核查制度，销售部门应定期与客户对账，并取得书面对账凭证，财会部门负责办理资金结算并监督款项回收。

8.3　及时收集相关账款相关凭证资料并妥善保管；及时要求客户提供担保；对未按时还款的客户，采取申请支付令、申请诉前保全和起诉方式及时清收欠款。

8.4　对于可能成为坏账的应收欠款，应当按照国家统一的会计准则计提坏账准备，并按照权限范围和审批程序进行审批。

证据检查：会计记录与合同台账及库存台账的核对记录、应收账款与客户对账单、应收款项催收记录、坏账准备计提表及审批记录、销售业绩及款项回收绩效考核政策及记录等。

五、信息系统

本循环使用的应用软件

信息系统名称	计算机运作环境	来源	初次安装时间

初次安装后对信息系统进行的任何重大修改、开发与维护

信息系统名称	重大修改、开发与维护	更新日期

拟于将来实施的重大修改、开发与维护

本年度对信息系统进行的重大修改、开发与维护及其影响

评价内部控制——控制目标和控制活动（2）

被审计单位名称：__________　编制人：__________　日期：__________　索引号：__________

会　计　期　间：__________　复核人：__________　日期：__________　页　次：__________

序号	主要业务活动	控制目标	被审计单位制度设计的控制措施	相关的重大账户	受影响的相关认定							控制活动对实现控制目标是否有效（是/否）	是否得到执行		是否测试运行有效性（是/否）
					存在/发生	完整性	权利和义务	计价和分摊	准确性	截止	分类		是/否/不适用	索引号	
1	销售计划管理	制订合理的销售计划，并经授权批准，保证生产经营良性循环	1. 企业应当根据发展战略和年度生产经营计划，结合企业实际情况，制订年度销售计划，在此基础上结合客户订单情况，制订月度销售计划，并按规定的权限和程序审批后下达执行。 2. 定期对各种产品（商品）区域销售额、进销差价、销售计划与实际销售情况等进行分析，结合生产状况，及时调整销售计划，调整后的销售计划需履行相应的程序。	销售收入、销售费用、应收账款、应收票据	√										

序号	主要业务活动	控制目标	被审计单位制度设计的控制措施	相关的重大账户	受影响的相关认定							控制活动对实现控制目标是否有效（是/否）	是否得到执行		是否测试运行有效性（是/否）
					存在/发生	完整性	权利和义务	计价和分摊	准确性	截止	分类		是/否/不适用	索引号	
2	客户开发与信用管理	加强客户维护，拓展市场，健全客户档案、合理资信评估，款项收回，保证资金流转和正常经营	1. 企业应当在进行充分市场调查的基础上，合理细分市场并确定目标市场，根据不同的目标群体的具体需求，确定定价机制和信用方式，灵活运用销售折扣、销售折让、信用销售、代销和广告宣传等多种策略和营销方式，促进销售目标实现，不断提高市场占有率。 2. 建立和不断更新维护客户信用动态档案，由与销售部门相对独立的信用管理部门对客户付款情况进行持续跟踪和监控，提出划分、调整客户信用等级的方案。根据客户信用等级和企业信用政策，拟定客户赊销限额和时限，经销售部、财会部等具有相关权限的人审批。对于境外客户和新开发客户，应建立严格的信用保证制度。	销售收入、销售费用、应收账款、应收票据	√		√								

续表

序号	主要业务活动	控制目标	被审计单位制度设计的控制措施	相关的重大账户	受影响的相关认定							控制活动对实现控制目标是否有效（是/否）	是否得到执行		是否测试运行有效性（是/否）
					存在/发生	完整性	权利和义务	计价和分摊	准确性	截止	分类		是/否/不适用	索引号	
3	销售定价	定价符合价格政策，商品销售价格经适当审批	1. 根据有关价格政策、综合考虑企业财务目标、营销目标、产品成本、市场状况及竞争对手情况等多方面因素，确定产品基准定价。定期评价产品基准价格的合理性，定价或调价须经具有相应权限人员的审核批准。 2. 在执行基准定价的基础上，针对某些商品可以授予销售部门一定限度的价格浮动权，销售部门可结合产品市场特点，将价格浮动权向下实行逐级递减分配，同时明确权限执行人。价格权限执行人必须严格遵守规定的价格浮动范围。 3. 销售折扣、销售折让等政策的制定应由具有相应权限的人员审核批准。	销售收入、销售费用、应收账款、应收票据	√		√	√	√						

续表

序号	主要业务活动	控制目标	被审计单位制度设计的控制措施	相关的重大账户	受影响的相关认定							控制活动对实现控制目标是否有效（是/否）	是否得到执行		是否测试运行有效性（是/否）
					存在/发生	完整性	权利和义务	计价和分摊	准确性	截止	分类		是/否/不适用	索引号	
4	订立销售合同	在授权范围内订立销售合同，对销售合同内容严格审核，符合销售政策避免重大疏漏或欺诈	1. 订立销售合同前，企业应当制定专门人员与客户进行业务洽谈、磋商或谈判，关注客户信用状况，明确销售定价、结算方式、权利与义务条款等相关内容。重大的销售业务谈判还应当吸收财会、法律等专业人员参加，并形成完整的书面记录。 2. 企业应当建立健全销售合同订立及审批管理制度，明确必须签订合同的范围，规范合同订立程序，确定具体的审核、审批程序和所涉及的部门人员及相应权责。 3. 销售合同草案经审批同意后，企业应授权有关人员与客户签订正式销售合同。并登记销售合同。	销售收入、应收账款、应收票据	√	√	√	√	√						

续表

序号	主要业务活动	控制目标	被审计单位制度设计的控制措施	相关的重大账户	受影响的相关认定							控制活动对实现控制目标是否有效（是/否）	是否得到执行		是否测试运行有效性（是/否）
					存在/发生	完整性	权利和义务	计价和分摊	准确性	截止	分类		是/否/不适用	索引号	
5	发货	经授权发货且发货符合合同要求	1. 销售部门应当按照经审核后的销售合同开具相关的销售通知交仓储部门和财会部门。 2. 仓储部门应当落实出库、计量、运输等环节的岗位责任，对销售通知进行审核，严格按照所列的发货品种和规格、发货数量、发货时间、发货方式、接货地点等，按规定的时间进行发货，形成相应的发货单据，并应连续编号。 3. 应当以组织合同或条款等形式明确运输方式、商品短缺、毁损或编制的责任、到货验收方式、运输费用承担、保险等内容，货物交接环节应做好装卸和检验工作，确保货物的安全发运，由客户验收确认。	销售收入、应收账款、应收票据、库存商品	√	√	√	√	√						

续表

序号	主要业务活动	控制目标	被审计单位制度设计的控制措施	相关的重大账户	受影响的相关认定							控制活动对实现控制目标是否有效（是/否）	是否得到执行		是否测试运行有效性（是/否）
					存在/发生	完整性	权利和义务	计价和分摊	准确性	截止	分类		是/否/不适用	索引号	
5	发货	经授权发货且发货符合合同要求	4. 企业应当做好发货各环节的记录，填制相应的凭证，建立全过程的销售登记制度，并加强销售计划、销售合同、销售通知、发运凭证、销售发票等文件和凭证的相互核对工作。	销售收入、应收账款、应收票据、库存商品	√	√	√	√	√						
6	收款	款项回收及时、严格职责分工和交叉核对，避免舞弊	1. 结合公司销售政策，选择恰当的收款方式，加快款项回收，提高资金的使用效率。 2. 建立票据管理制度，特别是加强商业汇票的管理。 3. 加强赊销管理。 4. 加强代销业务款项的管理，及时与代销商结算账款。 5. 收取的现金、银行本票、汇票等应及时缴存银行并登记入账，不得擅自坐支现金。	销售收入、销售费用、应收账款、应收票据、现金、银行存款	√	√	√	√	√						

序号	主要业务活动	控制目标	被审计单位制度设计的控制措施	相关的重大账户	受影响的相关认定							控制活动对实现控制目标是否有效(是/否)	是否得到执行		是否测试运行有效性(是/否)
					存在/发生	完整性	权利和义务	计价和分摊	准确性	截止	分类		是/否/不适用	索引号	
7	客户服务	提高客户服务水平、增强消费者满意度、提高品牌形象、避免客户流失	1. 结合竞争对手客户服务水平，建立和完善客户服务制度。 2. 设专人或部门进行客户服务和跟踪。 3. 建立产品质量管理制度，加强销售、生产、研发、质量检验等相关部门之间的沟通协调。 4. 做好客户回访工作，定期或不定期开展客户满意度调查；建立客户投诉制度，记录所有的客户投诉，并分析产生的原因及解决措施。 5. 加强销售退回控制。	销售收入、销售费用、应收账款、应收票据、预计负债	√		√								

续表

序号	主要业务活动	控制目标	被审计单位制度设计的控制措施	相关的重大账户	受影响的相关认定							控制活动对实现控制目标是否有效（是/否）	是否得到执行		是否测试运行有效性（是/否）
					存在/发生	完整性	权利和义务	计价和分摊	准确性	截止	分类		是/否/不适用	索引号	
8	会计系统控制	企业账实相符、账证相符、账账相符、账表相符，保证销售收入、销售成本、应收款项等会计核算的真实性和可靠性	1. 企业应加强对销售、发货、收款业务的会计系统控制，确保会计记录、销售记录与仓储记录核对一致。 2. 建立应收账款清收核查制度，销售部门应定期与客户对账，并取得书面对账凭证，财会部门负责办理资金结算并监督款项回收。 3. 及时收集相关账款相关凭证资料并妥善保管；及时要求客户提供担保；对未按时还款的客户，采取申请支付令、申请诉前保全和起诉方式及时清收欠款。 4. 对于可能成为坏账的应收欠款，应当按照国家统一的会计准则计提坏账准备，并按照权限范围和审批程序进行审批。	销售收入、应收账款、应收票据、库存台账、销售费用、预计负债	√	√	√	√	√	√	√				

销售业务证据检查工作底稿（3）

被审计单位名称：	______	编制人：	______	日期：	______	索引号：	______
会　计　期　间：	______	复核人：	______	日期：	______	页　次：	______

一、获取被审计单位建立内部控制制度的政策文件和依据

二、获取被审计单位销售业务的风险矩阵、流程文档和证据表单

三、获取与销售业务内部控制设计有效性相关的文件

1. 年度销售计划及审批文件、调整后销售计划及审批文件

2. 销售部门管理政策、赊销政策及相关审批制度、信用保证制度、客户信用动态档案及相关审批权限

3. 产品基准定价及审批文件、特殊商品价格浮动权限表、销售折扣、销售折让等销售政策及审批文件

4. 销售通知单、发货出库单据、客户验收货物确认单、销售登记各文件之间的核对记录

5. 收款台账、产品维修记录、产品维修费预计依据、销售退回相关单据

销售业务内部控制穿行测试（4）

被审计单位名称：__________ 编制人：__________ 日期：__________ 索引号：__________

会　计　期　间：__________ 复核人：__________ 日期：__________ 页　次：__________

审计目标：通过穿行测试，了解和评价销售业务内部控制设计是否合理并得到执行，评估与财务报表相关的重大错报风险。

审计过程：{包括记录选样方法等}

样本序号	业务内容	发票内容	销货数量	销货金额	主要控制点执行情况的检查										
					1	2	3	4	5	6	7	8	9	10	…

标识1：有年度销售计划及审批文件、调整后销售计划及审批文件及月度销售计划； 标识2：有赊销政策及相关审批制度、信用保证制度、客户信用动态档案及相关审批权限； 标识3：产品基准定价及审批文件、特殊商品价格浮动权限表、销售折扣、销售折让等销售政策及审批文件； 标识4：有销售订货单及销售合同； 标识5：有已审批的销货审批单和销售通知单且与客户订单内容一致； 标识6：有仓储部门连续编号的货物出库单且与仓储保管账核对一致； 标识7：已开具的发票和客户订货单、销售通知单所记录内容核对一致； 标识8：有连续编号的运输部门的装运单与发票及销售通知单所记录内容核对一致； 标识9：销售收入已及时正确入账，款项已收回与销货金额核对一致； 标识10：对客户应收账款已建立催收和定期分析； …：……
穿行测试说明：{针对上述穿行测试过程中的事项进行相关说明} **编制说明**： 1. 在执行财务报表审计业务时，注册会计师应运用职业判断，结合被审计单位实际情况设计和执行穿行测试。 2. 注册会计师应对整个流程执行穿行测试，涵盖交易自发生至记账的整个过程。 3. 如拟实施控制测试，在本循环中执行穿行测试检查的项目也可作为控制测试的测试项目之一。
穿行测试结论： 1. 经________抽查________笔业务，发现________控制设计或执行存在________问题，财务报表________认定可能存在重大错报风险。 2. 对________控制不依赖（中度\ 高度依赖），拟对________控制执行控制测试。

（四）担保业务内部控制评价

1. 初步评价表

被审计单位名称：＿＿＿＿＿＿ **编制人：**＿＿＿＿＿＿ **日期：**＿＿＿＿＿＿ **索引号：**＿＿＿＿＿＿

会　计　期　间：＿＿＿＿＿＿ **复核人：**＿＿＿＿＿＿ **日期：**＿＿＿＿＿＿ **页　次：**＿＿＿＿＿＿

内控风险初步评价标准	
重要提示： 如出现下列情况表明认定层次可能存在重大错报。 （1）相关内控制度并未建立； （2）相关内控制度未得到执行、不能防止或发现和纠正重大错报或漏报。	
对内控制度的初步评价	
评价依据：访谈记录（　　）；调查问卷（　　）；文字描述（　　）	
评价： （1）简要描述评价过程，发现的问题，与认定层次相关的重大错报风险。 （2）是否识别出非常规交易或重大事项；是否进一步识别出其他风险，如果已识别出其他风险，将对审计计划产生哪些影响？应将相应事项完整的记录在“审计计划修正记录”文件中。	
沟通事项： 是否需要就已识别出的内部控制设计或执行方面的重大缺陷，与适当层次的管理层或治理层进行沟通？	
评价结论类型：	**结　论**
内部控制健全程度	
是否考虑依赖内部控制	
是否执行控制测试	

2. 担保业务内部控制评价导引表

被审计单位名称：__________ 编制人：__________ 日期：__________ 索引号：__________
会 计 期 间：__________ 复核人：__________ 日期：__________ 页 次：__________

内 容	执行人	索引号
1. 了解内部控制设计——控制流程		
2. 评价内部控制——控制目标和控制活动是否能够控制风险		
3. 证据检查（与本业务循环相关的内部控制制度文件、资料、凭证等）		
4. 确定控制是否得到执行（穿行测试）		

了解内部控制——控制流程（1）

被审计单位名称：__________ 编制人：__________ 日期：__________ 索引号：__________

期　　　间：__________ 复核人：__________ 日期：__________ 页　次：__________

说明：了解公司担保业务内部控制，并按内控控制活动设计进行描述，参考内容如下：

一、受本循环影响的主要交易和账户余额

主要交易	会计科目	损益类科目本期发生额	资产负债表类项目期末余额	本循环财务指标

二、本循环所涉及的主要部门及人员

涉及部门	主要人员职务	主要人员名字	职责分工

三、不相容职务分离制度

了解并描述被审计单位建立的有关职责分工的政策和程序（关注但不限于不相容职务相分离及各相关部门之间相互牵制情况），并评价其是否有助于建立有效的内部控制，通常下列职务是不相容的，不得由同一部门或同一人担保业务的全过程。

1. 不相容职务相互分离：担保业务的评估与审批；担保业务的审批与执行；担保业务的执行和核对；担保业务相关财产保管和担保业务记录。

2. 各相关部门之间相互牵制并在其授权范围内履行职责，同一部门或个人不得处理担保业务的全过程。

证据检查：组织结构图、职责分工文件等。

四、担保业务业务流程（示例）

1. 受理申请

担保人提出担保申请，考虑担保人是否属于可以提供担保的对象，考虑因素如下：担保申请人与本企业的关系，担保申请人整体实力、经营状况、信用水平的了解情况，担保申请人申请资料的完备情况。制定管控措施，严格审查。

1.1　依法制定和完善本企业的担保政策和相关管理制度，明确担保的对象、范围、方式、条件、程序、担保限额和禁止担保的事项。

1.2　严格按照担保政策和相关管理制度对担保申请人提出的担保申请进行审核。

证据检查：担保政策、相关管理制度等。

2. 调查和评估

了解并描述企业在受理担保申请后对担保申请人进行资信调查和风险评估的程序。

2.1　委派具备胜任能力的专业人员开展调查和评估。

2.2　对担保申请人资信状况和有关情况进行全面、客观的调查评估。

2.3　对担保项目经营前景和盈利能力进行合理预测。

2.4　划定不予担保的“红线”，并结合调查评估情况做出判断。

2.5　形成书面评估报告，全面反映调查评估情况，为担保决策提供第一手资料。

证据检查：调查取得资料、书面评估报告等。

3. 审批

了解并描述对担保申请人审批的授权批准方式、权限、程序和责任。

3.1　建立和完善担保审批制度，明确授权批准的方式、权限、程序、责任和相关控制措施，规定各层级人员应当在授权范围内进行审批，不得超越权限审批。

3.2　建立和完善重大担保业务的集体决策审批制度。

3.3　认真审查对担保申请人的调查评估报告，在充分了解掌握有关情况的基础上，权衡比较本企业净资产状况、担保限额与担保人提出的担保金额，确保将担保金额控制在企业设定的担保限额之内。

3.4　从严办理担保变更审批。被担保人要求变更担保事项的，企业应当重新履行调查和评估程序，根据新的调查评估报告重新履行审批手续。

证据检查：受理担保申请的审批文件、授权文件等。

4. 签订担保合同

了解并描述签订担保合同及审核合同条款的授权批准方式、权限、程序和责任。

4.1　严格按照经审核批准的担保业务订立担保合同。合同订立经办人员应当在职责范围内，按照审批人员的批准意见拟定合同条款。

4.2　认真审核合同条款，确保担保合同条款内容完整、表达严谨准确、相关手续齐备。

4.3　实行担保合同会审联签。

4.4　加强对有关身份证明和印章的管理。

4.5　规范合同担保记录、传递和保管，确保担保合同运转轨迹清晰完整、有案可查。

证据检查：担保合同、担保合同签批单、担保记录表等。

5. 日常监控

了解并描述相关部门对担保合同执行情况日常监控的管理职能及程序，通过及时、准确、全面的了解掌握被担保人的经营状况、财务状况和担保项目运行情况，最大限度的实现企业担保权益，最大限度的降低企业担保责任。

5.1　指定专人定期监测被担保人的经营状况和财务状况，了解担保项目的执行、资金的使用、贷款的归还、财务运转及风险等情况，促进担保合同有效履行。

5.2　及时报告被担保人异常情况和重要信息。

证据检查：日常监控的职责分工文件；定期分析报告等。

6. 会计控制

担保业务直接涉及担保财产、费用收取、财务分析、债务承担、会计处理和相关信息披露等，决定了会计控制在担保业务经办中具有重要作用。了解并描述财会部门在会计控制中的职责分工、措施、程序和责任。

6.1 健全担保业务经办部门与财会部门的信息沟通机制，促进担保信息及时有效沟通。

6.2 健全担保事项台账，详细记录担保对象、金额、期限、用于抵押和质押的物品或权利以及其他有关事项。同时及时足额收取担保费费用，维护企业担保权益。

6.3 严格按照国家统一的会计准则制度进行担保会计处理，发现被担保人出现财务状况恶化、资不抵债、破产清算等情形的，应当合理确认预计负债和损失，属于上市公司的，还应当区别不同情况依法予以公告。

6.4 切实加强对反担保财产的管理，妥善保管被担保人用于反担保的权利凭证，定期核实财产的存续状况和价值，发现问题及时处理，确保反担保财产安全完整。

6.5 夯实担保合同基础管理，妥善保管担保合同、与担保合同相关的主合同、反担保函或反担保合同，以及抵押、质押的权利凭证和有关原始资料，做到担保业务档案完整无缺。当担保合同到期时，企业要全面清查用于担保的财产、权利凭证，按照合同约定及时终止担保关系。

证据检查：担保事项台账、担保合同、与担保合同相关的主合同、反担保函或反担保合同，以及抵押、质押的权利凭证和有关原始资料等。

7. 代为清偿和权利追索

了解并描述相关部门对担保合同代为清偿和权利追索的管理职能及程序，由于各方面因素的影响，部分被担保人无法偿还到期债务，担保企业按照担保合同约定承担清偿债务的责任，代为清偿后依法主张对被担保人的追索权。

7.1 加强法制意识和责任观念，在被担保人确实无力偿付债务或履行相关义务时，自觉按照担保合同承担代偿义务，维护企业诚实守信的市场形象。

7.2 运用法律武器向被担保人追索赔偿权利，相关部门通力合作，做到在司法程序中举证有力，同时依法处置被担保人的反担保财产，尽力减少企业经济损失。

7.3 启动担保业务后评估工作，严格落实担保业务责任追究制度，不断完善担保业务内控制度，严控担保风险，促进企业健康稳健发展。

证据检查：承担清偿债务的相关依据及凭证、处置被担保人的反担保财产相关依据及凭证、担保业务后评估报告等。

五、信息系统

本循环使用的应用软件

信息系统名称	计算机运作环境	来源	初次安装时间

初次安装后对信息系统进行的任何重大修改、开发与维护

信息系统名称	重大修改、开发与维护	更新日期

拟于将来实施的重大修改、开发与维护

本年度对信息系统进行的重大修改、开发与维护及其影响

评价内部控制——控制目标和控制活动（2）

被审计单位名称：__________　编制人：__________　日期：__________　索引号：__________

会　计　期　间：__________　复核人：__________　日期：__________　页　次：__________

序号	主要业务活动	控制目标	被审计单位制度设计的控制措施	相关的重大账户	受影响的相关认定							控制活动对实现控制目标是否有效（是/否）	是否得到执行		是否测试运行有效性（是/否）
					存在/发生	完整性	权利和义务	计价和分摊	准确性	截止	分类		是/否/不适用	索引号	
1	受理申请	健全担保政策和相关管理制度，并对担保申请严格审查	1. 依法制定和完善本企业的担保政策和相关管理制度，明确担保的对象、范围、方式、条件、程序、担保限额和禁止担保的事项。 2. 严格按照担保政策和相关管理制度对担保申请人提出的担保申请进行审核。	担保财产设计的相关账户、其他业务收入及相关信息披露	√		√								
2	调查和评估	深入透彻对担保申请人资信调查，全面科学评估担保项目风险	1. 委派具备胜任能力的专业人员开展调查和评估。 2. 对担保申请人资信状况和有关情况进行全面、客观的调查评估。 3. 对担保项目经营前景和盈利能力进行合理预测。 4. 划定不予担保的“红线”，并结合调查评估情况做出判断。 5. 形成书面评估报告，全面反应调查评估情况，为担保决策提供第一手资料。	担保财产设计的相关账户、其他业务收入及相关信息披露	√		√								

续表

序号	主要业务活动	控制目标	被审计单位制度设计的控制措施	相关的重大账户	受影响的相关认定							控制活动对实现控制目标是否有效（是/否）	是否得到执行		是否测试运行有效性（是/否）
					存在/发生	完整性	权利和义务	计价和分摊	准确性	截止	分类		是/否/不适用	索引号	
3	担保业务审批	选择对公司效益最大化的担保业务	1. 建立和完善担保审批制度，明确授权批准的方式、权限、程序、责任和相关控制措施，规定各层级人员应当在授权范围内进行审批，不得超越权限审批。 2. 建立和完善重大担保业务的集体决策审批制度。 3. 认真审查对担保申请人的调查评估报告，在充分了解掌握有关情况的基础上，权衡比较本企业净资产状况、担保限额与担保人提出的担保金额，确保将担保金额控制在企业设定的担保限额之内。 4. 从严办理担保变更审批。	担保财产设计的相关账户、其他业务收入及相关信息披露	√		√								
4	签订担保合同	在授权范围内订立担保合同，对担保合同内容严格审核，避免重大疏漏或欺诈	1. 严格按照经审核批准的担保业务订立担保合同。合同订立经办人员应当在职责范围内，按照审批人员的批准意见拟定合同条款。 2. 认真审核合同条款，确保担保合同条款内容完整、表达严禁准确、相关手续齐备。 3. 实行担保合同会审联签。 4. 加强对有关身份证明和印章的管理。 5. 规范合同担保记录、传递和保管，确保担保合同运转轨迹清晰完整、有案可查。	担保财产设计的相关账户、其他业务收入及相关信息披露	√		√								

序号	主要业务活动	控制目标	被审计单位制度设计的控制措施	相关的重大账户	受影响的相关认定							控制活动对实现控制目标是否有效（是/否）	是否得到执行		是否测试运行有效性（是/否）
					存在/发生	完整性	权利和义务	计价和分摊	准确性	截止	分类		是/否/不适用	索引号	
5	日常监控	加强合同后续管理，促进担保合同有效履行，及时发现和妥善应对被担保人的异常情况	1. 指定专人定期监测被担保人的经营状况和财务状况，了解担保项目的执行、资金的使用、贷款的归还、财务运转及风险等情况，促进担保合同有效履行。 2. 及时报告被担保人异常情况和重要信息。	担保财产设计的相关账户、其他业务收入、营业外支出、预计负债及相关信息披露	√	√	√		√						
6	会计控制	加强会计控制力度，保证担保业务记录完整，担保会计处理和信息披露符合监管要求，避免行政处罚	1. 健全担保业务经办部门与财会部门的信息沟通机制，促进担保信息及时有效沟通。 2. 健全担保事项台账，详细记录担保对象、金额、期限、用于抵押和质押的物品或权利以及其他有关事项。及时足额收取担保费用，维护企业担保权益。 3. 严格按照国家统一的会计准则制度进行担保会计处理，发现被担保人出现财务状况恶化、资不抵债、破产清算等情形的，应当合理确认预计负债和损失，属于上市公司的，还应当区别不同情况依法予以公告。	担保财产设计的相关账户、其他业务收入、营业外支出、预计负债及相关信息披露	√	√	√		√						

续表

序号	主要业务活动	控制目标	被审计单位制度设计的控制措施	相关的重大账户	受影响的相关认定							控制活动对实现控制目标是否有效（是/否）	是否得到执行		是否测试运行有效性（是/否）
					存在/发生	完整性	权利和义务	计价和分摊	准确性	截止	分类		是/否/不适用	索引号	
6	会计控制	加强会计控制力度，保证担保业务记录完整，担保会计处理和信息披露符合监管要求，避免行政处罚	4. 切实加强对反担保财产的管理，妥善保管被担保人用于反担保的权利凭证，定期核实财产的存续状况和价值，发现问题及时处理，确保反担保财产安全完整。 5. 夯实担保合同基础管理，妥善保管担保合同、与担保合同相关的主合同、反担保函或反担保合同，以及抵押、质押的权利凭证和有关原始资料，做到担保业务档案完整无缺。当担保合同到期时，企业要全面清查用于担保的财产、权利凭证，按照合同约定及时终止担保关系。	担保财产设计的相关账户、其他业务收入、营业外支出、预计负债及相关信息披露	√	√	√		√						
7	代为清偿和权利追索	遵循担保合同约定，履行代为清偿义务，向被担保人追索权利，尽力减少经济损失	1. 加强法制意识和责任观念，在被担保人确实无力偿付债务或履行相关义务时，自觉按照担保合同承担代偿义务，维护企业诚实守信的市场形象。 2. 运用法律武器向被担保人追索赔偿权利，相关部门通力合作，做到在司法程序中举证有力，同时依法处置被担保人的反担保财产，尽力减少企业经济损失。 3. 启动担保业务后评估工作，严格落实担保业务责任追究制度，不断完善担保业务内控制度，严控担保风险，促进企业健康稳健发展。	担保财产设计的相关账户、其他业务收入、营业外支出、预计负债及相关信息披露	√	√	√								

担保业务证据检查工作底稿（3）

被审计单位名称：__________　编制人：__________　日期：__________　索引号：__________
会　计　期　间：__________　复核人：__________　日期：__________　页　次：__________

一、获取被审计单位建立内部控制制度的政策文件和依据

二、获取被审计单位担保业务的风险矩阵、流程文档和证据表单

三、获取与担保业务内部控制设计有效性相关的文件

1. 担保政策、调查取得资料、书面评估报告

2. 受理担保申请的审批文件、教授文件

3. 担保合同、担保合同签批单、担保记录表

4. 担保事项台账、担保合同、与担保合同相关的主合同、反担保函或反担保合同，以及抵押、质押的权利凭证和相关原始资料

5. 承担清偿债务的相关依据及凭证、处置被担保人的反担保财产相关依据及凭证、担保业务后评估报告

担保业务内部控制穿行测试（4）

被审计单位名称：________ 编制人：________ 日期：________ 索引号：________

会　计　期　间：________ 复核人：________ 日期：________ 页　次：________

审计目标：通过穿行测试，了解和评价担保业务内部控制设计是否合理并得到执行，评估与财务报表相关的重大错报风险。

审计过程：{包括记录选样方法等}

样本序号	业务内容	担保期限	担保金额	目前担保业务执行情况	主要控制点执行情况的检查										
					1	2	3	4	5	6	7	8	9	10	…

续表

标识 1：健全担保政策和相关管理制度，并对担保申请严格审查； 标识 2：深入透彻对担保申请人资信调查，形成书面评估报告； 标识 3：有担保审批制度，明确规定重大担保业务的集体决策审批制度； 标识 4：有担保业务的审批文件； 标识 5：有担保业务变更审批文件； 标识 6：有担保合同及合同条款的审批文件； 标识 7：担保业务的日常监督报告； 标识 8：担保合同台账与会计处理信息一致； 标识 9：担保合同台账与担保合同、与担保合同相关的主合同、反担保函或反担保合同，以及抵押、质押的权利凭证和有关原始资料信息一致； 标识 10：遵循担保合同约定，履行代为清偿义务，向被担保人追索权利； …：……
穿行测试说明：{针对上述穿行测试过程中的事项进行相关说明} 编制说明： 1. 在执行财务报表审计业务时，注册会计师应运用职业判断，结合被审计单位实际情况设计和执行穿行测试。 2. 注册会计师应对整个流程执行穿行测试，涵盖交易自发生至记账的整个过程。 3. 如拟实施控制测试，在本循环中执行穿行测试检查的项目也可作为控制测试的测试项目之一。
穿行测试结论： 1. 经________抽查________笔业务，发现________控制设计或执行存在________问题，财务报表________认定可能存在重大错报风险。 2. 对________控制不依赖（中度\ 高度依赖），拟对________控制执行控制测试。

（五）资产管理内部控制评价

1. 初步评价表

被审计单位名称：__________ **编制人：**__________ **日期：**__________ **索引号：**__________
期　　间：__________ **复核人：**__________ **日期：**__________ **页　次：**__________

<table>
<tr><td colspan="2" align="center">内控风险初步评价标准</td></tr>
<tr><td colspan="2">重要提示：
如出现下列情况表明认定层次可能存在重大错报：
1）相关内控制度并未建立；
2）相关内控制度未得到执行、不能防止或发现和纠正重大错报或漏报。</td></tr>
<tr><td colspan="2" align="center">对内控制度的初步评价</td></tr>
<tr><td colspan="2">评价依据：访谈记录（　　）；调查问卷（　　）；文字描述（　　）</td></tr>
<tr><td colspan="2">评价：
1. 简要描述评价过程，发现的问题，与认定层次相关的重大错报风险。
2. 是否识别出非常规交易或重大事项；是否进一步识别出其他风险，如果已识别出其他风险，将对审计计划产生哪些影响？应将相应事项完整的记录在“审计计划修正记录”文件中。</td></tr>
<tr><td colspan="2">沟通事项：
是否需要就已识别出的内部控制设计或执行方面的重大缺陷，与适当层次的管理层或治理层进行沟通？</td></tr>
<tr><td>评价结论类型：</td><td align="center">结　　论</td></tr>
<tr><td>内部控制健全程度</td><td></td></tr>
<tr><td>是否考虑依赖内部控制</td><td></td></tr>
<tr><td>是否执行控制测试</td><td></td></tr>
</table>

2. 资产管理内部控制评价导引表

被审计单位名称：__________ 编制人：__________ 日期：__________ 索引号：__________
期　　　间：__________ 复核人：__________ 日期：__________ 页　次：__________

内　容	执行人	索引号
1. 了解内部控制设计——控制流程		
2. 评价内部控制——控制目标和控制活动能否控制风险		
3. 证据检查（与本业务循环相关的内部控制制度文件、资料、凭证等）		
4. 确定控制是否得到执行（穿行测试）		

了解内部控制——控制流程（1）

被审计单位名称：________ 编制人：________ 日期：________ 索引号：________
会 计 期 间：________ 复核人：________ 日期：________ 页 次：________

说明：了解公司资产管理内部控制，并按内控控制活动设计进行描述，参考内容如下：

一、受本循环影响的主要交易和账户余额

主要交易	会计科目	损益类科目本期发生额	资产负债表类项目期末余额	本循环财务指标

二、本循环所涉及的主要部门及人员

涉及部门	主要人员职务	主要人员名字	职责分工

三、不相容职务分离制度

了解并描述被审计单位建立的有关职责分工的政策和程序（关注但不限于不相容职务相分离及各相关部门之间相互牵制情况），并评价其是否有助于建立有效的内部控制，通常下列职务是不相容的，不得由同一部门或同一人资产管理业务的全过程。

1. 不相容职务相互分离：授权进行某项经济业务的职务要分离；执行某项经济业务的职务与审核该项业务的职务要分离；执行某项经济业务的职务与记录该项业务的职务要分离；保管某项财产的职务与记录该项财产的职务要分离等。

2. 各相关部门之间相互牵制并在其授权范围内履行职责，同一部门或个人不得处理资产管理业务的全过程。

证据检查：组织结构图、职责分工文件等。

四、存货管理业务流程（示例）

存货主要包括原材料、在产品、产成品、半成品、商品及周转材料等；企业代销、代管、代修、受托加工的存货，虽不归企业所有，也应纳入企业存货管理范畴。

1. 取得存货

存货的取得有诸如外购、委托加工或自行生产等多种方式，企业应根据行业特点、生产经营计划和市场因素等综合考虑，本着成本效益原则，确定不同类型的存货取得方式。

1.1 应当根据各种存货采购间隔期和当前库存，综合考虑企业生产经营计划、市场供求等因素，充分利用信息系统，合理确定存货采购日期和数量，确保存货处于最佳库存状态。

1.2 存货取得的风险管控措施主要体现在预算编制和采购环节，将严格执行相关的预算和采购内部控制规范。

证据检查：存货预算、采购计划等。

2. 验收入库

不论是外购原材料或商品，还是本企业生产的产品，都必须经过验收（质检）环节，以保证存货的数量和质量符合合同等有关规定或产品质量要求。

2.1 外购存货的验收应当重点关注合同、发票等原始单据与存货的数量、质量、规格等核对一致。涉及技术含量较高的货物，必要时可委托具有检验资质的机构或聘请外部专家协助验收。

2.2 自制存货的验收，应当重点关注产品质量，通过检验合格的半成品、产成品才能办理入库手续，不合格品应及时查明原因、落实责任、报告处理。

2.3 其他方式取得存货的验收，应当重点关注存货来源、质量状况、实际价值是否符合有关合同或协议的约定。

2.4 仓储部门对于入库的存货，应根据入库单的内容对存货的数量、质量、品种等进行检查，符合要求的予以入库；不符合要求的，应当及时办理退换货等相关事宜。入库记录要真实、完整，定期与财会等相关部门核对，不得擅自修改。

证据检查：验收程序及相应规范文件、验收入库单等。

3. 仓储保管

一般而言，生产企业为保证生产过程的连续性，需要对存货进行仓储保管；商品流通企业的存货从购入到销往客户之间也存在仓储保管环节。

3.1 存货在不同仓库之间流动时，应当办理出入库手续。

3.2 存货仓储期间要按照仓储物资所要求的储存条件妥善贮存，做好防火、防洪、防盗、防潮、防病虫害、防变质等保管工作，不同批次、型号和用途的产品要分类存放。生产现场的在加工原料、周转材料、半成品等要按照有助于提高生产效率的方式摆放，同时防止浪费、被盗和流失。

3.3 对代管、代销、暂存、受托加工的存货，应单独存放和记录，避免与本单位存货混淆。

3.4 结合企业实际情况，加强存货的保险投保，保证存货安全，合理降低存货意外损失风险。

3.5 仓储部门应对库存物料和产品进行每日巡查和定期抽检，详细记录库存情况；发现毁损、存在跌价迹象的，应及时与生产、采购、财务等相关部门沟通。对于进入仓库的人员应办理进出登记手续，未经授权人员不得接触存货。

证据检查：存货出入库单、不同仓储物资保管制度、对代管、代销、暂存、受托加工的存货单独记录清单、存货投保单、库存台账、进出仓库人员出入库登记手续等。

4. 领用发出

生产企业、生产部门领用原材料、辅料、燃料和零部件等用于生产加工；仓储部门根据销售部门开出的发货单向经销商或用户发出产成品；商品流通领域的批发商根据合同或订货单等向下游经销商或零售商发出商品；消费者凭交款凭证等从零售商处取走商品等，都涉及存货领用发出问题。了解并描述存货领用发出的授权批准方式、权限、程序和责任。

4.1　企业应当根据自身的业务特点，确定适用的存货发出管理模式，制定严格的存货准出制度，明确存货发出和领用的审批权限，健全存货出库手续，加强存货领用记录。

4.2　对于一般的生产企业，仓储部门应核对经过审核的领料单或发货通知单的内容，做到单据齐全，名称、规格、计量单位准确；符合条件的准予领用或发出，并与领用人当面核对、点清交付。

4.3　在商场超市等商品流通企业，在存货销售发出环节应侧重于防止商品失窃、随时整理弃置商品、每日核对销售记录和库存记录等。

4.4　对于大批存货、贵重商品或危险品的发出，均应当实行特别授权；仓储部门应当根据经审批的销售（出库）通知单发出货物。

证据检查：存货发出管理制度、领料单或发货通知单等。

5. 盘点清查

存货盘点清查一方面要核对实物的数量，看其是否与相关记录相符、是否账实相符；另一方面也要关注实物的质量，看其是否有明显的损坏。

5.1　企业应当建立存货盘点清查工作规程，结合本企业实际情况确定盘点周期、盘点流程、盘点方法等相关内容，定期盘点和不定期抽查相结合。

5.2　盘点清查时，应拟定详细的盘点计划，合理安排相关人员，使用科学的盘点方法，保持盘点记录的完整，以保证盘点的真实性、有效性。

5.3　盘点清查结果要及时编制盘点表，形成书面报告，包括盘点人员、时间、地点、实际所盘点存货名称、品种、数量、存放情况以及盘点过程中发现的账实不符情况等内容。对盘点清查中发现的问题，应及时查明原因，落实责任，按照规定权限报经批准后处理。

5.4　多部门人员共同盘点，应当充分体现相互制衡，严格按照盘点计划，认真记录盘点情况。

5.5　企业至少应当于每年年度终了开展全面的存货盘点清查，及时发现存货减值迹象，将盘点清查结果形成书面报告。

证据检查：存货盘点工作规程、盘点计划、盘点表及盘点报告、存货减值迹象分析报告等。

6. 存货处置

存货销售处置是存货退出企业生产经营活动的环节，包括商品和产成品的正常对外销售以及存货因变质、毁损等进行的处置。

6.1　企业应定期对存货进行检查，及时、充分了解存货的存储状态。

6.2　对于存货变质、毁损、报废或流失的处理要分清责任、分析原因、及时合理。

证据检查：定期对存货的存储状态检查记录、存货变质、毁损、报废或流失的处理及相关账务处理等。

五、固定资产管理业务流程（示例）

固定资产主要包括房屋、建筑物、机器、机械、运输工具以及其他与生产经营活动有关的设备、器具、工具等。

1. 固定资产取得

固定资产涉及外购、自行建造、非货币性资产交换换入等方式。生产设备、运输工具、房屋建筑物、办公家具和办公设备等不同类型固定资产有不同的验收程序和技术要求，同一类固定资产也会因其标准化程度、技术难度等的不同而对验收工作提出不同的要求。

1.1 建立严格的固定资产交付使用验收制度。企业外购固定资产应当根据合同、供应商发货单等对所购固定资产的品种、规格、数量、质量、技术要求及其他内容进行验收，出具验收单，编制验收报告。企业自行建造的固定资产，应由建造部门、固定资产管理部门、使用部门共同填制固定资产移交使用验收单，验收合格后移交使用部门投入使用。未通过验收的不合格资产，不得接收，必须按照合同等有关规定办理退换货或其他弥补措施。对于具有权属证明的资产，取得时必须有合法的权属证书。

1.2 重视和加强固定资产的投保工作。企业应当通盘考虑固定资产状况，根据其性质和特点，确定和严格执行固定资产的投保范围和政策。投保金额与投保项目力求适当，对应投保的固定资产项目按规定程序进行审批，办理投保手续，规范投保行为，应对固定资产损失风险。对于重大固定资产项目的投保，应当考虑采取招标方式确定保险人，防范固定资产投保舞弊。已投保的固定资产发生损失的，及时调查原因及受损金额，向保险公司办理相关的索赔手续。

证据检查：验收单和验收报告、固定资产移交使用验收单、固定资产权属证明资料、固定资产投保审批单、发生损失资产索赔单据等。

2. 资产登记造册

企业取得每项固定资产后均需要进行详细登记，编制固定资产目录，建立固定资产卡片，以便固定资产的统计、检查和后续管理。

2.1 根据固定资产的定义，结合自身实际情况，制定适合本企业的固定资产目录，列明固定资产编号、名称、种类、所在地点、使用部门、责任人、数量、账面价值、使用年限、损耗等内容，有利于企业了解固定资产使用情况的全貌。

2.2 按照单项资产建立固定资产卡片，资产卡片应在资产编号上与固定资产目录保持对应关系，详细记录各项固定资产的来源、验收、使用地点、责任单位和责任人、运转、维修、改造、折旧、盘点等相关内容，便于固定资产的有效识别。固定资产目录和卡片均应定期或不定期复核，保证信息的真实和完整。

证据检查：固定资产目录、固定资产卡片等。

3. 固定资产运行维护

了解并描述固定资产运行维护授权批准方式、权限、程序和责任。

3.1 固定资产使用部门会同资产管理部门负责固定资产日常维修、保养，将资产日常维护流程体制化、程序化、标准化，定期检查，及时消除风险，提高固定资产的使用效率，切实消除安全隐患。

3.2 固定资产使用部门及管理部门建立固定资产运行管理档案，并据以制定合理的日常维修和大修理计划，并经主管领导审批。

3.3 固定资产实物管理部门审核施工单位资质和资信，并建立管理档案；修理项目应分类，明确需要招投标项目。修理完成，由施工单位出具交工验收报告，经资产使用和实物管理部门核对工程质量并审批。重大项目应专项审计。

3.4 企业生产线等关键设备的运作效率与效果将直接影响企业的安全生产和产品质量，操作人员上岗前应由具有资质的技术人员对其进行充分的岗前培训，特殊设备实行岗位许可制度，需持证上岗，必须对资产运转进行实时监控，保证资产使用流程与既定操作流程相符，确保安全运行，提高使用效率。

证据检查：固定资产运行管理档案、日常维修和大修理计划及审批文件、资产维修投标书、验收报告、专项审计报告等。

4. 固定资产升级改造

了解并描述固定资产升级改造授权批准方式、权限、程序和责任。

4.1 定期对固定资产技术先进性评估，结合盈利能力和企业发展可持续性，资产使用部门根据需要提出技改方案，与财务部门一起进行预算可行性分析，并且经过管理部门的审核批准。

4.2 管理部门需对技改方案实施过程适时监控、加强管理，有条件企业建立技改专项资金并定期或不定期审计。

证据检查：技改方案及相应审批文件、技改专项资金审计报告等。

5. 资产清查

企业应建立固定资产清查制度，至少每年全面清查，保证固定资产账实相符、及时掌握资产盈利能力和市场价值。

5.1 财务部门组织固定资产使用部门和管理部门需定期进行清查，明确资产权属，确保实物与卡、财务账表相符，在清查作业实施之前编制清查方案，经过管理部门审核后进行相关的清查作业。

5.2 在清查结束后，清查人员需要编制清查报告，管理部门需就清查报告进行审核，确保真实性、可靠性。

5.3 清查过程中发现的盘盈（盘亏），应分析原因，追究责任，妥善处理，报告审核通过后及时调整固定资产账面价值，确保账实相符，并上报备案。

证据检查：清查报告、盘盈（盘亏）分析报告、固定资产调账记录等。

6. 抵押质押

了解并描述固定资产抵押授权批准方式、权限、程序和责任。

6.1 加强固定资产抵押、质押的管理，明晰固定资产抵押、质押流程，规定固定资产抵押、质押的程序和审批权限等，确保资产抵押、质押经过授权审批及适当程序。同时，应做好相应记录，保障企业资产安全。

6.2 财务部门办理资产抵押时，如需要委托专业中介机构鉴定评估固定资产的实际价值，应当会同金融机构有关人员、固定资产管理部门、固定资产使用部门现场勘验抵押品，对抵押资产的价值进行评估。对于抵押资产，应编制专门的抵押资产目录。

证据检查：固定资产抵押管理文件、抵押资产专项评估报告、抵押资产目录等。

7. 固定资产处置

了解并描述固定资产处置批准方式、权限、程序和责任。

7.1 对使用期满、正常报废的固定资产，应由固定资产使用部门或管理部门填制固定资产报废单，经企业授权部门或人员批准后对该固定资产进行报废清理。

7.2 对使用期限未满、非正常报废的固定资产，应由固定资产使用部门提出报废申请，注明报废理由、估计清理费用和可回收残值、预计处置价格等。企业应组织有关部门进行技术鉴定，按规定程序审批后进行报废清理。

7.3 对拟出售或投资转出及非货币交换的固定资产，应由有关部门或人员提出处置申请，对固定资产价值进行评估，并出具资产评估报告。报经企业授权部门或人员批准后予以出售或转让。企业应特别关注固定资产处置中的关联交易和处置定价，固定资产的处置应由独立于固定资产管理部门和使用部门的相关授权人员办理，固定资产处置价格应报经企业授权部门或人员审批后确定。对于重大固定资产处置，应当考虑聘请具有资质的中介机构进行资产评估，采取集体审议或联签制度。涉及产权变更的，应及时办理产权变更手续。

7.4　对出租的固定资产由相关管理部门提出出租或出借的申请，写明申请的理由和原因，并由相关授权人员和部门就申请进行审核。审核通过后应签订出租或出借合同，包括合同双方的具体情况，出租的原因和期限等内容。

证据检查：固定资产报废单及审批单、报废申请及审批单、资产评估报告、关联交易处置及处置定价制度及审批文件、权属变更文件、出租或出借申请及审批文件等。

六、无形资产管理业务流程（示例）

无形资产是企业拥有或控制的没有实物形态的可辨认非货币性资产，通常包括专利权、非专利技术、商标权、著作权、特许权、土地使用权等。

1. 无形资产取得与验收

无形资产涉及外购、企业自行开发、购入或者以支付土地出让金方式取得等方式。企业应当建立严格的无形资产交付使用验收制度，明确无形资产的权属关系，及时办理产权登记手续。了解并描述无形资产取得与验收程序和相应审批权限。

1.1　企业外购无形资产，必须仔细审核有关合同协议等法律文件，及时取得无形资产所有权的有效证明文件，同时特别关注外购无形资产的技术先进性。

1.2　企业自行开发的无形资产，应由研发部门、无形资产管理部门、使用部门共同填制无形资产移交使用验收单，移交使用部门使用。

1.3　企业购入或者以支付土地出让金方式取得的土地使用权，必须取得土地使用权的有效证明文件。

1.4　当无形资产权属关系发生变动时，应当按照规定及时办理权证转移手续。

证据检查：合同协议等法律文件、资产移交使用验收单、土地使用权证、产权变更资料等。

2. 无形资产的使用与保全

了解并描述无形资产的使用与保全授权批准方式、权限、程序和责任。

2.1　企业应当强化无形资产使用过程的风险管控，充分发挥无形资产对提升企业产品质量和市场影响力的重要作用。

2.2　建立健全无形资产核心技术保密制度，严格限制未经授权人员直接接触技术资料，对技术资料等无形资产的保管及接触应保有记录，实行责任追究，保证无形资产的安全与完整。

2.3　对侵害本企业无形资产的，要积极取证并形成书面调查记录，提出维权对策，按规定程序审核并上报。

证据检查：无形资产使用与保全的管理制度、无形资产的保管及接触登记记录、无形资产维权的书面记录等。

3. 无形资产的技术升级与更新换代

3.1　企业应当定期对专利、专有技术等无形资产的先进性进行评估。

3.2　发现某项无形资产给企业带来经济利益的能力受到重大不利影响时，应当考虑淘汰落后技术，同时加大研发投入，不断推动企业自主创新与技术升级，确保企业在市场经济竞争中始终处于优势地位。

证据检查：专利、专有技术等无形资产的先进性进行评估等。

4. 无形资产的处置

了解并描述无形资产处置批准方式、权限、程序和责任。

4.1　企业应当建立无形资产处置的相关管理制度，明确无形资产处置的范围、标准、程序和审批权限等要求。

4.2　无形资产的处置应由独立于无形资产管理部门和使用部门的其他部门或人员按照规定的权限和程序办理；应当选择合理的方式确定处置价格，并报经企业授权部门或人员审批；重大的无形资产处置，应当委托具有资质的中介机构进行资产评估。

证据检查：无形资产处置的相关管理制度、无形资产处置审批单及资产评估报告等。

七、信息系统

本循环使用的应用软件

信息系统名称	计算机运作环境	来源	初次安装时间

初次安装后对信息系统进行的任何重大修改、开发与维护

信息系统名称	重大修改、开发与维护	更新日期

拟于将来实施的重大修改、开发与维护

本年度对信息系统进行的重大修改、开发与维护及其影响

评价内部控制——控制目标和控制活动（2）

被审计单位名称：__________ 编制人：__________ 日期：__________ 索引号：__________

会　计　期　间：__________ 复核人：__________ 日期：__________ 页　次：__________

序号	主要业务活动	控制目标	被审计单位制度设计的控制措施	相关的重大账户	受影响的相关认定							控制活动对实现控制目标是否有效（是/否）	是否得到执行		是否测试运行有效性（是/否）
					存在/发生	完整性	权利和义务	计价和分摊	准确性	截止	分类		是/否/不适用	索引号	
1	取得存货	存货预算编制科学、采购计划合理，避免存货积压或短缺	1. 应当根据各种存货采购间隔期和当前库存，综合考虑企业生产经营计划、市场供求等因素，充分利用信息系统，合理确定存货采购日期和数量，确保存货处于最佳库存状态。 2. 存货取得的风险管控措施主要体现在预算编制和采购环节，将严格执行相关的预算和采购内部控制规范。	存货、应付账款、预付账款、银行存款	√		√								
2	验收入库	验收程序规范、标准明确，保证数量准确、质量符合要求、账实相符	1. 外购存货的验收应当重点关注合同、发票等原始单据与存货的数量、质量、规格等核对一致。涉及技术含量较高的货物，必要时可委托具有检验资质的机构或聘请外部专家协助验收。 2. 自制存货的验收，应当重点关注产品质量，通过检验合格的半成品、产成品才能办理入库手续，不合格品应及时查明原因、落实责任、报告处理。	存货、应付账款	√	√	√	√	√						

续表

序号	主要业务活动	控制目标	被审计单位制度设计的控制措施	相关的重大账户	受影响的相关认定							控制活动对实现控制目标是否有效（是/否）	是否得到执行		是否测试运行有效性（是/否）
					存在/发生	完整性	权利和义务	计价和分摊	准确性	截止	分类		是/否/不适用	索引号	
2	验收入库	验收程序规范、标准明确，保证数量准确、质量符合要求、账实相符	3. 其他方式取得存货的验收，应当重点关注存货来源、质量状况、实际价值是否符合有关合同或协议的约定。 4. 仓储部门对于入库的存货，应根据入库单的内容对存货的数量、质量、品种等进行检查，符合要求的予以入库；不符合要求的，应当及时办理退换货等相关事宜。入库记录要真实、完整，定期与财会等相关部门核对，不得擅自修改。	存货、应付账款	√	√	√	√	√						
3	仓储保管	存货仓储保管方法适当、监管严密，避免损坏变质、价值贬损、资源浪费	1. 存货在不同仓库之间流动时，应当办理出入库手续。 2. 存货仓储期间要按照仓储物资所要求的储存条件妥善贮存，做好防火、防洪、防盗、防潮、防病虫害、防变质等保管工作，不同批次、型号和用途的产品要分类存放。生产现场的在加工原料、周转材料、半成品等要按照有助于提高生产效率的方式摆放，同时防止浪费、被盗和流失。 3. 对代管、代销、暂存、受托加工的存货，应单独存放和记录，避免与本单位存货混淆。	存货	√	√	√		√						

续表

序号	主要业务活动	控制目标	被审计单位制度设计的控制措施	相关的重大账户	受影响的相关认定							控制活动对实现控制目标是否有效（是/否）	是否得到执行		是否测试运行有效性（是/否）
					存在/发生	完整性	权利和义务	计价和分摊	准确性	截止	分类		是/否/不适用	索引号	
3	仓储保管	存货仓储保管方法适当、监管严密，避免损坏变质、价值贬损、资源浪费	4. 结合企业实际情况，加强存货的保险投保，保证存货安全，合理降低存货意外损失风险。 5. 仓储部门应对库存物料和产品进行每日巡查和定期抽检，详细记录库存情况；发现毁损、存在跌价迹象的，应及时与生产、采购、财务等相关部门沟通。对于进入仓库的人员应办理进出登记手续，未经授权人员不得接触存货。	存货	√	√	√		√						
4	领用发出	存货领用发出审核严格、手续完备，避免货物流失	1. 企业应当根据自身的业务特点，确定适用的存货发出管理模式，制定严格的存货准出制度，明确存货发出和领用的审批权限，健全存货出库手续，加强存货领用记录。 2. 对于一般的生产企业，仓储部门应核对经过审核的领料单或发货通知单的内容，做到单据齐全，名称、规格、计量单位准确；符合条件的准予领用或发出，并与领用人当面核对、点清交付。	存货、主营业务成本	√		√	√	√						

续表

序号	主要业务活动	控制目标	被审计单位制度设计的控制措施	相关的重大账户	受影响的相关认定							控制活动对实现控制目标是否有效（是/否）	是否得到执行		是否测试运行有效性（是/否）
					存在/发生	完整性	权利和义务	计价和分摊	准确性	截止	分类		是/否/不适用	索引号	
4	领用发出	存货领用发出审核严格、手续完备，避免货物流失	3. 在商场超市等商品流通企业，在存货销售发出环节应侧重于防止商品失窃、随时整理弃置商品、每日核对销售记录和库存记录等。 4. 对于大批存货、贵重商品或危险品的发出，均应当实行特别授权；仓储部门应当根据经审批的销售（出库）通知单发出货物。	存货、主营业务成本	√		√	√	√						
5	盘点清查	盘点清查制度完善、计划可行，避免工作流于形式，保证查清存货真实状况	1. 企业应当建立存货盘点清查工作规程，结合本企业实际情况确定盘点周期、盘点流程、盘点方法等相关内容，定期盘点和不定期抽查相结合。 2. 盘点清查时，应拟定详细的盘点计划，合理安排相关人员，使用科学的盘点方法，保持盘点记录的完整，以保证盘点的真实性、有效性。 3. 盘点清查结果要及时编制盘点表，形成书面报告，包括盘点人员、时间、地点、	存货、资产减值损失	√	√	√		√	√					

序号	主要业务活动	控制目标	被审计单位制度设计的控制措施	相关的重大账户	受影响的相关认定							控制活动对实现控制目标是否有效（是/否）	是否得到执行		是否测试运行有效性（是/否）
					存在/发生	完整性	权利和义务	计价和分摊	准确性	截止	分类		是/否/不适用	索引号	
5	盘点清查	盘点清查制度完善、计划可行，避免工作流于形式，保证查清存货真实状况	实际所盘点存货名称、品种、数量、存放情况以及盘点过程中发现的账实不符情况等内容。对盘点清查中发现的问题，应及时查明原因，落实责任，按照规定权限报经批准后处理。 4. 多部门人员共同盘点，应当充分体现相互制衡，严格按照盘点计划，认真记录盘点情况。 5. 企业至少应当于每年年度终了开展全面的存货盘点清查，及时发现存货减值迹象，将盘点清查结果形成书面报告。	存货、资产减值损失	√	√	√		√	√					
6	存货处置	存货报废处置责任明确、审批到位，避免企业利益受损	1. 企业应定期对存货进行检查，及时、充分了解存货的存储状态。 2. 对于存货变质、毁损、报废或流失的处理要分清责任、分析原因、及时合理。	存货、营业外收入、营业外支出、其他应收款等	√		√		√	√					

序号	主要业务活动	控制目标	被审计单位制度设计的控制措施	相关的重大账户	受影响的相关认定							控制活动对实现控制目标是否有效（是/否）	是否得到执行		是否测试运行有效性（是/否）
					存在/发生	完整性	权利和义务	计价和分摊	准确性	截止	分类		是/否/不适用	索引号	
7	固定资产取得	新增固定资产验收程序规范，保证资产质量符合要求；固定资产投保制度健全，应投保资产投保、索赔到位，有效防范资产损失风险	1. 建立严格的固定资产交付使用验收制度。企业外购固定资产应当根据合同、供应商发货单等对所购固定资产的品种、规格、数量、质量、技术要求及其他内容进行验收，出具验收单，编制验收报告。企业自行建造的固定资产，应由建造部门、固定资产管理部门、使用部门共同填制固定资产移交使用验收单，验收合格后移交使用部门投入使用。未通过验收的不合格资产，不得接收，必须按照合同等有关规定办理退换货或其他弥补措施。对于具有权属证明的资产，取得时必须有合法的权属证书。 2. 重视和加强固定资产的投保工作。企业应当通盘考虑固定资产状况，根据其性质和特点，确定和严格执行固定资产的投保范围和政策。投保金额与投保项目力求适当，对应投保的固定资产项目按规定程序进行审批，办理投保手续，规范投保行为，应对固定资产损失风险。对于重大固定资产项目的投保，应当考虑采取招标方式确定保险人，防范固定资产投保舞弊。已投保的固定资产发生损失的，及时调查原因及受损金额，向保险公司办理相关的索赔手续。	固定资产、应付账款、预付账款、银行存款	√		√								

续表

序号	主要业务活动	控制目标	被审计单位制度设计的控制措施	相关的重大账户	受影响的相关认定							控制活动对实现控制目标是否有效（是/否）	是否得到执行		是否测试运行有效性（是/否）
					存在/发生	完整性	权利和义务	计价和分摊	准确性	截止	分类		是/否/不适用	索引号	
8	资产登记造册	固定资产登记内容完整，避免资产流失、保证资产信息真实、账实相符	1. 根据固定资产的定义，结合自身实际情况，制定适合本企业的固定资产目录，列明固定资产编号、名称、种类、所在地点、使用部门、责任人、数量、账面价值、使用年限、损耗等内容，有利于企业了解固定资产使用情况的全貌。 2. 按照单项资产建立固定资产卡片，资产卡片应在资产编号上与固定资产目录保持对应关系，详细记录各项固定资产的来源、验收、使用地点、责任单位和责任人、运转、维修、改造、折旧、盘点等相关内容，便于固定资产的有效识别。固定资产目录和卡片均应定期或不定期复核，保证信息的真实和完整。	固定资产、累计折旧	√	√	√								

序号	主要业务活动	控制目标	被审计单位制度设计的控制措施	相关的重大账户	受影响的相关认定							控制活动对实现控制目标是否有效（是/否）	是否得到执行		是否测试运行有效性（是/否）
					存在/发生	完整性	权利和义务	计价和分摊	准确性	截止	分类		是/否/不适用	索引号	
9	固定资产运行维护	固定资产操作不当、失修或维护过剩，可能造成资产使用效率低下、产品残次率高，甚至发生生产事故或资源浪费	1. 固定资产使用部门会同资产管理部门负责固定资产日常维修、保养，将资产日常维护流程体制化、程序化、标准化，定期检查，及时消除风险，提高固定资产的使用效率，切实消除安全隐患。 2. 固定资产使用部门及管理部门建立固定资产运行管理档案，并据以制定合理的日常维修和大修理计划，并经主管领导审批。 3. 固定资产实物管理部门审核施工单位资质和资信，并建立管理档案；修理项目应分类，明确需要招投标项目。修理完成，由施工单位出具交工验收报告，经资产使用和实物管理部门核对工程质量并审批。重大项目应专项审计。 4. 企业生产线等关键设备的运作效率与效果将直接影响企业的安全生产和产品质量，操作人员上岗前应由具有资质的技术人员对其进行充分的岗前培训，特殊设备实行岗位许可制度，需持证上岗，必须对资产运转进行实时监控，保证资产使用流程与既定操作流程相符，确保安全运行，提高使用效率。	固定资产、应付账款、预付账款、营业成本	√	√	√			√					

序号	主要业务活动	控制目标	被审计单位制度设计的控制措施	相关的重大账户	受影响的相关认定							控制活动对实现控制目标是否有效（是/否）	是否得到执行		是否测试运行有效性（是/否）
					存在/发生	完整性	权利和义务	计价和分摊	准确性	截止	分类		是/否/不适用	索引号	
10	固定资产升级改造	固定资产更新改造及时，避免企业产品线老化、提高市场竞争力	1. 定期对固定资产技术先进性评估，结合盈利能力和企业发展可持续性，资产使用部门根据需要提出技改方案，与财务部门一起进行预算可行性分析，并且经过管理部门的审核批准。 2. 管理部门需对技改方案实施过程适时监控、加强管理，有条件企业建立技改专项资金并定期或不定期审计。	固定资产、应付账款、预付账款、营业成本	√		√			√					
11	资产清查	账实相符，了解企业资产状况，判断是否存在贬值情况	1. 财务部门组织固定资产使用部门和管理部门需定期进行清查，明确资产权属，确保实物与卡、财务账表相符，在清查作业实施之前编制清查方案，经过管理部门审核后进行相关的清查作业。 2. 在清查结束后，清查人员需要编制清查报告，管理部门需就清查报告进行审核，确保真实性、可靠性。 3. 清查过程中发现的盘盈（盘亏），应分析原因，追究责任，妥善处理，报告审核通过后及时调整固定资产账面价值，确保账实相符，并上报备案。	固定资产、固定资产减值准备资产减值损失	√	√	√		√	√					

序号	主要业务活动	控制目标	被审计单位制度设计的控制措施	相关的重大账户	受影响的相关认定							控制活动对实现控制目标是否有效（是/否）	是否得到执行		是否测试运行有效性（是/否）
					存在/发生	完整性	权利和义务	计价和分摊	准确性	截止	分类		是/否/不适用	索引号	
12	抵押质押	固定资产抵押制度完善，避免抵押资产价值低估和资产流失	1. 加强固定资产抵押、质押的管理，明晰固定资产抵押、质押流程，规定固定资产抵押、质押的程序和审批权限等，确保资产抵押、质押经过授权审批及适当程序。同时，应做好相应记录，保障企业资产安全。 2. 财务部门办理资产抵押时，如需要委托专业中介机构鉴定评估固定资产的实际价值，应当会同金融机构有关人员、固定资产管理部门、固定资产使用部门现场勘验抵押品，对抵押资产的价值进行评估。对于抵押资产，应编制专门的抵押资产目录。	固定资产	√	√	√								
13	固定资产处置	固定资产处置方式合理，避免企业利益受损	1. 对使用期满、正常报废的固定资产，应由固定资产使用部门或管理部门填制固定资产报废单，经企业授权部门或人员批准后对该固定资产进行报废清理。 2. 对使用期限未满、非正常报废的固定资产，应由固定资产使用部门提出报废申请，注明报废理由、估计清理费用和可回收残值、预计处置价格等。企业应组织有关部门进行技术鉴定，按规定程序审批后进行报废清理。	固定资产、营业外收入、营业外支出、其他应收款等	√		√		√	√					

续表

序号	主要业务活动	控制目标	被审计单位制度设计的控制措施	相关的重大账户	受影响的相关认定							控制活动对实现控制目标是否有效（是/否）	是否得到执行		是否测试运行有效性（是/否）
					存在/发生	完整性	权利和义务	计价和分摊	准确性	截止	分类		是/否/不适用	索引号	
13	固定资产处置	固定资产处置方式合理，避免企业利益受损	3. 对拟出售或投资转出及非货币交换的固定资产，应由有关部门或人员提出处置申请，对固定资产价值进行评估，并出具资产评估报告。报经企业授权部门或人员批准后予以出售或转让。企业应特别关注固定资产处置中的关联交易和处置定价，固定资产的处置应由独立于固定资产管理部门和使用部门的相关授权人员办理，固定资产处置价格应报经企业授权部门或人员审批后确定。对于重大固定资产处置，应当考虑聘请具有资质的中介机构进行资产评估，采取集体审议或联签制度。涉及产权变更的，应及时办理产权变更手续。 4. 对出租的固定资产由相关管理部门提出出租或出借的申请，写明申请的理由和原因，并由相关授权人员和部门就申请进行审核。审核通过后应签订出租或出借合同，包括合同双方的具体情况，出租的原因和期限等内容。	固定资产、营业外收入、营业外支出、其他应收款等	√		√		√	√					

序号	主要业务活动	控制目标	被审计单位制度设计的控制措施	相关的重大账户	受影响的相关认定							控制活动对实现控制目标是否有效（是/否）	是否得到执行		是否测试运行有效性（是/否）
					存在/发生	完整性	权利和义务	计价和分摊	准确性	截止	分类		是/否/不适用	索引号	
14	无形资产取得与验收	取得的无形资产技术先进，权属清晰，避免企业资源浪费及引发法律诉讼	1. 企业外购无形资产，必须仔细审核有关合同协议等法律文件，及时取得无形资产所有权的有效证明文件，同时特别关注外购无形资产的技术先进性。 2. 企业自行开发的无形资产，应由研发部门、无形资产管理部门、使用部门共同填制无形资产移交使用验收单，移交使用部门使用。 3. 企业购入或者以支付土地出让金方式取得的土地使用权，必须取得土地使用权的有效证明文件。 4. 当无形资产权属关系发生变动时，应当按照规定及时办理权证转移手续。	无形资产、开发支出、应付账款、预付账款、银行存款	√		√								
15	无形资产的使用与保全	无形资产使用效率高，效能发挥到位；执行严格的保密制度，商标等无形资产管理到位，避免其他企业侵权及损害企业利益	1. 企业应当强化无形资产使用过程的风险管控，充分发挥无形资产对提升企业产品质量和市场影响力的重要作用。 2. 建立健全无形资产核心技术保密制度，严格限制未经授权人员直接接触技术资料，对技术资料等无形资产的保管及接触应保有记录，实行责任追究，保证无形资产的安全与完整。 3. 对侵害本企业无形资产的，要积极取证并形成书面调查记录，提出维权对策，按规定程序审核并上报。	无形资产	√	√	√								

续表

序号	主要业务活动	控制目标	被审计单位制度设计的控制措施	相关的重大账户	受影响的相关认定							控制活动对实现控制目标是否有效（是/否）	是否得到执行		是否测试运行有效性（是/否）
					存在/发生	完整性	权利和义务	计价和分摊	准确性	截止	分类		是/否/不适用	索引号	
16	无形资产的技术升级与更新换代	无形资产内含的技术及时升级换代，避免技术落后、杜绝重大技术安全隐患	1. 企业应当定期对专利、专有技术等无形资产的先进性进行评估。 2. 发现某项无形资产给企业带来经济利益的能力受到重大不利影响时，应当考虑淘汰落后技术，同时加大研发投入，不断推动企业自主创新与技术升级，确保企业在市场经济竞争中始终处于优势地位。	无形资产、应付账款、预付账款、营业成本	√		√			√					
17	无形资产的处置	无形资产处置适当，避免长期闲置或低效使用，避免企业利益受损	1. 企业应当建立无形资产处置的相关管理制度，明确无形资产处置的范围、标准、程序和审批权限等要求。 2. 无形资产的处置应由独立于无形资产管理部门和使用部门的其他部门或人员按照规定的权限和程序办理；应当选择合理的方式确定处置价格，并报经企业授权部门或人员审批；重大的无形资产处置，应当委托具有资质的中介机构进行资产评估。	无形资产、营业外收入、营业外支出	√		√		√	√					

资产管理证据检查工作底稿（3）

被审计单位名称：________	编制人：________	日期：________	索引号：________
会　计　期　间：________	复核人：________	日期：________	页　次：________

一、获取被审计单位建立内部控制制度的政策文件和依据

二、获取被审计单位资产管理的风险矩阵、流程文档和证据表单

三、获取与资产管理内部控制设计有效性相关的文件

1. 存货预算、采购计划、验收入库单、领料单或发货通知单、库存台账

2. 存货盘点工作规程、盘点计划、盘点表及盘点报告、存货减值迹象分析报告、存货变质、毁损、报废或流失的处理及相关账务处理

3. 固定资产验收单和验收报告、固定资产权属证明资料、固定资产投保审批单、发生损失资产索赔单据、固定资产目录、抵押资产目录

4. 固定资产报废单及审批单、资产评估报告、关联交易处置及处置定价制度及审批文件、权属变更文件、出租或出借申请及审批文件

5. 无形资产合同协议等法律文件、资产移交使用验收单、土地使用权证、产权变更资料

6. 无形资产处置审批单及资产评估报告

存货管理内部控制穿行测试（4－1）

被审计单位名称：__________ 编制人：__________ 日期：__________ 索引号：__________

会 计 期 间：__________ 复核人：__________ 日期：__________ 页 次：__________

审计目标：通过穿行测试，了解和评价存货管理内部控制设计是否合理并得到执行，评估与财务报表相关的重大错报风险。

审计过程：{包括记录选样方法等}

样本序号	业务内容	存货种类	存货数量	存货金额	主要控制点执行情况的检查										
					1	2	3	4	5	6	7	8	9	10	…

续表

标识 1：存货预算编制科学、采购计划合理； 标识 2：有存货管理制度； 标识 3：有验收入库单并进行相应审批； 标识 4：入库记录真实、完整，并定期与财会等相关部门核对； 标识 5：对代管、代销、暂存、受托加工的存货单独记录清单； 标识 6：库存台账与会计处理信息一致； 标识 7：有出库单并进行相应审批； 标识 8：有切实可行的盘点计划； 标识 9：有盘点表及盘点报告、若存在减值，有存货减值迹象分析报告； 标识 10：有定期对存货的存储状态检查记录、存货变质、毁损、报废或流失的账务处理正确等。 …：……
穿行测试说明：{针对上述穿行测试过程中的事项进行相关说明} **编制说明：** 1. 在执行财务报表审计业务时，注册会计师应运用职业判断，结合被审计单位实际情况设计和执行穿行测试。 2. 注册会计师应对整个流程执行穿行测试，涵盖交易自发生至记账的整个过程。 3. 如拟实施控制测试，在本循环中执行穿行测试检查的项目也可作为控制测试的测试项目之一。
穿行测试结论： 1. 经________抽查________笔业务，发现________控制设计或执行存在________问题，财务报表________认定可能存在重大错报风险。 2. 对________控制不依赖（中度\ 高度依赖），拟对________控制执行控制测试。

固定资产管理内部控制穿行测试（4－2）

被审计单位名称：＿＿＿＿＿＿ 编制人：＿＿＿＿＿＿ 日期：＿＿＿＿＿＿ 索引号：＿＿＿＿＿＿

会　计　期　间：＿＿＿＿＿＿ 复核人：＿＿＿＿＿＿ 日期：＿＿＿＿＿＿ 页　次：＿＿＿＿＿＿

审计目标：通过穿行测试，了解和评价固定资产管理内部控制设计是否合理并得到执行，评估与财务报表相关的重大错报风险。

审计过程：{包括记录选样方法等}

样本序号	业务内容	固定资产类别	数量	金额	主要控制点执行情况的检查										
					1	2	3	4	5	6	7	8	9	10	…

标识 1：外购固定资产有验收单和验收报告、有固定资产权属证明资料；
标识 2：自行建造的固定资产有固定资产移交使用验收单；
标识 3：应投保资产有固定资产投保审批单、发生损失资产索赔单据等；
标识 4：固定资产目录信息完整真实，与固定资产卡片信息一致；
标识 5：有日常维修和大修理计划及审批文件；
标识 6：有技改方案及相应审批文件，技改专项资金审计报告；
标识 7：有固定资产清查报告、盘盈（盘亏）分析报告及固定资产调账记录；
标识 8：有固定资产抵押管理文件、抵押资产专项评估报告及抵押资产目录；
标识 9：有盘点表及盘点报告、若存在减值，有存货减值迹象分析报告；
标识 10：有固定资产报废单及审批单、若涉及关联交易，有关联交易处置及处置定价制度及审批文件；
…：……

穿行测试说明：{针对上述穿行测试过程中的事项进行相关说明}

编制说明：

1. 在执行财务报表审计业务时，注册会计师应运用职业判断，结合被审计单位实际情况设计和执行穿行测试。
2. 注册会计师应对整个流程执行穿行测试，涵盖交易自发生至记账的整个过程。
3. 如拟实施控制测试，在本循环中执行穿行测试检查的项目也可作为控制测试的测试项目之一。

穿行测试结论：

1. 经________抽查________笔业务，发现________控制设计或执行存在________问题，财务报表________认定可能存在重大错报风险。
2. 对________控制不依赖（中度\ 高度依赖），拟对________控制执行控制测试。

无形资产管理内部控制穿行测试（4－3）

被审计单位名称：__________ 编制人：__________ 日期：__________ 索引号：__________

会 计 期 间：__________ 复核人：__________ 日期：__________ 页 次：__________

审计目标：通过穿行测试，了解和评价无形资产管理内部控制设计是否合理并得到执行，评估与财务报表相关的重大错报风险。

审计过程：{包括记录选样方法等}

样本序号	业务内容	无形资产类别	数量	金额	主要控制点执行情况的检查										
					1	2	3	4	5	6	7	8	9	10	…

续表

标识1：外购无形资产，有合同协议等法律文件及资产权属文件； 标识2：自行研发的无形资产，有资产移交使用验收单； 标识3：土地使用权必须有土地使用权证； 标识4：无形资产权属关系发生变动时，有按照规定及时办理权证转移手续相关资料； 标识5：有无形资产使用与保全的管理制度； 标识6：有无形资产核心技术保密制度及保管及接触登记记录； 标识7：对侵害本企业无形资产的，有维权的书面记录； 标识8：有切实可行的盘点计划； 标识9：有盘点表及盘点报告、若存在减值，有存货减值迹象分析报告； 标识10：有定期对存货的存储状态检查记录、存货变质、毁损、报废或流失的账务处理正确等； …：……
穿行测试说明：{针对上述穿行测试过程中的事项进行相关说明} **编制说明**： 1. 在执行财务报表审计业务时，注册会计师应运用职业判断，结合被审计单位实际情况设计和执行穿行测试。 2. 注册会计师应对整个流程执行穿行测试，涵盖交易自发生至记账的整个过程。 3. 如拟实施控制测试，在本循环中执行穿行测试检查的项目也可作为控制测试的测试项目之一。
穿行测试结论： 1. 经________抽查________笔业务，发现________控制设计或执行存在________问题，财务报表________认定可能存在重大错报风险。 2. 对________控制不依赖（中度\ 高度依赖），拟对________控制执行控制测试。

（六）财务报告内部控制评价

1. 初步评价表

被审计单位名称：__________ **编制人：**__________ **日期：**__________ **索引号：**__________
会 计 期 间：__________ **复核人：**__________ **日期：**__________ **页 次：**__________

内控风险初步评价标准	
重要提示： 如出现下列情况表明认定层次可能存在重大错报： 1）相关内控制度并未建立； 2）相关内控制度未得到执行、不能防止或发现和纠正重大错报或漏报。	
对内控制度的初步评价	
评价依据：访谈记录（ ）；调查问卷（ ）；文字描述（ ）	
评价： 1. 简要描述评价过程，发现的问题，与认定层次相关的重大错报风险。 2. 是否识别出非常规交易或重大事项；是否进一步识别出其他风险，如果已识别出其他风险，将对审计计划产生哪些影响？应将相应事项完整的记录在“审计计划修正记录”文件中。	
沟通事项： 是否需要就已识别出的内部控制设计或执行方面的重大缺陷，与适当层次的管理层或治理层进行沟通？	
评价结论类型：	**结 论**
内部控制健全程度	
是否考虑依赖内部控制	
是否执行控制测试	

2. 财务报告内部控制评价导引表

被审计单位名称：__________　　编制人：__________　　日期：__________　　索引号：__________
会 计 期 间：__________　　复核人：__________　　日期：__________　　页 次：__________

内　　容	执行人	索引号
1. 了解内部控制设计——控制流程		
2. 评价内部控制——控制目标和控制活动能否控制风险		
3. 证据检查（与本业务循环相关的内部控制制度文件、资料、凭证等）		
4. 确定控制是否得到执行（穿行测试）		

了解内部控制——控制流程（1）

被审计单位名称：__________ 编制人：__________ 日期：__________ 索引号：__________
会 计 期 间：__________ 复核人：__________ 日期：__________ 页 次：__________

说明：了解公司财务报告内部控制，并按内控控制活动设计进行描述，参考内容如下：

一、受本循环影响的主要交易和账户余额

主要交易	会计科目	损益类科目本期发生额	资产负债表类项目期末余额	本循环财务指标

二、本循环所涉及的主要部门及人员

涉及部门	主要人员职务	主要人员名字	职责分工

三、不相容职务分离制度

了解并描述被审计单位建立的有关职责分工的政策和程序（关注但不限于不相容职务相分离及各相关部门之间相互牵制情况），并评价其是否有助于建立有效的内部控制，通常下列职务是不相容的，不得由同一部门或同一人财务报告业务的全过程。

1. 不相容职务相互分离：财务报告的编制、披露和审核等不相容岗位相互分离。

2. 各相关部门之间相互牵制并在其授权范围内履行职责，同一部门或个人不得处理财务报告业务的全过程。

证据检查：组织结构图、职责分工文件等。

四、财务报告业务流程（示例）

1. 制定财务报告编制方案

企业财会部门应在编制财务报告前制定财务报告编制方案，并由财会部门负责人审核。

1.1 会计政策应符合国家有关会计法规和最新监管要求的规定。

1.2 会计政策和会计估计的调整，无论是强制的还是自愿的，均需按照规定的权限和程序审批。

1.3 企业的内部会计规章制度至少要经财会部门负责人审批后才能生效，财务报告流程、年报编制方案应当经公司分管财务会计工作的负责人核准后签发。

1.4 企业应建立完备的信息沟通渠道，将内部会计规章制度和财务流程、会计科目表和相关文件及时有效地传达至相关人员，使其了解相关职责要求、掌握适当的会计知识、会计政策并加以执行。企业还应通过内部审计等方式，定期进行测试，保证会计政策有效执行，且在不同业务部门、不同期间内保持一致性。

1.5 应明确各部门的职责分工，由总会计师或分管会计工作的负责人负责组织领导；财会部门负责财务报告编制工作；各部门应当及时向财会部门提供编制财务报告所需的信息，并对所提供信息的真实性和完整性负责。

1.6 应根据财务报告的报送要求，倒排工时，为各步骤设置关键时间点，并由财会部门负责督促和考核各部门的工作进度，及时进行提醒，对未能及时完成的进行相关处罚。

证据检查：财务报告编制方案。

2. 确定重大事项的会计处理

在编制财务报告前，企业应当确认对当期有重大影响的主要事项，并确定重大事项的会计处理。

2.1 企业应对重大事项予以关注，通常包括以前年度审计调整以及相关事项对当期的影响、会计准则制度的变化及对财务报告的影响、新增业务和其他新发生的事项及对财务报告的影响、年度内合并（汇总）报告范围的变化及对财务报告的影响等。企业应建立重大事项的处理流程，报适当管理层审批后，予以执行。

2.2 及时沟通需要专业判断的重大会计事项并确定相应会计处理。企业应规定下属各部门、各单位人员及时将重大事项信息报告至同级财会部门。财会部门应定期研究、分析并与相关部门组织沟通重大事项的会计处理，逐级报请总会计师或分管会计工作的负责人审批后下达各相关单位执行。特别是资产减值损失、公允价值计量等涉及重大判断和估计时，财会部门应定期与资产管理部门进行沟通。

证据检查：重大会计事项及相应会计处理备忘录、会议纪要等。

3. 清查资产核实债务

企业应在编制财务报告前，组织财务和相关部门进行资产清查、减值测试和债权债务核实工作。

3.1 确定具体可行的资产清查、负债核实计划，安排合理的时间和工作进度，配备足够的人员、确定实物资产盘点的具体方法和过程，同时做好业务准备工作。

3.2 做好各项资产、负债的清查、核实工作。

3.3 对清查过程中发现的差异，应当分析原因，提出处理意见，取得合法证据和按照规定权限经审批，将清查、核实的结果及其处理办法向企业的董事会或者相应机构报告，并根据国家统一的会计准则制度的规定进行相应的会计处理。

证据检查：资产清查、负债核实计划、清查差异说明及相应处理方案等。

4. 结账

企业在编制年度财务报告前，应在日常定期核对信息的基础上完成对账、调账、差错更正等业务，然后实施关账操作。

4.1 核对各会计账簿记录与会计凭证的内容、金额等是否一致，记账方向是否相符。

4.2 检查相关账务处理是否符合国家统一的会计准则制度和企业制定的核算方法。

4.3 调整有关账项，合理确定本期应计的收入和应计的费用。例如，计提固定资产折旧、计提坏账准备等；各项待摊费用按规定摊配并分别记入本期有关科目；属于本期的应计收益应确认计入本期收入等。

4.4 检查是否存在因会计差错、会计政策变更等原因需要调整前期或者本期相关项目。对于调整项目，需取得和保留审批文件，以保证调整有据可依。

4.5 不得为了赶编财务报告而提前结账，或把本期发生的经济业务事项延至下期登账，也不得先编财务报告后结账，应在当期所有交易或事项处理完毕并经财会部门负责人审核签字确认后，实施关账和结账操作。

4.6 如果在关账之后需要重新打开已关闭的会计期间，须填写相应的申请表，经总会计师或分管会计工作的负责人审批后进行。

证据检查：结账事项备忘表、关账和结账操作审核记录、关账和结账操作后重新打开审核记录等。

5. 编制个别财务报告

企业应当按照国家统一的会计准则制度规定的财务报告格式和内容，根据登记完整、核对无误的会计账簿记录和其他有关资料编制财务报告，做到内容完整、数字真实、计算准确，不得漏报或者任意进行取舍。

5.1 企业财务报告列示的资产、负债、所有者权益金额应当真实可靠。

5.2 企业财务报告应当如实列示当期收入、费用和利润。

5.3 企业财务报告列示的各种现金流量由经营活动、投资活动和筹资活动的现金流量构成，应当按照规定划清各类交易和事项的现金流量的界限。

5.4 按照岗位分工和规定的程序编制财务报告。一是财会部门制定本单位财务报告编制分工表，并由财会部门负责人审核，确保报告编制范围完整。二是财会部门报告编制岗位按照登记完整、核对无误的会计账簿记录和其他有关资料对相关信息进行汇总编制，确保财务报告项目与相关账户对应关系正确，计算公式无误。三是进行校验审核工作，包括期初数核对、财务报告内有关项目的对应关系审核、报表前后勾稽关系审核、期末数与试算平衡表和工作底稿核对、财务报告主表与附表之间的平衡及勾稽关系校验等。

5.5 按照国家统一的会计准则制度编制附注。

5.6 财会部门负责人审核报表内容和种类的真实、完整性，通过后予以上报。

证据检查：编制财务报表、附注及相应审核记录。

6. 编制合并财务报告

企业集团应当编制合并财务报告，分级收集合并范围内分公司及内部核算单位的财务报告并审核，进而合并全资及控股公司财务报告，如实反映企业集团的财务状况、经营成果和现金流量。

6.1 编报单位财会部门应依据经同级法律事务部门确认的产权（股权）结构图，并考虑所有相关情况以确定合并范围符合国家统一的会计准则制度的规定，由财会部门负责人审核、确认合并范围是否完整。

6.2　财会部门收集、审核下级单位财务报告，并汇总出本级次的财务报告，经汇总单位财会部门负责人审核。

6.3　财会部门制定内部交易和事项核对表及填制要求，报财会部门负责人审批后下发纳入合并范围内各单位。财会部门核对本单位及纳入合并范围内各单位之间内部交易的事项和金额，如有差异，应及时查明原因并进行调整。编制内部交易表及内部往来表交财会部门负责人审核。

6.4　合并抵销分录应有相应的标准文件和证据进行支持，由财会部门负责人审核。

6.5　对合并抵销分录实行交叉复核制度，具体编制人完成调整分录后即提交相应复核人进行审核，审核通过后才可录入试算平衡表。通过交叉复核，保证合并抵销分录的真实性、完整性。

证据检查：合并底稿、合并抵销分录、产权结构图及合并范围、内部交易表及内部往来表等。

7. 财务报告对外提供前的审核

财务报告对外提供前需按规定程序进行审核。

7.1　企业应严格按照规定的财务报告编制中的审批程序，由各级负责人逐级把关，对财务报告内容的真实性、完整性，格式的合规性等予以审核。

7.2　企业应保留审核记录，建立责任追究制度。

7.3　财务报告在对外提供前应当装订成册，加盖公章，并由企业负责人、总会计师或分管会计工作的负责人、财会部门负责人签名并盖章。

证据检查：财务报告签批记录。

8. 财务报告对外提供前的审计

《公司法》等法律法规规定了公司应编制的年度财务报告需依法经会计师事务所审计，审计报告应随同财务报告一并对外提供。

8.1　企业应根据相关法律法规的规定，选择符合资质的会计师事务所对财务报告进行审计。

8.2　企业不得干扰审计人员的正常工作，并应对审计意见予以落实。

8.3　注册会计师及其所在的事务所出具的审计报告，应随财务报告一并提供。

证据检查：审计报告。

9. 财务报告的对外提供

一般企业的财务报告经完整审核并签名盖章后即可对外提供。上市公司还需经董事会和监事会审批通过后方能对外提供，财务报告应与审计报告一同向投资者、债权人、政府监管部门等报送。

9.1　企业应根据相关法律法规的要求，在企业相关制度中明确负责财务报告对外提供的对象，在相关制度性文件中予以明确并由企业负责人监督。

9.2　企业应严格按照规定的财务报告编制中的审批程序，由财会部门负责人、总会计师或分管会计工作的负责人、企业负责人逐级把关，对财务报告内容的真实性、完整性、格式的合规性等予以审核，确保提供给投资者、债权人、政府监管部门、社会公众等各方面的财务报告的编制基础、编制依据、编制原则和方法完全一致。

9.3　企业应严格遵守相关法律法规和国家统一的会计准则制度对报送时间的要求，在财务报告的编制、审核、报送流程中的每一步骤设置时间点，对未能按时完成的相关人员进行处罚。

9.4　企业应设置严格的保密程序，对能够接触财务报告信息的人员进行权限设置，保证财务报告信息在对外提供前控制在适当的范围。并对财务报告信息的访问情况予以记录，以便了解情况，及时发现可能的泄密行为，在泄密后也易于找到相应的责任人。

9.5 企业对外提供的财务报告应当及时整理归档，并按有关规定妥善保存。

证据检查：财务报告的对外提供审核签章记录、对外提供前保密程序及相应制度等。

10. 制定财务分析制度

企业财会部门应在对企业基本情况进行分析研究的基础上，提出财务报告分析制度草案，并经财会部门负责人、总会计师或分管会计工作的负责人、企业负责人检查、修改、审批。

10.1 企业在对基本情况分析时，应当重点了解企业的发展背景，包括企业的发展史、企业组织机构、产品销售及财务资产变动情况等，熟悉企业业务流程，分析研究企业的资产及财务管理活动。

10.2 企业在制定财务报告分析制度时，应重点关注：财务报告分析的时间、组织形式、参加的部门和人员；财务报告分析的内容、分析的步骤、分析方法和指标体系；财务报告分析报告的编写要求等。

10.3 财务报告分析制度草案经由财会部门负责人、总会计师或分管会计工作的负责人、企业负责人检查、修改、审批之后，根据制度设计的要求进行试行，发现问题及时总结上报。

10.4 财会部门根据试行情况进行修正，确定最终的财务报告分析制度文稿，并经财会部门负责人、总会计师或分管会计工作的负责人、企业负责人进行最终的审批。

证据检查：财务报告分析制度及审批文件。

11. 编写财务分析报告

财会部门应按照财务分析制度定期编写财务分析报告，并通过定期召开财务分析会议等形式对分析报告的内容予以完善，以充分利用财务报告反映的综合信息，全面分析企业的经营管理状况和存在的问题，不断提高经营管理水平。

11.1 编写时要明确分析的目的，运用正确的财务分析方法，并能充分、灵活地运用各项资料。

11.2 总会计师或分管会计工作的负责人应当在财务分析和利用工作中发挥主导作用，负责组织领导。财会部门负责人审核财务分析报告的准确性，判断是否需要对特殊事项进行补充说明，并对财务分析报告进行补充说明。对生产经营活动中的重要资料、重大事项以及与上年同期数据相比有较大差异的情况要做重点说明。

11.3 企业财务分析会议应吸收有关部门负责人参加，对各部门提出的意见，财会部门应充分沟通、分析，进而修改完善财务分析报告。

11.4 修订后的分析报告应及时报送企业负责人，企业负责人负责审批分析报告，并据此进行决策，对于存在的问题及时采取措施。

证据检查：财务分析报告及审批文件。

12. 整改落实

财会部门应将经过企业负责人审批的报告及时报送各部门负责人，各部门负责人根据分析结果进行决策和整改落实。

12.1 定期的财务分析报告应构成内部报告的组成部分，并充分利用信息技术和现有内部报告体系在各个层级上进行沟通。

12.2 根据分析报告的意见，明确各部门职责。责任部门按要求落实改正，财会部门负责监督、跟踪责任部门的落实情况，并及时向有关负责人反馈落实情况。

证据检查：整改落实情况资料。

五、信息系统

本循环使用的应用软件

信息系统名称	计算机运作环境	来源	初次安装时间

初次安装后对信息系统进行的任何重大修改、开发与维护

信息系统名称	重大修改、开发与维护	更新日期

拟于将来实施的重大修改、开发与维护

本年度对信息系统进行的重大修改、开发与维护及其影响

评价内部控制——控制目标和控制活动（2）

被审计单位名称：＿＿＿＿＿＿ 编制人：＿＿＿＿＿＿ 日期：＿＿＿＿＿＿ 索引号：＿＿＿＿＿＿

会　计　期　间：＿＿＿＿＿＿ 复核人：＿＿＿＿＿＿ 日期：＿＿＿＿＿＿ 页　次：＿＿＿＿＿＿

序号	主要业务活动	控制目标	被审计单位制度设计的控制措施	相关的重大账户	受影响的相关认定							控制活动对实现控制目标是否有效（是/否）	是否得到执行		是否测试运行有效性（是/否）
					存在/发生	完整性	权利和义务	计价和分摊	准确性	截止	分类		是/否/不适用	索引号	
1	制定财务报告编制方案	会计政策有效更新，符合有关法律法规；重要会计政策、会计估计变更经审批，会计政策使用适当；会计政策有效贯彻、执行；各部门职责、分工清晰，避免数据传递出现差错、遗漏、格式不一致等；各步骤时间安排明确，保证整体编制进度合理，符合相关报送要求	1. 会计政策应符合国家有关会计法规和最新监管要求的规定。 2. 会计政策和会计估计的调整，无论是强制的还是自愿的，均需按照规定的权限和程序审批。 3. 企业的内部会计规章制度至少要经财会部门负责人审批后才能生效，财务报告流程、年报编制方案应当经公司分管财务会计工作的负责人核准后签发。 4. 企业应建立完备的信息沟通渠道，将内部会计规章制度和财务流程、会计科目表和相关文件及时有效地传达至相关人员，使其了解相关职责要求、掌握适当的会计知识、会计政策并加以执行。企业还应通过内部审计等方式，定期进行测试，保证会计政策有效执行，且在不同业务部门、不同期间内保持一致性。	不适用（N/A）											

续表

序号	主要业务活动	控制目标	被审计单位制度设计的控制措施	相关的重大账户	受影响的相关认定							控制活动对实现控制目标是否有效（是/否）	是否得到执行		是否测试运行有效性（是/否）
					存在/发生	完整性	权利和义务	计价和分摊	准确性	截止	分类		是/否/不适用	索引号	
1	制定财务报告编制方案	会计政策有效更新，符合有关法律法规；重要会计政策、会计估计变更经审批，会计政策使用适当；会计政策有效贯彻、执行；各部门职责、分工清晰，避免数据传递出现差错、遗漏、格式不一致等；各步骤时间安排明确，保证整体编制进度合理，符合相关报送要求	5. 应明确各部门的职责分工，由总会计师或分管会计工作的负责人负责组织领导；财会部门负责财务报告编制工作；各部门应当及时向财会部门提供编制财务报告所需的信息，并对所提供信息的真实性和完整性负责。 6. 应根据财务报告的报送要求，倒排工时，为各步骤设置关键时间点，并由财会部门负责督促和考核各部门的工作进度，及时进行提醒，对未能及时完成的进行相关处罚。	不适用（N/A）											

续表

序号	主要业务活动	控制目标	被审计单位制度设计的控制措施	相关的重大账户	受影响的相关认定							控制活动对实现控制目标是否有效（是/否）	是否得到执行		是否测试运行有效性（是/否）
					存在/发生	完整性	权利和义务	计价和分摊	准确性	截止	分类		是/否/不适用	索引号	
2	确定重大事项的会计处理	重大事项，如债务重组、非货币性交易、公允价值的计量、收购兼并、资产减值等的会计处理合理，保证会计信息真实，如实反映企业实际情况	1. 企业应对重大事项予以关注，通常包括以前年度审计调整以及相关事项对当期的影响、会计准则制度的变化及对财务报告的影响、新增业务和其他新发生的事项及对财务报告的影响、年度内合并（汇总）报告范围的变化及对财务报告的影响等。企业应建立重大事项的处理流程，报适当管理层审批后，予以执行。 2. 及时沟通需要专业判断的重大会计事项并确定相应会计处理。企业应规定下属各部门、各单位人员及时将重大事项信息报告至同级财会部门。财会部门应定期研究、分析并与相关部门组织沟通重大事项的会计处理，逐级报请总会计师或分管会计工作的负责人审批后下达各相关单位执行。特别是资产减值损失、公允价值计量等涉及重大判断和估计时，财会部门应定期与资产管理部门进行沟通。	财务报表相关科目	√	√	√	√	√	√	√				

续表

序号	主要业务活动	控制目标	被审计单位制度设计的控制措施	相关的重大账户	受影响的相关认定							控制活动对实现控制目标是否有效（是/否）	是否得到执行		是否测试运行有效性（是/否）
					存在/发生	完整性	权利和义务	计价和分摊	准确性	截止	分类		是/否/不适用	索引号	
3	清查资产核实债务	资产、负债账实相符，资产计价方法不得随意变更；严格按照准则确认资产、负债等	1. 确定具体可行的资产清查、负债核实计划，安排合理的时间和工作进度，配备足够的人员、确定实物资产盘点的具体方法和过程，同时做好业务准备工作。 2. 做好各项资产、负债的清查、核实工作。 3. 对清查过程中发现的差异，应当分析原因，提出处理意见，取得合法证据和按照规定权限经审批，将清查、核实的结果及其处理办法向企业的董事会或者相应机构报告，并根据国家统一的会计准则制度的规定进行相应的会计处理。	财务报表相关科目	√	√	√	√	√		√				
4	结账	账务处理正确，账证、账账相符；避免虚列或隐瞒收入、推迟或提前确认收入；不得随意改变费用、成本的确认标准或计量方法，虚列、多列、不列或者少列费用、成本；结账的时间、程序符合相关规定；关账后不得随意打开已关闭的会计期间等	1. 核对各会计账簿记录与会计凭证的内容、金额等是否一致，记账方向是否相符。 2. 检查相关账务处理是否符合国家统一的会计准则制度和企业制定的核算方法。 3. 调整有关账项，合理确定本期应计的收入和应计的费用。例如，计提固定资产折旧、计提坏账准备等；各项待摊费用按规定摊配并分别记入本期有关科目；属于本期的应计收益应确认计入本期收入等。	财务报表相关科目	√	√	√	√	√	√	√				

续表

序号	主要业务活动	控制目标	被审计单位制度设计的控制措施	相关的重大账户	受影响的相关认定							控制活动对实现控制目标是否有效(是/否)	是否得到执行		是否测试运行有效性(是/否)
					存在/发生	完整性	权利和义务	计价和分摊	准确性	截止	分类		是/否/不适用	索引号	
4	结账	账务处理正确，账证、账账相符；避免虚列或隐瞒收入、推迟或提前确认收入；不得随意改变费用、成本的确认标准或计量方法，虚列、多列、不列或者少列费用、成本；结账的时间、程序符合相关规定；关账后不得随意打开已关闭的会计期间等	4. 检查是否存在因会计差错、会计政策变更等原因需要调整前期或者本期相关项目。对于调整项目，需取得和保留审批文件，以保证调整有据可依。 5. 不得为了赶编财务报告而提前结账，或把本期发生的经济业务事项延至下期登账，也不得先编财务报告后结账，应在当期所有交易或事项处理完毕并经财会部门负责人审核签字确认后，实施关账和结账操作。 6. 如果在关账之后需要重新打开已关闭的会计期间，须填写相应的申请表，经总会计师或分管会计工作的负责人审批后进行。	财务报表相关科目	√	√	√	√	√	√	√				
5	编制个别财务报告	提供真实财务报告，给财务报告使用者提供决策支持；报表数据完整、准确；报表种类完整；附注内容完整等	1. 企业财务报告列示的资产、负债、所有者权益金额应当真实可靠。 2. 企业财务报告应当如实列示当期收入、费用和利润。 3. 企业财务报告列示的各种现金流量由经营活动、投资活动和筹资活动的现金流量构成，应当按照规定划清各类交易和事项的现金流量的界限。	财务报表相关科目	√	√	√	√	√	√	√				

续表

序号	主要业务活动	控制目标	被审计单位制度设计的控制措施	相关的重大账户	受影响的相关认定							控制活动对实现控制目标是否有效（是/否）	是否得到执行		是否测试运行有效性（是/否）
					存在/发生	完整性	权利和义务	计价和分摊	准确性	截止	分类		是/否/不适用	索引号	
5	编制个别财务报告	提供真实财务报告，给财务报告使用者提供决策支持；报表数据完整、准确；报表种类完整；附注内容完整等	4. 按照岗位分工和规定的程序编制财务报告。一是财会部门制定本单位财务报告编制分工表，并由财会部门负责人审核，确保报告编制范围完整。二是财会部门报告编制岗位按照登记完整、核对无误的会计账簿记录和其他有关资料对相关信息进行汇总编制，确保财务报告项目与相关账户对应关系正确，计算公式无误。三是进行校验审核工作，包括期初数核对、财务报告内有关项目的对应关系审核、报表前后勾稽关系审核、期末数与试算平衡表和工作底稿核对、财务报告主表与附表之间的平衡及勾稽关系校验等。 5. 按照国家统一的会计准则制度编制附注。 6. 财会部门负责人审核报表内容和种类的真实、完整性，通过后予以上报。	财务报表相关科目	√	√	√	√	√	√	√				

续表

序号	主要业务活动	控制目标	被审计单位制度设计的控制措施	相关的重大账户	受影响的相关认定							控制活动对实现控制目标是否有效（是/否）	是否得到执行		是否测试运行有效性（是/否）
					存在/发生	完整性	权利和义务	计价和分摊	准确性	截止	分类		是/否/不适用	索引号	
6	编制合并财务报告	合并范围完整；合并内部交易和事项完整；合并抵销分录准确	1. 编报单位财会部门应依据经同级法律事务部门确认的产权（股权）结构图，并考虑所有相关情况以确定合并范围符合国家统一的会计准则制度的规定，由财会部门负责人审核、确认合并范围是否完整。 2. 财会部门收集、审核下级单位财务报告，并汇总出本级次的财务报告，经汇总单位财会部门负责人审核。 3. 财会部门制定内部交易和事项核对表及填制要求，报财会部门负责人审批后下发纳入合并范围内各单位。财会部门核对本单位及纳入合并范围内各单位之间内部交易的事项和金额，如有差异，应及时查明原因并进行调整。编制内部交易表及内部往来表交财会部门负责人审核。 4. 合并抵销分录应有相应的标准文件和证据进行支持，由财会部门负责人审核。 5. 对合并抵销分录实行交叉复核制度，具体编制人完成调整分录后即提交相应复核人进行审核，审核通过后才可录入试算平衡表。通过交叉复核，保证合并抵销分录的真实性、完整性。	不适用（N/A）											

续表

序号	主要业务活动	控制目标	被审计单位制度设计的控制措施	相关的重大账户	受影响的相关认定							控制活动对实现控制目标是否有效（是/否）	是否得到执行		是否测试运行有效性（是/否）
					存在/发生	完整性	权利和义务	计价和分摊	准确性	截止	分类		是/否/不适用	索引号	
7	财务报告对外提供前的审核	在财务报告对外提供前按规定程序进行审核，对内容的真实性、完整性以及格式的合规性等审核充分	1. 企业应严格按照规定的财务报告编制中的审批程序，由各级负责人逐级把关，对财务报告内容的真实性、完整性，格式的合规性等予以审核。 2. 企业应保留审核记录，建立责任追究制度。 3. 财务报告在对外提供前应当装订成册，加盖公章，并由企业负责人、总会计师或分管会计工作的负责人、财会部门负责人签名并盖章。	不适用（N/A）											
8	财务报告对外提供前的审计	财务报告对外提供前经审计，审计机构符合相关法律法规的规定，审计机构与企业保持独立	1. 企业应根据相关法律法规的规定，选择符合资质的会计师事务所对财务报告进行审计。 2. 企业不得干扰审计人员的正常工作，并应对审计意见予以落实。 3. 注册会计师及其所在的事务所出具的审计报告，应随财务报告一并提供。	不适用（N/A）											

序号	主要业务活动	控制目标	被审计单位制度设计的控制措施	相关的重大账户	受影响的相关认定							控制活动对实现控制目标是否有效（是/否）	是否得到执行		是否测试运行有效性（是/否）
					存在/发生	完整性	权利和义务	计价和分摊	准确性	截止	分类		是/否/不适用	索引号	
9	财务报告的对外提供	对外提供遵循相关法律法规的规定；对外提供的财务报告的编制基础、编制依据、编制原则和方法一致，利于各方对企业情况的判断和经济决策的做出；及时对外报送财务报告，避免财务报告信息的使用价值降低，不违反有关法律法规；财务报告在对外提供前设置严格的保密程序，避免发生内幕交易等，使投资者或企业利益免受损失	1. 企业应根据相关法律法规的要求，在企业相关制度中明确负责财务报告对外提供的对象，在相关制度性文件中予以明确并由企业负责人监督。 2. 企业应严格按照规定的财务报告编制中的审批程序，由财会部门负责人、总会计师或分管会计工作的负责人、企业负责人逐级把关，对财务报告内容的真实性、完整性，格式的合规性等予以审核，确保提供给投资者、债权人、政府监管部门、社会公众等各方面的财务报告的编制基础、编制依据、编制原则和方法完全一致。 3. 企业应严格遵守相关法律法规和国家统一的会计准则制度对报送时间的要求，在财务报告的编制、审核、报送流程中的每一步骤设置时间点，对未能按时完成的相关人员进行处罚。 4. 企业应设置严格的保密程序，对能够接触财务报告信息的人员进行权限设置，保证财务报告信息在对外提供前控制在适当的范围。并对财务报告信息的访问情况予以记录，以便了解情况，及时发现可能的泄密行为，在泄密后也易于找到相应的责任人。 5. 企业对外提供的财务报告应当及时整理归档，并按有关规定妥善保存。	不适用（N/A）											

续表

序号	主要业务活动	控制目标	被审计单位制度设计的控制措施	相关的重大账户	受影响的相关认定							控制活动对实现控制目标是否有效（是/否）	是否得到执行		是否测试运行有效性（是/否）
					存在/发生	完整性	权利和义务	计价和分摊	准确性	截止	分类		是/否/不适用	索引号	
10	制定财务分析制度	制定的财务分析制度符合企业实际情况，财务分析制度充分利用企业现有资源，财务分析的流程、要求明确，财务分析制度经审批等	1. 企业在对基本情况分析时，应当重点了解企业的发展背景，包括企业的发展史、企业组织机构、产品销售及财务资产变动情况等，熟悉企业业务流程，分析研究企业的资产及财务管理活动。 2. 企业在制定财务报告分析制度时，应重点关注：财务报告分析的时间、组织形式、参加的部门和人员；财务报告分析的内容、分析的步骤、分析方法和指标体系；财务报告分析报告的编写要求等。 3. 财务报告分析制度草案经由财会部门负责人、总会计师或分管会计工作的负责人、企业负责人检查、修改、审批之后，根据制度设计的要求进行试行，发现问题及时总结上报。 4. 财会部门根据试行情况进行修正，确定最终的财务报告分析制度文稿，并经财会部门负责人、总会计师或分管会计工作的负责人、企业负责人进行最终的审批。	不适用（N/A）											

续表

序号	主要业务活动	控制目标	被审计单位制度设计的控制措施	相关的重大账户	受影响的相关认定							控制活动对实现控制目标是否有效（是/否）	是否得到执行		是否测试运行有效性（是/否）
					存在/发生	完整性	权利和义务	计价和分摊	准确性	截止	分类		是/否/不适用	索引号	
11	编写财务分析报告	财务分析报告的目的正确或者明确，财务分析方法正确；财务分析报告的内容完整，对本期生产经营活动中发生的重大事项做专门分析；财务分析不局限于财会部门，充分利用相关部门的资源，提高质量和可用性；财务分析报告经审核等	1. 编写时要明确分析的目的，运用正确的财务分析方法，并能充分、灵活地运用各项资料。 2. 总会计师或分管会计工作的负责人应当在财务分析和利用工作中发挥主导作用，负责组织领导。财会部门负责人审核财务分析报告的准确性，判断是否需要对特殊事项进行补充说明，并对财务分析报告进行补充说明。对生产经营活动中的重要资料、重大事项以及与上年同期数据相比有较大差异的情况要做重点说明。 3. 企业财务分析会议应吸收有关部门负责人参加，对各部门提出的意见，财会部门应充分沟通、分析，进而修改完善财务分析报告。 4. 修订后的分析报告应及时报送企业负责人，企业负责人负责审批分析报告，并据此进行决策，对于存在的问题及时采取措施。	不适用（N/A）											

续表

序号	主要业务活动	控制目标	被审计单位制度设计的控制措施	相关的重大账户	受影响的相关认定							控制活动对实现控制目标是否有效（是/否）	是否得到执行		是否测试运行有效性（是/否）
					存在/发生	完整性	权利和义务	计价和分摊	准确性	截止	分类		是/否/不适用	索引号	
12	整改落实	财务分析报告的内容传递顺畅，及时使有关各部门获悉；各部门对财务分析报告足够重视，并对其中的意见进行整改落实	1. 定期的财务分析报告应构成内部报告的组成部分，并充分利用信息技术和现有内部报告体系在各个层级上进行沟通。 2. 根据分析报告的意见，明确各部门职责。责任部门按要求落实改正，财会部门负责监督、跟踪责任部门的落实情况，并及时向有关负责人反馈落实情况。	不适用（N/A）											

财务报告证据检查工作底稿（3）

被审计单位名称：__________　编制人：__________　日期：__________　索引号：__________
会　计　期　间：__________　复核人：__________　日期：__________　页　次：__________

一、获取被审计单位建立内部控制制度的政策文件和依据

二、获取被审计单位财务报告的风险矩阵、流程文档和证据表单

三、获取与财务报告内部控制设计有效性相关的文件

1. 财务报告编制方案

2. 重大会计事项及相应会计处理备忘录、会议纪要

3. 结账事项备忘表、关账和结账操作审核记录、关账和结账操作后重新打开审核记录

4. 合并底稿、合并抵销分录、产权结构图及合并范围、内部交易表及内部往来表、财务报告签批记录

5. 财务分析报告及审批文件

财务报告内部控制穿行测试（4）

被审计单位名称：________　编制人：________　日期：________　索引号：________
会　计　期　间：________　复核人：________　日期：________　页　次：________

审计目标：通过穿行测试，了解和评价财务报告内部控制设计是否合理并得到执行，评估与财务报表相关的重大错报风险。

审计过程：{包括记录选样方法等}

样本序号	业务内容	财务报告编制阶段	样本内容	样本时间	主要控制点执行情况的检查										
					1	2	3	4	5	6	7	8	9	10	…

续表

标识1：有财务报告编制方案并经过审批； 标识2：有重大会计事项及相应会计处理备忘录； 标识3：有切实可行的资产清查、负债核实计划、若存在差异，有清查差异说明及相应处理方案； 标识4：有结账事项备忘表、关账和结账操作审核记录、若关账和结账操作后重新打开，有相应审核记录； 标识5：有财务报表、附注及相应审核记录； 标识6：编制合并财务报表的过程中形成合并底稿； 标识7：有合并抵销分录底稿，并有理有据； 标识8：有产权结构图，合并范围合理； 标识9：有内部交易明细表及内部往来明细表； 标识10：财务报告对外提供时，有财务报告签批记录； …：……
穿行测试说明：{针对上述穿行测试过程中的事项进行相关说明} **编制说明**： 1. 在执行财务报表审计业务时，注册会计师应运用职业判断，结合被审计单位实际情况设计和执行穿行测试。 2. 注册会计师应对整个流程执行穿行测试，涵盖交易自发生至记账的整个过程。 3. 如拟实施控制测试，在本循环中执行穿行测试检查的项目也可作为控制测试的测试项目之一。
穿行测试结论： 1. 经________抽查________笔业务，发现________控制设计或执行存在________问题，财务报表________认定可能存在重大错报风险。 2. 对________控制不依赖（中度\ 高度依赖），拟对________控制执行控制测试。

第三部分

进一步审计程序工作底稿

内部控制测试

一、内部控制测试程序及控制测试范围选择表

被审计单位名称：__________	编制人：__________	日期：__________	索引号：__________
会计期间或截止日：__________	复核人：__________	日期：__________	页　次：__________

审计目标：

针对认定层次重大错报风险，测试其对应的内部控制活动关键控制点，并充分考虑以下因素：

（1）控制在所审计期间的不同时点是如何运行的；

（2）控制是否得到一贯执行；

（3）控制由谁执行；

（4）控制以何种方式运行（例如人工控制或自动化控制）。

从而评价内部控制执行的有效性，实现获取充分适当的审计证据以支持审计结论之目标。

审计程序（可供选用）：

1. 询问被审计单位的人员，了解被审计单位设计有效的内部控制是否被得到适当授权和具备专业胜任能力的人员执行；

2. 识别内部控制的关键控制点，观察特定控制点的控制实践；

3. 按照关键控制发生的频率确定抽样的样本及样本量，检查关键控制点生成的有关文件和记录；

4. 通过重新执行来证实控制执行的有效性。

控制测试的范围

注册会计师在测试控制的运行有效性时，应当在考虑与控制相关的风险基础上，确定测试的范围，即样本规模。

注册会计师确定的测试范围，应当足以使其能够获取充分、适当的证据，为基准日内部控制是否不存在重大缺陷提供合理保证。

1. 对人工控制测试的最小样本规模

对人工控制，如果采用重新执行测试程序，且预期偏差为零，测试的最小样本量区间参见下表：

控制运行频率	控制运行的总数	测试的最小样本量区间
每年 1 次	1	1
每季 1 次	4	2
每月 1 次	12	2 ~ 5
每周 1 次	52	5 ~ 15
每天 1 次	250	20 ~ 40
每天多次	大于 250 次	25 ~ 60

注：注册会计师在最小样本量区间的基础上确定具体的样本规模时，应当根据与控制相关的风险。

2. 对自动化应用控制测试的最小样本规模

信息技术处理具有内在一贯性。在信息技术一般控制有效的提前下，除非系统发生变动，注册会计师通常不需要增加自动化应用控制的测试范围。

3. 发现偏差时的处理

如果发现控制偏差，注册会计师应当确定其对与所测试控制相关的风险评估、需要获取的证据以及控制运行有效性结论的影响。

由于有效的内部控制不能为实现控制目标提供绝对保证，单项控制并非一定要毫无偏差地运行，才被认为是有效的。

对控制偏差影响的考虑需要注册会计师的职业判断，并受到控制性质和所发现的偏差数量的影响。

如果发现的控制偏差是系统性偏差或人为有意造成的偏差，注册会计师需考虑舞弊的可能迹象以及对注册会计师审计方案的影响。

在评价控制测试中所发现的某项控制偏差是否为控制缺陷时，注册会计师可以考虑的因素包括：

（1）该偏差是如何发现的。例如，若某控制偏差是被另外一项控制所发现的，则可能意味着企业存在有效的发现性控制。

（2）该偏差是与某一特定的地点、流程或应用系统相关，还是对该企业有广泛影响。

（3）就企业的内部政策而言，该控制出现偏差的严重程度。例如，某控制尽管晚于企业政策要求的时间执行，但仍在编制财务报告之前执行了还是该控制根本没有执行。

（4）与控制运行频率相比，偏差发生的频率大小。

在注册会计师预期没有控制偏差并按照上述第1点所列示的样本规模进行测试的情况下，如果测试结果发现了控制偏差，注册会计师应当考虑偏差的原因及性质，并考虑采用适当的应对措施来判断该偏差是否对总体不具有代表性，如扩大样本量进行测试等。例如，对每日发生多次的控制，如果测试结果发现一项控制偏差，且该偏差不是系统性偏差，则注册会计师可以扩大样本规模进行测试，所增加的样本量至少应等于初始测试的样本量，如果测试的结果再次发现偏差，则注册会计师可以得出该控制无效的结论；如果扩大样本量没有再次发现偏差，则注册会计师可以得出控制有效的结论。

二、资金活动内部控制测试导引表

被审计单位名称：__________ 编制人：__________ 日期：__________ 索引号：__________
会计期间或截止日：__________ 复核人：__________ 日期：__________ 页 次：__________

审计程序	索引号
资金活动内部控制运行有效性汇总	
资金活动内部控制运行有效性评价	
资金活动内部控制关键控制点测试	

（一）资金活动内部控制运行有效性汇总评价表

被审计单位名称：__________　编制人：__________　日期：__________　索引号：__________
会计期间或截止日：__________　复核人：__________　日期：__________　页　次：__________

<table>
<tr><td colspan="2">内控风险评价标准</td></tr>
<tr><td colspan="2">重要提示：
如出现下列情况应将控制风险评估为高水平（无法依赖）。
1. 相关内部控制执行存在偏差，不能防止或发现和纠正重大错报或漏报；
2. 难以对内部控制执行的有效性做出评价；
3. 有证据表明存在管理层凌驾于内控之上。</td></tr>
<tr><td colspan="2">对内控制度运行有效性的评价</td></tr>
<tr><td colspan="2">评价方法：检查表（　　）；询问记录（　　）；观察记录（　　）</td></tr>
<tr><td colspan="2">评价：
1. 根据计划实施的控制测试，对未进行测试的控制目标进行汇总，列明：业务循环、主要业务活动、控制目标、相关交易和账户余额及其认定及原因等信息。
2. 根据控制测试的结果，对运行无效的控制，未达到控制目标的主要业务活动进行汇总，列明：业务循环、主要业务活动、控制目标、相关交易和账户余额及其认定、并简要描述评价过程，存在问题及原因。在审计过程中不予信赖，通过实施实质性程序获取充分、适当的审计证据。
3. 如果执行控制测试的结果表明本循环与相关交易和账户余额及其认定相关的控制不能予以信赖，应重新考虑拟信赖以前审计获取的其他循环的控制运行有效性的审计证据是否恰当。</td></tr>
<tr><td colspan="2">沟通事项：
是否需要就已识别出的内部控制设计或执行方面的重大缺陷，与适当层次的管理层或治理层进行沟通？</td></tr>
<tr><td>评价结论类型：</td><td>结论：</td></tr>
<tr><td>内控可信赖</td><td></td></tr>
<tr><td>部分内控可信赖</td><td>注：需要详细描述并确定实质性测试方案</td></tr>
<tr><td>内控不可信赖</td><td>注：确定实质性测试方案或确定报告意见类型</td></tr>
</table>

（二）资金活动内部控制运行有效性评价

被审计单位名称：________ 编制人：________ 日期：________ 索引号：________
会 计 期 间：________ 复核人：________ 日期：________ 页 次：________

序号	主要业务活动	控制目标	被审计单位制度设计的控制措施	控制执行频率（按需/随时/日/周/月度/季度/年度）	测试的样本量	索引号	控制活动是否得到执行（是/否）	控制活动是否运行有效（是/否）	控制测试结果是否支持风险评估结果（支持/不支持）
1	提出筹资方案	进行筹资方案可行性论证	1. 进行筹资方案的战略性评估，包括是否与企业发展战略相符合；筹资规模是否得当。 2. 进行筹资方案的经济性评估，如筹资成本是否最低，资本结构是否恰当，筹资成本与资金收益是否匹配。 3. 进行筹资方案的风险性评估，如筹资方面面临哪些风险，风险的大小是否得当、可控，是否与收入匹配。	按需					
2	筹资方案审批	选择批准最优筹资方案	1. 根据分级授权审批制度，按照规定程序严格审批，审批经过可行性论证的筹资方案。 2. 审批中应实行集体审议或联签制度，保证决策的科学性。	按需					
3	编制筹资计划	制定切实可行的具体筹资计划，科学规划筹资活动，保证低成本高效率筹资	1. 根据筹资方案，结合当时的经济金融形势，分析不同筹资方式的资金成本，正确选择筹资方式和不同方式的筹资数量，财务部门或资金管理部门制定具体筹资计划。 2. 根据授权审批制度报有关部门批准。	按需					

续表

序号	主要业务活动	控制目标	被审计单位制度设计的控制措施	控制执行频率（按需/随时/日/周/月度/季度/年度）	测试的样本量	索引号	控制活动是否得到执行（是/否）	控制活动是否运行有效（是/否）	控制测试结果是否支持风险评估结果（支持/不支持）
4	实施筹资	保证筹资活动计划正确、合法、有效进行	1. 根据筹资计划进行筹资。 2. 签订筹资协议，明确权利义务。 3. 按照岗位分离与授权审批制度，各环节和各责任人正确履行审批监督责任，实施严密的筹资程序和岗位分离控制。 4. 按照筹资合同或协议，正确计提、支付利息或股利。 5. 做好严密的筹资记录，发挥会计控制的作用。	按需					
5	筹资活动评价与责任追究	保证筹集资金的正确有效使用，维护筹资信用	1. 促成各部门严格按照确定的用途使用资金。 2. 监督检查，督促各环节严密保管未发行的股票、债券。 3. 监督检查，保证利息计提和支付的准确性。 4. 加强债务偿还和股利支付环节的监督管理。 5. 评价筹资活动过程，追究违规人员责任。	按需					
6	提出投资方案	进行投资方案可行性论证	1. 进行投资方案的战略性评估，包括是否与企业发展战略相符合。 2. 投资规模、方向和时机是否适当。 3. 对投资方案进行技术、市场、财务可行性研究，深入分析项目的技术可行性与先进性、市场容量与前景，以及项目预计现金流量、风险与报酬，比较或评价不同项目的可行性。	按需					

续表

序号	主要业务活动	控制目标	被审计单位制度设计的控制措施	控制执行频率（按需/随时/日/周/月度/季度/年度）	测试的样本量	索引号	控制活动是否得到执行（是/否）	控制活动是否运行有效（是/否）	控制测试结果是否支持风险评估结果（支持/不支持）
7	投资方案审批	选择批准最优秀方案	1. 明确审批人对投资业务的授权批准方式、权限、程序和责任，不得越权； 2. 审批中应实行集体决策审议或者连签制度； 3. 与有关被投资方签署投资协议。	按需					
8	编制投资计划	制定切实可行的投资计划，作为项目投资的控制依据	1. 核查企业当前资金额及正常生产经营预算对资金的需求量，积极筹措投资项目所需资金； 2. 制定详细的投资计划，并根据授权审批制度报有关部门批准。	按需					
9	实施投资方案	保证投资活动按计划合法、有序、有效进行	1. 根据投资计划进度，严格分期、按进度适时投放资金，控制资金流量和时间； 2. 以投资计划为依据，按照职务分离制度和授权审批制度，各环节和各责任人正确履行审批监督责任，对项目实施过程进行监督和控制，防止各种舞弊行为，保证项目建设的质量和进度； 3. 做好严密的会计记录，发挥会计控制的作用； 4. 做好跟踪分析工作，及时评价投资的进展，将分析和评价的结果反馈给决策层，以便及时调整投资策略或制定投资推出策略。	按需					
10	投资资产处置控制	保证投资资产的处理符合企业的利益	1. 投资资产的处置应该通过专业中介机构，选择相应的资产评估方法，客观评估投资价值，同时确定处置策略； 2. 投资资产的处置必须通过董事会的授权批准。	按需					

续表

序号	主要业务活动	控制目标	被审计单位制度设计的控制措施	控制执行频率（按需/随时/日/周/月度/季度/年度）	测试的样本量	索引号	控制活动是否得到执行（是/否）	控制活动是否运行有效（是/否）	控制测试结果是否支持风险评估结果（支持/不支持）
11	货币资金环节	合理确定货币资金持有量；防止错弊，保证货币资金安全完整	1. 编制现金预算，对货币资金需要量、收付时间和金额、支付标准等进行严密控制； 2. 使用最佳现金持有量模型进行最佳现金持有量决策； 3. 加强货币资金日常管理； 4. 建立货币资金收支两条线制度，集团公司还应同时建立货币资金集中管理制度，严格对货币资金的管控； 5. 建立严格的货币资金收支授权审批制度和职务分离制度，防止发生错弊的风险。 5.1 制定资金的限制接近措施，未经授权不得经办资金收付业务；明确不同级别管理人员的权限。 5.2 会计对相关凭证进行横向和纵向复核。 5.3 出纳根据复核后的相关收付款凭证收款和付款，并加盖戳记。 5.4 出纳人员根据资金收复凭证登记日记账，会计人员根据相关凭证登记有关明细分类账；主管会计登记总分类账。 5.5 账证核对、账表核对与账实核对。 5.6 授权专人保管资金；定期、不定期盘点。 5.7 开设、使用与撤销的授权；是否有账外账。 5.8 票据统一印制或购买；票据由专人保管；印章与空白票据分管；财务专用章与企业法人章分管。	随时					

续表

序号	主要业务活动	控制目标	被审计单位制度设计的控制措施	控制执行频率（按需/随时/日/周/月度/季度/年度）	测试的样本量	索引号	控制活动是否得到执行（是/否）	控制活动是否运行有效（是/否）	控制测试结果是否支持风险评估结果（支持/不支持）
12	储备资金环节	合理确定储备资金占用数量；保证储备资金安全完整	1. 编制各种储备资金预算，对储备资金占用进行严密控制。 2. 使用经济订货量模型进行储备资金采购决策。 3. 采用 ABC 法、ERP 系统、JIT 制度等进行存货控制。 4. 建立严密的存货收发保管制度，防止存货收发储存环节的错弊，保证存货安全完整。	随时					
13	生产资金环节	合理组织生产，有效控制成本	1. 编制生产预算，有计划组织生产。 2. 按生产通知单领料，严格履行；领料手续。 3. 制定产品目标成本和消耗定额，严格控制成本发生。 4. 建立生产台账，编制生产进度表，对产品生产和交接进行严格控制。 5. 建立质量检验制度和责任成本制度，开展成本差异分析，落实责任制，促进产品质量和生产效率提高。 6. 建立完善的成本核算制度和会计账簿体系，准确合适产品成本。	随时					
14	新的储备资金环节	确定储备资金的合理占用数量，保证储备资金安全完整	与前述储备资金环节的风险控制措施相同。	随时					
15	新的货币资金环节	准确进行成本补偿，合理进行利润分配；建立商品销售和货款回收制度	1. 准确进行收入费用配比，足额补偿成本。 2. 遵守利润分配规定和程序，及时、恰当分配利润，妥善处理各方利润关系。 3. 加强应收账款管理，减少坏账损失，及时收回货款。 4. 建立严密的资金收入控制程序，严格资金收入控制，保证收入货币资金的安全完整。	随时					

（三）资金活动内部控制关键控制点测试——检查测试表

被审计单位名称：________ **编制人：**________ **日期：**________ **索引号：**________

会 计 期 间：________ **复核人：**________ **日期：**________ **页 次：**________

测试的主要业务活动	控制目标	控制活动发生频率	样本数量	样本序号	样本名称	样本日期	凭证或相关文件编号	主要控制点执行情况的检查					有无问题	问题描述	产生原因	样本索引号
								1	2	3	4	…				
				1												
				2												
				3												
				4												

标识 1：

标识 2：

标识 3：

标识 4：

…：……

控制测试说明：{针对上述测试过程中的事项进行相关说明}

控制测试结论：

1. 经______抽查______笔业务，发现______控制执行存在______问题，财务报表______认定可能存在重大错报风险。
2. 控制是否运行有效：______；对该控制（不/中度/高度）信赖：______；是否需要增加样本规模：______；是否需要增加对相关账户的实质性程序：______。
3. 样本结果是否支持初步风险评估结果：______。
4. 修正后的重大错报风险评估水平：______。

（四）资金活动内部控制关键控制点测试——检查测试表（筹资活动测试示例）

被审计单位名称：________ **编制人：**________ **日期：**________ **索引号：**________

会　计　期　间：________ **复核人：**________ **日期：**________ **页　次：**________

审计目标：根据控制测试审计抽样底稿确定的样本量对________控制进行抽样测试，根据测试结果，确定控制运行的有效性。

审计过程：

测试的主要业务活动	控制目标	控制活动发生频率	样本数量	样本序号	样本名称	样本日期	凭证或相关文件编号	主要控制点执行情况的检查					有无问题	问题描述	产生原因	样本索引号
								1	2	3	4	…				
实施筹资	保证筹资活动计划正确、合法、有效进行	按需		1												
				2												
				3												
				4												

标识1：取得公司筹资计划，筹资活动根据筹资计划进行筹资；

标识2：取得筹资协议及审批文件，按照岗位分离与授权审批制度，各环节和各责任人正确履行审批监督责任；

标识3：取得计提利息和支付利息或股利的凭证，与投资协议进行核对，正确计提、支付利息或股利，及时进行账务处理；

标识4：取得备查登记簿及核对记录，有专人负责备查登记并定期与代理机构核对；

…：……

测试说明：{针对上述测试过程中的事项进行相关说明}

审计结论：

1. 经____抽查________笔业务，发现________控制执行存在________问题，财务报表________认定可能存在重大错报风险。
2. 控制是否运行有效：________；对该控制（不/中度/高度）信赖：________；是否需要增加样本规模：________；是否需要增加对相关账户的实质性程序：________。
3. 样本结果是否支持初步风险评估结果：________。
4. 修正后的重大错报风险评估水平：________。

（五）资金活动内部控制关键控制点测试——检查测试表（投资活动测试示例）

被审计单位名称：________ 编制人：________ 日期：________ 索引号：________
会 计 期 间：________ 复核人：________ 日期：________ 页 次：________

审计目标：根据控制测试审计抽样底稿确定的样本量对________控制进行抽样测试，根据测试结果，确定控制运行的有效性。

审计过程：

测试的主要业务活动	控制目标	控制活动发生频率	样本数量	样本序号	样本名称	样本日期	凭证或相关文件编号	主要控制点执行情况的检查					有无问题	问题描述	产生原因	样本索引号
								1	2	3	4	…				
提出投资方案及投资方案审批	进行投资方案可行性论证，选择批准最优秀方案	按需		1												
				2												
				3												
				4												

标识1：取得公司投资方案，应根据企业发展战略、宏观经济环境、市场状况等提出；
标识2：取得投资方案的可行性论证文件，进行投资方案的战略性评估，投资规模、方向和时机的适当性；进行技术、市场、财务可行性评估；
标识3：取得投资方案审批单及相应授权文件，应符合投资业务的授权批准方式、权限、程序；
标识4：取得与有关被投资方签署投资协议，应符合投资方案的规定；
…：……

测试说明：{针对上述测试过程中的事项进行相关说明}

审计结论：

1. 经________抽查________笔业务，发现________控制执行存在________问题，财务报表________认定可能存在重大错报风险。
2. 控制是否运行有效：________；对该控制（不/中度/高度）信赖：________；是否需要增加样本规模：________；是否需要增加对相关账户的实质性程序：________。
3. 样本结果是否支持初步风险评估结果：________。
4. 修正后的重大错报风险评估水平：________。

（六）资金活动内部控制关键控制点测试——检查测试表（资金营运测试示例）

被审计单位名称：________ 编制人：________ 日期：________ 索引号：________

会 计 期 间：________ 复核人：________ 日期：________ 页 次：________

审计目标：根据控制测试审计抽样底稿确定的样本量对________控制进行抽样测试，根据测试结果，确定控制运行的有效性。

审计过程：

测试的主要业务活动	控制目标	控制活动发生频率	样本数量	样本序号	样本名称	样本日期	凭证或相关文件编号	主要控制点执行情况的检查					有无问题	问题描述	产生原因	样本索引号
								1	2	3	4	…				
货币资金环节	合理确定货币资金持有量；防止错弊，保证货币资金安全完整	随时		1												
				2												
				3												
				4												

标识1：取得现金预算，应对货币资金需要量、收付时间和金额、支付标准等进行严密控制，收付应符合现金预算的要求；

标识2：取得使用最佳现金持有量模型进行最佳现金持有量决策的支持文件；

标识3：货币资金收支的审批符合公司授权审批制度和职务分离制度；

标识4：出纳根据复核后的相关收付款凭证收款和付款，并加盖戳记；

…：……

测试说明：{针对上述测试过程中的事项进行相关说明}

审计结论：

1. 经________抽查________笔业务，发现________控制执行存在________问题，财务报表________认定可能存在重大错报风险。

2. 控制是否运行有效：________；对该控制（不/中度/高度）信赖：________；是否需要增加样本规模：________；是否需要增加对相关账户的实质性程序：________。

3. 样本结果是否支持初步风险评估结果：________。

4. 修正后的重大错报风险评估水平：________。

（七）资金活动内部控制关键控制点测试——询问测试表

被审计单位名称：________ **编制人：**________ **日期：**________ **索引号：**________
会 计 期 间：________ **复核人：**________ **日期：**________ **页 次：**________

说明：注册会计师可以向被审计单位适当员工和管理层询问，以获取与内部控制运行情况有关的信息。询问必须和其他测试手段结合使用才能发挥作用。在询问的过程中，注册会计师应当保持职业怀疑态度。

关键控制点	结论	索引

（八）资金活动内部控制关键控制点测试——观察测试表

被审计单位名称：____________ 编制人：____________ 日期：____________ 索引号：____________

会 计 期 间：____________ 复核人：____________ 日期：____________ 页 次：____________

说明：观察主要应用于测试不留下书面记录的控制的运行情况，注册会计师在评价内部控制运行有效性的时候，还要考虑其所观察到的控制在注册会计师不在场时可能未被执行的情况。

关键控制点	结论	索引

（九）资金活动内部控制关键控制点测试——观察记录

被审计单位名称：________ 编制人：________ 日期：________ 索引号：________
会 计 期 间：________ 复核人：________ 日期：________ 页 次：________

第一部分：基础信息

测试目标

通过对＿＿＿＿（关键控制点的描述）＿＿＿＿运行情况的观察，提供该关键控制点运行有效性相关的证据。

测试程序描述：

观察到的控制运行的情况：________

运行中涉及的人员：________

观察的次数：________观察的日期：________

第二部分：结论的概述

我通过观察识别以下与评价上述控制运行有效性相关的事项：

—控制依照设计运行的证据：

我观察到以下情况，表明控制依照设计运行：________

—偏离原设计运行的证据：

我观察到以下情况与现行公司的内部控制相偏离：________

____

____

____

____

三、采购业务内部控制测试导引表

被审计单位名称：__________ 编制人：__________ 日期：__________ 索引号：__________
会计期间或截止日：__________ 复核人：__________ 日期：__________ 页　次：__________

审计程序	索引号
采购业务内部控制运行有效性汇总	
采购业务内部控制运行有效性评价	
采购业务内部控制关键控制点测试	

（一）采购业务内部控制运行有效性汇总评价表

被审计单位名称：__________ 编制人：__________ 日期：__________ 索引号：__________

会计期间或截止日：__________ 复核人：__________ 日期：__________ 页 次：__________

内控风险评价标准	
重要提示： 如出现下列情况应将控制风险评估为高水平（无法依赖）： 1. 相关内部控制执行存在偏差，不能防止或发现和纠正重大错报或漏报； 2. 难以对内部控制执行的有效性做出评价； 3. 有证据表明存在管理层凌驾于内控之上。	
对内控制度运行有效性的评价	
评价方法：检查表（　　）；询问记录（　　）；观察记录（　　）	
评价： 1. 根据计划实施的控制测试，对未进行测试的控制目标进行汇总，列明：业务循环、主要业务活动、控制目标、相关交易和账户余额及其认定及原因等信息。 2. 根据控制测试的结果，对运行无效的控制，未达到控制目标的主要业务活动进行汇总，列明：业务循环、主要业务活动、控制目标、相关交易和账户余额及其认定、并简要描述评价过程，存在问题及原因。在审计过程中不予信赖，通过实施实质性程序获取充分、适当的审计证据。 3. 如果执行控制测试的结果表明本循环与相关交易和账户余额及其认定相关的控制不能予以信赖，应重新考虑拟信赖以前审计获取的其他循环的控制运行有效性的审计证据是否恰当。	
沟通事项： 是否需要就已识别出的内部控制设计或执行方面的重大缺陷，与适当层次的管理层或治理层进行沟通？	
评价结论类型：	结论：
内控可信赖	
部分内控可信赖	注：需要详细描述并确定实质性测试方案
内控不可信赖	注：确定实质性测试方案或确定报告意见类型

（二）采购业务内部控制运行有效性评价

被审计单位名称：________ 编制人：________ 日期：________ 索引号：________

会　计　期　间：________ 复核人：________ 日期：________ 页　次：________

序号	主要业务活动	控制目标	被审计单位制度设计的控制措施	控制执行频率（按需/随时/日/周/月度/季度/年度）	测试的样本量	索引号	控制活动是否得到执行（是/否）	控制活动是否运行有效（是/否）	控制测试结果是否支持风险评估结果（支持/不支持）
1	编制需求计划和采购计划	需求计划或采购计划合理，采购计划符合生产需要	1. 生产、经营、项目建设等部门，应当根据实际需求准确、及时编制需求计划。需求部门提出需求计划时，不能指定或变相指定供应商。 2. 采购计划是企业年度生产经营计划的一部分，在制定年度生产经营计划过程中，企业应当根据发展目标和实际需要，结合库存和在途情况科学安排采购计划，防止采购过高或过低。根据年度采购计划，结合实际生产情况，制定月度采购计划。 3. 采购计划应纳入采购预算管理，经相关负责人审批后，作为企业刚性指令严格执行。	月度/年度					

续表

序号	主要业务活动	控制目标	被审计单位制度设计的控制措施	控制执行频率（按需/随时/日/周/月度/季度/年度）	测试的样本量	索引号	控制活动是否得到执行（是/否）	控制活动是否运行有效（是/否）	控制测试结果是否支持风险评估结果（支持/不支持）
2	请购	建立采购制度、请购按照授权适当审批，保证企业正常生产经营	1. 建立采购申请制度，依据购买物资或接受劳务的类型，确定归口管理部门，授予相应的请购权，明确相关部门或人员的职责权限及相应的请购程序。企业可以根据实际需要设置专门的请购部门，对需求部门提出的请购需求进行审核，并进行归类汇总，统筹安排企业的请购计划。 2. 具有请购权的部门对于预算内采购项目，应当严格按照预算执行进度办理请购手续，并根据市场变化提出合理采购申请。对于超预算和预算外采购项目，应先履行预算调整程序，由具备相应审批权限的部门或人员审批后，再行办理请购手续。 3. 具备相应审批权限的部门或人员审批采购申请时，应重点关注采购申请内容是否准确、完整，是否符合生产经营需要，是否符合采购计划，是否在采购范围内等。对不符合采购规定的采购申请，应要求请购部门调整请购内容或拒绝批准。	按需					

续表

序号	主要业务活动	控制目标	被审计单位制度设计的控制措施	控制执行频率（按需/随时/日/周/月度/季度/年度）	测试的样本量	索引号	控制活动是否得到执行（是/否）	控制活动是否运行有效（是/否）	控制测试结果是否支持风险评估结果（支持/不支持）
3	选择供应商	供货商的选择符合公司的经营目标和最大利益，供货商的更新符合企业的规章制度。对供货商数据的修改须正确、及时、完整	1. 建立科学的供应商评估和准入制度，对供应商资质信誉情况的真实性和合法性进行审查，确定合格的供应商清单，健全企业统一的供应商网络。企业新增供应商的市场准入、供应商新增服务关系以及调整供应商物资目录，都要由采购部门根据需要提出申请，并按规定的权限和程序审核批准后，纳入供应商网络。 2. 采购部门应当按照公平、公正和竞争的原则，择优确定供应商，在切实防范舞弊风险的基础上，与供应商签订质量保证协议。 3. 建立供应商管理信息系统和供应商淘汰制度，对供应商提供物资和劳务的质量、价格、交货及时性、供货条件及其资信、经营状况等进行实时管理和考核评价，根据考核评价结果，提出供应商淘汰和更换名单，经审批后对供应商进行合理选择和调整，并在以供应商管理系统中做出相应记录。	按需					
4	确定采购价格	采购定价机制科学，定价方式适当，对重要物资品种价格跟踪监控，采购价格合理，符合公司的经营目标和最大利益	1. 健全采购定价机制，采取协议采购、招标采购、询比价采购、动态竞价采购等多种方式，科学合理的确定采购价格。对标准化程度高、需求计划性强、价格相对稳定的物资，通过招标、联合谈判等公开、竞争方式签订框架协议。 2. 采购部门应当定期研究大宗通用重要物资的成本构成与市场价格变动趋势，确定重要物资品种的采购执行价格或参考价格。建立采购价格数据库，定期开展重要物资的市场供求形势及价格走势商情分析并合理利用。	随时					

续表

序号	主要业务活动	控制目标	被审计单位制度设计的控制措施	控制执行频率（按需/随时/日/周/月度/季度/年度）	测试的样本量	索引号	控制活动是否得到执行（是/否）	控制活动是否运行有效（是/否）	控制测试结果是否支持风险评估结果（支持/不支持）
5	订立框架协议或采购合同	框架协议签订妥当，保证物资采购顺畅，在授权范围内订立采购合同，对合同对方主体资格及合同内容严格审核，避免重大疏漏或欺诈	1. 对拟签订框架协议的供应商的主体资格、信用状况等进行风险评估；框架协议的签订引入竞争机制，确保供应商具备履约能力。 2. 根据确定的供应商、采购方式、采购价格等情况，拟定采购合同，准确描述合同条款，明确双方权利、义务和违约责任，按照规定权限签署采购合同。对于影响重大、涉及较高专业技术和法律关系复杂的技术合同，应当组织法律、技术、财会等专业人员参与谈判，必要时可聘请外部专家参与相关工作。 3. 对重要物资验收量与合同量之间允许的差异，应当做出统一规定。	随时					
6	管理供应过程	有效跟踪采购合同履行情况，选择合理运输方式，重视运输过程保管风险，保证采购物资无损失且按时供应	1. 依据采购合同中确定的主要条款跟踪合同履行情况，对有可能影响生产或工程进度的异常情况，应做出书面报告并及时提出解决方案，采取必要措施，保证需求物资的及时供应。 2. 对重要物资建立并执行合同履约过程中的巡视，点检和监造制度。对需要监造的物资，择优确定监造单位，签订监造合同，落实监造责任人，审核确认监造大纲，审定监造报告，并及时向技术等部门通报。 3. 根据生产建设进度和采购物资特性等因素，选择合理的运输工具和运输方式，办理运输、投保等事宜。 4. 实行全过程的采购登记制度或信息化管理，确保采购过程的可追溯性。	随时					

续表

序号	主要业务活动	控制目标	被审计单位制度设计的控制措施	控制执行频率（按需/随时/日/周/月度/季度/年度）	测试的样本量	索引号	控制活动是否得到执行（是/否）	控制活动是否运行有效（是/否）	控制测试结果是否支持风险评估结果（支持/不支持）
7	验收	验收标准明确、程序规范，对验收中存在的异常情况，及时处理，保证账实相符，采购物资无损失	1. 制定明确的采购验收标准，结合物资特性确定必建物资目录，规定此类物资出具质量检验报告后方可入库。 2. 验收机构或人员应当根据采购合同及质量检验部门出具的质量检验证明，重点关注采购合同、发票等原始单据与采购物资的数量、质量、规格型号等核对一致。对验收合格的物资，填制入库凭证，加盖物资“收讫章”，登记实物账，及时将入库凭证传递给财会部门。物资入库前，采购部门需检查质量保证书、商检证书或合格证等证明文件。 3. 对于验收过程中发生的异常情况，验收机构或人员应当立即向企业有权管理的相关机构报告，相关机构应当查明原因并及时处理。	随时					

续表

序号	主要业务活动	控制目标	被审计单位制度设计的控制措施	控制执行频率（按需/随时/日/周/月度/季度/年度）	测试的样本量	索引号	控制活动是否得到执行（是/否）	控制活动是否运行有效（是/否）	控制测试结果是否支持风险评估结果（支持/不支持）
8	付款	付款审核严格、付款方式得当、严格控制付款金额，避免资金损失或信用受损	1. 严格审查采购发票等票据的真实性、合法性和有效性，判断采购款项是否确实应予支付。审查发票填制内容是否与发票种类相符、发票加盖的印章是否与票据的种类相符合等。重视采购付款的过程控制和跟踪管理，如发现异常情况，应拒绝向供应商付款，避免出现资金损失和信用损失。 2. 根据国家有关支付结算的相关规定和企业生产经营的实际情况，合理选择支付方式，并严格遵循合同规定，防范付款不当带来的法律风险，保证资金安全。除不足转账起点金额的采购可以支付现金外，采购价款应通过银行办理转账。 3. 加强预付账款和定金的管理，涉及大额或长期的预付款项，应当定期进行追踪核查，综合分析预付账款的期限，占用款项的合理性、不可收回风险等情况，发现有疑问的预付款，应当采取措施，尽快收回款项。	随时					

续表

序号	主要业务活动	控制目标	被审计单位制度设计的控制措施	控制执行频率（按需/随时/日/周/月度/季度/年度）	测试的样本量	索引号	控制活动是否得到执行（是/否）	控制活动是否运行有效（是/否）	控制测试结果是否支持风险评估结果（支持/不支持）
9	会计控制	企业账实相符、账证相符、账账相符、账表相符，保证存货及相关成本费用账户、应付款项等会计核算的真实性和可靠性	1. 企业应当加强对购买、验收、付款业务的会计控制，详细记录供应商情况、采购申请、采购合同、采购通知、验收证明、入库凭证、退货情况、商业票据、款项支付等情况、做好采购各环节的记录，确保会计记录、采购记录与仓储记录核对一致。 2. 指定专人通过函证等方式，定期向供应商寄发对账函，核对应付款项、应付票据、预付账款等往来款项，对供应商提出的异议应及时查明原因，报有权管理的部门或人员批准后，做出相应调整。	随时					
10	采购业务的后评估	促进物资采购与生产、销售等环节的有效衔接，不断防范采购风险，全面提升采购效能	1. 企业应当定期对物资需求计划、采购计划、采购渠道、采购价格、采购质量、采购成本、协调或合同签约与履行情况等物资采购供应活动进行专项评估和综合分析，及时发现采购业务薄弱环节，优化采购流程。 2. 将物资需求计划管理、供应商管理、储备管理等方面的关键指标纳入业绩考核体系，促进物资采购与生产、销售等环节的有效衔接，不断防范采购风险、全面提升采购效能。	随时					

（三）采购业务内部控制关键控制点测试——检查测试表

被审计单位名称：________ **编制人：**________ **日期：**________ **索引号：**________

会 计 期 间：________ **复核人：**________ **日期：**________ **页 次：**________

审计目标：根据控制测试审计抽样底稿确定的样本量对________控制进行抽样测试，根据测试结果，确定控制运行的有效性。

审计过程：

测试的主要业务活动	控制目标	控制活动发生频率	样本数量	样本序号	样本名称	样本日期	凭证或相关文件编号	主要控制点执行情况的检查					有无问题	问题描述	产生原因	样本索引号
								1	2	3	4	…				
				1												
				2												
				3												
				4												

标识1：
标识2：
标识3：
标识4：
…：……

控制测试说明：{针对上述测试过程中的事项进行相关说明}

控制测试结论：

1. 经________抽查________笔业务，发现________控制执行存在________问题，财务报表________认定可能存在重大错报风险。
2. 控制是否运行有效：________；对该控制（不/中度/高度）信赖：________；是否需要增加样本规模：________；是否需要增加对相关账户的实质性程序：________。
3. 样本结果是否支持初步风险评估结果：________。
4. 修正后的重大错报风险评估水平：________。

（四）采购业务内部控制关键控制点测试——检查测试表（测试示例）

被审计单位名称：________ **编制人**：________ **日期**：________ **索引号**：________

会 计 期 间：________ **复核人**：________ **日期**：________ **页 次**：________

审计目标：根据控制测试审计抽样底稿确定的样本量对________控制进行抽样测试，根据测试结果，确定控制运行的有效性。

审计过程：

测试的主要业务活动	控制目标	控制活动发生频率	样本数量	样本序号	样本名称	样本日期	凭证或相关文件编号	主要控制点执行情况的检查					有无问题	问题描述	产生原因	样本索引号
								1	2	3	4	…				
验收	验收标准明确、程序规范，对验收中存在的异常情况，及时处理，保证账实相符，采购物资无损失	随时		1												
				2												
				3												
				4												

标识1：所验收的货物的品种、规格、数量、质量与订单一致；

标识2：所验收的货物的品种、规格、数量、质量与合同一致；

标识3：由独立的验收部门或指定专人对所购物品或劳务等的品种、规格、数量、质量和其他相关内容进行验收；

标识4：验收单前后连续编号；

…：……

控制测试说明：{针对上述测试过程中的事项进行相关说明}

控制测试结论：

1. 经________抽查________笔业务，发现________控制执行存在________问题，财务报表________认定可能存在重大错报风险。

2. 控制是否运行有效：________；对该控制（不/中度/高度）信赖：________；是否需要增加样本规模：________；是否需要增加对相关账户的实质性程序：________。

3. 样本结果是否支持初步风险评估结果：________。

4. 修正后的重大错报风险评估水平：________。

（五）采购业务内部控制关键控制点测试——重新执行

被审计单位名称：________ 编制人：________ 日期：________ 索引号：________

会 计 期 间：________ 复核人：________ 日期：________ 页 次：________

序号	购货合同或请购单	供货单位名称	购货合同、请购单内容								购货发票					入库单				会计凭证						备注
			日期	货物名称	规格	数量	单价	金额	核对		日期	编号	核对			日期	编号	核对		日期	编号	核对				
									1	2			3	4	5			6	7			8	9	10	11	
1																										
2																										

核对说明：

1. 采购合同经过授权批准；
2. 采购金额未超过采购限量、限价；
3. 购货发票的单价与购货合同一致；
4. 购货发票的品名、数量与购货合同一致；
5. 购货发票的金额与购货合同一致；
6. 入库单的品名与发票内容一致；
7. 入库单有保管员和经手人签名；
8. 发票购货额与付款结算凭证一致；
9. 付款凭证有经手人和主管签名；
10. 发票购货额已正确记入材料采购（原材料）账和应付账款（银行、现金）账；
11. ……

测试有关说明及结论：

（六）采购业务内部控制关键控制点测试——询问测试表

被审计单位名称：__________ 编制人：__________ 日期：__________ 索引号：__________

会 计 期 间：__________ 复核人：__________ 日期：__________ 页 次：__________

说明：注册会计师可以向被审计单位适当员工和管理层询问，以获取与内部控制运行情况有关的信息。询问必须和其他测试手段结合使用才能发挥作用。在询问的过程中，注册会计师应当保持职业怀疑态度。

关键控制点	结论	索引

（七）采购业务内部控制关键控制点测试——观察测试表

被审计单位名称：__________ 编制人：__________ 日期：__________ 索引号：__________

会 计 期 间：__________ 复核人：__________ 日期：__________ 页 次：__________

说明：观察主要应用于测试不留下书面记录的控制的运行情况，注册会计师在评价内部控制运行有效性的时候，还要考虑其所观察到的控制在注册会计师不在场时可能未被执行的情况。

关 键 控 制 点	结 论	索 引

（八）采购业务内部控制关键控制点测试——观察记录

被审计单位名称：__________ **编制人：**__________ **日期：**__________ **索引号：**__________

会　计　期　间：__________ **复核人：**__________ **日期：**__________ **页　次：**__________

第一部分：基础信息

测试目标

通过对____________（关键控制点的描述）____________运行情况的观察，提供该关键控制点运行有效性相关的证据。

测试程序描述：

观察到的控制运行的情况：____

运行中涉及的人员：__________________________

观察的次数：_____________观察的日期：_____________

第二部分：结论的概述

我通过观察识别以下与评价上述控制运行有效性相关的事项：

——控制依照设计运行的证据：

我观察到以下情况，表明控制依照设计运行：_________________________________

——偏离原设计运行的证据：

我观察到以下情况与现行公司的内部控制相偏离：______________________________

____

____

____

____

四、销售业务内部控制测试导引表

被审计单位名称：__________ 编制人：__________ 日期：__________ 索引号：__________
会计期间或截止日：__________ 复核人：__________ 日期：__________ 页　次：__________

审计程序	索引号
销售业务内部控制运行有效性汇总	
销售业务内部控制运行有效性评价	
销售业务内部控制关键控制点测试	

（一）销售业务内部控制运行有效性汇总评价表

被审计单位名称：__________ 编制人：__________ 日期：__________ 索引号：__________
会计期间或截止日：__________ 复核人：__________ 日期：__________ 页　次：__________

内控风险评价标准	
重要提示： 如出现下列情况应将控制风险评估为高水平： 1. 相关内部控制执行存在偏差，不能防止或发现和纠正重大错报或漏报； 2. 难以对内部控制执行的有效性做出评价； 3. 有证据表明存在管理层凌驾于内控之上。	
对内控制度运行有效性的评价	
评价方法：检查表（　　）；询问记录（　　）；观察记录（　　）	
评价： 1. 根据计划实施的控制测试，对未进行测试的控制目标进行汇总，列明：业务循环、主要业务活动、控制目标、相关交易和账户余额及其认定及原因等信息。 2. 根据控制测试的结果，对运行无效的控制，未达到控制目标的主要业务活动进行汇总，列明：业务循环、主要业务活动、控制目标、相关交易和账户余额及其认定，并简要描述评价过程，存在问题及原因。在审计过程中不予信赖，通过实施实质性程序获取充分、适当的审计证据。 3. 如果执行控制测试的结果表明本循环与相关交易和账户余额及其认定相关的控制不能予以信赖，应重新考虑拟信赖以前审计获取的其他循环的控制运行有效性的审计证据是否恰当。	
沟通事项： 是否需要就已识别出的内部控制设计或执行方面的重大缺陷，与适当层次的管理层或治理层进行沟通？	
评价结论类型：	结论：
内控可信赖	
部分内控可信赖	注：需要详细描述并确定实质性测试方案
内控不可信赖	注：确定实质性测试方案或确定报告意见类型

（二）销售业务内部控制运行有效性评价

被审计单位名称：＿＿＿＿＿＿ 编制人：＿＿＿＿＿＿ 日期：＿＿＿＿＿＿ 索引号：＿＿＿＿＿＿

会　计　期　间：＿＿＿＿＿＿ 复核人：＿＿＿＿＿＿ 日期：＿＿＿＿＿＿ 页　次：＿＿＿＿＿＿

序号	主要业务活动	控制目标	被审计单位制度设计的控制措施	控制执行频率（按需/随时/日/周/月度/季度/年度）	测试的样本量	索引号	控制活动是否得到执行（是/否）	控制活动是否运行有效（是/否）	控制测试结果是否支持风险评估结果（支持/不支持）
1	销售计划管理	制订合理的销售计划，并经授权批准，保证生产经营良性循环	1. 企业应当根据发展战略和年度生产经营计划，结合企业实际情况，制订年度销售计划，在此基础上结合客户订单情况，制订月度销售计划，并按规定的权限和程序审批后下达执行。 2. 定期对各种产品（商品）区域销售额、进销差价、销售计划与实际销售情况等进行分析，结合生产状况，及时调整销售计划，调整后的销售计划需履行相应的程序。	月度/年度					
2	客户开发与信用管理	加强客户维护，拓展市场，健全客户档案、合理资信评估，款项收回，保证资金流转和正常经营	1. 企业应当在进行充分市场调查的基础上，合理细分市场并确定目标市场，根据不同的目标群体的具体需求，确定定价机制和信用方式，灵活运用销售折扣、销售折让、信用销售、代销和广告宣传等多种策略和营销方式，促进销售目标实现，不断提高市场占有率。 2. 建立和不断更新维护客户信用动态档案，由与销售部门相对独立的信用管理部门对客户付款情况进行持续跟踪和监控，提出划分、调整客户信用等级的方案。	按需					

续表

序号	主要业务活动	控制目标	被审计单位制度设计的控制措施	控制执行频率（按需/随时/日/周/月度/季度/年度）	测试的样本量	索引号	控制活动是否得到执行（是/否）	控制活动是否运行有效（是/否）	控制测试结果是否支持风险评估结果（支持/不支持）
3	销售定价	定价符合价格政策，商品销售价格经适当审批	1. 根据有关价格政策、综合考虑企业财务目标、营销目标、产品成本、市场状况及竞争对手情况等多方面因素，确定产品基准定价。定期评价产品基准价格的合理性，定价或调价须经具有相应权限人员的审核批准。 2. 在执行基准定价的基础上，针对某些商品可以授予销售部门一定限度的价格浮动权，销售部门可结合产品市场特点，将价格浮动权向下实行逐级递减分配，同时明确权限执行人。价格权限执行人必须严格遵守规定的价格浮动范围。 3. 销售折扣、销售折让等政策的制定应由具有相应权限的人员审核批准。	随时					
4	订立销售合同	在授权范围内订立销售合同，对销售合同内容严格审核，符合销售政策，避免重大疏漏或欺诈	1. 订立销售合同前，企业应当指定专门人员与客户进行业务洽谈、磋商或谈判，关注客户信用状况，明确销售定价、结算方式、权利与义务条款等相关内容。重大的销售业务谈判还应当吸收财会、法律等专业人员参加，并形成完整的书面记录。 2. 企业应当建立健全销售合同订立及审批管理制度，明确必须签订合同的范围，规范合同订立程序，确定具体的审核、审批程序和所涉及的部门、人员及相应权责。 3. 销售合同草案经审批同意后，企业应授权有关人员与客户签订正式销售合同，并登记销售合同。	随时					

续表

序号	主要业务活动	控制目标	被审计单位制度设计的控制措施	控制执行频率（按需/随时/日/周/月度/季度/年度）	测试的样本量	索引号	控制活动是否得到执行（是/否）	控制活动是否运行有效（是/否）	控制测试结果是否支持风险评估结果（支持/不支持）
5	发货	经授权发货且发货符合合同要求	1. 销售部门应当按照经审核后的销售合同开具相关的销售通知交仓储部门和财会部门。 2. 仓储部门应当落实出库、计量、运输等环节的岗位责任，对销售通知进行审核，严格按照所列的发货品种和规格、发货数量、发货时间、发货方式、接货地点等，按规定的时间进行发货，形成相应的发货单据，并应连续编号。 3. 应当以组织合同或条款等形式明确运输方式、商品短缺、毁损或编制的责任、到货验收方式、运输费用承担、保险等内容，货物交接环节应做好装卸和检验工作，确保货物的安全发运，由客户验收确认。 4. 企业应当做好发货各环节的记录，填制相应的凭证，建立全过程的销售登记制度，并加强销售计划、销售合同、销售通知、发运凭证、销售发票等文件和凭证的相互核对工作。	随时					
6	收款	款项回收及时、严格职责分工和交叉核对，避免舞弊	1. 结合公司销售政策，选择恰当的收款方式，加快款项回收，提高资金的使用效率。 2. 建立票据管理制度，特别是加强商业汇票的管理。 3. 加强赊销管理。 4. 加强代销业务款项的管理，及时与代销商结算账款。 5. 收取的现金、银行本票、汇票等应及时缴存银行并登记入账，不得擅自坐支现金。	随时					

续表

序号	主要业务活动	控制目标	被审计单位制度设计的控制措施	控制执行频率（按需/随时/日/周/月度/季度/年度）	测试的样本量	索引号	控制活动是否得到执行（是/否）	控制活动是否运行有效（是/否）	控制测试结果是否支持风险评估结果（支持/不支持）
7	客户服务	提高客户服务水平、增强消费者满意度、提高品牌形象、避免客户流失	1. 结合竞争对手客户服务水平，建立和完善客户服务制度。 2. 设专人或部门进行客户服务和跟踪。 3. 建立产品质量管理制度，加强销售、生产、研发、质量检验等相关部门之间的沟通协调。 4. 做好客户回访工作，定期或不定期开展客户满意度调查；建立客户投诉制度，记录所有的客户投诉，并分析产生的原因及解决措施。 5. 加强销售退回控制。	随时					
8	会计系统控制	企业账实相符、账证相符、账账相符、账表相符，保证销售收入、销售成本、应收款项等会计核算的真实性和可靠性	1. 企业应加强对销售、发货、收款业务的会计系统控制，确保会计记录、销售记录与仓储记录核对一致。 2. 建立应收账款清收核查制度，销售部门应定期与客户对账，并取得书面对账凭证，财会部门负责办理资金结算并监督款项回收。 3. 及时收集相关账款相关凭证资料并妥善保管；及时要求客户提供担保；对未按时还款的客户，采取申请支付令、申请诉前保全和起诉方式及时清收欠款。 4. 对于可能成为坏账的应收欠款，应当按照国家统一的会计准则计提坏账准备，并按照权限范围和审批程序进行审批。	随时					

（三）销售业务内部控制关键控制点测试——检查测试表

被审计单位名称：________ **编制人：**________ **日期：**________ **索引号：**________

会　计　期　间：________ **复核人：**________ **日期：**________ **页　次：**________

审计目标：根据控制测试审计抽样底稿确定的样本量对________控制进行抽样测试，根据测试结果，确定控制运行的有效性。

审计过程：

测试的主要业务活动	控制目标	控制活动发生频率	样本数量	样本序号	样本名称	样本日期	凭证或相关文件编号	主要控制点执行情况的检查					有无问题	问题描述	产生原因	样本索引号
								1	2	3	4	…				
				1												
				2												
				3												
				4												

标识 1：

标识 2：

标识 3：

标识 4：

…：……

控制测试说明：{针对上述测试过程中的事项进行相关说明}

控制测试结论：

1. 经________抽查________笔业务，发现________控制执行存在________问题，财务报表________认定可能存在重大错报风险。
2. 控制是否运行有效：________；对该控制（不/中度/高度）信赖：________；是否需要增加样本规模：________；是否需要增加对相关账户的实质性程序：________。
3. 样本结果是否支持初步风险评估结果：________。
4. 修正后的重大错报风险评估水平：________。

（四）销售业务内部控制关键控制点测试——检查测试表（测试示例）

被审计单位名称：________ **编制人：**________ **日期：**________ **索引号：**________

会 计 期 间：________ **复核人：**________ **日期：**________ **页 次：**________

审计目标：根据控制测试审计抽样底稿确定的样本量对________控制进行抽样测试，根据测试结果，确定控制运行的有效性。

审计过程：

测试的主要业务活动	控制目标	控制活动发生频率	样本数量	样本序号	样本名称	样本日期	凭证或相关文件编号	主要控制点执行情况的检查					有无问题	问题描述	产生原因	样本索引号
								1	2	3	4	…				
会计系统控制	企业账实相符、账证相符、账账相符、账表相符，保证销售收入、销售成本、应收款项等会计核算的真实性和可靠性	随时		1												
				2												
				3												
				4												

标识1：已开具的发票和客户订货单、销售通知单所记录内容核对一致；

标识2：有连续编号的运输部门的装运单与发票及销售通知单所记录内容核对一致；

标识3：销售收入已及时正确入账；

标识4：款项已收回与销货金额核对一致；

…：……

控制测试说明：{针对上述测试过程中的事项进行相关说明}

控制测试结论：

1. 经________抽查________笔业务，发现________控制执行存在________问题，财务报表________认定可能存在重大错报风险。
2. 控制是否运行有效：________；对该控制（不/中度/高度）信赖：________；是否需要增加样本规模：________；是否需要增加对相关账户的实质性程序：________。
3. 样本结果是否支持初步风险评估结果：________。
4. 修正后的重大错报风险评估水平：________。

（五）销售业务内部控制关键控制点测试——重新执行

被审计单位名称：__________ 编制人：__________ 日期：__________ 索引号：__________

会 计 期 间：__________ 复核人：__________ 日期：__________ 页 次：__________

序号	销售合同编号	采购单位名称	销售合同内容								销售发票					出库单				会计凭证						备注
			日期	货物名称	规格	数量	单价	金额	核对		日期	编号	核对			日期	编号	核对		日期	编号	核对				
									1	2			3	4	5			6	7			8	9	10	11	
1																										
2																										

核对说明：

1. 销售合同经过授权批准；
2. 销售金额正确，单价符合公司的定价政策；
3. 销售发票的单价与销售合同一致；
4. 销售发票的品名、数量与销售合同一致；
5. 销售发票的金额与销售合同一致；
6. 出库单的品名与发票内容一致；
7. 出库单有保管员和经手人签名；
8. 发票销售额与收款结算凭证一致；
9. 收款凭证有经手人和主管签名；
10. 发票销售额已正确记入营业收入账和应收账款（银行、现金）账；
11. ……

测试有关说明及结论：

（六）销售业务内部控制关键控制点测试——询问测试表

被审计单位名称：__________ 编制人：__________ 日期：__________ 索引号：__________

会计期间：__________ 复核人：__________ 日期：__________ 页次：__________

说明：注册会计师可以向被审计单位适当员工和管理层询问，以获取与内部控制运行情况有关的信息。询问必须和其他测试手段结合使用才能发挥作用。在询问的过程中，注册会计师应当保持职业怀疑态度。

关键控制点	结论	索引

（七）销售业务内部控制关键控制点测试——观察测试表

被审计单位名称：______ 编制人：______ 日期：______ 索引号：______

会 计 期 间：______ 复核人：______ 日期：______ 页 次：______

说明：观察主要应用于测试不留下书面记录的控制的运行情况，注册会计师在评价内部控制运行有效性的时候，还要考虑其所观察到的控制在注册会计师不在场时可能未被执行的情况。

关键控制点	结论	索引

（八）销售业务内部控制关键控制点测试——观察记录

被审计单位名称：__________ 编制人：__________ 日期：__________ 索引号：__________
会 计 期 间：__________ 复核人：__________ 日期：__________ 页 次：__________

第一部分：基础信息

测试目标

通过对__________（关键控制点的描述）__________运行情况的观察，提供该关键控制点运行有效性相关的证据。

测试程序描述：

观察到的控制运行的情况：______________________________

运行中涉及的人员：____________________

观察的次数：________观察的日期：________

第二部分：结论的概述

我通过观察识别以下与评价上述控制运行有效性相关的事项：

——控制依照设计运行的证据：

我观察到以下情况，表明控制依照设计运行：____________________

——偏离原设计运行的证据：

我观察到以下情况与现行公司的内部控制相偏离：____________________

____

____

____

____

五、担保业务内部控制测试导引表

被审计单位名称：__________ 编制人：__________ 日期：__________ 索引号：__________
会计期间或截止日：__________ 复核人：__________ 日期：__________ 页 次：__________

审计程序	索引号
担保业务内部控制运行有效性汇总	
担保业务内部控制运行有效性评价	
担保业务内部控制关键控制点测试	

（一）担保业务内部控制运行有效性汇总评价表

被审计单位名称：__________ **编制人：**__________ **日期：**__________ **索引号：**__________
会计期间或截止日：__________ **复核人：**__________ **日期：**__________ **页　次：**__________

<table>
<tr><td colspan="2">内控风险评价标准</td></tr>
<tr><td colspan="2">重要提示：
如出现下列情况应将控制风险评估为高水平：
1. 相关内部控制执行存在偏差，不能防止或发现和纠正重大错报或漏报；
2. 难以对内部控制执行的有效性做出评价；
3. 有证据表明存在管理层凌驾于内控之上。</td></tr>
<tr><td colspan="2">对内控制度运行有效性的评价</td></tr>
<tr><td colspan="2">评价方法：检查表（　　）；询问记录（　　）；观察记录（　　）</td></tr>
<tr><td colspan="2">评价：
1. 根据计划实施的控制测试，对未进行测试的控制目标进行汇总，列明：业务循环、主要业务活动、控制目标、相关交易和账户余额及其认定及原因等信息。
2. 根据控制测试的结果，对运行无效的控制，未达到控制目标的主要业务活动进行汇总，列明：业务循环、主要业务活动、控制目标、相关交易和账户余额及其认定，并简要描述评价过程、存在问题及原因。在审计过程中不予信赖，通过实施实质性程序获取充分、适当的审计证据。
3. 如果执行控制测试的结果表明本循环与相关交易和账户余额及其认定相关的控制不能予以信赖，应重新考虑拟信赖以前审计获取的其他循环的控制运行有效性的审计证据是否恰当。</td></tr>
<tr><td colspan="2">沟通事项：
是否需要就已识别出的内部控制设计或执行方面的重大缺陷，与适当层次的管理层或治理层进行沟通？</td></tr>
<tr><td>评价结论类型：</td><td>结论：</td></tr>
<tr><td>内控可信赖</td><td></td></tr>
<tr><td>部分内控可信赖</td><td>注：需要详细描述并确定实质性测试方案</td></tr>
<tr><td>内控不可信赖</td><td>注：确定实质性测试方案或确定报告意见类型</td></tr>
</table>

（二）担保业务内部控制运行有效性评价

被审计单位名称：＿＿＿＿＿＿ **编制人：**＿＿＿＿＿＿ **日期：**＿＿＿＿＿＿ **索引号：**＿＿＿＿＿＿

会 计 期 间：＿＿＿＿＿＿ **复核人：**＿＿＿＿＿＿ **日期：**＿＿＿＿＿＿ **页 次：**＿＿＿＿＿＿

序号	主要业务活动	控制目标	被审计单位制度设计的控制措施	控制执行频率（按需/随时/日/周/月度/季度/年度）	测试的样本量	索引号	控制活动是否得到执行（是/否）	控制活动是否运行有效（是/否）	控制测试结果是否支持风险评估结果（支持/不支持）
1	受理申请	健全担保政策和相关管理制度，并对担保申请严格审查	1. 依法制定和完善本企业的担保政策和相关管理制度，明确担保的对象、范围、方式、条件、程序、担保限额和禁止担保的事项。 2. 严格按照担保政策和相关管理制度对担保申请人提出的担保申请进行审核。	按需					
2	调查和评估	深入透彻对担保申请人资信调查，全面科学评估担保项目风险	1. 委派具备胜任能力的专业人员开展调查和评估。 2. 对担保申请人资信状况和有关情况进行全面、客观的调查评估。 3. 对担保项目经营前景和盈利能力进行合理预测。 4. 划定不予担保的“红线”，并结合调查评估情况做出判断。 5. 形成书面评估报告，全面反映调查评估情况，为担保决策提供第一手资料。	按需					

序号	主要业务活动	控制目标	被审计单位制度设计的控制措施	控制执行频率（按需/随时/日/周/月度/季度/年度）	测试的样本量	索引号	控制活动是否得到执行（是/否）	控制活动是否运行有效（是/否）	控制测试结果是否支持风险评估结果（支持/不支持）
3	担保业务审批	选择对公司效益最大化的担保业务	1. 建立和完善担保审批制度，明确授权批准的方式、权限、程序、责任和相关控制措施，规定各层级人员应当在授权范围内进行审批，不得超越权限审批。 2. 建立和完善重大担保业务的集体决策审批制度。 3. 认真审查对担保申请人的调查评估报告，在充分了解掌握有关情况的基础上，权衡比较本企业净资产状况、担保限额与担保人提出的担保金额，确保将担保金额控制在企业设定的担保限额之内。 4. 从严办理担保变更审批。	按需					
4	签订担保合同	在授权范围内订立担保合同，对担保合同内容严格审核，避免重大疏漏或欺诈	1. 严格按照经审核批准的担保业务订立担保合同。合同订立经办人员应当在职责范围内，按照审批人员的批准意见拟定合同条款。 2. 认真审核合同条款，确保担保合同条款内容完整、表达严谨准确、相关手续齐备。 3. 实行担保合同会审联签。 4. 加强对有关身份证明和印章的管理。 5. 规范合同担保记录、传递和保管，确保担保合同运转轨迹清晰完整、有案可查。	按需					

续表

序号	主要业务活动	控制目标	被审计单位制度设计的控制措施	控制执行频率（按需/随时/日/周/月度/季度/年度）	测试的样本量	索引号	控制活动是否得到执行（是/否）	控制活动是否运行有效（是/否）	控制测试结果是否支持风险评估结果（支持/不支持）
5	日常监控	加强合同后续管理，促进担保合同有效履行，及时发现和妥善应对被担保人的异常情况	1. 指定专人定期监测被担保人的经营状况和财务状况，了解担保项目的执行、资金的使用、贷款的归还、财务运转及风险等情况，促进担保合同有效履行。 2. 及时报告被担保人异常情况和重要信息。	按需					
6	会计控制	加强会计控制力度，保证担保业务记录完整，担保会计处理和信息披露符合监管要求，避免行政处罚	1. 健全担保业务经办部门与财会部门的信息沟通机制，促进担保信息及时有效沟通。 2. 健全担保事项台账，详细记录担保对象、金额、期限、用于抵押和质押的物品或权利以及其他有关事项。及时足额收取担保费用，维护企业担保权益。 3. 严格按照国家统一的会计准则制度进行担保会计处理，发现被担保人出现财务状况恶化、资不抵债、破产清算等情形的，应当合理确认预计负债和损失，属于上市公司的，还应当区别不同情况依法予以公告。 4. 切实加强对反担保财产的管理，妥善保管被担保人用于反担保的权利凭证，定期核实财产的存续状况和价值，发现问题及时处理，确保反担保财产安全完整。 5. 夯实担保合同基础管理，妥善保管担保合同、与担保合同相关的主合同、反担保函或反担保合同，以及抵押、质押的权利凭证和有关原始资料，做到担保业务档案完整无缺。当担保合同到期时，企业要全面清查用于担保的财产、权利凭证，按照合同约定及时终止担保关系。	按需					

续表

序号	主要业务活动	控制目标	被审计单位制度设计的控制措施	控制执行频率（按需/随时/日/周/月度/季度/年度）	测试的样本量	索引号	控制活动是否得到执行（是/否）	控制活动是否运行有效（是/否）	控制测试结果是否支持风险评估结果（支持/不支持）
7	代为清偿和权利追索	遵循担保合同约定，履行代为清偿义务，向被担保人追索权利，尽力减少经济损失	1. 加强法制意识和责任观念，在被担保人确实无力偿付债务或履行相关义务时，自觉按照担保合同承担代偿义务，维护企业诚实守信的市场形象。 2. 运用法律武器向被担保人追索赔偿权利，相关部门通力合作，做到在司法程序中举证有力，同时依法依法处置被担保人的反担保财产，尽力减少企业经济损失。 3. 启动担保业务后评估工作，严格落实担保业务责任追究制度，不断完善担保业务内控制度，严控担保风险，促进企业健康稳健发展。	按需					

（三）担保业务内部控制关键控制点测试——检查测试表

被审计单位名称：________ 编制人：________ 日期：________ 索引号：________

会 计 期 间：________ 复核人：________ 日期：________ 页 次：________

审计目标：根据控制测试审计抽样底稿确定的样本量对________控制进行抽样测试，根据测试结果，确定控制运行的有效性。

审计过程：

测试的主要业务活动	控制目标	控制活动发生频率	样本数量	样本序号	样本名称	样本日期	凭证或相关文件编号	主要控制点执行情况的检查					有无问题	问题描述	产生原因	样本索引号
								1	2	3	4	…				
				1												
				2												
				3												
				4												

标识1：

标识2：

标识3：

标识4：

…：……

控制测试说明：｛针对上述测试过程中的事项进行相关说明｝

控制测试结论：

1. 经________抽查________笔业务，发现________控制执行存在________问题，财务报表________认定可能存在重大错报风险。
2. 控制是否运行有效：________；对该控制（不/中度/高度）信赖：________；是否需要增加样本规模：________；是否需要增加对相关账户的实质性程序：________。
3. 样本结果是否支持初步风险评估结果：________。
4. 修正后的重大错报风险评估水平：________。

（四）担保业务内部控制关键控制点测试——检查测试表（测试示例）

被审计单位名称：________ 编制人：________ 日期：________ 索引号：________

会 计 期 间：________ 复核人：________ 日期：________ 页 次：________

审计目标：根据控制测试审计抽样底稿确定的样本量对________控制进行抽样测试，根据测试结果，确定控制运行的有效性。

审计过程：

测试的主要业务活动	控制目标	控制活动发生频率	样本数量	样本序号	样本名称	样本日期	凭证或相关文件编号	主要控制点执行情况的检查					有无问题	问题描述	产生原因	样本索引号
								1	2	3	4	…				
担保业务审批	选择对公司效益最大化的担保业务	按需		1												
				2												
				3												
				4												

标识1：有担保审批制度，明确规定重大担保业务的集体决策审批制度；

标识2：审查对担保申请人的调查评估报告，确保将担保金额控制在企业设定的担保限额之内；

标识3：有担保业务的审批文件；

标识4：有担保业务变更审批文件；

…：……

控制测试说明：{针对上述测试过程中的事项进行相关说明}

控制测试结论：

1. 经________抽查________笔业务，发现________控制执行存在________问题，财务报表________认定可能存在重大错报风险。

2. 控制是否运行有效：________；对该控制（不/中度/高度）信赖：________；是否需要增加样本规模：________；是否需要增加对相关账户的实质性程序：________。

3. 样本结果是否支持初步风险评估结果：________。

4. 修正后的重大错报风险评估水平：________。

（五）担保业务内部控制关键控制点测试——询问测试表

被审计单位名称：__________ 编制人：__________ 日期：__________ 索引号：__________

会 计 期 间：__________ 复核人：__________ 日期：__________ 页 次：__________

说明：注册会计师可以向被审计单位适当员工和管理层询问，以获取与内部控制运行情况有关的信息。询问必须和其他测试手段结合使用才能发挥作用。在询问的过程中，注册会计师应当保持职业怀疑态度。

关键控制点	结　论	索　引

（六）担保业务内部控制关键控制点测试——观察测试表

被审计单位名称：________ **编制人：**________ **日期：**________ **索引号：**________

会 计 期 间：________ **复核人：**________ **日期：**________ **页 次：**________

说明：观察主要应用于测试不留下书面记录的控制的运行情况，注册会计师在评价内部控制运行有效性的时候，还要考虑其所观察到的控制在注册会计师不在场时可能未被执行的情况。

关键控制点	结论	索引

（七）担保业务内部控制关键控制点测试——观察记录

被审计单位名称：__________ **编制人：**__________ **日期：**__________ **索引号：**__________
会 计 期 间：__________ **复核人：**__________ **日期：**__________ **页 次：**__________

第一部分：基础信息

测试目标

通过对__________（关键控制点的描述）__________运行情况的观察，提供该关键控制点运行有效性相关的证据。

测试程序描述：

观察到的控制运行的情况：______________________________

运行中涉及的人员：____________________

观察的次数：__________观察的日期：__________

第二部分：结论的概述

我通过观察识别以下与评价上述控制运行有效性相关的事项：

——控制依照设计运行的证据：

我观察到以下情况，表明控制依照设计运行：____________________

——偏离原设计运行的证据：

我观察到以下情况与现行公司的内部控制相偏离：____________________

____

____

____

____

六、资产管理内部控制测试导引表

被审计单位名称：__________ 编制人：__________ 日期：__________ 索引号：__________
会计期间或截止日：__________ 复核人：__________ 日期：__________ 页　次：__________

审计程序	索引号
资产管理内部控制运行有效性汇总	
资产管理内部控制运行有效性评价	
资产管理内部控制关键控制点测试	

（一）资产管理内部控制运行有效性汇总评价表

被审计单位名称： ________ **编制人：** ________ **日期：** ________ **索引号：** ________
会计期间或截止日： ________ **复核人：** ________ **日期：** ________ **页　次：** ________

<table>
<tr><th colspan="2">内控风险评价标准</th></tr>
<tr><td colspan="2">重要提示：
如出现下列情况应将控制风险评估为高水平（无法依赖）：
1. 相关内部控制执行存在偏差，不能防止或发现和纠正重大错报或漏报；
2. 难以对内部控制执行的有效性做出评价；
3. 有证据表明存在管理层凌驾于内控之上。</td></tr>
<tr><td colspan="2">对内控制度运行有效性的评价</td></tr>
<tr><td colspan="2">评价方法：检查表（　　）；询问记录（　　）；观察记录（　　）</td></tr>
<tr><td colspan="2">评价：
1. 根据计划实施的控制测试，对未进行测试的控制目标进行汇总，列明：业务循环、主要业务活动、控制目标、相关交易和账户余额及其认定与原因等信息。
2. 根据控制测试的结果，对运行无效的控制，未达到控制目标的主要业务活动进行汇总，列明：业务循环、主要业务活动、控制目标、相关交易和账户余额及其认定，并简要描述评价过程、存在问题及原因。在审计过程中不予信赖，通过实施实质性程序获取充分、适当的审计证据。
3. 如果执行控制测试的结果表明本循环与相关交易和账户余额及其认定相关的控制不能予以信赖，应重新考虑拟信赖以前审计获取的其他循环的控制运行有效性的审计证据是否恰当。</td></tr>
<tr><td colspan="2">沟通事项：
是否需要就已识别出的内部控制设计或执行方面的重大缺陷，与适当层次的管理层或治理层进行沟通？</td></tr>
<tr><td>评价结论类型：</td><td>结论：</td></tr>
<tr><td>内控可信赖</td><td></td></tr>
<tr><td>部分内控可信赖</td><td>注：需要详细描述并确定实质性测试方案</td></tr>
<tr><td>内控不可信赖</td><td>注：确定实质性测试方案或确定报告意见类型</td></tr>
</table>

（二）资产管理内部控制运行有效性评价

被审计单位名称：________ 编制人：________ 日期：________ 索引号：________

会 计 期 间：________ 复核人：________ 日期：________ 页 次：________

序号	主要业务活动	控制目标	被审计单位制度设计的控制措施	控制执行频率（按需/随时/日/周/月度/季度/年度）	测试的样本量	索引号	控制活动是否得到执行（是/否）	控制活动是否运行有效（是/否）	控制测试结果是否支持风险评估结果（支持/不支持）
1	取得存货	存货预算编制科学、采购计划合理，避免存货积压或短缺	1. 应当根据各种存货采购间隔期和当前库存，综合考虑企业生产经营计划、市场供求等因素，充分利用信息系统，合理确定存货采购日期和数量，确保存货处于最佳库存状态。 2. 存货取得的风险管控措施主要体现在预算编制和采购环节，将严格执行相关的预算和采购内部控制规范。	按需					
2	验收入库	验收程序规范、标准明确，保证数量准确、质量符合要求、账实相符	1. 外购存货的验收应当重点关注合同、发票等原始单据与存货的数量、质量、规格等核对一致。涉及技术含量较高的货物，必要时可委托具有检验资质的机构或聘请外部专家协助验收。 2. 自制存货的验收，应当重点关注产品质量，通过检验合格的半成品、产成品才能办理入库手续，不合格品应及时查明原因、落实责任、报告处理。 3. 其他方式取得存货的验收，应当重点关注存货来源、质量状况、实际价值是否符合有关合同或协议的约定。	随时					

续表

序号	主要业务活动	控制目标	被审计单位制度设计的控制措施	控制执行频率（按需/随时/日/周/月度/季度/年度）	测试的样本量	索引号	控制活动是否得到执行（是/否）	控制活动是否运行有效（是/否）	控制测试结果是否支持风险评估结果（支持/不支持）
2	验收入库	验收程序规范、标准明确，保证数量准确、质量符合要求、账实相符	4. 仓储部门对于入库的存货，应根据入库单的内容对存货的数量、质量、品种等进行检查，符合要求的予以入库；不符合要求的，应当及时办理退换货等相关事宜。入库记录要真实、完整，定期与财会等相关部门核对，不得擅自修改。	随时					
3	仓储保管	存货仓储保管方法适当、监管严密，避免损坏变质、价值贬损、资源浪费	1. 存货在不同仓库之间流动时，应当办理出入库手续。 2. 存货仓储期间要按照仓储物资所要求的储存条件妥善储存，做好防火、防洪、防盗、防潮、防病虫害、防变质等保管工作，不同批次、型号和用途的产品要分类存放。生产现场的在加工原料、周转材料、半成品等要按照有助于提高生产效率的方式摆放，同时防止浪费、被盗和流失。 3. 对代管、代销、暂存、受托加工的存货，应单独存放和记录，避免与本单位存货混淆。 4. 结合企业实际情况，加强存货的保险投保，保证存货安全，合理降低存货意外损失风险。 5. 仓储部门应对库存物料和产品进行每日巡查和定期抽检，详细记录库存情况；发现毁损、存在跌价迹象的，应及时与生产、采购、财务等相关部门沟通。对于进入仓库的人员应办理进出登记手续，未经授权人员不得接触存货。	随时					

续表

序号	主要业务活动	控制目标	被审计单位制度设计的控制措施	控制执行频率（按需/随时/日/周/月度/季度/年度）	测试的样本量	索引号	控制活动是否得到执行（是/否）	控制活动是否运行有效（是/否）	控制测试结果是否支持风险评估结果（支持/不支持）
4	领用发出	存货领用发出审核严格、手续完备，避免货物流失	1. 企业应当根据自身的业务特点，确定适用的存货发出管理模式，制定严格的存货准出制度，明确存货发出和领用的审批权限，健全存货出库手续，加强存货领用记录。 2. 对于一般的生产企业，仓储部门应核对经过审核的领料单或发货通知单的内容，做到单据齐全，名称、规格、计量单位准确；符合条件的准予领用或发出，并与领用人当面核对、点清交付。 3. 在商场超市等商品流通企业，在存货销售发出环节应侧重于防止商品失窃、随时整理弃置商品、每日核对销售记录和库存记录等。 4. 对于大批存货、贵重商品或危险品的发出，均应当实行特别授权；仓储部门应当根据经审批的销售（出库）通知单发出货物。	随时					
5	盘点清查	盘点清查制度完善、计划可行，避免工作流于形式，查清存货真实状况	1. 企业应当建立存货盘点清查工作规程，结合本企业实际情况确定盘点周期、盘点流程、盘点方法等相关内容，定期盘点和不定期抽查相结合。 2. 盘点清查时，应拟定详细的盘点计划，合理安排相关人员，使用科学的盘点方法，保持盘点记录的完整，以保证盘点的真实性、有效性。	按需					

续表

序号	主要业务活动	控制目标	被审计单位制度设计的控制措施	控制执行频率（按需/随时/日/周/月度/季度/年度）	测试的样本量	索引号	控制活动是否得到执行（是/否）	控制活动是否运行有效（是/否）	控制测试结果是否支持风险评估结果（支持/不支持）
5	盘点清查	盘点清查制度完善、计划可行，避免工作流于形式，查清存货真实状况	3. 盘点清查结果要及时编制盘点表，形成书面报告，包括盘点人员、时间、地点、实际所盘点存货名称、品种、数量、存放情况以及盘点过程中发现的账实不符情况等内容。对盘点清查中发现的问题，应及时查明原因，落实责任，按照规定权限报经批准后处理。 4. 多部门人员共同盘点，应当充分体现相互制衡，严格按照盘点计划，认真记录盘点情况。 5. 企业至少应当于每年年度终了开展全面的存货盘点清查，及时发现存货减值迹象，将盘点清查结果形成书面报告。	按需					
6	存货处置	存货报废处置责任明确、审批到位，避免企业利益受损	1. 企业应定期对存货进行检查，及时、充分了解存货的存储状态； 2. 对于存货变质、毁损、报废或流失的处理要分清责任、分析原因、及时合理。	按需					

续表

序号	主要业务活动	控制目标	被审计单位制度设计的控制措施	控制执行频率（按需/随时/日/周/月度/季度/年度）	测试的样本量	索引号	控制活动是否得到执行（是/否）	控制活动是否运行有效（是/否）	控制测试结果是否支持风险评估结果（支持/不支持）
7	固定资产取得	新增固定资产验收程序规范，保证资产质量符合要求；固定资产投保制度健全，应投保资产投保、索赔到位，有效防范资产损失风险	1. 建立严格的固定资产交付使用验收制度。企业外购固定资产应当根据合同、供应商发货单等对所购固定资产的品种、规格、数量、质量、技术要求及其他内容进行验收，出具验收单，编制验收报告。企业自行建造的固定资产，应由建造部门、固定资产管理部门、使用部门共同填制固定资产移交使用验收单，验收合格后移交使用部门投入使用。未通过验收的不合格资产，不得接收，必须按照合同等有关规定办理退换货或其他弥补措施。对于具有权属证明的资产，取得时必须有合法的权属证书。 2. 重视和加强固定资产的投保工作。企业应当通盘考虑固定资产状况，根据其性质和特点，确定和严格执行固定资产的投保范围和政策。投保金额与投保项目力求适当，对应投保的固定资产项目按规定程序进行审批，办理投保手续，规范投保行为，应对固定资产损失风险。对于重大固定资产项目的投保，应当考虑采取招标方式确定保险人，防范固定资产投保舞弊。已投保的固定资产发生损失的，及时调查原因及受损金额，向保险公司办理相关的索赔手续。	按需					

续表

序号	主要业务活动	控制目标	被审计单位制度设计的控制措施	控制执行频率（按需/随时/日/周/月度/季度/年度）	测试的样本量	索引号	控制活动是否得到执行（是/否）	控制活动是否运行有效（是/否）	控制测试结果是否支持风险评估结果（支持/不支持）
8	资产登记造册	固定资产登记内容完整，避免资产流失、保证资产信息真实、账实相符	1. 根据固定资产的定义，结合自身实际情况，制定适合本企业的固定资产目录，列明固定资产编号、名称、种类、所在地点、使用部门、责任人、数量、账面价值、使用年限、损耗等内容，有利于企业了解固定资产使用情况的全貌。 2. 按照单项资产建立固定资产卡片，资产卡片应在资产编号上与固定资产目录保持对应关系，详细记录各项固定资产的来源、验收、使用地点、责任单位和责任人、运转、维修、改造、折旧、盘点等相关内容，便于固定资产的有效识别。固定资产目录和卡片均应定期或不定期复核，保证信息的真实和完整。	随时					
9	固定资产运行维护	固定资产操作不当、失修或维护过剩，可能造成资产使用效率低下、产品残次率高，甚至发生生产事故或资源浪费	1. 固定资产使用部门会同资产管理部门负责固定资产日常维修、保养，将资产日常维护流程体制化、程序化、标准化，定期检查，及时消除风险，提高固定资产的使用效率，切实消除安全隐患。 2. 固定资产使用部门及管理部门建立固定资产运行管理档案，并据以制订合理的日常维修和大修理计划，并经主管领导审批。 3. 固定资产实物管理部门审核施工单位资质和资信，并建立管理档案；修理项目应分类，明确需要招投标项目。修理完成，由施工单位出具交工验收报告，经资产使用和实物管理部门核对工程质量并审批。重大项目应专项审计。	按需					

续表

序号	主要业务活动	控制目标	被审计单位制度设计的控制措施	控制执行频率（按需/随时/日/周/月度/季度/年度）	测试的样本量	索引号	控制活动是否得到执行（是/否）	控制活动是否运行有效（是/否）	控制测试结果是否支持风险评估结果（支持/不支持）
9	固定资产运行维护	固定资产操作不当、失修或维护过剩，可能造成资产使用效率低下、产品残次率高，甚至发生生产事故或资源浪费	4. 企业生产线等关键设备的运作效率与效果将直接影响企业的安全生产和产品质量，操作人员上岗前应由具有资质的技术人员对其进行充分的岗前培训，特殊设备实行岗位许可制度，需持证上岗，必须对资产运转进行实时监控，保证资产使用流程与既定操作流程相符，确保安全运行，提高使用效率。	按需					
10	固定资产升级改造	固定资产更新改造及时，避免企业产品线老化、提高市场竞争力	1. 定期对固定资产技术先进性评估，结合盈利能力和企业发展可持续性，资产使用部门根据需要提出技改方案，与财务部门一起进行预算可行性分析，并且经过管理部门的审核批准。 2. 管理部门需对技改方案实施过程适时监控、加强管理，有条件企业建立技改专项资金并定期或不定期审计。	按需					
11	资产清查	账实相符，了解企业资产状况，判断是否存在贬值情况	1. 财务部门组织固定资产使用部门和管理部门需定期进行清查，明确资产权属，确保实物与卡、财务账表相符，在清查作业实施之前编制清查方案，经过管理部门审核后进行相关的清查作业。 2. 在清查结束后，清查人员需要编制清查报告，管理部门需就清查报告进行审核，确保真实性、可靠性。 3. 清查过程中发现的盘盈（盘亏），应分析原因，追究责任，妥善处理，报告审核通过后及时调整固定资产账面价值，确保账实相符，并上报备案。	按需					

续表

序号	主要业务活动	控制目标	被审计单位制度设计的控制措施	控制执行频率（按需/随时/日/周/月度/季度/年度）	测试的样本量	索引号	控制活动是否得到执行（是/否）	控制活动是否运行有效（是/否）	控制测试结果是否支持风险评估结果（支持/不支持）
12	抵押质押	固定资产抵押制度完善，避免抵押资产价值低估和资产流失	1. 加强固定资产抵押、质押的管理，明晰固定资产抵押、质押流程，规定固定资产抵押、质押的程序和审批权限等，确保资产抵押、质押经过授权审批及适当程序。同时，应做好相应记录，保障企业资产安全。 2. 财务部门办理资产抵押时，如需要委托专业中介机构鉴定评估固定资产的实际价值，应当会同金融机构有关人员、固定资产管理部门、固定资产使用部门现场勘验抵押品，对抵押资产的价值进行评估。对于抵押资产，应编制专门的抵押资产目录。	按需					
13	固定资产处置	固定资产处置方式合理，避免企业利益受损	1. 对使用期满、正常报废的固定资产，应由固定资产使用部门或管理部门填制固定资产报废单，经企业授权部门或人员批准后对该固定资产进行报废清理。 2. 对使用期限未满、非正常报废的固定资产，应由固定资产使用部门提出报废申请，注明报废理由、估计清理费用和可回收残值、预计处置价格等。企业应组织有关部门进行技术鉴定，按规定程序审批后进行报废清理。 3. 对拟出售或投资转出及非货币交换的固定资产，应由有关部门或人员提出处置申请，对固定资产价值进行评估，并出具资产评估报告。报经企业授权部门或人员批准后予以出售或转让。企业应特别关注固定资产	按需					

续表

序号	主要业务活动	控制目标	被审计单位制度设计的控制措施	控制执行频率（按需/随时/日/周/月度/季度/年度）	测试的样本量	索引号	控制活动是否得到执行（是/否）	控制活动是否运行有效（是/否）	控制测试结果是否支持风险评估结果（支持/不支持）
13	固定资产处置	固定资产处置方式合理，避免企业利益受损	处置中的关联交易和处置定价，固定资产的处置应由独立于固定资产管理部门和使用部门的相关授权人员办理，固定资产处置价格应报经企业授权部门或人员审批后确定。对于重大固定资产处置，应当考虑聘请具有资质的中介机构进行资产评估，采取集体审议或联签制度。涉及产权变更的，应及时办理产权变更手续。 4. 对出租的固定资产由相关管理部门提出出租或出借的申请，写明申请的理由和原因，并由相关授权人员和部门就申请进行审核。审核通过后应签订出租或出借合同，包括合同双方的具体情况，出租的原因和期限等内容。	按需					
14	无形资产取得与验收	取得的无形资产技术先进，权属清晰，避免企业资源浪费及引发法律诉讼	1. 企业外购无形资产，必须仔细审核有关合同协议等法律文件，及时取得无形资产所有权的有效证明文件，同时特别关注外购无形资产的技术先进性。 2. 企业自行开发的无形资产，应由研发部门、无形资产管理部门、使用部门共同填制无形资产移交使用验收单，移交使用部门使用。 3. 企业购入或者以支付土地出让金方式取得的土地使用权，必须取得土地使用权的有效证明文件。 4. 当无形资产权属关系发生变动时，应当按照规定及时办理权证转移手续。	按需					

续表

序号	主要业务活动	控制目标	被审计单位制度设计的控制措施	控制执行频率（按需/随时/日/周/月度/季度/年度）	测试的样本量	索引号	控制活动是否得到执行（是/否）	控制活动是否运行有效（是/否）	控制测试结果是否支持风险评估结果（支持/不支持）
15	无形资产的使用与保全	无形资产使用效率高，效能发挥到位；执行严格的保密制度，商标等无形资产管理到位，避免其他企业侵权及损害企业利益	1. 企业应当强化无形资产使用过程的风险管控，充分发挥无形资产对提升企业产品质量和市场影响力的重要作用。 2. 建立健全无形资产核心技术保密制度，严格限制未经授权人员直接接触技术资料，对技术资料等无形资产的保管及接触应保有记录，实行责任追究，保证无形资产的安全与完整。 3. 对侵害本企业无形资产的，要积极取证并形成书面调查记录，提出维权对策，按规定程序审核并上报。	按需					
16	无形资产的技术升级与更新换代	无形资产内含的技术及时升级换代，避免技术落后、杜绝重大技术安全隐患	1. 企业应当定期对专利、专有技术等无形资产的先进性进行评估。 2. 发现某项无形资产给企业带来经济利益的能力受到重大不利影响时，应当考虑淘汰落后技术，同时加大研发投入，不断推动企业自主创新与技术升级，确保企业在市场经济竞争中始终处于优势地位。	按需					
17	无形资产的处置	无形资产处置适当，避免长期闲置或低效使用，避免企业利益受损	1. 企业应当建立无形资产处置的相关管理制度，明确无形资产处置的范围、标准、程序和审批权限等要求。 2. 无形资产的处置应由独立于无形资产管理部门和使用部门的其他部门或人员按照规定的权限和程序办理；应当选择合理的方式确定处置价格，并报经企业授权部门或人员审批；重大的无形资产处置，应当委托具有资质的中介机构进行资产评估。	按需					

（三）资产管理内部控制关键控制点测试——检查测试表

被审计单位名称：________ 编制人：________ 日期：________ 索引号：________

会 计 期 间：________ 复核人：________ 日期：________ 页 次：________

审计目标：根据控制测试审计抽样底稿确定的样本量对________控制进行抽样测试，根据测试结果，确定控制运行的有效性。

审计过程：

测试的主要业务活动	控制目标	控制活动发生频率	样本数量	样本序号	样本名称	样本日期	凭证或相关文件编号	主要控制点执行情况的检查					有无问题	问题描述	产生原因	样本索引号
								1	2	3	4	…				
				1												
				2												
				3												
				4												

标识1：

标识2：

标识3：

标识4：

…：……

控制测试说明：{针对上述测试过程中的事项进行相关说明}

控制测试结论：

1. 经________抽查________笔业务，发现________控制执行存在________问题，财务报表________认定可能存在重大错报风险。
2. 控制是否运行有效：______；对该控制（不/中度/高度）信赖：______；是否需要增加样本规模：______；是否需要增加对相关账户的实质性程序：______。
3. 样本结果是否支持初步风险评估结果：________。
4. 修正后的重大错报风险评估水平：________。

（四）资产管理内部控制关键控制点测试——检查测试表（存货管理测试示例）

被审计单位名称：________ 编制人：________ 日期：________ 索引号：________

会 计 期 间：________ 复核人：________ 日期：________ 页 次：________

审计目标：根据控制测试审计抽样底稿确定的样本量对________控制进行抽样测试，根据测试结果，确定控制运行的有效性。

审计过程：

测试的主要业务活动	控制目标	控制活动发生频率	样本数量	样本序号	样本名称	样本日期	凭证或相关文件编号	主要控制点执行情况的检查					有无问题	问题描述	产生原因	样本索引号
								1	2	3	4	…				
盘点清查	盘点清查制度完善、计划可行，避免工作流于形式，保证查清存货真实状况	按需		1												
				2												
				3												
				4												

标识1：企业盘点制度及盘点工作清查流程；

标识2：有切实可行的盘点计划；

标识3：有盘点表及盘点报告；

标识4：若存在减值，有存货减值迹象分析报告及相关账务处理正确；

…：……

控制测试说明：{针对上述测试过程中的事项进行相关说明}

控制测试结论：

1. 经________抽查________笔业务，发现________控制执行存在________问题，财务报表________认定可能存在重大错报风险。
2. 控制是否运行有效：______；对该控制（不/中度/高度）信赖：______；是否需要增加样本规模：______；是否需要增加对相关账户的实质性程序：______。
3. 样本结果是否支持初步风险评估结果：________。
4. 修正后的重大错报风险评估水平：________。

（五）资产管理内部控制关键控制点测试——检查测试表（固定资产管理测试示例）

被审计单位名称：________ 编制人：________ 日期：________ 索引号：________

会　计　期　间：________ 复核人：________ 日期：________ 页　次：________

审计目标：根据控制测试审计抽样底稿确定的样本量对________控制进行抽样测试，根据测试结果，确定控制运行的有效性。

审计过程：

测试的主要业务活动	控制目标	控制活动发生频率	样本数量	样本序号	样本名称	样本日期	凭证或相关文件编号	主要控制点执行情况的检查					有无问题	问题描述	产生原因	样本索引号
								1	2	3	4	…				
固定资产取得	新增固定资产验收程序规范，保证资产质量符合要求；固定资产投保制度健全，应投保资产投保、索赔到位，有效防范资产损失风险	按需		1												
				2												
				3												
				4												

标识1：外购固定资产有验收单和验收报告；

标识2：自行建造的固定资产有固定资产移交使用验收单；

标识3：具有权属证明的资产，有固定资产权属证明资料；

标识4：应投保资产有固定资产投保审批单、发生损失资产索赔单据等；

…：……

控制测试说明：{针对上述测试过程中的事项进行相关说明}

控制测试结论：

1. 经________抽查________笔业务，发现________控制执行存在________问题，财务报表________认定可能存在重大错报风险。
2. 控制是否运行有效：______；对该控制（不/中度/高度）信赖：______；是否需要增加样本规模：______；是否需要增加对相关账户的实质性程序：______。
3. 样本结果是否支持初步风险评估结果：________。
4. 修正后的重大错报风险评估水平：________。

（六）资产管理内部控制关键控制点测试——检查测试表（无形资产管理测试示例）

被审计单位名称：________ **编制人：**________ **日期：**________ **索引号：**________

会 计 期 间：________ **复核人：**________ **日期：**________ **页 次：**________

审计目标：根据控制测试审计抽样底稿确定的样本量对________控制进行抽样测试，根据测试结果，确定控制运行的有效性。

审计过程：

测试的主要业务活动	控制目标	控制活动发生频率	样本数量	样本序号	样本名称	样本日期	凭证或相关文件编号	主要控制点执行情况的检查					有无问题	问题描述	产生原因	样本索引号
								1	2	3	4	…				
无形资产取得与验收	取得的无形资产技术先进，权属清晰，避免企业资源浪费及引发法律诉讼	按需		1												
				2												
				3												
				4												

标识1：外购无形资产，有合同协议等法律文件及资产权属文件；
标识2：自行研发的无形资产，有资产移交使用验收单；
标识3：土地使用权必须有土地使用权证；
标识4：无形资产权属关系发生变动时，有按照规定及时办理权证转移手续相关资料；
…：……

控制测试说明：{针对上述测试过程中的事项进行相关说明}

控制测试结论：

1. 经________抽查________笔业务，发现________控制执行存在________问题，财务报表________认定可能存在重大错报风险。
2. 控制是否运行有效：______；对该控制（不/中度/高度）信赖：______；是否需要增加样本规模：______；是否需要增加对相关账户的实质性程序：______。
3. 样本结果是否支持初步风险评估结果：________。
4. 修正后的重大错报风险评估水平：________。

（七）资产管理内部控制关键控制点测试——询问测试表

被审计单位名称：________ **编制人：**________ **日期：**________ **索引号：**________
会 计 期 间：________ **复核人：**________ **日期：**________ **页 次：**________

说明：注册会计师可以向被审计单位适当员工和管理层询问，以获取与内部控制运行情况有关的信息。询问必须和其他测试手段结合使用才能发挥作用。在询问的过程中，注册会计师应当保持职业怀疑态度。

关键控制点	结论	索引

（八）资产管理内部控制关键控制点测试——观察测试表

被审计单位名称：__________ 编制人：__________ 日期：__________ 索引号：__________

会 计 期 间：__________ 复核人：__________ 日期：__________ 页 次：__________

说明：观察主要应用于测试不留下书面记录的控制的运行情况，注册会计师在评价内部控制运行有效性的时候，还要考虑其所观察到的控制在注册会计师不在场时可能未被执行的情况。

关键控制点	结论	索引

（九）资产管理内部控制关键控制点测试——观察记录

被审计单位名称：__________ 编制人：__________ 日期：__________ 索引号：__________
会 计 期 间：__________ 复核人：__________ 日期：__________ 页 次：__________

第一部分：基础信息

测试目标

通过对____________（关键控制点的描述）____________运行情况的观察，提供该关键控制点运行有效性相关的证据。

测试程序描述：

观察到的控制运行的情况：__________________________

运行中涉及的人员：__________________

观察的次数：__________观察的日期：__________

第二部分：结论的概述

我通过观察识别以下与评价上述控制运行有效性相关的事项：

——控制依照设计运行的证据：

我观察到以下情况，表明控制依照设计运行：__________________

——偏离原设计运行的证据：

我观察到以下情况与现行公司的内部控制相偏离：__________________

____

____

____

____

七、财务报告内部控制测试导引表

被审计单位名称：__________ 编制人：__________ 日期：__________ 索引号：__________
会计期间或截止日：__________ 复核人：__________ 日期：__________ 页　次：__________

审计程序	索引号
财务报告内部控制运行有效性汇总	
财务报告内部控制运行有效性评价	
财务报告内部控制关键控制点测试	

（一）财务报告内部控制运行有效性汇总评价表

被审计单位名称：__________　编制人：__________　日期：__________　索引号：__________
会计期间或截止日：__________　复核人：__________　日期：__________　页　次：__________

内控风险评价标准	
重要提示： 如出现下列情况应将控制风险评估为高水平（无法依赖）： 1. 相关内部控制执行存在偏差，不能防止或发现和纠正重大错报或漏报； 2. 难以对内部控制执行的有效性做出评价； 3. 有证据表明存在管理层凌驾于内控之上。	
对内控制度运行有效性的评价	
评价方法：检查表（　　）；询问记录（　　）；观察记录（　　）	
评价： 1. 根据计划实施的控制测试，对未进行测试的控制目标进行汇总，列明：业务循环、主要业务活动、控制目标、相关交易和账户余额及其认定及原因等信息。 2. 根据控制测试的结果，对运行无效的控制，未达到控制目标的主要业务活动进行汇总，列明：业务循环、主要业务活动、控制目标、相关交易和账户余额及其认定，并简要描述评价过程、存在问题及原因。在审计过程中不予信赖，通过实施实质性程序获取充分、适当的审计证据。 3. 如果执行控制测试的结果表明本循环与相关交易和账户余额及其认定相关的控制不能予以信赖，应重新考虑拟信赖以前审计获取的其他循环的控制运行有效性的审计证据是否恰当。	
沟通事项： 是否需要就已识别出的内部控制设计或执行方面的重大缺陷，与适当层次的管理层或治理层进行沟通？	
评价结论类型：	结论：
内控可信赖	
部分内控可信赖	注：需要详细描述并确定实质性测试方案
内控不可信赖	注：确定实质性测试方案或确定报告意见类型

（二）财务报告内部控制运行有效性评价

被审计单位名称：________ 编制人：________ 日期：________ 索引号：________

会　计　期　间：________ 复核人：________ 日期：________ 页　次：________

序号	主要业务活动	控制目标	被审计单位制度设计的控制措施	控制执行频率（按需/随时/日/周/月度/季度/年度）	测试的样本量	索引号	控制活动是否得到执行（是/否）	控制活动是否运行有效（是/否）	控制测试结果是否支持风险评估结果（支持/不支持）
1	制订财务报告编制方案	会计政策有效更新，符合有关法律法规；重要会计政策、会计估计变更经审批，会计政策使用适当；会计政策有效贯彻、执行；各部门职责、分工清晰，避免数据传递出现差错、遗漏、格式不一致等；各步骤时间安排明确，保证整体编制进度合理，符合相关报送要求	1. 会计政策应符合国家有关会计法规和最新监管要求的规定。 2. 会计政策和会计估计的调整，无论是强制的还是自愿的，均需按照规定的权限和程序审批。 3. 企业的内部会计规章制度至少要经财会部门负责人审批后才能生效，财务报告流程、年报编制方案应当经公司分管财务会计工作的负责人核准后签发。 4. 企业应建立完备的信息沟通渠道，将内部会计规章制度和财务流程、会计科目表和相关文件及时有效地传达至相关人员，使其了解相关职责要求、掌握适当的会计知识、会计政策并加以执行。企业还应通过内部审计等方式，定期进行测试，保证会计政策有效执行，且在不同业务部门、不同期间内保持一致性。 5. 应明确各部门的职责分工，由总会计师或分管会计工作的负责人负责组织领导；财会部门负责财务报告编制工作；各部门应当及时向财会部门提供编制财务报	年					

续表

序号	主要业务活动	控制目标	被审计单位制度设计的控制措施	控制执行频率（按需/随时/日/周/月度/季度/年度）	测试的样本量	索引号	控制活动是否得到执行（是/否）	控制活动是否运行有效（是/否）	控制测试结果是否支持风险评估结果（支持/不支持）
1	制订财务报告编制方案	会计政策有效更新，符合有关法律法规；重要会计政策、会计估计变更经审批，会计政策使用适当；会计政策有效贯彻、执行；各部门职责、分工清晰，避免数据传递出现差错、遗漏、格式不一致等；各步骤时间安排明确，保证整体编制进度合理，符合相关报送要求	告所需的信息，并对所提供信息的真实性和完整性负责。 6. 应根据财务报告的报送要求，倒排工时，为各步骤设置关键时间点，并由财会部门负责督促和考核各部门的工作进度，及时进行提醒，对未能及时完成的进行相关处罚。	年					

序号	主要业务活动	控制目标	被审计单位制度设计的控制措施	控制执行频率（按需/随时/日/周/月度/季度/年度）	测试的样本量	索引号	控制活动是否得到执行（是/否）	控制活动是否运行有效（是/否）	控制测试结果是否支持风险评估结果（支持/不支持）
2	确定重大事项的会计处理	重大事项，如债务重组、非货币性交易、公允价值的计量、收购兼并、资产减值等的会计处理合理，保证会计信息真实，如实反映企业实际情况	1. 企业应对重大事项予以关注，通常包括以前年度审计调整以及相关事项对当期的影响、会计准则制度的变化及对财务报告的影响、新增业务和其他新发生的事项及对财务报告的影响、年度内合并（汇总）报告范围的变化及对财务报告的影响等。企业应建立重大事项的处理流程，报适当管理层审批后，予以执行。 2. 及时沟通需要专业判断的重大会计事项并确定相应会计处理。企业应规定下属各部门、各单位人员及时将重大事项信息报告至同级财会部门。财会部门应定期研究、分析并与相关部门组织沟通重大事项的会计处理，逐级报请总会计师或分管会计工作的负责人审批后下达各相关单位执行。特别是资产减值损失、公允价值计量等涉及重大判断和估计时，财会部门应定期与资产管理部门进行沟通。	按需					
3	清查资产核实债务	资产、负债账实相符；资产计价方法不得随意变更；严格按照准则确认资产、负债等	1. 确定具体可行的资产清查、负债核实计划，安排合理的时间和工作进度，配备足够的人员、确定实物资产盘点的具体方法和过程，同时做好业务准备工作。 2. 做好各项资产、负债的清查、核实工作。 3. 对清查过程中发现的差异，应当分析原因，提出处理意见，取得合法证据和按照规定权限经审批，将清查、核实的结果及其处理办法向企业的董事会或者相应机构报告，并根据国家统一的会计准则制度的规定进行相应的会计处理。	月					

续表

序号	主要业务活动	控制目标	被审计单位制度设计的控制措施	控制执行频率（按需/随时/日/周/月度/季度/年度）	测试的样本量	索引号	控制活动是否得到执行（是/否）	控制活动是否运行有效（是/否）	控制测试结果是否支持风险评估结果（支持/不支持）
4	结账	账务处理正确，账证、账账相符；避免虚列或隐瞒收入、推迟或提前确认收入；不得随意改变费用、成本的确认标准或计量方法，虚列、多列、不列或者少列费用、成本；结账的时间、程序符合相关规定；关账后不得随意打开已关闭的会计期间等	1. 核对各会计账簿记录与会计凭证的内容、金额等是否一致，记账方向是否相符。 2. 检查相关账务处理是否符合国家统一的会计准则制度和企业制定的核算方法。 3. 调整有关账项，合理确定本期应计的收入和应计的费用。例如，计提固定资产折旧、计提坏账准备等；各项待摊费用按规定摊配并分别记入本期有关科目；属于本期的应计收益应确认计入本期收入等。 4. 检查是否存在因会计差错、会计政策变更等原因需要调整前期或者本期相关项目。对于调整项目，需取得和保留审批文件，以保证调整有据可依。 5. 不得为了赶编财务报告而提前结账，或把本期发生的经济业务事项延至下期登账，也不得先编财务报告后结账，应在当期所有交易或事项处理完毕并经财会部门负责人审核签字确认后，实施关账和结账操作。 6. 如果在关账之后需要重新打开已关闭的会计期间，须填写相应的申请表，经总会计师或分管会计工作的负责人审批后进行。	月					

续表

序号	主要业务活动	控制目标	被审计单位制度设计的控制措施	控制执行频率（按需/随时/日/周/月度/季度/年度）	测试的样本量	索引号	控制活动是否得到执行（是/否）	控制活动是否运行有效（是/否）	控制测试结果是否支持风险评估结果（支持/不支持）
5	编制个别财务报告	提供真实财务报告，给财务报告使用者提供决策支持；报表数据完整、准确；报表种类完整；附注内容完整等	1. 企业财务报告列示的资产、负债、所有者权益金额应当真实可靠。 2. 企业财务报告应当如实列示当期收入、费用和利润。 3. 企业财务报告列示的各种现金流量由经营活动、投资活动和筹资活动的现金流量构成，应当按照规定划清各类交易和事项的现金流量的界限。 4. 按照岗位分工和规定的程序编制财务报告。一是财会部门制定本单位财务报告编制分工表，并由财会部门负责人审核，确保报告编制范围完整。二是财会部门报告编制岗位按照登记完整、核对无误的会计账簿记录和其他有关资料对相关信息进行汇总编制，确保财务报告项目与相关账户对应关系正确，计算公式无误。三是进行校验审核工作，包括期初数核对、财务报告内有关项目的对应关系审核、报表前后勾稽关系审核、期末数与试算平衡表和工作底稿核对、财务报告主表与附表之间的平衡及勾稽关系校验等。 5. 按照国家统一的会计准则制度编制附注。 6. 财会部门负责人审核报表内容和种类的真实、完整性，通过后予以上报。	月					

续表

序号	主要业务活动	控制目标	被审计单位制度设计的控制措施	控制执行频率（按需/随时/日/周/月 度/季度/年度）	测试的样本量	索引号	控制活动是否得到执行（是/否）	控制活动是否运行有效（是/否）	控制测试结果是否支持风险评估结果（支持/不支持）
6	编制合并财务报告	合并范围完整；合并内部交易和事项完整；合并抵销分录准确	1. 编报单位财会部门应依据经同级法律事务部门确认的产权（股权）结构图，并考虑所有相关情况以确定合并范围符合国家统一的会计准则制度的规定，由财会部门负责人审核、确认合并范围是否完整。 2. 财会部门收集、审核下级单位财务报告，并汇总出本级次的财务报告，经汇总单位财会部门负责人审核。 3. 财会部门制定内部交易和事项核对表及填制要求，报财会部门负责人审批后下发纳入合并范围内各单位。财会部门核对本单位及纳入合并范围内各单位之间内部交易的事项和金额，如有差异，应及时查明原因并进行调整。编制内部交易表及内部往来表交财会部门负责人审核。 4. 合并抵销分录应有相应的标准文件和证据进行支持，由财会部门负责人审核。 5. 对合并抵销分录实行交叉复核制度，具体编制人完成调整分录后即提交相应复核人进行审核，审核通过后才可录入试算平衡表。通过交叉复核，保证合并抵销分录的真实性、完整性。	月					

续表

序号	主要业务活动	控制目标	被审计单位制度设计的控制措施	控制执行频率（按需/随时/日/周/月度/季度/年度）	测试的样本量	索引号	控制活动是否得到执行（是/否）	控制活动是否运行有效（是/否）	控制测试结果是否支持风险评估结果（支持/不支持）
7	财务报告对外提供前的审核	在财务报告对外提供前按规定程序进行审核，对内容的真实性、完整性以及格式的合规性等审核充分	1. 企业应严格按照规定的财务报告编制中的审批程序，由各级负责人逐级把关，对财务报告内容的真实性、完整性，格式的合规性等予以审核。 2. 企业应保留审核记录，建立责任追究制度。 3. 财务报告在对外提供前应当装订成册，加盖公章，并由企业负责人、总会计师或分管会计工作的负责人、财会部门负责人签名并盖章。	按需					
8	财务报告对外提供前的审计	财务报告对外提供前经审计，审计机构符合相关法律法规的规定，审计机构与企业保持独立	1. 企业应根据相关法律法规的规定，选择符合资质的会计师事务所对财务报告进行审计。 2. 企业不得干扰审计人员的正常工作，并应对审计意见予以落实。 3. 注册会计师及其所在的事务所出具的审计报告，应随财务报告一并提供。	年度/半年度					

序号	主要业务活动	控制目标	被审计单位制度设计的控制措施	控制执行频率（按需/随时/日/周/月度/季度/年度）	测试的样本量	索引号	控制活动是否得到执行（是/否）	控制活动是否运行有效（是/否）	控制测试结果是否支持风险评估结果（支持/不支持）
9	财务报告的对外提供	对外提供遵循相关法律法规的规定；对外提供的财务报告的编制基础、编制依据、编制原则和方法一致，利于各方对企业情况的判断和经济决策的做出；及时对外报送财务报告，避免财务报告信息的使用价值降低，不违反有关法律法规；财务报告在对外提供前设置严格的保密程序，避免发生内幕交易等，使投资者或企业利益免受损失	1. 企业应根据相关法律法规的要求，在企业相关制度中明确负责财务报告对外提供的对象，在相关制度性文件中予以明确并由企业负责人监督。 2. 企业应严格按照规定的财务报告编制中的审批程序，由财会部门负责人、总会计师或分管会计工作的负责人、企业负责人逐级把关，对财务报告内容的真实性、完整性，格式的合规性等予以审核，确保提供给投资者、债权人、政府监管部门、社会公众等各方面的财务报告的编制基础、编制依据、编制原则和方法完全一致。 3. 企业应严格遵守相关法律法规和国家统一的会计准则制度对报送时间的要求，在财务报告的编制、审核、报送流程中的每一步骤设置时间点，对未能按时完成的相关人员进行处罚。 4. 企业应设置严格的保密程序，对能够接触财务报告信息的人员进行权限设置，保证财务报告信息在对外提供前控制在适当的范围。并对财务报告信息的访问情况予以记录，以便了解情况，及时发现可能的泄密行为，在泄密后也易于找到相应的责任人。 5. 企业对外提供的财务报告应当及时整理归档，并按有关规定妥善保存。	按需					

续表

序号	主要业务活动	控制目标	被审计单位制度设计的控制措施	控制执行频率（按需/随时/日/周/月度/季度/年度）	测试的样本量	索引号	控制活动是否得到执行（是/否）	控制活动是否运行有效（是/否）	控制测试结果是否支持风险评估结果（支持/不支持）
10	制定财务分析制度	制定的财务分析制度符合企业实际情况，财务分析制度充分利用企业现有资源，财务分析的流程、要求明确，财务分析制度经审批等	1. 企业在对基本情况分析时，应当重点了解企业的发展背景，包括企业的发展史、企业组织机构、产品销售及财务资产变动情况等，熟悉企业业务流程，分析研究企业的资产及财务管理活动。 2. 企业在制定财务报告分析制度时，应重点关注：财务报告分析的时间、组织形式、参加的部门和人员；财务报告分析的内容、分析的步骤、分析方法和指标体系；财务报告分析报告的编写要求等。 3. 财务报告分析制度草案经由财会部门负责人、总会计师或分管会计工作的负责人、企业负责人检查、修改、审批之后，根据制度设计的要求进行试行，发现问题及时总结上报。 4. 财会部门根据试行情况进行修正，确定最终的财务报告分析制度文稿，并经财会部门负责人、总会计师或分管会计工作的负责人、企业负责人进行最终的审批。	按需					

续表

序号	主要业务活动	控制目标	被审计单位制度设计的控制措施	控制执行频率（按需/随时/日/周/月度/季度/年度）	测试的样本量	索引号	控制活动是否得到执行（是/否）	控制活动是否运行有效（是/否）	控制测试结果是否支持风险评估结果（支持/不支持）
11	编写财务分析报告	财务分析报告的目的正确或者明确，财务分析方法正确；财务分析报告的内容完整，对本期生产经营活动中发生的重大事项做专门分析；财务分析不局限于财会部门，充分利用相关部门的资源，提高质量和可用性；财务分析报告经审核等	1. 编写时要明确分析的目的，运用正确的财务分析方法，并能充分、灵活地运用各项资料。 2. 总会计师或分管会计工作的负责人应当在财务分析和利用工作中发挥主导作用，负责组织领导。财会部门负责人审核财务分析报告的准确性，判断是否需要对特殊事项进行补充说明，并对财务分析报告进行补充说明。对生产经营活动中的重要资料、重大事项以及与上年同期数据相比有较大差异的情况要做重点说明。 3. 企业财务分析会议应吸收有关部门负责人参加，对各部门提出的意见，财会部门应充分沟通、分析，进而修改完善财务分析报告。 4. 修订后的分析报告应及时报送企业负责人，企业负责人负责审批分析报告，并据此进行决策，对于存在的问题及时采取措施。	按需					

续表

序号	主要业务活动	控制目标	被审计单位制度设计的控制措施	控制执行频率（按需/随时/日/周/月度/季度/年度）	测试的样本量	索引号	控制活动是否得到执行（是/否）	控制活动是否运行有效（是/否）	控制测试结果是否支持风险评估结果（支持/不支持）
12	整改落实	财务分析报告的内容传递顺畅，及时使有关各部门获悉；各部门对财务分析报告足够重视，并对其中的意见进行整改落实	1. 定期的财务分析报告应构成内部报告的组成部分，并充分利用信息技术和现有内部报告体系在各个层级上进行沟通。 2. 根据分析报告的意见，明确各部门职责。责任部门按要求落实改正，财会部门负责监督、跟踪责任部门的落实情况，并及时向有关负责人反馈落实情况。	按需					

（三）财务报告内部控制关键控制点测试——检查测试表

被审计单位名称：________ 编制人：________ 日期：________ 索引号：________

会 计 期 间：________ 复核人：________ 日期：________ 页 次：________

审计目标：根据控制测试审计抽样底稿确定的样本量对________控制进行抽样测试，根据测试结果，确定控制运行的有效性。

审计过程：

测试的主要业务活动	控制目标	控制活动发生频率	样本数量	样本序号	样本名称	样本日期	凭证或相关文件编号	主要控制点执行情况的检查					有无问题	问题描述	产生原因	样本索引号
								1	2	3	4	…				
				1												
				2												
				3												
				4												

标识1：

标识2：

标识3：

标识4：

…：……

控制测试说明：{针对上述测试过程中的事项进行相关说明}

控制测试结论：

1. 经________抽查________笔业务，发现________控制执行存在________问题，财务报表________认定可能存在重大错报风险。
2. 控制是否运行有效：______；对该控制（不/中度/高度）信赖：______；是否需要增加样本规模：______；是否需要增加对相关账户的实质性程序：______。
3. 样本结果是否支持初步风险评估结果：________。
4. 修正后的重大错报风险评估水平：________。

（四）财务报告内部控制关键控制点测试——检查测试表（测试示例）

被审计单位名称：__________ **编制人：**__________ **日期：**__________ **索引号：**__________

会计期间：__________ **复核人：**__________ **日期：**__________ **页次：**__________

审计目标：根据控制测试审计抽样底稿确定的样本量对________控制进行抽样测试，根据测试结果，确定控制运行的有效性。

审计过程：

测试的主要业务活动	控制目标	控制活动发生频率	样本数量	样本序号	样本名称	样本日期	凭证或相关文件编号	主要控制点执行情况的检查					有无问题	问题描述	产生原因	样本索引号
								1	2	3	4	…				
编制合并财务报告	合并范围完整；合并内部交易和事项完整；合并抵销分录准确	月		1												
				2												
				3												
				4												

标识1：编制合并财务报表的过程中形成合并底稿；

标识2：有合并抵销分录底稿，并有理有据；

标识3：有产权结构图，合并范围合理；

标识4：有内部交易明细表及内部往来明细表；

…：……

控制测试说明：{针对上述测试过程中的事项进行相关说明}

控制测试结论：

1. 经________抽查________笔业务，发现________控制执行存在________问题，财务报表________认定可能存在重大错报风险。
2. 控制是否运行有效：______；对该控制（不/中度/高度）信赖：______；是否需要增加样本规模：______；是否需要增加对相关账户的实质性程序：______。
3. 样本结果是否支持初步风险评估结果：________。
4. 修正后的重大错报风险评估水平：________。

（五）财务报告内部控制关键控制点测试——询问测试表

被审计单位名称：__________ 编制人：__________ 日期：__________ 索引号：__________

会 计 期 间：__________ 复核人：__________ 日期：__________ 页 次：__________

说明：注册会计师可以向被审计单位适当员工和管理层询问，以获取与内部控制运行情况有关的信息。询问必须和其他测试手段结合使用才能发挥作用。在询问的过程中，注册会计师应当保持职业怀疑态度。

关键控制点	结论	索引

（六）财务报告内部控制关键控制点测试——观察测试表

被审计单位名称：__________ **编制人：**__________ **日期：**__________ **索引号：**__________

会 计 期 间：__________ **复核人：**__________ **日期：**__________ **页 次：**__________

说明：观察主要应用于测试不留下书面记录的控制的运行情况，注册会计师在评价内部控制运行有效性的时候，还要考虑其所观察到的控制在注册会计师不在场时可能未被执行的情况。

关键控制点	结论	索引

（七）财务报告内部控制关键控制点测试——观察记录

被审计单位名称：________	编制人：________	日期：________	索引号：________
会 计 期 间：________	复核人：________	日期：________	页 次：________

第一部分：基础信息

测试目标

通过对____________（关键控制点的描述）____________运行情况的观察，提供该关键控制点运行有效性相关的证据。

测试程序描述：

观察到的控制运行的情况：________________________________

运行中涉及的人员：____________

观察的次数：________观察的日期：________

第二部分：结论的概述

我通过观察识别以下与评价上述控制运行有效性相关的事项：

——控制依照设计运行的证据：

我观察到以下情况，表明控制依照设计运行：____________________

——偏离原设计运行的证据：

我观察到以下情况与现行公司的内部控制相偏离：________________

____

____

____

____

审计工作底稿指引

（下　册）

北京注册会计师协会　编

经 济 科 学 出 版 社

责任编辑：黄双蓉
责任校对：徐领弟
版式设计：代小卫
技术编辑：王世伟

图书在版编目（CIP）数据

审计工作底稿指引/北京注册会计师协会编．—北京：经济科学出版社，2012.2
ISBN 978-7-5141-1527-7

Ⅰ.①审…　Ⅱ.①北…　Ⅲ.①审计标准-基本知识-中国　Ⅳ.①F239.221

中国版本图书馆CIP数据核字（2012）第014177号

审计工作底稿指引（上、下册）
北京注册会计师协会　编
经济科学出版社出版、发行　新华书店经销
社址：北京市海淀区阜成路甲28号　邮编：100142
总编部电话：88191217　发行部电话：88191540
网址：www.esp.com.cn
电子邮件：esp@esp.com.cn
固安县保利达印务有限公司印刷
880×1230　16开　62印张　1660000字
2012年1月第1版　2012年1月第1次印刷
ISBN 978-7-5141-1527-7　定价：178.00元（上、下册）
（图书出现印装问题，本社负责调换）

编委会成员名单

修订序言

2010年11月1日，财政部发布《中国注册会计师审计准则第1101号——注册会计师的总体目标和审计工作的基本要求》等38项审计准则，对《中国注册会计师审计准则第1101号——财务报表审计的目标和一般原则》等35项准则进行修订，并于2012年1月1日起施行；2008年5月和2010年4月财政部会同证监会、审计署、银监会、保监会等五部委发布了《企业内部控制基本规范》以及《企业内部控制评价指引》、《企业内部控制应用指引》和《企业内部控制审计指引》等三个配套指引，标志着我国内部控制规范体系的初步建立。

为帮助北京地区会计师事务所贯彻落实新执业准则，结合企业内部控制基本规范和配套指引的相关要求，在北京注册会计师协会王建新秘书长的积极倡导下，张文丽副秘书长亲自主持和组织专家对2006年北京注册会计师协会组织编写、出版的《审计工作底稿指引》进行了修订。修订后的指引将审计准则的新要求和新变化融入到工作底稿中，希望能为注册会计师在加深理解风险导向审计理念的基础上，如何高效率、高质量地完成审计工作、编制审计工作底稿提供切实有效的帮助。

本指引实质性测试部分由大华会计师事务所合伙人季丰负责编写，风险评估阶段了解内部控制以及进一步审计程序中控制测试等部分由信永中和会计师事务所董秦川负责编写，初步业务活动及风险评估阶段了解被审计单位（不包括内部控制）等部分由中瑞岳华会计师事务所合伙人魏先锋负责编写，信永中和会计师事务所合伙人谭小青进行了总撰。北京注册会计师协会薛晋伟、彭晖对本书进行了审阅，张文丽负责审定。在此，我们谨对各位专家表示衷心的感谢。

由于编者水平有限，而实务操作中难免出现各种更为繁杂的情况，本指引所述内容仅供会计师事务所和注册会计师参考。欢迎各界专业人士对本指引提出修改意见和建议，届时我们将适时进一步修订。

《审计工作底稿指引》使用说明

一、本指引的编写原则

（一）引导注册会计师以及广大从业人员在实务中，按照风险导向审计理念执行审计业务并编制审计工作底稿

风险导向审计要求注册会计师以重大错报风险的识别、评估和应对为审计工作主线，将其贯穿于从项目承接到出具审计报告的审计业务全过程。审计中运用“自上而下”和“自下而上”相结合的审计思路，判断被审计单位可能存在的重大错报风险，根据风险评估结果分配审计资源，做到有的放矢，提高审计效率。

从2006年审计准则发布以来，风险导向审计理念的推广和实施已经5年，但实际应用效果与预期尚存在一定差距，主要体现在风险评估程序（包括对内部控制的了解和测试）与实质性程序脱节，实务中存在不分析、不识别重大错报风险，仅机械地执行审计程序的思维惯性，造成风险导向审计加大审计成本、降低审计效率的认识误区，致使风险导向审计理念没有得到普遍运用。为解决这个问题，本次再版时我们按照审计逻辑对工作底稿进行重新分类并增加相关说明，以求帮助注册会计师正确理解风险导向审计的理念，真正应用风险导向审计的方法，保质高效地完成审计工作。

（二）注重可操作性和实用性

1. 增强审计程序的可操作性。为了增加指引的可操作性，本次修订按照目标导向的方法列示底稿顺序。例如，在初步业务活动阶段，先将初步业务活动最终形成的结论底稿（初步业务活动汇总表）列示在所有底稿之前，再将相关审计证据索引至其他底稿，使底稿间的逻辑性和层次感更清晰。

2. 增加重要事项解读性。为方便理解和实际运用，底稿示例内容的选取大多选择最重要和最基本的要素，并在底稿中增加相应的使用说明，提示使用者正确理解和选择。

3. 强调审计程序的针对性。注册会计师执行的所有程序必须有针对性，应针对重大错报风险以及所有重大类别的交易、账户余额和披露实施必要的审计程序。

二、本指引主要内容

从审计逻辑出发，本指引将审计底稿分为以下五个部分：一是“初步业务活动工作底稿”；二是“风险评估工作底稿”，包括审计策略和具体审计计划的制订；三是“进一步审计程序工作底稿”，包括控制测试和实质性程序两部分；四是“特殊项目实质性测试工作底稿”；五是“审计报告相关工作底稿示例”。

第四部分“特殊项目实质性测试工作底稿”，主要为注册会计师在实务中审计固有风险较高以及需要更多专业判断的复杂交易或事项提供参考，严格意义上属于进一步审计程序的一部分，由于其特殊性和重要性，本指引将其单独作为一个部分。

（一）初步业务活动及相关工作底稿编制说明

1. 初步业务活动的相关要求

《中国注册会计师审计准则第1201号——计划审计工作》第六条、第十三条规定，注册会计师应当在本期（或首次）审计业务开始时开展下列初步业务活动：（1）针对保持（接受）客户关系和具体审计业务，实施相应的质量控制程序。（2）评价遵守相关职业道德要求（包括独立性要求）的情况。（3）就审计业务约定条款与被审计单位达成一致意见。（4）如果被审计单位变更了会计师事务所，按照相关审计准则和职业道德要求的规定，与前任注册会计师进行沟通。

2. 初步业务活动的目标

在审计实务中，初步业务活动是风险导向审计一个重要环节，是注册会计师及其所在会计师事务所进行风险控制的关键步骤。初步业务活动应该达到以下三个目标：

第一，完成初步风险评估。通过了解财务报告编制基础及审计报告用途，了解被审计单位的基本情况、持续经营能力和重大经营风险，了解主要股东、关键管理人员和治理层的诚信度，从而判断被审计单位是否具备可审计性。

第二，根据会计师事务所人力资源情况选派合伙人组建项目组，判断拟组成的项目组是否具有执行业务必备的专业胜任能力、技术手段（如信息系统审计能力）以及必要的时间和资源。

第三，判断会计师事务所和项目组能否遵守职业道德规范，能否保持独立性。

3. 初步业务活动底稿编制说明

初步业务活动也称项目承接阶段工作，是所有审计项目必经阶段。

（1）承接项目前的风险评估。

在项目承接阶段，注册会计师首先需要明确审计目的、被审计单位和注册会计师各自的责任、沟通项目时间安排等；其后，采用询问、分析、观察和检查等方式进行初步风险评估。

初步风险评估程序包括两方面，即一般风险评估和特别项目风险评估。一般风险评估包括六项内容：①了解被审计单位业务、经营环境及其主要变化；②财务资料初步分析；③经营结果与预算比较；④多年报表分析；⑤中期审计结果分析；⑥参观被审计单位的经营场所等。注册会计师通过履行上述程序初步了解和识别与接受（或保持）审计项目的相关风险。

（2）特别项目风险评估。

在初步业务活动阶段，注册会计师就应该对被审计单位舞弊、持续经营、关联方等可能存在重大错报风险的领域（或称特别项目）做初步地了解和评价。

在初步业务活动中对特别项目的重大错报风险主要采用询问等方式获取初步了解，这些特殊问题可以直接询问被审计单位管理当局从内部获取信息，本指引列举询问的主要内容供使用者参考。但如果根据职业判断认为从被审计单位外部获取的信息更有助于识别重大错报风险，注册会计师应当实施其他审计程序以获取这些信息，并记录在底稿中。

（3）项目承接的考虑。

完成对被审计单位的初步风险评估工作后，结合对事务所和项目组的专业胜任能力和独立性的评估，会计师事务所和注册会计师决定是否承接（或保持）审计项目，编制初步业务活动结果汇总表。

需要说明的是，项目承接阶段初步风险评估仅仅是风险评估工作的开端，为制定有效的审计策略和具体计划还需要注册会计师针对报表层次和认定层次重大错报风险计划和实施风险评估程序。

（二）风险评估及相关工作底稿编制说明

1. 重大错报风险评估的总体要求

《中国注册会计师审计准则第 1201 号——计划审计工作》第九条要求注册会计师必须计划实施风险评估工作，在审计计划中记录风险评估程序的性质、时间安排和范围。

《中国注册会计师审计准则第 1211 号——通过了解被审计单位及其环境识别和评估重大错报风险》第八条："注册会计师应当实施风险评估程序，为识别和评估财务报表层次和认定层次的重大错报风险提供基础。但是，风险评估程序本身并不能为形成审计意见提供充分、适当的审计证据。"因而在完成风险评估程序以后，注册会计师还需要针对风险评估结果设计针对性应对措施（包括审计策略和具体审计计划），计划进一步审计工作的开展和实施。

关于风险评估工作底稿的编制，《中国注册会计师审计准则第 1211 号——通过了解被审计单位及其环境识别和评估重大错报风险》第三十五条："注册会计师应当就下列事项形成审计工作底稿：（1）项目组进行的讨论以及得出的重要结论；（2）对被审计单位及其环境各个方面的了解要点、对内部控制各项要素的了解要点，获取上述了解的信息来源，以及实施的风险评估程序；（3）在财务报表层次和认定层次识别和评估的重大错报风险；（4）识别出的特别风险和无法通过实质性程序获取充分、适当证据的风险以及了解的相关控制。"

2. 了解内容控制的相关要求

《中国注册会计师审计准则第 1211 号——通过了解被审计单位及其环境识别和评估重大错报风险》第十五条："注册会计师应当了解与审计相关的内部控制。虽然大部分与审计相关的控制可能与财务报告相关，但并非所有与财务报告相关的控制都与审计相关。"

上述与财务报告相关的内部控制简称财务报告内部控制，是由被审计单位的董事会、监事会、经理层及全体员工实施的旨在合理保证财务报告及相关信息真实、完整而设计和运行的内部控制，以及用于保护资产安全的内部控制中与财务报告可靠性目标相关的控制，被审计单位财务报告内部控制以外的其他控制，为非财务报告内部控制，财务报告内部控制和非财务报告内部控制统称内部控制。

《企业内部控制基本规范》中指明内部控制是由企业董事会、监事会、经理层和全体员工实施的、旨在实现控制目标的过程。内部控制的目标是合理保证企业经营管理合法合规、资产安全、财务报告及相关信息真实完整，提高经营效率和效果，促进企业实现发展战略。

判断一项控制单独或连同其他控制是否与审计相关属于注册会计师的专业判断，判断时需要考虑以下因素：（1）重要性；（2）相关风险的重要程度；（3）被审计单位的规模；（4）被审计单位业务的性质；（5）被审计单位经营的多样性和复杂性；（6）适用的法律法规；（7）内部控制的情况和适用的要素；（8）作为内部控制组成部分的系统（包括使用服务机构）的性质和复杂性；（9）一项特定控制（单独或连同其他控制）是否以及如何防止或发现并纠正重大错报。

有一种例外的情况，如果与经营效率及效果和合规性目标相关的控制与注册会计师实施审计程序时评价或使用的数据相关，则这些控制也可能与审计相关，但这些控制可能与财务报告内部控制无直接关系，如预算控制等。

以上与审计相关的内部控制、财务报告内部控制以及内部控制的关系示意图如下：

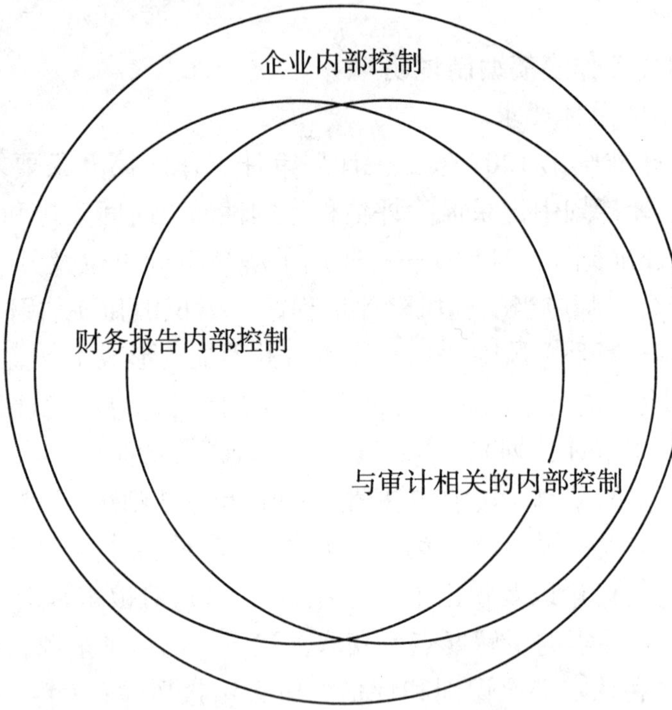

《企业内部控制基本规范》第五条规定，企业内部控制包含内部环境、风险评估、控制活动、信息与沟通、内部监督五个要素。注册会计师应该按照1211号审计准则第十七条至第二十七条的规定，对上述五个要素中与审计相关的部分进行了解和评估。

3. 风险评估阶段对注册会计师的要求

在会计师事务所确定承接（保持）项目后，注册会计师结合初步业务活动中对被审计单位情况的了解和初步风险评估的结果，计划并实施对重大错报风险的评估工作。

风险导向审计的效果和效率不依赖对审计程序的无目的选择和机械执行，很大程度上依赖于对重大错误风险评估的结果。有效的重大错报风险评估要求注册会计师掌握企业战略、经营及行业分析工具、内部控制等方面的新知识，目前CPA考试增加了《公司战略及风险管理》科目也可见一斑。对注册会计师有如下要求：

（1）要求注册会计师将专业知识的范围从对会计、财务管理、税法、经济法规及审计准则的理解和把握上扩大到对企业战略知识的了解和认知上。

现代风险导向审计以系统观和战略观为指导思想，从被审计单位的战略活动着手，建立合理的报表预期，分析财务报表的合理性和可靠性。注册会计师无论是从宏观层面了解被审计单位及其环境，如行业状况、监管环境及影响企业的其他因素，还是从战略层面熟悉被审计单位的性质，如企业目标、战略制定执行情况、经营方针等。都要求注册会计师具备企业战略方面的知识。

（2）要求注册会计师掌握新的审计分析工具。

在实务中，审计程序主要包括风险评估程序和审计测试程序（控制测试和实质性测试程序），且以风险评估为中心。审计准则1211号要求注册会计师了解被审计单位的目标、战略以及可能导致财务报告重大错报风险的企业经营风险，达到这一要求需要注册会计师掌握除报表分析外的新分析工具。包括主要用于分析被审计单位内外部环境的战略分析工具（如行业分析框架）；主要对企业的业务流程进行分解和分析的流程分析工具（如价值链法）以及绩效分析工具等。

（3）要求注册会计师具备企业内部控制方面的知识。

注册会计师需要对企业内部控制框架（如COSO框架）、目标、要素以及（与财务报告相关）风险有深入地了解，能利用对标的方式熟练辨识和分析被审计单位企业层面内部控制和业务流程层面存在的重大错报风险和关键控制措施的有效性，在此基础上开展对被审计单位（与审计相关的）内部控制的了解和风险识别。

（4）要求会计师事务所及注册会计师尽量做到分行业审计，不断积累行业知识。

现代风险导向审计结果主要依赖风险评估，而风险评估采用的各种分析方法以行业知识为基础，注册会计师出于成本收益原则的考虑，不可能做到对各个行业都精通。注册会计师只有分行业审计，才能凭借不断积累的行业知识形成合理预期，判断被审计单位经营风险以及重大错报风险，制定有针对性的应对措施。

4. 重大错报风险评估阶段工作应注意的五个方面

（1）在项目承接阶段注册会计师就应该有意识开始风险评估工作，从分析被审计单位的经营风险和舞弊风险（管理层凌驾于内部控制之上的风险）着手重大错报风险评估工作。

（2）重视并通过对业务数据的收集和分析，建立对财务报表各类交易、账户余额和披露的预期，强调业务数据和会计数据之间的对比分析，判断财务报表的合理性。

（3）重视项目组内部对于风险的讨论和分析。便于自下而上的汇集重大错报风险。

（4）合理考虑审计报告的用途，确定适当的重要性水平，合理决定审计资源的配置和投入。

（5）破除机械执行审计程序的思维惯性。注册会计师应针对识别和评估出的重大错报风险设计最有效的审计方案。对于无法识别其内部控制轨迹的中小企业，可考虑直接采用实质性程序（即细节测试和分析性程序）。

5. 风险评估底稿编制说明

本指引风险评估底稿主要内容包括审计策略及具体审计计划、重大错报风险结果汇总表、项目组—风险评估讨论记录、项目组—审计计划讨论记录、了解被审计单位情况及其环境（不包括内部控制）、了解被审计单位内部控制，其中了解内部控制分为了解被审计单位企业层面内部控制和了解被审计单位流程层面内部控制。

（1）审计策略及具体审计计划。

风险评估阶段的工作成果是根据对重大错报风险评估的结果设计进一步审计程序并记录在书面审计计划中，实务中审计策略和具体审计计划应该从初步业务活动完成后就开始着手进行，但并非一次完成而是在连续和动态地收集、更新与分析信息的过程中编写完成。底稿记录的内容包括总体审计策略以及对风险评估工作的计划和对重大错报风险的应对措施（即对进一步审计程序的计划）。

（2）了解被审计单位及其环境（不包括内部控制）。

了解被审计单位及其环境（不包括内部控制），需要注册会计师利用询问和调查问卷的方式获取内部信息，并采用综合运用各种分析工具结合外部信息对被审计单位情况进行了解和分析，并将支持风险评估结果的结论记录在底稿中，该结果也会对注册会计师选择了解被审计单位的内部控制范围产生影响。

（3）了解被审计单位内部控制。

在风险评估阶段，注册会计师了解与审计相关内部控制的目的是设计进一步审计程序，而不是对其内部控制的有效性发表意见，因而注册会计师的审计结论为内部控制的健全性、对内部控制的依赖程度、是否需要进行控制测试。实务中，对被审计单位内部控制的测试主要分为两个方面：一是企业层面内部控制测试；二是业务流程层面内部控制测试。

（4）了解被审单位企业层面内部控制。

企业层面内部控制是业务流程层面控制有效设计和运行的基础，通常并不直接针对某一具体重大交易、账户和披露及其相关认定设计和运行，但会直接对财务报表层次重大错报风险结果产生影响。注册会计师了解的范围包括与财务报告相关的内部（控制）环境、风险评估、信息系统一般控制、信息沟通、持续监督以及期末财务报告流程等，本指引中将了解范围列示的要点进行了细化，举例说明了访谈的要点，便于注册会计师实际应用时借鉴。

（5）了解被审计单位业务流程层面内部控制。

业务流程层面的内部控制通常是指《企业内部控制基本规范》界定的内部控制五要素之一控制活动。审计准则要求注册会计师应该了解与审计相关的控制活动，即注册会计师为评估认定层次重大错报风险并设计进一步审计程序应对评估的风险而认为有必要了解的控制活动，还包括与特别风险和依赖实质性程序无法得到有效证据（如高度自动化业务流程）相关的控制活动。审计并不要求了解与财务报表中每类重大交易、账户余额和披露或与其每项认定相关的所有控制活动，实务中哪些控制活动与审计相关需要注册会计师应用专业判断。

了解业务流程层面内部控制可以采用自上而下的方法，即注册会计师首先识别出可能存在认定层次重大错报风险的重大交易（如收入的完整性）、重大账户余额和重大披露，找到其对应的业务流程（如销售业务流程），找出与某项认定的错报风险（如收入的完整性）相关的关键控制点，分析关键控制点的设计有效性，通过穿行测试检查其是否得到运行，从而验证是否存在认定层面重大错报风险。

或者采用自下而上的方法，直接选择被审计单位重要业务流程（如销售业务流程）进行了解，通过对标的方法分析其中是否存在控制缺陷，从而评价是否存在可能导致认定层面的重大错报风险。

本指引再版参照《企业内部控制应用指南》列举的业务流程，选择了资金活动等五个重要的内部控制流程以及财务报表流程进行举例说明，每个业务流程的底稿结构一致，由初步评价表、评价导引表、了解内部控制——控制流程、评价内部控制——控制目标和控制活动、穿行测试底稿组成，其中所列举的控制目标和控制措施方便使用者作为对标的参考依据。

（三）进一步审计程序及相关工作底稿编制说明

注册会计师在制定出审计策略及具体审计计划后，项目组应该按照审计计划开展进一步审计工作，进一步审计程序包括实质性程序和控制测试。

1. 实质性程序的相关要求

《中国注册会计师审计准则第 1231 号——针对评估的重大错报风险采取的应对措施》第二条规定："实质性程序，是指用于发现认定层次重大错报的审计程序。实质性程序包括下列两类程序：（一）对各类交易、账户余额和披露的细节测试；（二）实质性分析程序。"第十八条规定："无论评估的重大错报风险结果如何，注册会计师都应当针对所有重大类别的交易、账户余额和披露，设计和实施实质性程序。"

2. 控制测试的相关要求

《中国注册会计师审计准则第 1231 号——针对评估的重大错报风险采取的应对措施》第八条规定："当存在下列情形之一时，注册会计师应当设计和实施控制测试，针对相关控制运行的有效性，获取充分、适当的审计证据：（一）在评估认定层次重大错报风险时，预期控制的运行是有效的（即在确定实质性程序的性质、时间安排和范围时，注册会计师拟信赖控制运行的有效性）；（二）仅实施实质性程序并不能够提供认定层次充分、适当的审计证据。"

3. 控制测试底稿编制说明

控制测试的质量和效果取决注册会计师对于样本总体、样本量的选择以及对于控制偏差的分析、判断和处理，审计准则对于控制测试的时间、范围以及连续审计对于内部控制测试的影响做出了明确规定，注册会计师应该加以掌握。

本指引对于每个控制活动的测试底稿采用同样的结构，由运行有效性汇总表、运行有效性评价表、关键控制点测试底稿（包含检查、询问、观察底稿）构成。同时，指引还提供了样本量的选择经验表，以及资金活动及其子流程的示例，如投资活动、筹资活动等重要流程的关键控制点和相关控制措施等供使用者参考，注册会计师在实务中可以参照示例，根据实际情况新增、修改、补充或者删除这些控制活动、重要流程和关键控制点，以便符合被审计单位实际情况，完成审计工作底稿得出审计结论。

三、使用本指引的注意事项

第一，本指引不能替代《中国注册会计师执业准则》及其指南。本指引与《中国注册会计师执业准则》及指南若有冲突，应当以准则和指南为准。本指引侧重于说明风险导向审计模式下审计工作底稿的总体设计思路，主要以中型制造企业为例进行描述。

第二，本指引不能替代注册会计师的职业判断。职业判断是注册会计师的灵魂，是提高审计效率和质量的根本所在，注册会计师应该在理解风险导向审计实质的基础上，充分运用职业判断，根据被审计单位的实际情况和具体执业需要，开展审计工作编制工作底稿。

第三，本指引再版借鉴了《企业内部控制应用指引》对于业务流程的分类方法，选取的流程涵盖了导致大多数企业财务报表发生错报风险较高的业务循环以及财务报表循环，业务循环包括资金循环、采购循环、销售循环、资产管理循环、担保循环等五个循环。

需要说明的是，业务流程的划分虽然存在约定俗成，但需要注册会计师的职业判断，在实务中，业务循环的划分应与被审计单位的具体情况相适应，而不能机械套用《企业内部控制应用指引》和本指引中对业务循环的划分。例如，对于银行业、软件行业、数据出版行业等，需要注册会计师根据其主要经营业务特点重新划分或新增业务循环进行了解、测试和评估。

目录

（上 册）

第一部分 初步业务活动工作底稿

第二部分 风险评估工作底稿

第三部分　进一步审计程序工作底稿

（下　册）

第四部分　特殊项目实质性测试工作底稿

第五部分　审计报告相关工作底稿示例

实质性测试

一、货币资金实质性测

（一）货币资金——现金实质性测试程序表

被审计单位名称：		编制人：		日期：		索引号：	XJ
会计期间或截止日：		复核人：		日期：		页　次：	

审计目标：

1. 存在：确定记录的现金在资产负债表日是确实存在的，反映了被审计单位的库存现金；
2. 完整性：确定所有应当记录的现金均已记录；
3. 权利和义务：确定记录的现金由被审计单位拥有或控制；
4. 计价和分摊：确定现金以恰当的金额包括在财务报表中，与之相关的计价或分摊调整已恰当记录；
5. 列报：确定现金，已按照企业会计准则的规定在财务报表中做出适当分类、描述和披露。

针对认定实施的审计程序	财务报表的认定					是否执行	执行人	工作底稿索引号
	存在	完整性	权利和义务	计价和分摊	列报			
1. 核对现金日记账期末余额与总账数是否相符。核对期初余额与上期审定期末余额是否相符。				√				HBZJ－1，XJ－1
2. 监盘库存现金；将盘点金额与现金日记账余额进行核对，如有差异，应做出记录或做适当调整。在非资产负债表日进行盘点时，应调整至资产负债表日的金额。若有充抵库存现金的借条、未提现支票、未作报销的原始凭证，需在盘点表中注明，如有必要应作调整。	√	√	√	√				XJ－2
3. 抽取现金收支原始凭证进行测试，检查内容是否完整，有无授权批准，并核对相关账户的进账情况，如有与被审计单位生产经营业务无关的收支事项，应查明原因，并作相应的记录。	√	√		√				XJ－4，XJ－5
4. 抽查资产负债表日前后的现金收支凭证进行截止测试，如有跨期收支事项，应作适当调整。	√	√		√				XJ－3
5. 对于非记账本位币的现金，检查其采用的折算汇率是否正确。				√				
6. 验明现金的列报与披露是否恰当					√			

（二）货币资金——银行存款实质性测试程序表

被审计单位名称：________ 编制人：________ 日期：________ 索引号：YHCK

会计期间或截止日：________ 复核人：________ 日期：________ 页 次：________

审计目标：

1. 存在：确定记录的银行存款在资产负债表日是确实存在的，反映了被审计单位存入银行或其他金融机构的各种款项；
2. 完整性：确定所有应当记录的银行存款均已记录；
3. 权利和义务：确定记录的银行存款由被审计单位拥有或控制；
4. 计价和分摊：确定银行存款以恰当的金额包括在财务报表中，与之相关的计价或分摊调整已恰当记录；
5. 列报：确定银行存款，已按照企业会计准则的规定在财务报表中做出适当分类、描述和披露。

针对认定实施的审计程序	财务报表的认定					是否执行	执行人	工作底稿索引号
	存在	完整性	权利和义务	计价和分摊	列报			
1. 获取或编制银行存款明细表，复核加计正确，并与总账数和银行存款日记账余额核对是否相符。核对期初余额与上期审定期末余额是否相符。				√				HBZJ－1，YHCK－1
2. 根据实际情况，选择以下方法对银行存款进行分析程序 2.1 比较期初、期末银行存款余额，了解被审计单位融资政策等，分析其变动原因。 2.2 计算银行存款占资产总额、定期存款占银行存款的比例；若二者比例偏高，或二者比例偏高的同时，负债比例偏高或金额偏大，则应进一步了解银行存款或定期存款比例偏高的原因，并取得相应支持文件。 2.3 比较银行存款年度借贷方发生额与经营活动、筹资活动、投资活动的现金流量是否匹配；若银行存款的发生额与经营活动产生的现金流量不匹配，应进一步查明原因，并获取相关支持文件。	√	√		√				

针对认定实施的审计程序	财务报表的认定					是否执行	执行人	工作底稿索引号
	存在	完整性	权利和义务	计价和分摊	列报			
3. 获取资产负债表日所有银行账户的对账单、银行存款余额调节表，并与日记账逐一核对；若是定期存款，则获取定期存单原件，不得以复印件代替；若无法获取，则应实地盘点存单原件，并应获取其他相关支持文件，比如开户证明、银行代保管证明。 3.1 核对银行对账单（定期存单）之存款人、账号、期间、截止日、计息是否与客户之记录相符，关注是否存在质押、冻结等对变现有限制或存在境外的款项。是否已作必要的调整和披露。 3.2 核对银行对账单与银行存款日记账，以验算银行存款余额调节表。 3.3 经调节后的银行存款余额若有差异，应查明原因，做出记录或做适当的调整。 3.4 检查未达账项的真实性以及资产负债表日后的入账情况，应于资产负债表日前入账的重大事项需作相应调整。 3.5 实地盘点定期存单时，应特别关注存单是否已被质押，比如背面是否加盖银行的已质押章；对已质押的定期存款，应检查定期存单，并与相应的质押合同核对，同时关注定期存单对应的质押借款有无入账；对未质押的定期存款，应检查开户证书原件；对审计外勤工作结束日前已提取的定期存款，应核对相应的兑付凭证、银行对账单和定期存款复印件。	√	√	√	√				YHCK－3
4. 对所有银行存款账户发函询证，包括零余额账户和在本期内注销的账户，并编制银行函证结果汇总表，检查银行回函。询证函应包括对银行存款是否存在受限的函证内容。	√		√	√				YHCK－1

续表

针对认定实施的审计程序	财务报表的认定					是否执行	执行人	工作底稿索引号
	存在	完整性	权利和义务	计价和分摊	列报			
5. 对大额的定期存款或限定用途的存款，要查明情况，做出记录。			√		√			
6. 计算定期存款及存放于非银行金融机构的存款占银行存款的比例，分析这些资金的安全性，注意被审计单位是否存在高息资金拆借。				√				
7. 对长期未能收回的银行存款，应查明原因。对可能存在损失的，应转入其他应收款并计提坏账准备。				√				YHCK－5，YHCK－6
8. 抽取银行存款收支原始凭证进行测试，检查内容是否完整，有无授权批准，并核对相关账户的进账情况。	√			√				
9. 对于非记账本位币的银行存款，检查其采用的折算汇率是否正确。				√				
10. 复核上年工作底稿并询问，以确定银行存款账户是否完整，关注是否存在出租账户或与他人共用同一账户的现象。	√	√						YHCK－4
11. 抽查资产负债表日前后（　　）天的单笔金额为（　　）元以上的银行存款收支凭证进行截止测试。如有重大跨期收支事项，应作适当调整。			√	√				
12. 对不符合现金及现金等价物条件的银行存款和受到限制的银行存款的应予以列明。					√			

续表

针对认定实施的审计程序	财务报表的认定					是否执行	执行人	工作底稿索引号
	存在	完整性	权利和义务	计价和分摊	列报			
13. 针对识别的舞弊风险等特别风险，需实施的审计程序： 13.1 浏览银行存款各账户日记账，并针对每个账户抽取（　　）张大额的或有疑问的银行存款收支原始凭证进行测试，检查并在工作底稿中记录：原始凭证要素、相关支持文件是否完整，收付款人、款项用途与已记录信息是否相符，收付款是否履行相关程序、经过授权批准，记录的金额是否正确，记录的账户和会计期间是否恰当，必要时复印相关原始凭证和其他支持文件。同时，应从收支款项所对应交易的真实性、合理性、频繁度予以关注，以识别潜在的错弊。 13.2 直接向被审计单位的顾客询问或函证付款日或退货情况。 13.3 调查已注销银行账户的恢复使用情况。	√	√	√					
14. 验明银行存款的列报与披露是否恰当。					√			

（三）其他货币资金实质性测试程序表

被审计单位名称：________ 编制人：________ 日期：________ 索引号：QTHBZJ
会计期间或截止日：________ 复核人：________ 日期：________ 页　次：________

审计目标：

1. 存在：确定记录的其他货币资金在资产负债表日是确实存在的，反映了被审计单位的银行汇票存款、银行本票存款、信用卡存款、信用证保证金存款、存出投资款、外埠存款等其他货币资金；

2. 完整性：确定所有应当记录的其他货币资金均已记录；

3. 权利和义务：确定记录的其他货币资金由被审计单位拥有或控制；

4. 计价和分摊：确定其他货币资金以恰当的金额包括在财务报表中，与之相关的计价或分摊调整已恰当记录；

5. 列报：确定其他货币资金，已按照企业会计准则的规定在财务报表中做出适当分类、描述和披露。

针对认定实施的审计程序	财务报表的认定					是否执行	执行人	工作底稿索引号
	存在	完整性	权利和义务	计价和分摊	列报			
1. 核对信用卡、外埠存款、银行汇票存款、银行本票存款、在途货币资金、信用证保证金、存出投资款等各明细账期末合计数与总账数是否相符。核对期初余额与上期审定期末余额是否相符。				√				QTHBZJ－1
2. 取得并检查其他货币资金余额调节表： （1）取得被审计单位银行对账单，检查被审计单位提供的银行对账单是否存在涂改或修改的情况，确定银行对账单金额的正确性，并与银行回函结果核对是否一致，抽样核对账面记录的已付款金额及存款金额是否与对账单记录一致。								

续表

针对认定实施的审计程序	财务报表的认定					是否执行	执行人	工作底稿索引号
	存在	完整性	权利和义务	计价和分摊	列报			
1）应将保证金户对账单与相应的交易进行核对。检查保证金与相关债务的比例和合同约定是否一致。特别关注是否存在有保证金发生，而被审计单位账面无对应的保证事项的情形。 2）若信用卡持有人是被审计单位职员，应取得该职员提供的确认书，并应考虑进行调整。 （2）获取资产负债表日的其他货币资金存款余额调节表，检查调节表中加计数是否正确，调节后其他货币资金日记账余额与银行对账单余额是否一致。 （3）检查调节事项的性质和范围是否合理，如存在重大差异应作审计调整。	√	√	√	√				QTHBZJ－3
2.1　经调节后的信用卡余额若有差异，应查明原因，做出记录或作适当的调整。				√				
2.2　检查未达账项的真实性以及资产负债表日后的进账情况，对应于资产负债表日前进账的重大事项需作相应调整。	√	√		√				QTHBZJ－2
2.3　从对账单中抽查若干笔，将其内容与明细账比较，检查是否存在未入账的情况。		√						
2.4　关注是否有质押、冻结等对变现有限制、或存放在境外、或有潜在回收风险的款项。		√			√			
3. 函证信用卡、外埠存款户、银行汇票存款户、银行本票存款户、信用证保证金、存出投资款期末余额。	√		√	√				QTHBZJ－1
4. 计算外埠存款、存出投资款占货币资金的比例，分析这些其他货币资金的安全性。				√				

续表

针对认定实施的审计程序	财务报表的认定					是否执行	执行人	工作底稿索引号
	存在	完整性	权利和义务	计价和分摊	列报			
5. 对于非记账本位币的其他货币资金，检查其采用的折算汇率是否正确。				√				
6. 检查期末余额中有无较长时间未结清的款项。对于存在损失的，应转入其他应收款并计提坏账准备。				√	√			
7. 抽取原始凭证进行测试，检查内容是否完整、有无授权批准，并核对相关账户的进账情况。	√	√		√				QTHBZJ－5，QTHBZJ－6
8. 对不符合现金及现金等价物条件的其他货币资金应予以列明。					√			
9. 验明其他货币资金的列报与披露是否恰当。					√			

（四）货币资金导引表

被审计单位名称：________　　编制人：________　　日期：________　　索引号：HBZJ－1
会计期间或截止日：________　　复核人：________　　日期：________　　页　次：________

索引号	项　　目		期初数	期末数			调整金额	审定数		
				原币	汇率	本位币	（+/－）	原币	汇率	本位币
现金										—
小　计										
银行存款	开户银行	银行账号								
小　计										
其他货币资金										
小　计										
合　计										

审计说明及调整分录：

注：（1）本公司货币资金期末较期初增加（或减少）%（比例超过30%的），主要原因；

（2）对有抵押、冻结等对变现有限制或存放在境外的或有潜在回收风险的款项应单独说明。

（五）现金导引表

被审计单位名称：＿＿＿＿　编制人：＿＿＿＿　日期：＿＿＿＿　索引号：XJ－1
会计期间或截止日：＿＿＿＿　复核人：＿＿＿＿　日期：＿＿＿＿　页　次：＿＿＿＿

索引	项目	期初数	本期增加	本期减少	未审数	审计调整	审计重分类	审定数	备注
	合计								

审计说明：

调整事项说明：

审计结论：

（六）现金盘点表

被审计单位名称：________ 编制人：________ 日期：________ 索引号：XJ－2

会计期间或截止日：________ 复核人：________ 日期：________ 页　次：________

盘点日期：　　年　月　日

检查核对记录					实有现金盘点记录						
项　目	项次	人民币	美元	港元	面额（元）	人民币		美元		港元	
						张（枚）	金额	张（枚）	金额	张（枚）	金额
上一日账面库存余额	1				1000						
盘点日未记账传票收入金额	2				500						
盘点日未记账传票付出金额	3				100						
盘点日账面应有余额	4＝1＋2－3				50						
盘点实有现金数额	5				20						
盘点日应有与实际金额差异	6＝4－5				10						

续表

检查核对记录						实有现金盘点记录						
项目		项次	人民币	美元	港元	面额（元）	人民币		美元		港元	
							张（枚）	金额	张（枚）	金额	张（枚）	金额
差异原因分析	白条抵库					5						
						2						
						1						
						0.5						
						0.2						
						0.1						
						0.05						
						0.02						
追账溯面至结报存表额	报表日至查账日现金付出总额（+）					0.01						
	报表日至查账日现金收入总额（-）				合计							
	报表日库存现金应有余额											
	报表日账面汇率											
	报表日余额折合本位币金额											
本位币合计												

盘点人：　　　　　　　　　　监盘人：

注：现金盘点工作的时间注意不要提前告知企业。若有充抵库存现金的借条、未提现支票、未作报销的原始凭证，需在盘点表中注明，如有必要应作调整。

（七）现金收支截止测试表

被审计单位名称：________ 编制人：________ 日期：________ 索引号：XJ－3

会计期间或截止日：________ 复核人：________ 日期：________ 页　次：________

测试凭证内容					收支归属期间	
日　期	凭证号	摘　要	借方金额	贷方金额	审计年度	以后年度
合　计			—	—		
合　计			—	—		

审计说明：1. 本表上半部分记录审计年度最后几张凭证的测试情况；

2. 本表下半部分记录下年度最初几张凭证的测试情况。

审计结论：

（八）现金收入检查情况表

被审计单位名称：________ 编制人：________ 日期：________ 索引号：XJ－4
会计期间或截止日：________ 复核人：________ 日期：________ 页　次：________

月	日	凭证号	摘要	金额	核对内容					备注
					1	2	3	4	5	

A. 核对内容说明：
1. 收款凭证与销售发票、收据核对相符；
2. 收款凭证的对应科目与付款单位的户名一致；
3. 收款凭证账务处理正确；
4. 收款凭证与对应科目（销售或应收账款）明细账的记录一致；
5. 所收款项与经营活动相关。

B. 发现的不合规情况有：

（九）现金支出检查情况表

被审计单位名称：________　　编制人：________　　日期：________　　索引号：XJ－5
会计期间或截止日：________　　复核人：________　　日期：________　　页　次：________

月	日	凭证号数	摘要	金额	核对内容					备注
					1	2	3	4	5	

A. 核对内容说明：
1. 付款的授权审批手续齐全、签章完整；
2. 原始凭证具有合法的发票或依据；
3. 原始凭证的内容和金额与付款凭证摘要核对一致；
4. 付款凭证与对应科目（如应付账款）明细账的记录一致；
5. 付款凭证账务处理正确。

B. 发现的不合规情况有：

（十）银行存款导引表

被审计单位名称：__________ 编制人：__________ 日期：__________ 索引号：YHCK－1

会计期间或截止日：__________ 复核人：__________ 日期：__________ 页 次：__________

序号	开户银行	银行账号	币种	期初数	未审数	审计调整	审计重分类	审定数	对账单余额	附证资料提供（√）		
										对账单	调节表	其他
1												
2												
3												
⋮												
合计				—	—	—	—	—				

审计说明：

调整事项说明：

审计结论：

编制说明：1. 本工作底稿按被审计单位全部银行存款各开户行和账号反映。

2. 银行存款账面余额与银行对账单余额一致时，只将银行存款对账单或银行证明附后，不一致时，应将银行存款余额调节表及对账单或银行证明附后。

3. 某账户银行存款若为定期存款应注明存款期间和利率。

4. 银行往来询证函附于本工作底稿之后。

（十一）银行存款未达账项审查表

被审计单位名称：______ 编制人：______ 日期：______ 索引号：YHCK－2

会计期间或截止日：______ 复核人：______ 日期：______ 页　次：______

序号	开户银行或其他金融机构	开户银行账号	记账凭证号	银行对账单未达		银行存款账未达		审查内容			
				收入	支出	收入	支出	款项归属当期	款项归属下期	截止日后已进账	截止日后未进账
1											
2											
3											
4											
5											
6											
7											
	合计										

审计说明：

审计结论：

（十二）银行存款余额调节表

被审计单位名称：＿＿＿＿＿＿　**编制人：**＿＿＿＿＿＿　**日期：**＿＿＿＿＿＿　**索引号：** YHCK－3

会计期间或截止日：＿＿＿＿＿＿　**复核人：**＿＿＿＿＿＿　**日期：**＿＿＿＿＿＿　**页　次：**＿＿＿＿＿＿

银行对账单余额		**企业银行存款日记账余额**	
加：企业已收、银行未收金额		加：银行已收、企业未入账金额	
减：企业已付、银行未付金额		减：银行已付、企业未入账金额	
调整后余额		调整后余额	
经办会计：		会计主管：	

币种：　　　　　　　　币种：

审计情况说明：

审计结论：

（十三）银行存款收支截止性测试表

被审计单位名称：________ 编制人：________ 日期：________ 索引号：YHCK－4

会计期间或截止日：________ 复核人：________ 日期：________ 页　次：________

测试凭证内容					收支归属期间	
日期	凭证号	摘要	借方金额	贷方金额	审计年度	以后年度
合计			—	—		
合计			—	—		

审计说明：1. 本表上半部分记录审计年度最后几张凭证的测试情况；
2. 本表下半部分记录下年度最初几张凭证的测试情况。

审计结论：

（十四）银行存款收入检查情况表

被审计单位名称：__________ 编制人：__________ 日期：__________ 索引号：YHCK－5

会计期间或截止日：__________ 复核人：__________ 日期：__________ 页　次：__________

月	日	凭证号数	摘要	金额	核对内容						备注
					1	2	3	4	5	6	

A. 核对内容说明：

1. 银行收款凭证与银行对账单核对相符；
2. 收款凭证与销售发票、收据核对相符；
3. 收款凭证的对应科目与付款单位的户名一致；
4. 收款凭证账务处理正确；
5. 收款凭证与对应科目（销售或应收账款）明细账的记录一致；
6. 所收款项与经营活动相关。

B. 发现的不合规情况有：

（十五）银行存款支出检查情况表

被审计单位名称：__________　编制人：__________　日期：__________　索引号：YHCK－6

会计期间或截止日：__________　复核人：__________　日期：__________　页　次：__________

月	日	凭证号数	摘要	金额	核对内容						备注
					1	2	3	4	5	6	

A. 核对内容说明：

1. 付款的授权审批手续齐全、签章完整；
2. 原始凭证具有合法的发票或依据；
3. 原始凭证的内容和金额与付款凭证摘要核对一致；
4. 付款凭证与银行对账单核对相符；
5. 付款凭证与对应科目（如应付账款）明细账的记录一致；
6. 付款凭证账务处理正确。

B. 发现的不合规情况有：

（十六）银行询证函

__________（银行）：

本公司聘请的×××会计师事务所正在对本公司财务报表进行审计，按照中国注册会计师审计准则的要求，应当询证本公司与贵行的存款、借款往来等事项。下列数据出自本公司账簿记录，如与贵行记录相符，请在本函下端“数据证明无误”处签章证明；如有不符，请在“数据不符”处列明不符金额。有关询证费用可直接从本公司账户中收取。回函请直接寄至×××会计师事务所××部。

通信地址：

邮编：　　　　电话：　　　　传真：　　　　收件人：

截至　　年　月　日止，本公司银行存款、借款账户余额等列示如下：

一、银行存款

账户名称/性质	银行账号	币种	利率	余额	状况（列明：未受任何限制、已质押、已担保或其他状况）
活期账户					
1.					
2.					
……					
定期账户					

续表

账户名称/性质	银行账号	币种	利率	余额	状况（列明：未受任何限制、已质押、已担保或其他状况）
银行本票存款					
银行汇票存款					
信用卡存款					
信用证保证金存款					

二、银行借款

银行账号	币种	余额	借款日期	还款日期	利率	借款条件	备注
流动借款							
长期借款							
已开信用证余额							
已开银行承兑汇票余额							

三、其他事项及或有负债（如银行账户冻结、为其他单位借款提供担保和抵押物等）

（公司签章）　　（日期）

结论：1. 数据证明无误

银行签章：

日期：

2. 数据不符，请列明不符金额

（如借款条件不符亦请列明）

银行签章：

日期：

（十七）其他货币资金导引表

被审计单位名称：________ 编制人：________ 日期：________ 索引号：QTHBZJ－1
会计期间或截止日：________ 复核人：________ 日期：________ 页　次：________

序号	开户银行或收款单位	币种	日记账期初数	日记账期末数	调整数	重分类	审定数	对账单余额	附证资料提供（√）		
									对账单	调节表	函证
1											
2											
3											
4											
5											
合计											

审计说明：
调整事项说明：

审计结论：

（十八）其他货币资金未达账项审查表

被审计单位名称：__________ 编制人：__________ 日期：__________ 索引号：QTHBZJ－2

会计期间或截止日：__________ 复核人：__________ 日期：__________ 页 次：__________

序号	开户银行或其他金融机构	开户银行账号	记账凭证号	银行对账单未达		银行存款账未达		审查内容			
				收入	支出	收入	支出	款项归属当期	款项归属下期	截止日后已进账	截止日后未进账
1											
2											
3											
4											
5											
6											
7											
	合计										

审计说明：

审计结论：

（十九）其他货币资金余额调节表

被审计单位名称：________ 编制人：________ 日期：________ 索引号：QTHBZJ－3

会计期间或截止日：________ 复核人：________ 日期：________ 页　次：________

银行对账单余额		企业日记账余额	
加：企业已收、银行未收金额		加：银行已收、企业未入账金额	
减：企业已付、银行未付金额		减：银行已付、企业未入账金额	
调整后余额		调整后余额	
经办会计：		会计主管：	

币种：　　　　币种：

审计情况说明：

审计结论：

（二十）其他货币资金截止性测试表

被审计单位名称： ______ **编制人：** ______ **日期：** ______ **索引号：** QTHBZJ－4

会计期间或截止日： ______ **复核人：** ______ **日期：** ______ **页　次：** ______

测试凭证内容					收支归属期间	
日期	凭证号	摘要	借方金额	贷方金额	审计年度	以后年度
合计			—	—		
合计			—	—		

审计说明： 1. 本表上半部分记录审计年度最后几张凭证的测试情况；

2. 本表下半部分记录下年度最初几张凭证的测试情况。

审计结论：

（二十一）其他货币资金收入检查情况表

被审计单位名称：＿＿＿＿＿＿ 编制人：＿＿＿＿＿＿ 日期：＿＿＿＿＿＿ 索引号：QTHBZJ－5

会计期间或截止日：＿＿＿＿＿＿ 复核人：＿＿＿＿＿＿ 日期：＿＿＿＿＿＿ 页　次：＿＿＿＿＿＿

月	日	凭证号数	摘要	金额	核对内容						备注
					1	2	3	4	5	6	

A. 核对内容说明：

1. 收款凭证与银行对账单核对相符；
2. 收款凭证与销售发票、收据核对相符；
3. 收款凭证的对应科目与付款单位的户名一致；
4. 收款凭证账务处理正确；
5. 收款凭证与对应科目（销售或应收账款）明细账的记录一致；
6. 所收款项与经营活动相关。

B. 发现的不合规情况有：

（二十二）其他货币资金支出检查情况表

被审计单位名称：________ 编制人：________ 日期：________ 索引号：QTHBZJ－6

会计期间或截止日：________ 复核人：________ 日期：________ 页　次：________

月	日	凭证号数	摘要	金额	核对内容						备注
					1	2	3	4	5	6	

A. 核对内容说明：

1. 付款的授权审批手续齐全、签章完整；
2. 原始凭证具有合法的发票或依据；
3. 原始凭证的内容和金额与付款凭证摘要核对一致；
4. 付款凭证与银行对账单核对相符；
5. 付款凭证与对应科目（如应付账款）明细账的记录一致；
6. 付款凭证账务处理正确。

B. 发现的不合规情况有：

二、交易性金融资产实质性测试

（一）交易性金融资产实质性测试程序表

被审计单位名称：________ 编制人：________ 日期：________ 索引号：JYXJRZC

会计期间或截止日：________ 复核人：________ 日期：________ 页　次：________

审计目标：

1. 存在：确定记录的交易性金融资产在资产负债表日是确实存在的，反映了被审计单位为交易目的所持有的债券投资、股票投资、基金投资等交易性金融资产的公允价值；
2. 完整性：确定所有应当记录的交易性金融资产均已记录；
3. 权利和义务：确定记录的交易性金融资产由被审计单位拥有或控制；
4. 计价和分摊：确定交易性金融资产以恰当的金额包括在财务报表中，与之相关的计价或分摊调整已恰当记录；
5. 列报：确定交易性金融资产，已按照企业会计准则的规定在财务报表中做出适当分类、描述和披露。

针对认定实施的审计程序	财务报表的认定					是否执行	执行人	工作底稿索引号
	存在	完整性	权利和义务	计价和分摊	列报			
1. 获取或编制交易性金融资产明细表，复核加计正确，并与报表数、总账数和明细账合计数核对相符。核对期初余额与上期审定期末余额是否相符。				√				JYXJRZC－1，JYXJRZC－2
2. 获取股票、债券及基金、期货（如有）账户对账单，与明细账余额核对，需要时，向证券公司等发函询证，注意期末资金账户余额会计处理是否正确；检查非记账本位币交易性金融资产的折算汇率及折算是否正确。	√		√	√				

续表

针对认定实施的审计程序	财务报表的认定					是否执行	执行人	工作底稿索引号
	存在	完整性	权利和义务	计价和分摊	列报			
3. 监盘库存有价证券并与相关账户余额进行核对，如有差异，应查明原因做出记录或进行适当调整。	√		√					
4. 对在外保管的有价证券，查阅有关保管的证明文件，需要时，向保管人函证。	√		√					
5. 检查被审计单位对交易性金融资产的分类是否正确，是否符合《企业会计准则第22号——金融工具确认和计量》第9条的有关要求：					√			
5.1 检查归类为交易性金融资产的项目，是否包括全部被审计单位为交易目的所持有的债券投资、股票投资、基金投资等交易性金融资产的公允价值，以及被审计单位持有的直接指定为以公允价值计量且其变动计入当期损益的金融资产。 5.2 分析管理层的持有意图和能力，检查有关原始凭证，包括检查董事会会议纪要、有关合同、协议等相关文件，以验证其真实性。 5.3 检查有无不属于交易性金融资产核算的项目，如有，应做出记录或作适当调整。	√		√	√				
6. 查阅有关交易性金融资产的协议、合同、董事会决议及有关出资的凭证和记录，检查交易性金融资产购入、售出或兑现的原始凭证是否完整。取得证券交易账户流水单，对照检查账面记录是否完整，检查购入证券是否有本企业控股公司的股票。	√	√	√	√				
7. 检查交易性金融资产的持有期间收到被投资单位宣告发放的现金股利或债券利息的会计处理是否正确；检查资产负债表日，交易性金融资产的公允价值与其账面余额的差额的会计处理是否正确。	√		√	√				JYXJRZC－4

续表

针对认定实施的审计程序	财务报表的认定					是否执行	执行人	工作底稿索引号
	存在	完整性	权利和义务	计价和分摊	列报			
8. 抽取（　　）张或金额为（　　）元的交易性金融资产增加及减少项目的记账凭证，检查其原始凭证是否完整合法，会计处理是否正确。注意入账成本的确定是否符合相关规定，检查与交易性金融资产有关的会计记录，以确定被审计单位是否按规定进行相应的会计处理和披露。 8.1 企业取得交易性金融资产时，检查是否按交易性金融资产的公允价值入账，发生的交易费用计入当期损益。 8.2 在持有交易性金融资产期间收到被投资单位宣告发放的现金股利或债券利息处理是否正确。 8.3 资产负债表日，交易性金融资产的公允价值与其账面余额的差额是否计入公允价值变动损益。 8.4 出售交易性金融资产时，按实际收到的金额，借记“银行存款”、“存放中央银行款项”等科目，按该项交易性金融资产的成本，贷记交易性金融资产（成本），按该项交易性金融资产的公允价值变动，贷记或借记交易性金融资产（公允价值变动），按其差额，贷记或借记“投资收益”科目。同时，按该项交易性金融资产的公允价值变动，借记或贷记“公允价值变动损益”科目，贷记或借记“投资收益”科目。	√	√		√				JYXJRZC－4
9. 针对识别的舞弊风险等特别风险，需额外考虑实施的审计程序。								
10. 验明交易性金融资产的列报与披露是否恰当，检查是否附注中披露与交易性金融资产有关的下列信息：					√			

续表

针对认定实施的审计程序	财务报表的认定					是否执行	执行人	工作底稿索引号
	存在	完整性	权利和义务	计价和分摊	列报			
10.1 对于指定为以公允价值计量且其变动计入当期损益的金融资产，应当披露下列信息： （1）指定的依据。 （2）指定的金融资产或金融负债的性质。 （3）指定后如何消除或明显减少原来由于该金融资产或金融负债的计量基础不同所导致的相关利得或损失在确认或计量方面不一致的情况，以及是否符合企业正式书面文件载明的风险管理或投资策略的说明。 10.2 交易性金融资产分别交易性债券投资、交易性权益工具投资、指定为以公允价值计量且其变动计入本期损益的金融资产、衍生金融资产等类别，披露其期初公允价值和期末公允价值。 10.3 说明交易性金融资产投资变现是否存在重大限制，以及相应原因。					√			

（二）交易性金融资产导引表

被审计单位名称：________ 编制人：________ 日期：________ 索引号：JYXJRZC－1

会计期间或截止日：________ 复核人：________ 日期：________ 页 次：________

项目类别	索引号	未审数				审计调整	审定数			
		期初数	本期增加	本期减少	期末数	借方（贷方）	期初数	本期增加	本期减少	期末数
合计										

审计说明及结论：

（三）交易性金融资产明细表

被审计单位名称：＿＿＿＿＿＿ 编制人：＿＿＿＿＿＿ 日期：＿＿＿＿＿＿ 索引号：JYXJRZC－2

会计期间或截止日：＿＿＿＿＿＿ 复核人：＿＿＿＿＿＿ 日期：＿＿＿＿＿＿ 页　次：＿＿＿＿＿＿

项目【按明细项目列示】	年初余额			借方发生数	贷方发生数	年末余额			工作底稿索引号	备注
	调整前	审计调整	调整后			调整前	审计调整	调整后		
成本										
公允价值变动										
合计										

审计说明及结论：

（四）交易性金融资产细节测试（1）

被审计单位名称：________　编制人：________　日期：________　索引号：JYXJRZC－4－1
会计期间或截止日：________　复核人：________　日期：________　页　次：________

细节测试的目标	确定测试项目的选取方法	界定总体	抽样单元	样本规模	样本选取方法	界定误差构成条件	预计误差额	总体误差额	实施测试程序	结论

审计说明及结论：

（五）交易性金融资产细节测试（2）

被审计单位名称：________ 编制人：________ 日期：________ 索引号：JYXJRZC－4－2

会计期间或截止日：________ 复核人：________ 日期：________ 页 次：________

日期	凭证编号	摘要	科目名称	明细科目	借方金额	贷方金额	核对内容						附件
							1	2	3	4	5	6	

核对内容说明：

1. 原始凭证是否齐全；
2. 证账凭证与原始凭证是否相符；
3. 账务处理是否正确；
4. 是否记录于恰当的会计期间；
5. ……

审计说明：

三、应收票据实质性测试

（一）应收票据实质性测试程序表

被审计单位名称：________ 编制人：________ 日期：________ 索引号：YSPJ

会计期间或截止日：________ 复核人：________ 日期：________ 页　次：________

审计目标：

1. 存在：确定记录的应收票据在资产负债表日是确实存在的，反映了被审计单位因销售商品、提供劳务等而收到的银行承兑汇票和商业承兑汇票；
2. 完整性：确定所有应当记录的应收票据均已记录；
3. 权利和义务：确定记录的应收票据由被审计单位拥有或控制；
4. 计价和分摊：确定应收票据以恰当的金额包括在财务报表中，与之相关的计价或分摊调整已恰当记录；
5. 列报：确定应收票据，已按照企业会计准则的规定在财务报表中做出适当分类、描述和披露。

针对认定实施的审计程序	财务报表的认定					是否执行	执行人	工作底稿索引号
	存在	完整性	权利和义务	计价和分摊	列报			
1. 获取或编制应收票据明细表： 1.1 复核加计，并与明细账、总账和报表数核对相符。 1.2 抽查部分票据，并追查至相关文件资料，判断其内容是否正确，有无应转应收账款的逾期应收票据，以及虽未逾期但有确凿证据表明不能够收回或收回可能性不大的应收票据。								

续表

针对认定实施的审计程序	财务报表的认定					是否执行	执行人	工作底稿索引号
	存在	完整性	权利和义务	计价和分摊	列报			
1.3 标出应收关联方（包括持股5%以上股东）款项，并注明合并报表时应抵销的金额。 1.4 核对期初余额与上期审定期末余额是否相符。	√		√	√	√			YSPJ－1
2. 监盘库存票据，注意票据的种类、号数、签收的日期、到期日、票面金额、合同交易号、付款人、承兑人、背书人姓名或单位名称，以及利率、贴现率、收款日期、收回金额等是否与应收票据登记簿的记录相符，是否存在已作抵押的票据和银行退回的票据。	√	√	√		√			YSPJ－2，YSPJ－3
3. 必要时，抽取部分票据向出票人函证，证实其存在性和可收回性，编制函证结果汇总表；并评价针对应收票据计提的坏账准备的适当性。	√			√				YSPJ－4
4. 检查有疑问的商业票据是否曾经更换或转期，或向出票人函证以确定其兑现能力。			√	√				YSPJ－4
5. 检查应收票据的利息收入是否正确入账，注意逾期应收票据是否按规定停止计提利息。				√				
6. 对于已贴现的应收票据，检查其贴现额与利息额的计算是否正确，会计处理方法是否恰当，复核、统计已贴现以及已转让但未到期的应收票据的金额。				√	√			
7. 请被审计单位协助，在应收票据明细表上标明至外勤审计时已兑现或已贴现的应收票据，核对收款凭证等资料，以确认其资产负债表日的真实性。	√			√				YSPJ－2
8. 对以非记账本位币结算的应收票据，检查其采用的折算汇率和汇兑损益处理的正确性。				√				
9. 验明应收票据的列报与披露是否恰当。					√			

（二）应收票据导引表

被审计单位名称：	**编制人：**	**日期：**	**索引号：** YSPJ－1
会计期间或截止日：	**复核人：**	**日期：**	**页　次：**

索引	项目	未审数	审计调整	审计重分类	审定数	上年审定数
	银行承兑汇票					
	小计					
	商业承兑汇票					
	小计					
	合计					

其中：质押的商业承兑汇票

出票单位	出票日期	到期日	金额
合计			—

审计说明：

A. 持有5%以上股份股东的承兑汇票情况：

B. 截止审计日已兑现和贴现的票据为：

C. 逾期票据应转应收账款的明细有：

D. 调整事项说明：

审计结论：

（三）应收票据明细表

被审计单位名称：________ 编制人：________ 日期：________ 索引号：YSPJ－2

会计期间或截止日：________ 复核人：________ 日期：________ 页 次：________

种类	出票者名称	是否属于关联方（√/×）	出票日期	票面金额	到期日期	约定利率	承兑人名称	是否逾期（√/×）	能否收回（√/×）	是否函证（√/×）	是否曾经更换或转期	至外勤审计日已兑现或贴现
												1
												2
合计				—								

审计说明：

（四）应收票据盘点表

被审计单位名称：________　编制人：________　日期：________　索引号：YSPJ－3

会计期间或截止日：________　复核人：________　日期：________　页　次：________

种类	出票者名称	出票日期	票面金额	到期日期	约定利率	承兑人名称	贴现日期	贴现率	贴现净额	备注
合计										

会计主管：　应收票据保管人：　盘点人员：　监盘人：

（五）应收票据函证情况表

被审计单位名称：__________ 编制人：__________ 日期：__________ 索引号：YSPJ－4

会计期间或截止日：__________ 复核人：__________ 日期：__________ 页　次：__________

发函询证纪要							是否收到回函（√）	收到回函		未收到回函是否采取替代程序（√）	审计意见
序号	选取样本目的	出票人	出票日期	票面金额	利率	到期日		确认金额	未确认金额		
合计											

企业期末应收票据票面总金额：　　元　　　收到回函样本金额占样本金额比例：　　%

抽取样本占期末票面金额比例：　　%

选取样本的目的：　A. 大额　B. 异常　C. 逾期票据　D. 随机

四、应收账款及坏账准备实质性测试

（一）应收账款实质性测试程序表

被审计单位名称：______	编制人：______	日期：______	索引号：YSZK
会计期间或截止日：______	复核人：______	日期：______	页　次：______

审计目标：

1. 存在：确定记录的应收账款在资产负债表日是确实存在的，反映了被审计单位因销售商品、提供劳务等经营活动应收取的款项；
2. 完整性：确定所有应当记录的应收账款均已记录；
3. 权利和义务：确定记录的应收账款由被审计单位拥有或控制；
4. 计价和分摊：确定应收账款以恰当的金额包括在财务报表中，与之相关的计价或分摊调整已恰当记录；
5. 列报：确定应收账款，已按照企业会计准则的规定在财务报表中做出适当分类、描述和披露。

针对认定实施的审计程序	财务报表的认定					是否执行	执行人	工作底稿索引号
	存在	完整性	权利和义务	计价和分摊	列报			
1. 获取或编制应收账款明细表： 1.1 复核加计，与总账和明细账核对相符，结合坏账准备科目与报表数核对相符。 1.2 编制或索取应收账款账龄分析表，分析应收账款的账龄。 1.3 分析有贷方余额的项目，查明原因，必要时建议被审计单位作重分类调整。								

续表

针对认定实施的审计程序	财务报表的认定					是否执行	执行人	工作底稿索引号
	存在	完整性	权利和义务	计价和分摊	列报			
1.4 检查是否存在应收、预收两方面同时挂账的项目，必要时建议被审计单位作调整。 1.5 标出应收关联方（包括持股5%以上股东）款项，并注明合并报表时应抵销的金额。 1.6 核对期初余额与上期审定期末余额是否相符。				√	√			YSZK－1，YSZK－2
2. 根据实际情况，选择以下方法对应收账款进行分析程序，关注其总体合理性；如有重大波动，应询问并分析波动原因，并作记录。 2.1 比较当年度及以前年度的应收账款余额，并查明异常情况的原因。 2.2 比较当年度及以前年度应收账款的账龄，并查明异常情况的原因。 2.3 比较当年度及以前年度应收账款与主营业务收入的比率，结合当前经济环境及信用政策判断其合理性。 2.4 比较当年度及以前年度应收账款的回收期，结合当前经济环境、信用政策及行业平均水平判断其合理性。 2.5 比较当年度及以前年度坏账准备与主营业务收入的比率、坏账准备与应收账款的比率、坏账损失，并查明异常情况的原因。 2.6 比较截止日前后两个月末应收账款的余额、主要客户及其余额，并查明异常情况的原因。	√	√		√				
3. 向债务人函证应收账款，将函证的过程和情况记录在工作底稿中，并据以总结和评价应收账款情况，编制“应收账款函证结果汇总表”。	√		√	√				YSZK－4
4. 对未回函的或未发询证函的应收账款，采用替代审计程序确定债权的存在：	√			√				YSZK－5
4.1 检查该等债权的相关文件资料（合同契约、订购单、销售发票、货运单据等），核实交易事项的真实性。	√			√				

续表

针对认定实施的审计程序	财务报表的认定					是否执行	执行人	工作底稿索引号
	存在	完整性	权利和义务	计价和分摊	列报			
4.2 向有关部门了解，以验证客户的地址、信用状况。			√	√				
4.3 对大额或异常项目及关联方应收账款项目，即使回函相符，仍应对其采用替代程序。	√			√				
5. 请被审计单位协助，在应收账款明细表上标出至审计时已收回的应收账款金额，对已收回金额较大的款项进行常规检查，即核对收款凭证、银行对账单、销货发票等，并注意凭证发生日期的合理性。	√							YSZK－3
6. 检查应收账款中有无债务人破产或者死亡的，以及破产财产或者遗产清偿后仍无法收回，或者债务人长期未履行偿债义务的应收账款；检查被审计单位坏账的处理是否经授权批准，有关会计处理是否正确。				√				YSZK－3
7. 抽查应收账款明细账，并追查有关原始凭证，查证被审计单位有无不属于结算业务的债权。如有，应作记录或建议被审计单位作适当调整。					√			YSZK－5
8. 对以非记账本位币结算的，检查其采用的折算汇率和汇兑损益处理的正确性。				√				
9. 评价坏账准备计提的适当性： 9.1 取得或编制坏账准备计算表，复核加计正确，与坏账准备总账数、明细账合计数核对相符。将应收账款坏账准备本期计提数与资产减值损失相应明细项目的发生额核对，是否相符。 9.2 检查应收账款坏账准备计提和核销的批准程序，取得书面报告等证明文件。评价计提坏账准备所依据的资料、假设及方法；复核应收账款坏账准备是否按经股东（大）会或董事会批准的既定方法和比例提取，其计算和会计处理是否正确。								

续表

针对认定实施的审计程序	财务报表的认定					是否执行	执行人	工作底稿索引号
	存在	完整性	权利和义务	计价和分摊	列报			
9.3 根据账龄分析表中，选取金额大于（　）的账户，逾期超过（　）天账户，以及认为必要的其他账户（如有收款问题记录的账户，收款问题行业集中的账户）。复核并测试所选取账户期后收款情况。针对所选取的账户，与授信部门经理或其他负责人员讨论其可收回性，并复核往来函件或其他相关信息，以支持被审计单位就此做出的声明。针对坏账准备计提不足情况进行调整。 9.4 实际发生坏账损失的，检查转销依据是否符合有关规定，会计处理是否正确。 9.5 已经确认并转销的坏账重新收回的，检查其会计处理是否正确。 9.6 通过比较前期坏账准备计提数和实际发生数，以及检查期后事项，评价应收账款坏账准备计提的合理性。				√				
10. 针对识别的舞弊风险等特别风险，需实施的审计程序：								
10.1 检查应收账款是否业已作质押。 10.2 关注是否将应收账款用于融资，检查相应的融资协议、会计处理是否正确。			√					
11. 验明应收账款的列报与披露是否恰当。					√			

（二）应收账款余额导引表

被审计单位名称：＿＿＿＿＿＿　　编制人：＿＿＿＿＿＿　　日期：＿＿＿＿＿＿　　索引号：YSZK－1

会计期间或截止日：＿＿＿＿＿＿　　复核人：＿＿＿＿＿＿　　日期：＿＿＿＿＿＿　　页　次：＿＿＿＿＿＿

上期审定数	未审数		审计调整	审计重分类	审定数	账龄						至审计外勤日已经收回	备注
	明细项目	金额				1年以下	1～2年	2～3年	3～4年	4～5年	5年以上		
一、关联方（合并范围内）													
	小计												
二、关联方（合并范围外）													
	小计												
三、非关联方													
	小计												
	应收账款账面余额合计												

审计说明：

A. 本年度实际核销的应收账款的金额和原因是：

B. 本年度通过重组等长期方式收回的款项为：

C. 对应收账款余额波动分析：

D. 调整事项说明：

审计结论：

（三）应收账款导引表

被审计单位名称：________ 编制人：________ 日期：________ 索引号：YSZK－2

会计期间或截止日：________ 复核人：________ 日期：________ 页 次：________

期初审定数			账龄	期末审定数			备注
账面余额	坏账准备	账面价值		账面余额	坏账准备	账面价值	
			1 年以内				
			1～2 年				
			2～3 年				
			3～4 年				
			4～5 年				
			5 年以上				
			合计				

其中：应收账款前五名金额及占总金额比例				持有 5% 以上股份股东欠款情况			
	欠款单位名称	金额	比例	欠款单位名称	金额	欠款时间	欠款原因
1							
2							
3							
4							
5							
	合计	—	—				

（四）应收账款明细表

被审计单位名称：______ 编制人：______ 日期：______ 索引号：YSZK－3

会计期间或截止日：______ 复核人：______ 日期：______ 页 次：______

序号	客户名称	经济内容	是否属于关联方（√/×）	期初余额	本期借方发生额	本期贷方发生额	期末余额	发函情况（√）	是否采取替代程序（√）	截至审计外勤日已收回款项
1										
2										
3										
合计				—	—	—	—			—

审计说明：

（五）应收账款函证结果汇总表

被审计单位名称：________ 编制人：________ 日期：________ 索引号：YSZK－4

会计期间或截止日：________ 复核人：________ 日期：________ 页　次：________

发函询证纪要				是否收到回函（√）	收到回函				未收到回函是否采取替代程序（√）	审计意见
					可以确认金额		未确认金额			
序号	选取样本目的	单位名称	期末余额		回函直接确认	调节后可以确认	争议未决金额	长期		
合计										

企业期末应收账款总金额：　　　　收到回函样本金额占样本金额比例：

抽取样本占期末余额比例：

选取样本的目的：　A. 大额　B. 异常　C. 账龄长　D. 余额为零　E. 随机

（六）应收账款替代程序表

被审计单位名称：______　　编制人：______　　日期：______　　索引号：YSZK－5
会计期间或截止日：______　　复核人：______　　日期：______　　页　次：______

月	日	凭证号	摘要	借方	贷方	附件				核对内容					
						发票	银行单据	发运单		①	②	③	④	⑤	⑥
			抽凭合计												
			本期累计												
			抽凭合计金额占本期累计的百分比												

审计说明：

A. 分别明细客户作替代性测试，核对内容如下：

①与业务合同、客户订单内容性质一致；②与销售发票核对内容一致；③与产品出库票据、运输单据、劳务移交确认手续内容相符；④与收款凭证核对一致；⑤与银行对账单核对一致；⑥期后已收到款项。

B. 说明对关联方交易、往来的专项检查程序：

C. 说明替代性测试中异常情况的原因：

审计结论：

（七）坏账准备实质性测试程序表

被审计单位名称：________ 编制人：________ 日期：________ 索引号：HZZB

会计期间或截止日：________ 复核人：________ 日期：________ 页　次：________

审计目标：

1. 存在：确定记录的坏账准备年末余额是否正确，反映了被审计单位对各种应收款项的坏账准备；
2. 完整性：确定所有应当记录的坏账准备均已记录；
3. 计价和分摊：确定坏账准备以恰当的金额包括在财务报表中，与之相关的计价或分摊调整已恰当记录；
4. 列报：确定坏账准备，已按照企业会计准则的规定在财务报表中做出适当分类、描述和披露。

针对认定实施的审计程序	财务报表的认定					是否执行	执行人	工作底稿索引号
	存在	完整性	权利和义务	计价和分摊	列报			
1. 获取或编制坏账准备明细表（按应收账款、其他应收款、应收票据、预付账款、长期应收款及其他有关项目，分别列示），复核加计，并与明细账、总账核对相符。				√				HZZB－1
2. 检查坏账准备的计提，查明坏账准备的计提方法和比例是否符合制度规定，计提的数额是否恰当，会计处理是否正确，前后期是否一致。				√				HZZB－1
3. 检查被审计单位在被审计期间内发生的坏账损失，原因是否清楚，是否符合有关规定，有无授权批准，有无已作坏账处理后又重新收回的应收款项，相应的会计处理是否正确。				√				
4. 检查应收款项（包括应收账款和其他应收款等）明细账及相关原始凭证，查找有无资产负债表日后仍未收回的长期挂账应收款项，如有，应提请被审计单位作适当处理。		√		√				YSZK－3

续表

针对认定实施的审计程序	财务报表的认定					是否执行	执行人	工作底稿索引号
	存在	完整性	权利和义务	计价和分摊	列报			
5. 检查函证结果，对债务人回函中反映的例外事项及存在争议的余额，应查明原因并作记录。必要时，应建议被审计单位作相应的调整。				√				YSZK－4
6. 分析程序，通过计算坏账准备余额占应收款项余额的比例并和以前期间的相关比例比较，检查分析其重大差异，以发现可能存在重要问题的审计领域。				√				HZZB－2
7. 独立评估被审计单位坏账政策，检查坏账政策的合理性。	√			√				
8. 就坏账政策取得管理层声明，并与公司治理层沟通。				√				
9. 验明坏账准备的列报与披露是否恰当，检查是否在附注中披露与坏账准备有关的信息。					√			

（八）坏账准备导引表

被审计单位名称：________　编制人：________　日期：________　索引号：HZZB－1（1/2）
会计期间或截止日：________　复核人：________　日期：________　页　次：________

	项目	期初余额	本期增加（账面数）		本期减少（账面数）		期末余额（已提数）
			计提	坏账收回	坏账冲销	冲回	
坏账准备账面数	应收账款						
	其他应收款						
	合计						

审计调整分录：

审计说明：

NB1　企业的坏账政策如下：

账龄	计提坏账比例	账龄	计提坏账比例
1年以内		3～4年	
1～2年		4～5年	
2～3年		5年以上	

通过询问公司财务经理等审计程序以及分析公司以前年度发生坏账的情况，我们认为企业的计提坏账准备的政策以及计提坏账比例是（不）合理的。

NB2　分析程序详见：________。

NB3　通过检查应收款项明细账、询问财务经理等审计程序，我们（没有）发现企业本期核销坏账的事项。

NB4　通过检查应收款项明细账以及相关的原始凭证、询问财务经理等审计程序，我们（没有）发现企业资产负债表日后仍未收回的应收款项存在长期挂账的情形。

NB5　函证结果的分析详见：________。

NB6　我们根据坏账核算方法对应收账款和其他应收款的坏账准备进行了测算，测算底稿详见：________。

NB7　其中个别认定全额或大额计提坏账准备的有：

项目	年末应收账款金额	按个别认定法计提的坏账准备	计提坏账准备的依据	计提的方法
一、应收账款				
小计				
二、其他应收款				
小计				
合计				

NB8　合并范围内关联方计提的坏账准备

关联方	应收款项原值	计提比例	计提的坏账准备	计提金额
合计				

NB9　以前期间已全额计提坏账准备，或计提坏账准备的比例较大但在本期又全额或部分收回的，或通过重组等其他方式收回的应收款项如下：

项目	原值	原计提金额	原计提比例	原计提比例的理由	本期收回金额

通过复核原计提坏账的理由、计提比例等审计程序，我们认为原计提的坏账是（不）合理的。

NB10　企业对如下金额较大的应收款项不计提坏账准备或计提坏账准备比例较低（一般为5%或低于5%）：

项目	原值	计提比例	计提金额	计提理由

通过复核计提坏账的理由、计提比例以及询问财务经理等审计程序，我们认为该等计提的坏账是（不）合理的。

NB11　本期实际冲销的应收款项及其理由（包括关联交易产生的）。

（九）坏账准备测算表——应收账款（1）

被审计单位名称：________ 编制人：________ 日期：________ 索引号：HZZB－2（1/2）

会计期间或截止日：________ 复核人：________ 日期：________ 页　次：________

账龄	应收账款余额审定数	个别认定坏账损失的原值	合并范围内的关联方不计提的部分	应按比例计提余额	坏账比例	按账龄期末应计提坏账金额
1年以内						
1～2年						
2～3年						
3～4年						
4～5年						
5年以上						
合计						

个别认定的坏账准备： 期末应收账款应计提坏账准备：

企业期末已计提坏账准备： 应收账款应补提的坏账准备：

（十）坏账准备测算表——其他应收款（2）

被审计单位名称：________　　编制人：________　　日期：________　　索引号：HZZB－2（2/2）

会计期间或截止日：________　　复核人：________　　日期：________　　页　次：________

账龄	其他应收款余额审定数	个别认定坏账损失的原值	合并范围内的关联方不计提的部分	应按比例计提余额	坏账比例	按账龄期末应计提坏账金额
1 年以内						
1～2 年						
2～3 年						
3～4 年						
4～5 年						
5 年以上						
合计						

个别认定的坏账准备：　　期末其他应收款应计提坏账准备：

企业期末已计提坏账准备：　　其他应收款应补提的坏账准备：

五、预付账款实质性测试

（一）预付账款实质性测试程序表

被审计单位名称：________ 编制人：________ 日期：________ 索引号：YFZK

会计期间或截止日：________ 复核人：________ 日期：________ 页 次：________

审计目标：

1. 存在：确定记录的预付账款是存在的；
2. 完整性：确定所有应当记录的预付账款均已记录；
3. 权利和义务：确定记录的预付账款由被审计单位拥有或控制；
4. 计价和分摊：确定预付账款以恰当的金额包括在财务报表中，与之相关的计价或分摊调整已恰当记录；
5. 列报：确定预付账款，已按照企业会计准则的规定在财务报表中做出适当分类、描述和披露。

针对认定实施的审计程序	财务报表的认定					是否执行	执行人	工作底稿索引号
	存在	完整性	权利和义务	计价和分摊	列报			
1. 获取或编制预付账款明细表，复核加计正确，并与报表数、总账数和明细账合计数核对相符。核对期初余额与上期审定期末余额是否相符。				√				YFZK－1，YFZK－2
2. 对预付账款进行分析性复核：								
2.1 对期末预付账款余额与上期期末余额进行比较，解释其波动原因。	√	√	√	√				YFZK－2

续表

针对认定实施的审计程序	财务报表的认定					是否执行	执行人	工作底稿索引号
	存在	完整性	权利和义务	计价和分摊	列报			
2.2 对大额异常项目进行调查。	√	√	√	√				YFZK－2
3. 选择预付账款重要项目（包括零账户），函证其余额或发生额是否正确。	√	√	√	√				YFZK－3
4. 向债务人函证预付账款，将函证的过程和情况记录在工作底稿中，根据回函情况，编制与分析函证结果汇总表。对未回函的，决定是否再函证。	√	√	√	√				YFZK－3
5. 对未回函的预付账款，抽查有关原始凭证，确定其是否真实： 5.1 检查该笔债权的相关凭证资料，核实交易事项的真实性。 5.2 抽查资产负债表日后预付账款明细账及存货明细账，核实是否已收到货物并转销。	√		√	√				YFZK－4
6. 注意结合应付账款明细账查核有无重复付款或将同一笔已付清的账款在“应付账款”和“预付账款”中同时挂账的情况。				√				YFZK－2
7. 检查预付账款是否存在贷方余额；如有，应查明原因，必要时作重分类调整。				√				YFZK－2
8. 评价预付账款计提坏账准备的适当性，并检查预付账款长期挂账的原因，因供货单位破产、撤销等原因无望再收到所购货物的部分应当全额计提坏账。				√				YFZK－2
9. 检查预付关联款项的合法性和真实性： 9.1 了解交易事项的目的、价格和条件。 9.2 检查采购合同等有关文件。	√	√	√	√				

针对认定实施的审计程序	财务报表的认定					是否执行	执行人	工作底稿索引号
	存在	完整性	权利和义务	计价和分摊	列报			
9.3 向关联方或其他注册会计师函询，以确认交易的真实性。 9.4 标明预付关联方（包括持股5%以上股东）的款项，并注明合并报表时应予抵销的数字。 9.5 必要时，向公司管理当局索取关联交易的声明书。	√	√	√	√				
10. 检查与预付账款有关的会计记录，以确定被审计单位是否按规定进行相应的会计处理和披露。	√	√		√				
11. 检查资产负债表日后的预付账款、存货及在建工程明细账，并检查相关凭证，核实期后是否已收到实物并转销预付账款，分析资产负债表日预付账款的真实性和完整性。	√	√						
12. 针对识别的舞弊风险等特别风险，需额外考虑实施的审计程序：								
13. 验明预付账款的列报与披露是否恰当，检查附注中是否披露与预付账款有关的下列信息： 13.1 按不同账龄列示预付账款余额及各账龄余额占预付账款总额的比例。 13.2 账龄超过1年的重要预付账款，逐项说明未及时结算的原因。 13.3 单独列示预付持公司5%（含5%）以上表决权股份的股东单位的款项。 13.4 金额较大的预付账款（占期末预付账款总额的30%及以上），应说明其性质和内容。 13.5 各会计期间的期末预付账款余额比上期期末预付账款余额增加或减少超过30%或预付账款期末余额超过资产总额的10%的，说明其原因。					√			

（二）预付账款导引表

被审计单位名称：________ 编制人：________ 日期：________ 索引号：YFZK－1

会计期间或截止日：________ 复核人：________ 日期：________ 页　次：________

项目类别	索引号	未审数				审计调整	审定数			
		期初数	本期增加	本期减少	期末数	借方（贷方）	期初数	本期增加	本期减少	期末数
合计										

审计说明及结论：

（三）预付账款明细表

被审计单位名称：________ 编制人：________ 日期：________ 索引号：YFZK－2

会计期间或截止日：________ 复核人：________ 日期：________ 页　次：________

债务人名称	年初余额			借方发生数	贷方发生数	年末余额			调整后年末余额账龄分析				工作底稿索引号	备注
	调整前	审计调整	调整后			调整前	审计调整	调整后	1年以内	1～2年	2～3年	3年以上		

审计说明及结论：

（四）预付账款函证控制表

被审计单位名称：________ 编制人：________ 日期：________ 索引号：YFZK－3

会计期间或截止日：________ 复核人：________ 日期：________ 页　次：________

询证函编号	债务人名称	债务人地址	账面金额	函证方式	函证日期		回函日期	替代程序	确认余额	差异金额及说明	备注
					第一次	第二次					

审计说明及结论：

（五）预付账款细节测试（1）

被审计单位名称：________　　编制人：________　　日期：________　　索引号：YFZK－4－1

会计期间或截止日：________　　复核人：________　　日期：________　　页　次：________

细节测试的目标	确定测试项目的选取方法	界定总体	抽样单元	样本规模	样本选取方法	界定误差构成条件	预计误差额	总体误差额	实施测试程序	结论

审计说明及结论：

（六）预付账款细节测试（2）

被审计单位名称：________ 编制人：________ 日期：________ 索引号：YFZK-4-2

会计期间或截止日：________ 复核人：________ 日期：________ 页 次：________

日期	凭证编号	摘要	科目名称	明细科目	借方金额	贷方金额	核对内容						附件
							1	2	3	4	5	6	

核对内容说明：

1. 原始凭证是否齐全；
2. 记账凭证与原始凭证是否相符；
3. 账务处理是否正确；
4. 是否记录于恰当的会计期间；
5. ……

审计说明：

六、应收利息实质性测试

（一）应收利息实质性测试程序表

被审计单位名称：	**编制人：**	**日期：**	**索引号：** YSLX
会计期间或截止日：	**复核人：**	**日期：**	**页　次：**

审计目标：

1. 存在：确定记录的应收利息在资产负债表日是确实存在的，反映了被审计单位交易性金融资产（债券投资）、持有至到期投资（分期付息）、可供出售债券投资等应收取的利息；
2. 完整性：确定所有应当记录的应收利息均已记录；
3. 权利和义务：确定记录的应收利息由被审计单位拥有或控制；
4. 计价和分摊：确定应收利息以恰当的金额包括在财务报表中，与之相关的计价或分摊调整已恰当记录；
5. 列报：确定应收利息，已按照企业会计准则的规定在财务报表中做出适当分类、描述和披露。

针对认定实施的审计程序	财务报表的认定					是否执行	执行人	工作底稿索引号
	存在	完整性	权利和义务	计价和分摊	列报			
1. 获取或编制应收利息明细表，复核加计，并与报表数、总账和明细账核对相符；核对期初余额与上期审定期末余额是否相符。				√				YSLX－1
2. 索取相应的债券契约条款，审查应收利息内容的真实性。	√	√						
3. 检查委托银行贷款利息收入计算和账务处理是否正确，注意计提的利息到期不能收回的，应当停止计提利息，并冲回原已计提的利息。				√				YSLX－2

续表

针对认定实施的审计程序	财务报表的认定					是否执行	执行人	工作底稿索引号
	存在	完整性	权利和义务	计价和分摊	列报			
4. 检查当期和期后的收款情况。	√							
5. 必要时，向对方单位函证。	√		√	√				
6. 审查应收利息的会计处理是否正确，特别注意一次还本付息债券投资产生的应收未收利息，不在应收利息中核算：				√	√			
6.1 取得的交易性金融资产、持有至到期投资、可供出售债券投资时，检查是否按支付的价款中所包含的、已到付息期但尚未领取的利息，借记应收利息科目。		√		√				
6.2 资产负债表日，持有至到期投资或可供出售债券投资，为分期付息、一次还本债券投资的，应按票面利率计算确定的应收未收利息，检查是否借记应收利息科目；为一次还本付息债券投资的，应于资产负债表日按票面利率计算确定的应收未收利息，检查是否借记“持有至到期投资——应计利息”科目。				√				
7. 检查应收利息的坏账准备是否正确。				√				
8. 对标明针对关联方的应收利息，执行关联方及其交易审计程序。			√	√				
9. 验明应收利息的列报与披露是否恰当。					√			

（二）应收利息导引表

被审计单位名称：________ 编制人：________ 日期：________ 索引号：YSLX－1

会计期间或截止日：________ 复核人：________ 日期：________ 页　次：________

索引	类别	未审数				计调整	审计重分类	审定数
		期初数	本期增加	本期减少	期末数			
	债券投资利息：							
					—			—
					—			—
					—			—
	小计	—	—	—	—	—	—	—
	其他债权投资利息：							
					—			—
					—			—
					—			—
	小计	—	—	—	—	—	—	—
	合计	—	—	—	—	—	—	—

审计说明：

A. 索取相应的债券契约，审查应收利息内容和金额的真实性以及会计处理是否正确：

B. 函证情况如下：

审计结论：

（三）应收利息检查表

被审计单位名称：________ 编制人：________ 日期：________ 索引号：YSLX－2
会计期间或截止日：________ 复核人：________ 日期：________ 页　次：________

序号	凭证号	摘要	对方科目	金额		测试内容						原始凭单
				借方	贷方	1	2	3	4	5	6	
1												
2												
3												
4												
5												
6												
7												
8												
9												
10												
合计			—	—								

测试内容说明：	结论及有关情况说明：
1. 原始凭证内容完整 2. 有授权批准且适当 3. 账务处理正确 4. 利息计算正确 5. 归属于企业 6. ……	

七、应收股利实质性测试

（一）应收股利实质性测试程序表

被审计单位名称：________	编制人：________	日期：________	索引号：YSGL
会计期间或截止日：________	复核人：________	日期：________	页　次：________

审计目标：

1. 存在：确定记录的应收股利在资产负债表日是确实存在的，反映了被审计单位应收取的现金股利和应收取其他单位分配的利润；
2. 完整性：确定所有应当记录的应收股利均已记录；
3. 权利和义务：确定记录的应收股利由被审计单位拥有或控制；
4. 计价和分摊：确定应收股利以恰当的金额包括在财务报表中，与之相关的计价或分摊调整已恰当记录；
5. 列报：确定应收股利，已按照企业会计准则的规定在财务报表中做出适当分类、描述和披露。

针对认定实施的审计程序	财务报表的认定					是否执行	执行人	工作底稿索引号
	存在	完整性	权利和义务	计价和分摊	列报			
1. 获取或编制应收股利明细表，复核加计数额是否正确。核对应收股利明细账与总账的余额是否相符；核对期初余额与上期审定期末余额是否相符。				√	√			YSGL－1
2. 索取相应的分配方案，审查应收股利的内容是否均为因股权投资而应收取的现金股利，以及应收取其他单位的利润。	√		√					

续表

针对认定实施的审计程序	财务报表的认定					是否执行	执行人	工作底稿索引号
	存在	完整性	权利和义务	计价和分摊	列报			
3. 结合交易性金融资产、长期股权投资审计检查应收股利计算是否正确。				√				YSGL－2
4. 必要时，向被投资单位函证。	√			√				
5. 检查被投资企业报表，以合理判断应收股利的可收回性。				√				
6. 检查与应收股利有关的会计记录，以确定相应的会计处理的正确性： 6.1 取得交易性金融资产、可供出售资产、长期股权投资时，检查是否按支付的价款中所包含的、已宣告但尚未发放的现金股利，相应增加应收股利。 6.2 交易性金融资产、可供出售权益工具持有期间被投资单位宣告发放的现金股利，检查是否按应享有的份额，借记“应收股利”科目，贷记“投资收益”科目。 6.3 长期股权投资持有期间被投资单位宣告发放现金股利或利润的，检查是否按应享有的份额，借记“应收股利”科目，贷记“投资收益”（成本法）或“长期股权投资——损益调整”科目（权益法）。	√	√	√	√				
7. 对于用非记账本位币结算的应收股利，检查其采用的汇率及折算方法是否正确。				√				
8. 检查期后收款情况： 8.1 对至审计时已收回金额较大的款项进行常规检查，如核对收款凭证、银行对账单、股利分配方案等。 8.2 关注长期未收回且金额较大的应收股利，询问被审计单位管理人员及相关职员或者查询被投资单位的情况，确定应收股利的可收回性。必要时，向被投资单位函证股利支付情况，复核并记录函证结果。	√	√						
9. 验明应收股利的列报与披露是否恰当。					√			

（二）应收股利导引表

被审计单位名称：＿＿＿＿　编制人：＿＿＿＿　日期：＿＿＿＿　索引号：YSGL－1

会计期间或截止日：＿＿＿＿　复核人：＿＿＿＿　日期：＿＿＿＿　页　次：＿＿＿＿

被投资单位	期初金额	本期发生		期末金额	调整数	审定数	索引	性质和内容
		借方	贷方					
合计	—			—				

审计说明及调整分录：

注：其中金额较大的，应说明其性质或内容。

审计结论：

（三）应收股利检查表

被审计单位名称：________ 编制人：________ 日期：________ 索引号：YSGL－2

会计期间或截止日：________ 复核人：________ 日期：________ 页　次：________

序号	凭证号	摘要	对方科目	金额		测试内容						原始凭单
				借方	贷方	1	2	3	4	5	6	
1												
2												
3												
4												
5												
6												
7												
8												
9												
10												
合计			—	—								

测试内容说明：
1. 原始凭证内容完整
2. 有授权批准且适当
3. 账务处理正确
4. 归属于企业
5. ……

结论及有关情况说明：

八、其他应收款实质性测试

（一）其他应收款实质性测试程序表

被审计单位名称：______ 编制人：______ 日期：______ 索引号：QTYSK

会计期间或截止日：______ 复核人：______ 日期：______ 页 次：______

审计目标：

1. 存在：确定记录的其他应收款在资产负债表日是确实存在的，反映了其他各种应收及暂付款项；
2. 完整性：确定所有应当记录的其他应收款均已记录；
3. 权利和义务：确定记录的其他应收款由被审计单位拥有或控制；
4. 计价和分摊：确定其他应收款以恰当的金额包括在财务报表中，与之相关的计价或分摊调整已恰当记录；
5. 列报：确定其他应收款，已按照企业会计准则的规定在财务报表中做出适当分类、描述和披露。

针对认定实施的审计程序	财务报表的认定					是否执行	执行人	工作底稿索引号
	存在	完整性	权利和义务	计价和分摊	列报			
1. 获取或编制其他应收款明细表：								QTYSK－1，QTHBZJ－2
1.1 复核加计正确，并与总账和明细账合计数核对是否相符；结合坏账准备与报表数核对是否相符；检查非记账本位币其他应收款的折算汇率及折算是否正确。				√				

续表

针对认定实施的审计程序	财务报表的认定					是否执行	执行人	工作底稿索引号
	存在	完整性	权利和义务	计价和分摊	列报			
1.2 了解重大明细项目的其他应收款内容及性质，进行类别分析，注意是否存在资金被关联企业大量占用、变相拆借资金、隐形投资、误用会计科目、或有损失等现象；编制对重要明细户［特别是关联企业（或实际控制人）］的增减变动表。必要时，收集该单位资料，并分析其变动的合理性。	√			√				
1.3 检查其他应收款的账龄分析是否正确；评价坏账准备所依据的资料、假设及计提方法，复核其他应收款坏账准备，其会计处理是否正确。					√			
1.4 分析有贷方余额的项目，查明原因，必要时作重分类调整。					√			
1.5 结合应收账款、其他应付款等明细余额，查验是否有同时挂账的项目，核算内容是否重复，必要时做出适当调整。					√			
1.6 标明应收关联方（包括持股5%以上股东）的款项，并注明合并报表应予以抵销的数字以及报表附注应披露的事项。					√			
1.7 标明大额［占本项目余额10%（含以上）］的非关联方款项，并注意款项性质及变动情况。					√			
1.8 核对期初余额与上期审定期末余额是否相符。					√			
2. 判断选择金额（　　）元以上，账龄（　　）或异常的明细账户余额发函询证，并记录发函过程，编制函证结果汇总表。	√		√	√				QTHBZJ－3
3. 对发出询证函未能收回及未发出的样本，采用替代程序，如查核下期明细账，或追踪至其他应收款发生时的原始凭证，特别应注意是否存在抽逃资金、隐藏费用的现象。	√		√	√				QTHBZJ－4

针对认定实施的审计程序	财务报表的认定					是否执行	执行人	工作底稿索引号
	存在	完整性	权利和义务	计价和分摊	列报			
4. 对大额或异常的其他应收款项，即使回函相符，仍应抽查其原始凭证。	√		√	√				
5. 若其他应收款中存在变相资金拆借，检查其产生的利息入账依据是否充分，相应的税金计提是否正确。				√				
6. 请被审计单位协助，在其他应收款明细表上标出截止审计日已收回的其他应收款项，抽查收款凭证、银行对账单等，并注意这些凭证发生日期的合理性。	√		√					QTHBZJ－1
7. 审核资产负债表日后（　）天的收款事项，确定有无未及时入账的债权。		√						
8. 分析明细账户，对于长期未能收回的项目，应查明原因，确定是否可能发生坏账损失。				√				
9. 审查转作坏账损失的项目是否符合规定，并办妥审批手续；如未经税务部门批准，须调整应纳税所得额。				√				
10. 对非记账本位币结算的其他应收款，检查其采用的折算汇率是否正确。					√			
11. 针对识别的舞弊风险等特别风险，需额外考虑实施的审计程序： 采用售后回购方式融出资金的，检查是否按实际支付的金额，增加其他应收款；销售价格与原购买价格之间的差额，是否在售后回购期间内按期计提利息收入（财务费用），相应增加应收款。按合同约定返售商品时，是否按实际收到的金额，相应减少其他应收款。								
12. 验明其他应收款的列报与披露是否恰当。					√			

（二）其他应收款余额导引表

被审计单位名称：________ 编制人：________ 日期：________ 索引号：QTYSK－1

会计期间或截止日：________ 复核人：________ 日期：________ 页　次：________

上期审定数	未审数				审计调整	审计重分类	审定数	账龄						截至审计日已经收回的款项	备注
	明细项目	发函情况（√）	替代程序索引	金额				1年以下	1～2年	2～3年	3～4年	4～5年	5年以上		
一、关联方（合并范围内）															
—	小计														
二、关联方（合并范围外）															
—	小计														
三、非关联方															
	小计														
	其他应收款账面余额合计														

审计说明：

A. 本年度实际冲销的其他应收款的金额和原因是：

B. 本年度通过重组等其他方式收回的款项为：

C. 调整事项说明：

审计结论：

（三）其他应收款导引表

被审计单位名称：________ 编制人：________ 日期：________ 索引号：QTYSK－2
会计期间或截止日：________ 复核人：________ 日期：________ 页　次：________

期初审定			账龄	期末审定			备注
账面余额	坏账准备	账面价值		账面余额	坏账准备	账面价值	
			1 年以内	—		—	
			1～2 年	—		—	
			2～3 年	—		—	
			3～4 年	—		—	
			4～5 年	—		—	
			5 年以上	—		—	
			合计	—	—	—	
其中：其他应收款前五名			金额	占总金额比例	发生时间	发生原因	
1							
2							
3							
4							
5							
	合计				—		
持有 5% 以上股份股东欠款情况			金额	占总金额比例	发生时间	发生原因	
1							
2							

（四）其他应收款函证结果汇总表

被审计单位名称：________ 编制人：________ 日期：________ 索引号：QTYSK－3

会计期间或截止日：________ 复核人：________ 日期：________ 页　次：________

发函询证纪要				是否收到回函（√）	收到回函				未收到回函是否采取替代程序（√）	审计意见
序号	选取样本目的	单位名称	期末余额		可以确认金额		未确认金额			
					回函直接确认	调节后可以确认	争议未决金额	其他		
合计										

企业期末其他应收款总金额：____元。收到回函样本金额占样本金额比例：____%

抽取样本占期末余额比例：______%

选取样本的目的：　A. 大额　B. 异常　C. 账龄长　D. 余额为零　E. 随机

（五）其他应收款替代程序表

被审计单位名称：________ 编制人：________ 日期：________ 索引号：QTYSK－4

会计期间或截止日：________ 复核人：________ 日期：________ 页　次：________

项目名称：

期初余额：

期末余额：

月	日	凭证号	摘要	借方发生额	贷方发生额	附件				核对内容					
						支票存根	借款申请单	发票或收据		1	2	3	4	5	6
			抽凭合计												
			本期累计												
			抽凭合计金额占本期累计的百分比												

核对内容说明：

1. 属于结算往来债权；2. 经授权批准；3. 与收款凭证核对一致；4. 账务处理正确；5. 与银行对账单核对一致；6. 期后收款情况。

审计说明：

九、存货实质性测试

（一）存货实质性测试程序表

被审计单位名称：________ 编制人：________ 日期：________ 索引号：CH

会计期间或截止日：________ 复核人：________ 日期：________ 页　次：________

审计目标：

1. 存在：确定记录的存货在资产负债表日是确实存在的；
2. 完整性：确定所有应当记录的存货均已记录；
3. 权利和义务：确定记录的存货由被审计单位拥有或控制；
4. 计价和分摊：确定存货以恰当的金额包括在财务报表中，与之相关的计价或分摊调整已恰当记录；
5. 列报：确定存货，已按照企业会计准则的规定在财务报表中做出适当分类、描述和披露。

针对认定实施的审计程序	财务报表的认定					是否执行	执行人	工作底稿索引号
	存在	完整性	权利和义务	计价和分摊	列报			
1. 获取或编制存货明细表，复核加计正确，并与报表数、总账数和明细账合计数核对相符。核对期初余额与上期审定期末余额是否相符。				√				CH－1，CH－2
2. 根据实际情况，选择以下方法对存货进行分析程序： 2.1 比较当年度及以前年度原材料成本、制造费用和直接人工占生产成本百分比的变动，并对异常情况做出解释。	√	√	√	√				

续表

针对认定实施的审计程序	财务报表的认定					是否执行	执行人	工作底稿索引号
	存在	完整性	权利和义务	计价和分摊	列报			
2.2 比较存货购入数量与耗用或销售数量，联系本年度存货的变动，并对异常变动情况做出解释。								
2.3 核对存货采购的标准成本与实际成本。								
2.4 比较当年度及以前年度下述项目的增减变动，并对异常情况做出解释： ——采购费用； ——各种采购费用占存货采购的比例。								
2.5 按月/季度比较实际发生的采购费用与预算的差异。								
2.6 比较各月存货采购的金额并对异常波动做出解释。								
2.7 比较当年度及以前年度从供应商得到的现金折扣。	√	√	√	√				
2.8 将采购数量与平均单价之积与账面采购金额相比较。								
2.9 按存货品种及存放地点、存货类别，比较当年度及以前年度数量和金额的增减变动，并对异常情况做出解释。								
2.10 按存货成本构成、存货平均成本、材料采购价格差异，比较当年度及以前年度的增减变动，并对异常情况做出解释。								
2.11 比较当年度及以前年度直接材料、直接人工、制造费用占生产成本的比例，并查明异常情况的原因。								
2.12 比较当年度及以前年度存货跌价准备占存货余额的比例，并查明异常情况的原因。								

续表

针对认定实施的审计程序	财务报表的认定					是否执行	执行人	工作底稿索引号
	存在	完整性	权利和义务	计价和分摊	列报			
2.13 按存货残损情况、存货账龄、库存可用月数，比较当年度及以前年度的增减变动，并对异常情况做出解释。 2.14 比较截止日前后两个月的产品毛利率，并对异常波动做出解释。 2.15 比较当年度及以前年度已售存货的数量，并查明异常情况的原因。 2.16 比较存货库存量与生产量及库存能力的差异，并分析其合理性。 2.17 比较存货的实际用量与预算用量的差异，并分析其合理性。 2.18 比较当年度与以前年度的存货周转率，并查明异常情况的原因。 2.19 核对下列相互独立部门的数据： （1）仓库记录的材料领用量与生产部门记录的材料领用量； （2）工资部门记录的人工成本与生产部门记录的工时和工资标准之积； （3）仓库记录的产成品入库量与生产部门记录的产品生产量； （4）发票记录的数量与发货量； （5）发票记录的数量与订货量； （6）发票记录的数量与主营业务成本记录的销售量； （7）产品销售量与生产量或采购量； （8）产品销售量和平均单位成本之积与账面产品销售成本。	√	√	√	√				
3. 检查资产负债表日存货的实际存在：参与被审计单位存货盘点的事前计划，或向委托人索取存货盘点计划，审核盘点计划的完备性；审计人员到现场观察存货盘点，监督盘点计划的执行，并作适当抽点，如抽点结果有差异，应扩大抽点范围；盘点结束后索取盘点明细表、汇总表进行复核，并选择数额较大、收发频繁的存货项目与永续盘存记录进行核对。	√	√						

针对认定实施的审计程序	财务报表的认定					是否执行	执行人	工作底稿索引号
	存在	完整性	权利和义务	计价和分摊	列报			
如未参与期末盘点，应在审计外勤工作时对存货进行抽盘，取得并检查被审计单位期末存货盘点计划及存货盘点明细表、汇总表，取得存货盘点调查问卷，评价委托人盘点的可信程度；根据被审计单位存货盘点的可信程度，选择重点的存货项目进行抽查盘点或全额盘点，倒推计算出资产债表日的存货数量，并检查倒推期间的大额入、出库记录至有关原始凭证。 在监盘或抽盘被审计单位存货时，要检查有无代他人保存和来料加工的存货，有无未作账务处理而置于（或寄存）他处的存货，这些存货是否正确列示于存货盘点表中。 对于企业存放或寄销在外地的存货，可委托当地会计师事务所负责监盘抽点或审计人员前往监盘，如存货量不大，可向寄存寄销单位函证或采用其他替代等审计程序予以确认。 向企业索取存货盘点前的最后一张验收报告单（或入库单）、最后一张货运文件（或出库单），以便作截止测试之用。	√	√						
4. 在监盘或抽盘被审计单位存货时，要注意观察存货的品质状况，要征询技术人员、财务人员、仓库管理人员的意见，以了解和确定存货中属于残次、毁损、滞销积压的存货及其对当年损益的影响。	√	√	√	√				
5. 取得存货盘点盈亏调整和损失处理记录，检查重大存货盘亏和损失的原因有无充分合理的解释，重大存货盘亏和损失的会计处理是否已经授权审批，是否正确及时地入账。	√	√		√				
6. 检查资产负债表日前后若干天的存货增减变动项目的有关账簿记录和原始凭证，作存货截止性 测试，检查有无存货跨期现象。如有，应做出记录，必要时作适当调整。		√						

续表

针对认定实施的审计程序	财务报表的认定					是否执行	执行人	工作底稿索引号
	存在	完整性	权利和义务	计价和分摊	列报			
7. 检查被审计单位对于符合条件的特定类别存货，其借款费用是否资本化，相关会计处理是否恰当。				√				
8. 检查被审计单位存货跌价准备计提和结转的依据、方法和会计处理是否正确，是否经授权批准，前后期是否一致。				√				
9. 根据被审计单位存货计价方法，抽查期末结存量比较大的存货的计价是否正确，若存货以计划成本计价，还应检查“材料成本差异”账户发生额、转销额是否正确，期末余额是否恰当；检查被审计单位存货计价方法是否与上年度相一致，如有变动应查明原因，其是否得到有关管理层的批准，并测算由于存货计价方法的变动对损益表的影响。				√				
10. 对采购业务实施分析性程序，在此基础上抽查大额的采购业务，追查有关原始凭证、账簿记录，以确定其是否完整、正确，抽查有无购货折让、购货退回、损坏赔偿、调换等事项，抽查若干在途材料项目，复核采购成本的正确性。	√		√					
11. 抽查大额的材料发出业务，检查其原始凭证是否齐全、内容是否完整，计价是否正确。			√	√				
12. 抽查大额的委托加工材料发出收回的合同、凭证，核对其计费、计价是否正确，会计处理是否及时、正确；有无长期未收回的委托加工材料，必要时对委托加工材料的实际存在进行函证。	√		√					
13. 检查产品成本计算是否正确，包括直接材料成本、直接人工成本和制造费用。								

续表

针对认定实施的审计程序	财务报表的认定					是否执行	执行人	工作底稿索引号
	存在	完整性	权利和义务	计价和分摊	列报			
13.1 直接材料成本：①抽查主要产品成本计算单，检查直接材料成本的计算是否正确，材料费用的标准与计算方法是否合理和适当，是否与材料费用分配汇总表中该产品分摊的直接材料费用相符；②分析比较同一产品前后年度的直接材料成本，如有重大波动应查明原因；③抽查材料发出及领用的原始凭证，材料单位成本计价方法是否适当，是否正确及时入账；④对采用定额成本或标准成本的企业，应检查直接材料成本差异的计算、分配与会计处理是否正确，并查明直接材料的定额成本、标准成本在本年度内有无重大变更。								
13.2 直接人工成本：①抽查主要产品成本计算单，检查直接人工成本的计算是否正确，人工费用的分配标准及计算方法是否合理和适当，是否与人工费用汇总表中该产品分摊的直接人工费用相符；②将本年度直接人工成本与前期进行比较，查明其异常变动的原因；③分析比较本年度各个月份的人工费用发生额，如有异常波动，应查明原因；④结合应付工资的审查，抽查人工费用会计记录及会计处理是否正确；⑤对采用标准成本法的，应抽查直接人工成本差异的计算、分配与会计处理是否正确，并查明直接人工的标准成本在本年度内有无重大变动。				√				
13.3 制造费用：①取得或编制制造费用汇总表，并与明细账、总账核对相符，抽查制造费用中金额较大的项目及例外项目是否合理；②审阅制造费用的明细账，检查其核算内容及范围是否合理，并应注意是否存在异常会计事项，如有，则应追查至记账凭证及原始凭证；③检查制造费用的分配方法，重点审查分配计入在建工程、自制设备等方面的正确性；④对制造费用实施截止测试，即检查资产负债表日前后若干天的制造费用的原始凭证，确定有无跨期入账的情况；⑤对于采用标准成本法的，应抽查标准制造费用的确定是否合								

续表

针对认定实施的审计程序	财务报表的认定					是否执行	执行人	工作底稿索引号
	存在	完整性	权利和义务	计价和分摊	列报			
理，计入成本计算单的数额是否正确，制造费用差异的计算、分配与账务处理是否正确，并查明标准制造费用在本年度内有无重大变动。				√				
14. 抽查大额的分期收款发出商品的原始凭证及相关协议、合同，确定其是否按约定时间回收货款，如有逾期或其他异常事项，应了解原因，必要时进行函证。	√		√					
15. 低值易耗品与固定资产的划分是否合理，其摊销方法及摊销金额的确定是否正确。					√			
16. 抽查产成品交库单，核对其品种、数量和实际成本与生产成本的结转数是否相符。	√							
17. 抽查产成品的发出凭证，核对其品种、数量和实际成本与主营业务（销售）成本是否相符。				√				
18. 查明客户有无用存货抵押或被债权人监视使用的情况。	√		√					
19. 取得或编制存货跌价准备计提明细表，索取存货期末市价的资料来源，复核、计算应计提的存货跌价准备，如计算结果与账面差异较大，应作调整；考虑不同存货的可变现净值的确定原则，复核其可变现净值计算正确性（既充足但不过度）： 19.1 对于用于生产而持有的原材料，检查是否以所生产的产成品的估计售价减去至完工时估计将要发生的成本、估计的销售费用和相关税费后的金额，作为其可变现净值的确定基础。				√				

续表

针对认定实施的审计程序	财务报表的认定					是否执行	执行人	工作底稿索引号
	存在	完整性	权利和义务	计价和分摊	列报			
19.2 库存商品和用于出售而持有的原材料等直接用于出售的存货，检查是否以该存货的估计售价减去估计的销售费用和相关税费后的金额，作为其可变现净值的确定基础。 19.3 检查为执行销售合同而持有的库存商品等存货，是否以合同价格作为其可变现净值的确定基础；如果被审计单位持有库存商品的数量多于销售合同订购数量，超出部分的库存商品可变现净值是否以一般销售价格为计量基础。				√				
20. 检查存货跌价准备计提和核销的批准程序是否符合规定，是否经过批准，是否有书面报告等文件，会计处理是否正确。				√				
21. 检查与存货有关的会计记录，以确定被审计单位是否按规定进行相应的会计处理和披露。	√	√		√				
22. 针对识别的舞弊风险等特别风险，需额外考虑实施的审计程序：	√	√		√				
22.1 检查被审计单位的存货记录；判断需要在被审计单位盘点过程中（或结束后）特别重视的存货项目或存货存放地点。 22.2 在不预先通知的情况下观察（　　）存放地点的存货盘点，或在同一天对所有存放地点的存货实施观察。 22.3 要求被审计单位在期末或尽可能接近期末的时点安排存货盘点。 22.4 在观察存货盘点过程中结合实施其他程序，并利用专家工作。 22.5 按照存货的等级或类别、存放地点或其他标准分类，将存货的当期数量与上期进行比较，或将盘点数量与上期进行比较，或将盘点数量与存货记录进行比较。								

针对认定实施的审计程序	财务报表的认定					是否执行	执行人	工作底稿索引号
	存在	完整性	权利和义务	计价和分摊	列报			
22.6 利用计算机辅助审计技术进一步测试存货盘点数据的可靠性。 22.7 对存在的短缺现象，按照存货存放地点和货物类型分类并加以分析。 22.8 分析存货指标与行业正常水平是否存在显著差异。 22.9 检查债务重组、非货币性资产交换中涉及存货的会计处理是否正确，转出存货是否作为销售处理，并按照《企业会计准则第14号——收入》以其公允价值确认收入，同时结转相应的成本。其中，非货币性资产交换具有商业实质且公允价值能够可靠计量的，才可作为销售处理。 22.10 自用存货转换为采用公允价值模式计量的投资性房地产时，检查有关转换的合理性和会计处理的正确性。 22.11 到工商行政管理部门或聘请律师查询重要供货商、销售客户的工商登记资料，确定重要供货商、销售客户与被审计单位是否属于关联方。 22.12 检查关联方采购、销售合同等有关原始文件，同时向关联方或其他注册会计师函证重大的关联采购、销售交易，以确认交易的真实性。								
23. 验明存货的列报与披露是否恰当，检查附注中是否披露与存货有关的下列信息： 23.1 分项列示存货期初、期末金额及对应的跌价准备，披露计提存货跌价准备的依据及本期转回存货跌价准备的原因、本期转回金额占该项存货期末余额的比例。存货期末余额含有借款费用资本化金额的，应予披露。					√			

续表

针对认定实施的审计程序	财务报表的认定					是否执行	执行人	工作底稿索引号
	存在	完整性	权利和义务	计价和分摊	列报			
23.2 存货分类依据；发出存货的计价方法；确定不同类别存货可变现净值的依据及存货跌价准备的计提方法；存货的盘存制度以及低值易耗品和包装物的摊销方法。 23.3 用于担保的存货账面价值。					√			

（二）存货跌价准备实质性测试程序表

被审计单位名称：________　编制人：________　日期：________　索引号：CHDJ

会计期间或截止日：________　复核人：________　日期：________　页　次：________

审计目标：

1. 存在：确定记录的存货跌价准备在资产负债表日是确实发生的；
2. 完整性：确定所有应当记录的存货均已记录；
3. 权利和义务：确定记录的存货跌价准备由被审计单位经济活动所产生；
4. 计价和分摊：确定存货跌价准备计提和核销的会计处理正确；
5. 列报：确定存货跌价准备，已按照企业会计准则的规定在财务报表中做出适当分类、描述和披露。

针对认定实施的审计程序	财务报表的认定					是否执行	执行人	工作底稿索引号
	存在	完整性	权利和义务	计价和分摊	列报			
1. 核对存货跌价准备明细账和总账余额与报表是否相符。				√				CH－1，CH－2
2. 取得或编制存货跌价准备计提明细表，索取存货期末市价的资料来源，复核、计算应计提的存货跌价准备，如计算结果与账面差异较大，应作调整。	√	√	√	√				
3. 检查存货跌价准备计提和核销的批准程序是否符合规定，是否经过批准，是否有书面报告等文件，会计处理是否正确。	√	√	√	√				
4. 验明存货跌价准备是否已在资产负债表上恰当披露。					√			

（三）存货导引表

被审计单位名称：________ 编制人：________ 日期：________ 索引号：CH－1

会计期间或截止日：________ 复核人：________ 日期：________ 页　次：________

项目类别	索引号	未审数				审计调整	审定数			
		期初数	本期增加	本期减少	期末数	借方（贷方）	期初数	本期增加	本期减少	期末数
原材料										
包装物及低值易耗品										
周转材料/消耗性生物资产										
自制半成品、在产品										
库存商品（产成品）										
其他										
合计										
减：存货跌价准备										
存货报表金额										

审计说明及结论：

（四）存货明细表

被审计单位名称：________ 编制人：________ 日期：________ 索引号：CH－2

会计期间或截止日：________ 复核人：________ 日期：________ 页 次：________

项目【按明细项目列示】	年初余额			借方发生数	贷方发生数	年末余额			工作底稿索引号	备注
	调整前	审计调整	调整后			调整前	审计调整	调整后		

审计说明及结论：

（五）生产成本分析表

被审计单位名称：________　　编制人：________　　日期：________　　索引号：CH－3－1

会计期间或截止日：________　　复核人：________　　日期：________　　页　次：________

项目	一月	二月	三月	四月	五月	六月	七月	八月	九月	十月	十一月	十二月	合计	上年同期数	与上年同期比较变化金额
													—		—
													—		—
													—		—
													—		—
													—		—
													—		—
合计	—	—	—	—	—	—	—	—	—	—	—	—	—	—	—
上年同期数													—		
比上年同期变化	—	—	—	—	—	—	—	—	—	—	—	—	—		

审计说明及结论：

（六）制造费用分析表

被审计单位名称：________　　编制人：________　　日期：________　　索引号：CH－3－2

会计期间或截止日：________　　复核人：________　　日期：________　　页　次：________

项目	一月	二月	三月	四月	五月	六月	七月	八月	九月	十月	十一月	十二月	合计	上年同期数	与上年同期比较变化金额
													—		—
													—		—
													—		—
													—		—
													—		—
													—		—
合计	—	—	—	—	—	—	—	—	—	—	—	—	—	—	—
上年同期数													—		
比上年同期变化	—	—	—	—	—	—	—	—	—	—	—	—	—		

审计说明及结论：

（七）材料成本差异抽查表

被审计单位名称：__________　　编制人：__________　　日期：__________　　索引号：CH－3－3

会计期间或截止日：__________　　复核人：__________　　日期：__________　　页　次：__________

索引号	材料成本差异项目	月份	账面未审数				整数	审定数
			期初数	本期发生数	本期转销数	期末数		

审计说明及结论：

（八）存货盘点抽查表

被审计单位名称：________ 编制人：________ 日期：________ 索引号：CH－3－4
会计期间或截止日：________ 复核人：________ 日期：________ 页　次：________

序号	品名型号规格	计量单位	盘点日实存量	加盘点日前付出量	减盘点日前收入量	实存数量	账面结存		差异			整数	审定数
							数量	金额	数量	单价	金额		

审计说明及结论：

（九）存货盘点观察报告（1）

被审计单位名称：________ 编制人：________ 日期：________ 索引号：CH－3－5

会计期间或截止日：________ 复核人：________ 日期：________ 页 次：________

					基准日：	年	月 日
一、基本情况							
1. 客户名称：							
2. 盘点日期：							
3. 盘点时间：		开始：			结束：		
4. 本事务所参加人员姓名：							
5. 客户参加人员姓名：							
6. 存货存放地点：							
7. 各类存货包含的内容：							
	（1）原材料						
	（2）在制品						
	（3）成品或商品						
编制：					复核：		
编制日期：					复核日期：		

（十）存货盘点观察报告（2）

被审计单位名称：＿＿＿＿＿＿　编制人：＿＿＿＿＿＿　日期：＿＿＿＿＿＿　索引号：CH－3－6

会计期间或截止日：＿＿＿＿＿＿　复核人：＿＿＿＿＿＿　日期：＿＿＿＿＿＿　页　次：＿＿＿＿＿＿

二、观察盘点的要求程序	说明及评价
1. 向客户索取书面的“盘点指示”	
2. 列示有无为他人保管的存货，以及采用何种方法保证这些存货（包括已开票但未发运的物品）不会计入客户的存货中	
3. 列示客户存放于第三者的存货，是否已于盘点日取得（或发出）这些存货函证	
4. 简单描述存货记录的保存情况，即存货明细账或存货记录卡等并说明上述记录是否已截止到最近日期	
5. 盘点期间生产及存货的收发是否停止，如果不是，说明如何控制存货的进出移动	
6. 简单描述存货盘点的方法，如：（1）盘点人员如何组队；（2）初盘与复核是否由不同的队进行	
7. 参加盘点人员是否参与存货的日常管理工作	
8. 盘点是否用卡片或标签，这些卡片或标签是否预先编号	
9. 确信盘点用的卡片或标签已经盘点人员签字	
10. 确信盘点卡（标签）已填列存货的名称、规格、数量、状况及完工程度（如在制品）	
11. 呆滞品、残次品是否适当区分	
12. 存货是否经适当整理排列，以利于清点	

续表

13. 本所人员是否抽盘存货，核对盘点卡（标签）并作成抽盘记录（说明抽盘方式及比率）	
14. 抽盘时是否发生重大差异	
15. 重大差异是否通知盘点负责人查明更正	
16. 观察盘点完成前是否再巡视全场，以确定所有应纳入盘点的存货均已盘点	
三、盘点资料的收集	
17. 本所人员的抽盘记录是否已汇总保存	
18. 是否取得盘点清单副本（或盘点卡副联）	
19. 获取下列截止日资料：	
（1）盘点前最后一张入库单或购货发票	
（2）盘点前最后一张出库单或销货发票	
（3）盘点前最后一张内部转移凭证	
四、其他	
20. 上述未考虑到的情况及问题	
21. 存货盘点指示的执行是否良好	
22. 盘点结果是否足以确定存货的数量及状况	

（十一）存货单价及计价方法抽查表

被审计单位名称：________ 编制人：________ 日期：________ 索引号：CH－3－7

会计期间或截止日：________ 复核人：________ 日期：________ 页　次：________

存货类别	抽查品名及规格	账面存货记录			近期进货发票内容						近期发出单价	差异原因	审计意见
		数量	单价	金额	发票号码	卖方单位	日期	数量	单价	金额			

审计说明及结论：

（十二）被审计单位盘点存货情况汇总表

被审计单位名称：________　　编制人：________　　日期：________　　索引号：CH－3－8

会计期间或截止日：________　　复核人：________　　日期：________　　页　次：________

序号	项目	盘点日期	盘点日账面额	尚未入账		盘点日应存额	盘点日实存额	盘点盈亏	盈亏已调整（√）	盘点日至截止日		截止日账面额	参与盘点人员
				入库额	出库额					入库额	出库额		
1	在途物资												
2	原材料												
3	包装物及低值易耗品												
4	在产品												
5	产成品												
6	库存商品												
7	委托加工物资												
8	其他												
合计													

审计说明及结论：

（十三）生产成本及销售成本倒轧表

被审计单位名称：__________ 编制人：__________ 日期：__________ 索引号：ZYCB－3－7

会计期间或截止日：__________ 复核人：__________ 日期：__________ 页 次：__________

项目	未审数	审计调整数	审定数	计算说明	数据来源	企业账面金额	差异
原材料年初余额				1	总账“材料”账户年初余额		
加：本期购进				2	“材料”借方发生额扣退货折让金额		
加：其他增加额				3			
减：原材料期末余额				4	总账“材料”账户年末余额		
减：其他发出额				5	根据有关科目分析填列		
其中：销售材料				6	其他业务支出		
办公用				7	估计数		
计入制造费用				8	低值品＼修理费＼工装费＼机物料		
委托加工发出				9	委托加工账户借方发生——加工费用		
工装				10			
其他				11			
直接材料成本				12＝1＋2＋3－4－5	生产成本明细表		
加：材料成本差异				13	生产成本明细表		
直接人工成本				14	生产成本明细表		
制造费用				15	生产成本明细表		

续表

项目	未审数	审计调整数	审定数	计算说明	数据来源	企业账面金额	差异
其中：材料费用				16	“材料”转入“制造费用”借方金额		
外部加工费				17	生产成本明细账		
生产成本				18 = 12 + 13 + 14 + 15	或“生产成本”借方发生额		
加：在产品年初余额				19	“生产成本”账户年初余额		
减：在产品年末余额				20	“生产成本”账户年末余额		
产品生产成本				21 = 18 + 19 − 20	或“生产成本”转入“产成品”借方金额		
加：产成品年初余额				22	“产成品”账户年初余额		
加：产成品盘盈金额				23	“产成品”盘盈会计记录		
加：退货收回产成品成本				24	用户退货会计记录		
减：产成品年末余额				25	“产成品”账户年末余额		
减：自制自用产品成本				26	“产成品”转入“生产成本”借方金额		
减：内部领用产品成本				27	自：在建工程、福利奖励基金、销售费、管理费、营业外支出等科目借方分析		
减：产成品折价盘亏报损				28	存货（成品）折价，盘亏，报废会计记录		
加：其他销售成本				29	外购商品贷方资料		
销售成本				30 = 21 + 22 + 23 + 24 − 25 − 26 − 27 − 28 + 29			

审计说明及结论：

（十四）存货细节测试（1）

被审计单位名称：______ 编制人：______ 日期：______ 索引号：CH－4－1

会计期间或截止日：______ 复核人：______ 日期：______ 页　次：______

细节测试的目标	确定测试项目的选取方法	界定总体	抽样单元	样本规模	样本选取方法	界定误差构成条件	预计误差额	总体误差额	实施测试程序	结论

审计说明及结论：

（十五）存货细节测试（2）

被审计单位名称：__________ 编制人：__________ 日期：__________ 索引号：CH－4－2

会计期间或截止日：__________ 复核人：__________ 日期：__________ 页　次：__________

日期	凭证编号	摘要	科目名称	明细科目	借方金额	贷方金额	核对内容						附件
							1	2	3	4	5	6	

核对内容说明：

1. 原始凭证是否齐全；
2. 记账凭证与原始凭证是否相符；
3. 账务处理是否正确；
4. 是否记录于恰当的会计期间；
5. ……

审计说明：

十、可供出售金融资产实质性测试

（一）可供出售金融资产实质性测试程序表

被审计单位名称：________ 编制人：________ 日期：________ 索引号：KGCSJRZC
会计期间或截止日：________ 复核人：________ 日期：________ 页　次：________

审计目标

1. 存在：确定记录的可供出售金融资产是存在的，反映了被审计单位持有的可供出售金融资产（包括划分为可供出售的股票投资、债券投资等）的公允价值；
2. 完整性：确定所有应当记录的可供出售金融资产均已记录；
3. 权利和义务：确定记录的可供出售金融资产由被审计单位拥有或控制；
4. 计价和分摊：确定可供出售金融资产以恰当的金额包括在财务报表中，与之相关的计价或分摊调整已恰当记录；
5. 列报：确定可供出售金融资产已按照企业会计准则的规定在财务报表中做出适当分类、描述和披露。

针对认定实施的审计程序	财务报表的认定					是否执行	执行人	工作底稿索引号
	存在	完整性	权利和义务	计价和分摊	列报			
1. 获取或编制可供出售金融资产明细表，复核加计正确，并与总账数和明细账（按类别和品种，包括“成本”、“利息调整”、“应计利息”等明细）合计数核对相符，核对期初余额与上期审定期末余额是否相符。				√				KGCSJRZC－1，KGCSJRZC－2

续表

针对认定实施的审计程序	财务报表的认定					是否执行	执行人	工作底稿索引号
	存在	完整性	权利和义务	计价和分摊	列报			
2. 检查被审计单位对可供出售金融资产的分类是否正确，是否符合《企业会计准则第22号——金融工具确认和计量》第18条的有关要求： 2.1 检查归类为可供出售金融资产，是否包括被审计单位购入的在活跃市场上有报价的股票、债券和基金等没有划分为以公允价值计量且其变动计入当期损益的金融资产或持有至到期投资等金融资产。 2.2 分析管理层的持有意图和能力，检查有关原始凭证，包括检查董事会会议纪要、有关合同、协议等相关文件，以验证其真实性。 2.3 检查有无不属于可供出售金融资产核算的项目，如有，应做出记录或作适当调整。				√	√			
3. 监盘库存作为供出售金融资产的有关有价证券，取得盘点表，核对其所有权及金额，查明库存债券为已提供质押或受到其他约束的，被审计单位是否已作适当披露。	√	√	√	√				
4. 选取金额大及其他重要的可供出售金融资产进行函证，并编制函证情况汇总表；回函金额不符的，要查明原因做出记录或适当调整；未回函的，可再次复询或实施相关的替代程序。	√		√					
5. 检查年度内可供出售金融资产增减变动及投资收益的原始凭证，对于增加的项目要核实其入账基础是否符合有关规定，会计处理是否正确；对于减少的项目要核实其变动原因及授权批准手续：								

续表

针对认定实施的审计程序	财务报表的认定					是否执行	执行人	工作底稿索引号
	存在	完整性	权利和义务	计价和分摊	列报			
5.1 检查可供出售金融资产的初始计量，入账基础是否符合投资合同、协议的规定，重大投资项目应查阅董事会有关决议，会计处理是否正确，是否按取得该金融资产的公允价值和相关交易费用之和作为初始确认金额。支付的价款中包含的已到付息期但尚未领取的债券利息或已宣告但尚未发放的现金股利，应单独确认为应收项目。	√	√	√	√				
5.2 检查可供出售金融资产的后续计量，可供出售金融资产持有期间取得的利息或现金股利，是否计入投资收益。资产负债表日，可供出售金融资产是否以公允价值计量，且公允价值变动计入资本公积（其他资本公积）。重点检查应计利息的计算和会计处理是否正确： 5.2.1 资产负债表日，可供出售金融资产为分期付息、一次还本债券投资的，是否按票面利率计算确定的应收未收利息，借记本科目，按可供出售金融资产摊余成本和实际利率计算确定的利息收入，贷记“投资收益”科目，按其差额，借记或贷记“可供出售金融资产——利息调整”科目。 5.2.2 可供出售金融资产为一次还本付息债券投资的，应于资产负债表日按票面利率计算确定的应收未收利息，借记“可供出售金融资产——应计利息”科目，按可供出售金融资产摊余成本和实际利率计算确定的利息收入，贷记“投资收益”科目，按其差额，借记或贷记“可供出售金融资产——利息调整”科目。	√	√	√	√				

续表

针对认定实施的审计程序	财务报表的认定					是否执行	执行人	工作底稿索引号
	存在	完整性	权利和义务	计价和分摊	列报			
5.3 检查可供出售金融资产重分类为可供出售金融资产的，是否符合准则规定： 5.3.1 因持有意图或能力发生改变，使某项投资不再适合划分为可供出售金融资产的，是否将其作为可供出售金融资产，并以公允价值进行后续计量。重分类日，该投资的账面价值与公允价值之间的差额计入所有者权益，在该可供出售金融资产发生减值或终止确认时转出，计入当期损益。 5.3.2 可供出售金融资产部分出售或重分类的金额较大，且不属于《企业会计准则第22号——金融工具确认和计量》第十六条所指的例外情况，使该投资的剩余部分不再适合划分为可供出售金融资产的，企业应当将该投资的剩余部分重分类为可供出售金融资产，并以公允价值进行后续计量。	√	√	√	√				
5.4 检查可供出售金融资产的处置，处置时是否将取得的价款与该金融资产账面价值之间的差额，计入投资损益；同时，将原直接计入所有者权益的公允价值变动累计额对应处置部分的金额转出，计入投资损益。	√	√	√	√				
6. 逐项检查可供出售金融资产是否存在持续减值情况，做出详细记录。 6.1 分析判断可供出售金融资产是否发生减值，重点关注该金融资产公允价值是否持续下降。如果可供出售金融资产的公允价值发生较大幅度下降，或在综合考虑各种相关因素后，预期这种下降趋势属于非暂时性的，是否已认定该可供出售金融资产已发生减值，是否已确认减值损失。	√	√	√	√				

续表

针对认定实施的审计程序	财务报表的认定					是否执行	执行人	工作底稿索引号
	存在	完整性	权利和义务	计价和分摊	列报			
6.2 可供出售金融资产发生减值的，在确认减值损失时，是否将原直接计入所有者权益的公允价值下降形成的累计损失（为可供出售金融资产的初始取得成本扣除已收回本金和已摊销金额、当前公允价值和原已计入损益的减值损失后的余额）一并转出，计入减值损失。 6.3 检查对于已确认减值损失的可供出售债务工具，在随后的会计期间公允价值已上升且客观上与确认原减值损失确认后发生的事项有关的，原确认的减值损失是否予以转回，计入当期损益。 6.4 检查可供出售权益工具投资发生的减值损失，不得通过损益转回。但是，在活跃市场中没有报价且其公允价值不能可靠计量的权益工具投资，或与该权益工具挂钩并须通过交付该权益工具结算的衍生金融资产发生的减值损失，不得转回。	√	√	√	√				
7. 结合银行借款等的检查，了解可供出售金融资产是否存在质押、担保的情况。如有，则应详细记录，并提请被审计单位进行充分披露。			√		√			
8. 验明可供出售金融资产的列报与披露是否恰当。					√			

（二）可供出售金融资产导引表

被审计单位名称：________ 编制人：________ 日期：________ 索引号：KGCSJRZC－1
会计期间或截止日：________ 复核人：________ 日期：________ 页　次：________

项目类别	索引号	未审数				审计调整	审定数			
		期初数	本期增加	本期减少	期末数	借方（贷方）	期初数	本期增加	本期减少	期末数
可供出售金融资产合计										
可供出售金融资产减值准备										
可供出售金融资产报表金额										

审计说明及结论：

（三）可供出售金融资产明细表

被审计单位名称：________ 编制人：________ 日期：________ 索引号：KGCSJRZC－2

会计期间或截止日：________ 复核人：________ 日期：________ 页　次：________

明细项目	年初余额			借方发生数	贷方发生数	年末余额			工作底稿索引号	备注
	调整前	审计调整	调整后			调整前	审计调整	调整后		

审计说明及结论：

（四）可供出售金融资产细节测试（1）

被审计单位名称：________ 编制人：________ 日期：________ 索引号：KGCSJRZC－4－1

会计期间或截止日：________ 复核人：________ 日期：________ 页 次：________

细节测试的目标	确定测试项目的选取方法	界定总体	抽样单元	样本规模	样本选取方法	界定误差构成条件	预计误差额	总体误差额	实施测试程序	结论

审计说明及结论：

（五）可供出售金融资产细节测试（2）

被审计单位名称：________ 编制人：________ 日期：________ 索引号：KGCSJRZC－4－2
会计期间或截止日：________ 复核人：________ 日期：________ 页　次：________

日期	凭证编号	摘要	科目名称	明细科目	借方金额	贷方金额	核对内容						附件
							1	2	3	4	5	6	

核对内容说明：

1. 原始凭证是否齐全；
2. 记账凭证与原始凭证是否相符；
3. 账务处理是否正确；
4. 是否记录于恰当的会计期间；
5. ……

审计说明：

十一、持有至到期投资实质性测试

（一）持有至到期投资实质性测试程序表

被审计单位名称：________ 编制人：________ 日期：________ 索引号：CYZDQTZ

会计期间或截止日：________ 复核人：________ 日期：________ 页　次：________

审计目标：

1. 存在：确定记录的持有至到期投资是存在的，反映了被审计单位持有至到期投资的摊余成本；
2. 完整性：确定所有应当记录的持有至到期投资均已记录；
3. 权利和义务：确定记录的持有至到期投资由被审计单位拥有或控制；
4. 计价和分摊：确定持有至到期投资以恰当的金额包括在财务报表中，与之相关的计价或分摊调整已恰当记录；
5. 列报：确定持有至到期投资已按照企业会计准则的规定在财务报表中做出适当分类、描述和披露。

针对认定实施的审计程序	财务报表的认定					是否执行	执行人	工作底稿索引号
	存在	完整性	权利和义务	计价和分摊	列报			
1. 获取或编制持有至到期投资明细表，复核加计正确，并与总账数和明细账（按类别和品种，包括“成本”、“利息调整”、“应计利息”等明细）合计数核对相符，核对期初余额与上期审定期末余额是否相符。				√				CYZDQTZ－1，CYZDQTZ－2

续表

针对认定实施的审计程序	财务报表的认定					是否执行	执行人	工作底稿索引号
	存在	完整性	权利和义务	计价和分摊	列报			
2. 检查被审计单位对持有至到期投资的分类是否正确，是否符合《企业会计准则第22号——金融工具确认和计量》的有关要求： 2.1 检查归类为持有至到期投资，是否包括到期日固定、回收金额固定或可确定，且企业有明确意图和能力持有至到期的非衍生金融资产。 2.2 分析管理层的持有意图和能力，检查有关原始凭证，包括检查董事会会议纪要、有关合同、协议等相关文件，以验证其真实性。 2.3 检查有无不属于持有至到期投资核算的项目，如有，应做出记录或作适当调整。				√	√			
3. 监盘库存作为持有至到期投资的有关有价证券，取得盘点表，核对其所有权及金额，查明库存债券为已提供质押或受到其他约束的，被审计单位是否已作适当披露。	√	√	√	√				
4. 选取金额大及其他重要的持有至到期投资进行函证，并编制函证情况汇总表；回函金额不符的，要查明原因做出记录或适当调整；未回函的，可再次复询或实施相关的替代程序。	√		√					
5. 检查年度内持有至到期投资增减变动及投资收益的原始凭证，对于增加的项目要核实其入账基础是否符合有关规定，会计处理是否正确；对于减少的项目要核实其变动原因及授权批准手续：	√			√				
5.1 检查持有至到期投资的初始计量，是否按取得时的公允价值和相关交易费用之和作为初始确认金额。支付的价款中包含的已到付息期但尚未领取的债券利息，是否单独确认为应收项目。				√				

续表

针对认定实施的审计程序	财务报表的认定					是否执行	执行人	工作底稿索引号
	存在	完整性	权利和义务	计价和分摊	列报			
5.2 检查持有至到期投资的后续计量，是否在持有期间应当按照摊余成本和实际利率计算确认利息收入，计入投资收益。实际利率应当在取得持有至到期投资时确定，在该持有至到期投资预期存续期间或适用的更短期间内保持不变。实际利率与票面利率差别较小的，也可按票面利率计算利息收入，计入投资收益。重点检查应计利息的计算和会计处理是否正确： 5.2.1 资产负债表日，持有至到期投资为分期付息、一次还本债券投资的，是否按票面利率计算确定的应收未收利息，借记本科目，按持有至到期投资摊余成本和实际利率计算确定的利息收入，贷记“投资收益”科目，按其差额，借记或贷记“持有至到期投资——利息调整”科目。 5.2.2 持有至到期投资为一次还本付息债券投资的，应于资产负债表日按票面利率计算确定的应收未收利息，借记“持有至到期投资——应计利息”科目，按持有至到期投资摊余成本和实际利率计算确定的利息收入，贷记“投资收益”科目，按其差额，借记或贷记“持有至到期投资——利息调整”科目。				√				
5.3 检查持有至到期投资重分类为持有至到期投资的，是否符合准则规定： 5.3.1 因持有意图或能力发生改变，使某项投资不再适合划分为持有至到期投资的，是否将其作为持有至到期投资，并以公允价值进行后续计量。重分类日，该投资的账面价值与公允价值之间的差额计入所有者权益，在该持有至到期投资发生减值或终止确认时转出，计入当期损益。								

续表

针对认定实施的审计程序	财务报表的认定					是否执行	执行人	工作底稿索引号
	存在	完整性	权利和义务	计价和分摊	列报			
5.3.2 持有至到期投资部分出售或重分类的金额较大，且不属于《企业会计准则第22号——金融工具确认和计量》第十六条所指的例外情况，使该投资的剩余部分不再适合划分为持有至到期投资的，企业应当将该投资的剩余部分重分类为持有至到期投资，并以公允价值进行后续计量。				√				
5.4 检查持有至到期投资的处置，是否将所取得价款与该投资账面价值之间的差额计入投资收益。				√				
6. 逐项检查持有至到期投资是否存在持续减值情况，做出详细记录。有客观证据表明其发生了减值的，是否根据其账面价值与预计未来现金流量现值之间的差额计算确认减值损失。				√				
7. 结合银行借款等的检查，了解持有至到期投资是否存在质押、担保情况。如有，则应详细记录，并提请被审计单位进行充分披露。			√		√			
8. 验明持有至到期投资的列报与披露是否恰当。					√			

（二）持有至到期投资导引表

被审计单位名称：________ 编制人：________ 日期：________ 索引号：CYZDQTZ－1
会计期间或截止日：________ 复核人：________ 日期：________ 页　次：________

项目类别	索引号	未审数				审计调整	审定数			
		期初数	本期增加	本期减少	期末数	借方（贷方）	期初数	本期增加	本期减少	期末数
持有至到期投资合计										
持有至到期投资减值准备										
持有至到期投资报表金额										

审计说明及结论：

（三）持有至到期投资明细表

被审计单位名称：________ 编制人：________ 日期：________ 索引号：CYZDQTZ－2

会计期间或截止日：________ 复核人：________ 日期：________ 页　次：________

项目【按明细项目列示】	年初余额			借方发生数	贷方发生数	年末余额			工作底稿索引号	备注
	调整前	审计调整	调整后			调整前	审计调整	调整后		

审计说明及结论：

（四）持有至到期投资检查表

被审计单位名称：________ 编制人：________ 日期：________ 索引号：CYZDQTZ－3
会计期间或截止日：________ 复核人：________ 日期：________ 页 次：________

种类	到期日	实际利率	票面利率	成本	利息调整	应计利息	减值		备注

审计说明及结论：

（五）持有至到期投资细节测试（1）

被审计单位名称：________　编制人：________　日期：________　索引号：CYZDQTZ－4－1
会计期间或截止日：________　复核人：________　日期：________　页　次：________

细节测试的目标	确定测试项目的选取方法	界定总体	抽样单元	样本规模	样本选取方法	界定误差构成条件	预计误差额	总体误差额	实施测试程序	结论

审计说明及结论：

（六）持有至到期投资细节测试（2）

被审计单位名称：________ 编制人：________ 日期：________ 索引号：CYZDQTZ－4－2

会计期间或截止日：________ 复核人：________ 日期：________ 页　次：________

日期	凭证编号	摘要	科目名称	明细科目	借方金额	贷方金额	核对内容						附件
							1	2	3	4	5	6	

核对内容说明：

1. 原始凭证是否齐全；
2. 记账凭证与原始凭证是否相符；
3. 账务处理是否正确；
4. 是否记录于恰当的会计期间；
5. ……

审计说明：

十二、长期应收款实质性测试

（一）长期应收款实质性测试程序表

被审计单位名称：________　编制人：________　日期：________　索引号：CQYSK
会计期间或截止日：________　复核人：________　日期：________　页　次：________

审计目标：

1. 存在：确定记录的长期应收款在资产负债表日是确实存在的，反映了被审计单位融资租赁产生的应收款项、采用递延方式具有融资性质的销售商品和提供劳务等产生的应收款项；
2. 完整性：确定所有应当记录的长期应收款均已记录；
3. 权利和义务：确定记录的长期应收款由被审计单位拥有或控制；
4. 计价和分摊：确定长期应收款以恰当的金额包括在财务报表中，与之相关的计价或分摊调整已恰当记录；
5. 列报：确定长期应收款，已按照企业会计准则的规定在财务报表中做出适当分类、描述和披露。

针对认定实施的审计程序	财务报表的认定					是否执行	执行人	工作底稿索引号
	存在	完整性	权利和义务	计价和分摊	列报			
1. 获取或编制长期应收款明细表。								CQYSK－1，CQYSK－2
1.1 复核加计正确，并与总账和明细账合计数核对是否相符。				√				

续表

针对认定实施的审计程序	财务报表的认定					是否执行	执行人	工作底稿索引号
	存在	完整性	权利和义务	计价和分摊	列报			
1.2 了解重大明细项目的长期应收款内容及性质，进行类别分析，注意是否存在资金被关联企业大量占用、变相拆借资金、隐性投资、误用会计科目、或有损失等现象。	√			√				
1.3 检查长期应收款的账龄分析是否正确。				√				
1.4 核对期初余额与上期审定期末余额是否相符。				√				
2. 判断选择金额（　　）元以上，账龄（　　）或异常的明细账户余额发函询证，编制函证结果汇总表。	√		√	√				CQYSK－3
3. 对发出询证函未能收回及未发出的样本，采用替代程序，如查核下期明细账，或追踪至长期应收款发生时的原始凭证，特别应注意是否存在抽逃资金、隐藏费用的现象。	√		√	√				CQYSK－4
4. 对大额或异常的长期应收款项，即使回函相符，仍应抽查其原始凭证。	√		√	√				CQYSK－4
5. 若长期应收款中存在变相资金拆借，检查其产生的利息入账依据是否充分，相应的税金计提是否正确。				√				
6. 审核资产负债表日后（　　）天的收款事项，确定有无未及时入账的债权。		√						CQYSK－4
7. 分析明细账户，对于长期未能收回的项目，应查明原因，确定是否可能发生坏账损失。				√				
8. 检查与长期应收款有关的会计记录，以确定被审计单位是否按下列规定进行相应的会计处理和披露： 8.1 出租人融资租赁产生的应收租赁款，在租赁期开始日，应按租赁开始日最低租赁收款额与初始直接费用之和，借记本科目，按未担保				√	√			

续表

针对认定实施的审计程序	财务报表的认定					是否执行	执行人	工作底稿索引号
	存在	完整性	权利和义务	计价和分摊	列报			
余值，借记“未担保余值”科目，按融资租赁资产的公允价值（最低租赁收款额和未担保余值的现值之和），贷记“融资租赁资产”科目，按融资租赁资产的公允价值与账面价值的差额，借记“营业外支出”科目或贷记“营业外收入”科目，按发生的初始直接费用，贷记“银行存款”等科目，按其差额，贷记“未实现融资收益”科目。 8.2 采用递延方式分期收款销售商品或提供劳务等经营活动产生的长期应收款，满足收入确认条件的，按应收的合同或协议价款，借记本科目，按应收合同或协议价款的公允价值（折现值），贷记“主营业务收入”等科目，按其差额，贷记“未实现融资收益”科目。涉及增值税的，还应进行相应的处理。 8.3 如有实质上构成对被投资单位净投资的长期权益，被投资单位发生的净亏损应由本企业承担的部分，在“长期股权投资”的账面价值减记至零以后，还需承担的投资损失，应以本科目中实质上构成了对被投资单位净投资的长期权益部分账面价值减记至零为限，继续确认投资损失，借记“投资收益”科目，贷记本科目。除上述已确认投资损失外，投资合同或协议中约定仍应承担的损失，确认为预计负债。				√	√			
9. 审查转作坏账损失的项目是否符合规定，并办妥审批手续；如未经税务部门批准，须调整应纳税所得额。				√				
10. 对非记账本位币结算的长期应收款，检查其采用的折算汇率是否正确。				√				
11. 检查是否存在一年内到期的款项，如有应重分类至其他应收款。					√			
12. 验明长期应收款的列报与披露是否恰当。					√			

（二）长期应收款余额导引表

被审计单位名称：______　　编制人：______　　日期：______　　索引号：CQYSK－1

会计期间或截止日：______　　复核人：______　　日期：______　　页　次：______

上期审定数	未审数				审计调整	审计重分类	审定数	账龄						截至审计日已经收回的款项	备注
	明细项目	发函情况（√）	替代程序索引	金额				1年以下	1～2年	2～3年	3～4年	4～5年	5年以上		
一、关联方（合并范围内）															
—	小计														
二、关联方（合并范围外）															
—	小计														
三、非关联方															
	小计														
	长期应收款账面余额合计														

审计说明：

A. 本年度实际冲销的长期应收款的金额和原因是：

B. 本年度通过重组等长期方式收回的款项为：

C. 调整事项说明：

审计结论：

（三）长期应收款导引表

被审计单位名称：＿＿＿＿＿＿　编制人：＿＿＿＿＿＿　日期：＿＿＿＿＿＿　索引号：CQYSK－2

会计期间或截止日：＿＿＿＿＿＿　复核人：＿＿＿＿＿＿　日期：＿＿＿＿＿＿　页　次：＿＿＿＿＿＿

期初审定			账龄	期末审定			备注
账面余额	坏账准备	账面价值		账面余额	坏账准备	账面价值	
			1 年以内	—		—	
			1～2 年	—		—	
			2～3 年	—		—	
			3～4 年	—		—	
			4～5 年	—		—	
			5 年以上	—		—	
			合　计	—	—	—	
其中：长期应收款前五名	单位名称		金额	占总金额比例	发生时间	发生原因	
1							
2							
3							
4							
5							
	合计				—		
持有 5% 以上股份股东欠款情况：							
1	单位名称		金额	占总金额比例	发生时间	发生原因	
2							

（四）长期应收款函证结果汇总表

被审计单位名称：__________ 编制人：__________ 日期：__________ 索引号：CQYSK－3
会计期间或截止日：__________ 复核人：__________ 日期：__________ 页　次：__________

发函询证纪要				是否收到回函（√）	收到回函				未收到回函是否采取替代程序（√）	审计意见
					可以确认金额		未确认金额			
序号	选取样本目的	单位名称	期末余额		回函直接确认	调节后可以确认	争议未决金额	其他		
合计										

企业期末长期应收款总金额：______元。收到回函样本金额占样本金额比例：______%。
抽取样本占期末余额比例：______%。

选取样本的目的：　A. 大额　B. 异常　C. 账龄长　D. 余额为零　E. 随机

（五）长期应收款替代程序表

被审计单位名称：________ 编制人：________ 日期：________ 索引号：CQYSK－4

会计期间或截止日：________ 复核人：________ 日期：________ 页　次：________

项目名称：

期初余额：　—

期末余额：　—

月	日	凭证号	摘要	借方发生额	贷方发生额	附件				核对内容					
						支票存根	借款申请单	发票或收据		1	2	3	4	5	6
			抽凭合计												
			本期累计												
			抽凭合计金额占本期累计的百分比												

核对内容说明：

1. 属于结算往来债权；2. 经授权批准；3. 与收款凭证核对一致；4. 账务处理正确；5. 与银行对账单核对一致；6. 期后收款情况。

审计说明：

十三、长期股权投资实质性测试

（一）长期股权投资实质性测试程序表

被审计单位名称：________ 编制人：________ 日期：________ 索引号：CQGQTZ

会计期间或截止日：________ 复核人：________ 日期：________ 页　次：________

审计目标：

1. 存在：确定记录的长期股权投资在资产负债表日是确实存在的，反映了持有的采用成本法和权益法核算的长期股权投资；
2. 完整性：确定所有应当记录的长期股权投资均已记录；
3. 权利和义务：确定记录的长期股权投资由被审计单位拥有或控制；
4. 计价和分摊：确定长期股权投资以恰当的金额包括在财务报表中，与之相关的计价或分摊调整已恰当记录；
5. 列报：确定长期股权投资，已按照企业会计准则的规定在财务报表中做出适当分类、描述和披露。

针对认定实施的审计程序	财务报表的认定					是否执行	执行人	工作底稿索引号
	存在	完整性	权利和义务	计价和分摊	列报			
1. 获取或编制长期股权投资明细表，复核加计正确，并与报表数、总账数和明细账合计数核对相符。核对期初余额与上期审定期末余额是否相符。				√				CQGQTZ－1，CQGQTZ－2
2. 根据实际情况，选择以下方法对长期股权投资进行分析程序。								
2.1 比较当年度及以前年度投资余额、收购及转让投资的增减变动，并对异常情况做出解释。	√	√		√	√			

续表

针对认定实施的审计程序	财务报表的认定					是否执行	执行人	工作底稿索引号
	存在	完整性	权利和义务	计价和分摊	列报			
2.2 比较当年度及以前年度股利收入及按持股比例计算投资收益的增减变动，并对异常情况做出解释。				√				
2.3 比较被审计单位当年度、以前年度及市场的平均投资收益率。				√				
3. 检查被审计单位对长期股权投资的分类是否正确，是否符合《企业会计准则第2号——长期股权投资》第5条、第8条和应用指南的有关要求： 3.1 作为“长期股权投资”科目核算内容中，检查是否分类为以下四类性质的长期股权投资，且不包括应当按照《企业会计准则第22号——金融工具确认和计量》的规定处理的其他权益性投资：对被投资单位实施控制的长期股权投资；对被投资单位具有共同控制的长期股权投资；对被投资单位具有重大影响的长期股权投资；不具有共同控制或重大影响，并且在活跃市场中没有报价、公允价值不能可靠计量的长期股权投资。 3.2 分析管理层的持有意图和能力，检查有关原始凭证，包括检查董事会会议纪要、有关合同、协议等相关文件，以验证分类的正确性和投资真实性。 3.3 检查有无不属于“长期股权投资”科目核算的项目，如有，应做出相应调整。	√		√	√	√			
4. 检查股票权证等凭据，核对其所有权及金额。必要时，应向被投资单位函证投资单位的投资额、持股比例及被审计单位发放股利情况。若股票权证等为已提供质押或受到其他约束的，应取证（或函证），提请被审计单位作适当披露。	√		√	√				

针对认定实施的审计程序	财务报表的认定					是否执行	执行人	工作底稿索引号
	存在	完整性	权利和义务	计价和分摊	列报			
5. 检查长期股权投资是否符合国家的限制性规定，并根据账实、账账相符的情况判断其投出和收回金额计算的正确性。				√				
6. 检查长期股权投资的核算是否按规定采用权益法或成本法，取得被投资单位业经审计的年度会计报表，必要时可向审计该报表的会计师事务所发出调查问卷。 6.1 如果未经审计，则应考虑是否对被投资单位的会计报表实施适当的审计或审阅程序。 6.2 如果在长期股权投资核算过程中，如果无法取得联营企业、合营企业会计政策的详细资料，检查是否考虑与被投资单位之间的关系不能被认定为重大影响、共同控制，检查是否应对该项权益性投资重新进行分类并确定其核算方法。				√				
7. 检查年度内长期股权投资增减变动及投资收益的原始凭证，对于增加的项目要核实其入账基础是否符合有关规定，会计处理是否正确；对于减少的项目要核实其变动原因及授权批准手续，检查入账基础是否符合投资合同、协议的规定以及董事会有关决议，确定被审计单位是否按规定进行相应的会计处理和披露。 7.1 企业合并形成的长期股权投资，检查是否按照下列规定确定其初始投资成本： 同一控制下的企业合并，合并方以支付现金、转让非现金资产或承担债务方式作为合并对价的，应当在合并日按照取得被合并方所有者权益账面价值的份额作为长期股权投资的初始投资成本。长期股权投资初始投资成本与支付的现金、转让的非现金资产以及所承担债务账面价值之间的差额，应当调整资本公积；资本公积不足冲减	√		√	√				CQGQTZ－4

续表

针对认定实施的审计程序	财务报表的认定					是否执行	执行人	工作底稿索引号
	存在	完整性	权利和义务	计价和分摊	列报			
的，调整留存收益。合并方以发行权益性证券作为合并对价的，应当在合并日按照取得被合并方所有者权益账面价值的份额作为长期股权投资的初始投资成本。按照发行股份的面值总额作为股本，长期股权投资初始投资成本与所发行股份面值总额之间的差额，应当调整资本公积；资本公积不足冲减的，调整留存收益。 非同一控制下的企业合并，购买方在购买日按照《企业会计准则第20号——企业合并》确定的合并成本作为长期股权投资的初始投资成本。								
7.2 其他方式取得的长期股权投资，应当按照下列规定确定其初始投资成本： （1）以支付现金取得的长期股权投资，应当按照实际支付的购买价款作为初始投资成本。初始投资成本包括与取得长期股权投资直接相关的费用、税金及其他必要支出。 （2）以发行权益性证券取得的长期股权投资，应当按照发行权益性证券的公允价值作为初始投资成本。 （3）投资者投入的长期股权投资，应当按照投资合同或协议约定的价值作为初始投资成本，但合同或协议约定价值不公允的除外。 （4）通过非货币性资产交换取得的长期股权投资，其初始投资成本应当按照《企业会计准则第7号——非货币性资产交换》确定。 （5）通过债务重组取得的长期股权投资，其初始投资成本应当按照《企业会计准则第12号——债务重组》确定。	√		√	√				

续表

针对认定实施的审计程序	财务报表的认定					是否执行	执行人	工作底稿索引号
	存在	完整性	权利和义务	计价和分摊	列报			
7.3 投资企业确认被投资单位发生的净亏损，应当以长期股权投资的账面价值以及其他实质上构成对被投资单位净投资的长期权益减记至零为限，投资企业负有承担额外损失义务的除外。被投资单位以后实现净利润的，投资企业在其收益分享额弥补未确认的亏损分担额后，恢复确认收益分享额。 7.4 投资企业在确认应享有被投资单位净损益的份额时，应当以取得投资时被投资单位各项可辨认资产等的公允价值为基础，对被投资单位的净利润进行调整后确认。被投资单位采用的会计政策及会计期间与投资企业不一致的，应当按照投资企业的会计政策及会计期间对被投资单位的财务报表进行调整，并据以确认投资损益。 7.5 投资企业对于被投资单位除净损益以外所有者权益的其他变动，应当调整长期股权投资的账面价值并计入所有者权益。 7.6 处置长期股权投资，其账面价值与实际取得价款的差额，应当计入当期损益。采用权益法核算的长期股权投资，因被投资单位除净损益以外所有者权益的其他变动而计入所有者权益的，处置该项投资时应当将原计入所有者权益的部分按相应比例转入当期损益。 7.7 成本法核算的、在活跃市场中没有报价、公允价值不能可靠计量的长期股权投资，其减值应当按照《企业会计准则第22号——金融工具确认和计量》处理；其他按照本准则核算的长期股权投资，其减值应当按照《企业会计准则第8号——资产减值》处理。	√		√	√				
8. 针对识别的舞弊风险等特别风险，需实施的审计程序：	√		√	√				

续表

针对认定实施的审计程序	财务报表的认定					是否执行	执行人	工作底稿索引号
	存在	完整性	权利和义务	计价和分摊	列报			
8.1 重点检查初始投资成本确定的合理性，包括交易日的确定，有关计量属性的选择（公允价值或账面价值），尤其关注通过企业合并、投资者投入、非货币性资产交换、债务重组等取得的长期股权投资的有关初始投资成本的确定。 8.2 重点检查对长期股权投资的分类和分类转换是否正确（包括对子公司投资、对合营企业投资、对联营企业投资、其他的在活跃市场中没有报价公允价值不能可靠计量的权益性投资、其他的在活跃市场中有报价公允价值能可靠计量的权益性投资），有关后续计量方法选择和会计处理是否正确（包括成本法核算、权益法核算或以公允价值后续计量）。 8.3 对于重大股权变动，审阅股权转让合同、协议、董事会和股东大会决议，分析是否存在不等价交换，判断被审计单位是否通过不等价股权转让调节利润。 8.4 对于年度内取得股权的，分析被审计单位根据被投资单位的净损益确认投资收益时，是否以取得股权后发生的净损益为基础，特别注意股权转让协议是否存在倒签日期的现象，股权转让涉及的款项是否已经支付或收取。 8.5 重点关注分次逐步取得有关控股权的处理。 8.6 重点关注被投资企业存在净亏损情形下的有关会计处理。	√		√	√				
9. 结合银行借款等的检查，了解长期股权投资是否存在质押、担保情况。如有，则应详细记录，并提请被审计单位进行充分披露。			√		√			
10. 与被审计单位人员讨论确定是否存在被投资单位由于所在国家和地区及其他方面的影响，其向被审计单位转移资金的能力受到限制的情况。如存在，应详细记录受限情况，并提请被审计单位充分披露。			√		√			

续表

针对认定实施的审计程序	财务报表的认定					是否执行	执行人	工作底稿索引号
	存在	完整性	权利和义务	计价和分摊	列报			
11. 验明长期股权投资的列报与披露是否恰当，检查是否在附注中披露与长期股权投资有关的下列信息： 11.1 子公司、合营企业和联营企业清单，包括企业名称、注册地、业务性质、投资企业的持股比例和表决权比例。 11.2 合营企业和联营企业当期的主要财务信息，包括资产、负债、收入、费用等合计金额。 11.3 被投资单位向投资企业转移资金的能力受到严格限制的情况。 11.4 当期及累计未确认的投资损失金额。 11.5 与对子公司、合营企业及联营企业投资相关的或有负债。					√			

（二）长期股权投资导引表

被审计单位名称：__________ 编制人：__________ 日期：__________ 索引号：CQGQTZ－1

会计期间或截止日：__________ 复核人：__________ 日期：__________ 页 次：__________

项目类别	索引号	未审数				审计调整	审定数			
		期初数	本期增加	本期减少	期末数	借方（贷方）	期初数	本期增加	本期减少	期末数
长期股权投资合计										
长期股权投资减值准备										
长期股权投资报表金额										

审计说明及结论：

（三）长期股权投资明细表

被审计单位名称：＿＿＿＿＿＿　编制人：＿＿＿＿＿＿　日期：＿＿＿＿＿＿　索引号：CQGQTZ－2
会计期间或截止日：＿＿＿＿＿＿　复核人：＿＿＿＿＿＿　日期：＿＿＿＿＿＿　页　次：＿＿＿＿＿＿

项目【按明细项目列示】	年初余额			借方发生数	贷方发生数	年末余额			工作底稿索引号	备注
	调整前	审计调整	调整后			调整前	审计调整	调整后		

审计说明及结论：

（四）长期股权投资检查表

被审计单位名称：________ 编制人：________ 日期：________ 索引号：CQGQTZ－3
会计期间或截止日：________ 复核人：________ 日期：________ 页　次：________

类别	被投资单位	股权比例	核算方法	成本	损益调整	其他权益变动	账面余额	市价	减值准备

审计说明及结论：

（五）长期股权投资细节测试（1）

被审计单位名称：__________　　编制人：__________　　日期：__________　　索引号：CQGQTZ－4－1
会计期间或截止日：__________　　复核人：__________　　日期：__________　　页　次：__________

细节测试的目标	确定测试项目的选取方法	界定总体	抽样单元	样本规模	样本选取方法	界定误差构成条件	预计误差额	总体误差额	实施测试程序	结论

审计说明及结论：

（六）长期股权投资细节测试（2）

被审计单位名称：__________ 编制人：__________ 日期：__________ 索引号：CQGQTZ－4－2
会计期间或截止日：__________ 复核人：__________ 日期：__________ 页　次：__________

日期	凭证编号	摘要	科目名称	明细科目	借方金额	贷方金额	核对内容						附件
							1	2	3	4	5	6	

核对内容说明：

1. 原始凭证是否齐全；
2. 记账凭证与原始凭证是否相符；
3. 账务处理是否正确；
4. 是否记录于恰当的会计期间；
5. ……

审计说明：

十四、投资性房地产实质性测试

（一）投资性房地产实质性测试程序表

被审计单位名称：______	编制人：______	日期：______	索引号：TZXFDC
会计期间或截止日：______	复核人：______	日期：______	页　次：______

审计目标：

1. 存在：确定记录的投资性房地产是存在的；
2. 完整性：确定所有应当记录的投资性房地产均已记录；
3. 权利和义务：确定记录的投资性房地产由被审计单位拥有或控制；
4. 计价和分摊：确定投资性房地产以恰当的金额包括在财务报表中，与之相关的计价或分摊调整已恰当记录；
5. 列报：确定投资性房地产已按照企业会计准则的规定在财务报表中做出适当分类、描述和披露。

针对认定实施的审计程序	财务报表的认定					是否执行	执行人	工作底稿索引号
	存在	完整性	权利和义务	计价和分摊	列报			
1. 获取或编制投资性房地产明细表，复核加计正确，并与报表数、总账数和明细账合计数核对相符。核对期初余额与上期审定期末余额是否相符。				√				TZXFDC－1，TZXFDC－2
2. 检查被审计单位对投资性资产的分类和采用的计量属性是否正确，是否符合会计准则的有关要求：	√	√		√	√			

续表

针对认定实施的审计程序	财务报表的认定					是否执行	执行人	工作底稿索引号
	存在	完整性	权利和义务	计价和分摊	列报			
2.1 检查归类为投资房地产的项目，是否包括全部已出租的土地使用权、持有并准备增值后转让的土地使用权、已出租的建筑物。	√	√			√			
2.2 检查被审计单位对投资性房地产的后续计量选用的计量模式是否适当、谨慎，是否按准则要求只能采用成本或公允价值一种模式对所有投资性房地产进行后续计量，不得同时采用两种计量模式。	√			√	√			
2.3 分析管理层的持有意图和能力，检查有关原始凭证，包括检查董事会会议纪要、有关合同、协议等相关文件，以验证其真实性。	√			√	√			
2.4 检查有无不应当属于投资性资产核算的项目，如有，应做出记录或作适当调整。					√			
3. 抽查有关所有权证明文件，查明其产权是否属被审计客户所有，手续是否完备，有无发生纠纷或诉讼等事情；检查赚取租金或资本增值合同等证明文件。			√					
4. 检查本年度新增投资性房地产的计价是否正确，凭证手续是否齐备，检查本年度减少的投资性房地产是否经授权批准，是否正确及时入账。	√	√	√	√				TZXFDC－3
5. 被审计单位采用成本模式计量的，复核已出租的建筑物或土地使用权计提折旧或摊销是否正确，有关资产减值准备的计提是否正确，是否按照《企业会计准则第4号——固定资产》和《企业会计准则第6号——无形资产》的规定，对投资性房地产进行计量，计提折旧或摊销；存在减值迹象的，应当按照《企业会计准则第8号——资产减值》的规定进行处理。	√	√	√	√				TZXFDC－3

续表

针对认定实施的审计程序	财务报表的认定					是否执行	执行人	工作底稿索引号
	存在	完整性	权利和义务	计价和分摊	列报			
6. 被审计单位如果采用公允价值模式计量的，检查足够谨慎选用，是否满足《企业会计准则第3号——投资性房地产》第十条规定条件，只有存在确凿证据表明投资性房地产的公允价值能够持续可靠取得的，才可以采用公允价值模式计量。				√				
6.1 重点检查以下证明公允价值能够持续可靠取得的确凿证据：投资性房地产所在地有活跃的房地产交易市场；被审计单位能够从活跃的房地产交易市场上取得同类或类似房地产的市场价格及其他相关信息，从而对投资性房地产的公允价值做出合理的估计。				√				
6.2 检查资产负债表日，交易性房地产的公允价值与其账面余额的差额的会计处理是否正确。	√		√	√				TZXFDC－4
7. 对重要房地产进行实地检查，判断存在性和期末计价的合理性。	√			√				
8. 检查与投资性房地产有关的会计记录，以确定被审计单位是否按《企业会计准则第3号——投资性房地产》第十条规定进行相应的会计处理。	√	√		√				
8.1 如果被审计单位采用成本模式计量投资性房地产的： （1）企业外购、自行建造等取得的投资性房地产，检查是否按应计入投资性房地产成本的金额，借记投资性房地产，贷记“银行存款”、“在建工程”等科目。 （2）将作为存货的房地产转换为投资性房地产的，检查是否应按其在转换日的账面余额，借记投资性房地产，贷记“开发产品”等科目。已计提跌价准备的，还应同时结转跌价准备。 将自用的建筑物等转换为投资性房地产的，检查是否应按其在转换日的原价、累计折旧、减值准备等，分别转入投资性房地产、								

续表

针对认定实施的审计程序	财务报表的认定					是否执行	执行人	工作底稿索引号
	存在	完整性	权利和义务	计价和分摊	列报			
“投资性房地产累计折旧（摊销）”、“投资性房地产减值准备” 科目。 （3）按期（月）对投资性房地产计提折旧或进行摊销，借记“其他业务成本”科目，贷记“投资性房地产累计折旧（摊销）”科目。取得的租金收入，借记“银行存款”等科目，贷记“其他业务收入”科目。 （4）将投资性房地产转为自用时，检查是否应按其在转换日的账面余额、累计折旧、减值准备等，分别转入“固定资产”、“累计折旧”、“固定资产减值准备”等科目。 （5）处置投资性房地产时，检查是否应按实际收到的金额，借记“银行存款”等科目，贷记“其他业务收入”科目。按该项投资性房地产的累计折旧或累计摊销，借记“投资性房地产累计折旧（摊销）”科目，按该项投资性房地产的账面余额，贷记投资性房地产，按其差额，借记“其他业务成本”科目。已计提减值准备的，还应同时结转减值准备。								
8.2　如果被审计单位采用公允价值模式计量投资性房地产的： （1）企业外购、自行建造等取得的投资性房地产，检查是否按应计入投资性房地产成本的金额，借记投资性房地产（成本），贷记“银行存款”、“在建工程”等科目。 （2）将作为存货的房地产转换为投资性房地产的，检查是否应按其在转换日的公允价值，借记投资性房地产（成本），按其账面余额，贷记“开发产品”等科目，按其差额，贷记“资本公积——其他资本公积”科目或借记“公允价值变动损益”科目。已计提跌价准备的，还应同时结转跌价准备。将自用的建筑物等转换为投资								

续表

针对认定实施的审计程序	财务报表的认定					是否执行	执行人	工作底稿索引号
	存在	完整性	权利和义务	计价和分摊	列报			
性房地产的，按其在转换日的公允价值，借记投资性房地产（成本），按已计提的累计折旧等，借记“累计折旧”等科目，按其账面余额，贷记“固定资产”等科目，按其差额，贷记“资本公积——其他资本公积”科目或借记“公允价值变动损益”科目。已计提减值准备的，还应同时结转减值准备。 （3）资产负债表日，投资性房地产的公允价值高于其账面余额的差额，借记投资性房地产（公允价值变动），贷记“公允价值变动损益”科目；公允价值低于其账面余额的差额做相反的会计分录。 取得的租金收入，借记“银行存款”等科目，贷记“其他业务收入”科目。 （4）将投资性房地产转为自用时，检查是否应按其在转换日的公允价值，借记“固定资产”等科目，按其账面余额，贷记投资性房地产（成本、公允价值变动），按其差额，贷记或借记“公允价值变动损益”科目。 （5）处置投资性房地产时，检查是否应按实际收到的金额，借记“银行存款”等科目，贷记“其他业务收入”科目。按该项投资性房地产的账面余额，借记“其他业务成本”科目，贷记投资性房地产（成本）、贷记或借记投资性房地产（公允价值变动）；同时，按该项投资性房地产的公允价值变动，借记或贷记“公允价值变动损益”科目，贷记或借记“其他业务收入”科目。按该项投资性房地产在转换日记入资本公积的金额，借记“资本公积——其他资本公积”科目，贷记“其他业务收入”科目。								
9. 针对识别的舞弊风险等特别风险，需实施的审计程序：								

针对认定实施的审计程序	财务报表的认定					是否执行	执行人	工作底稿索引号
	存在	完整性	权利和义务	计价和分摊	列报			
9.1 重点检查变更房地产用途和计量属性的合理性，重点关注检查是否存在出于操纵利润等目的而将成本计量模式随意变更为公允价值计量模式，是否存在通过随意变更房地产使用用途进行利润操纵。				√				
9.2 检查是否在后续计量过程中严格对照新会计准则规定的条件，谨慎选择投资性房地产的计量方法，如按照公允价值模式对其进行计量，检查被审计单位是否慎重确定其公允价值并按照财务信息披露法规的有关要求对其公允价值的确定方法做出充分披露。				√	√			
10. 检查投资性房地产的处置目的，检查凭证是否齐全、合法，会计处理是否正确。				√				
11. 结合银行借款等的检查，了解建筑物、土地使用权是否存在抵押、担保情况。如有，则应详细记录，并提请被审计单位进行充分披露。检查投资性房地产的保险情况。			√		√			
12. 验明投资性房地产的列报与披露是否恰当，检查是否在附注中披露与投资性房地产有关的下列信息： 12.1 投资性房地产的种类、金额和计量模式。 12.2 采用成本模式的，投资性房地产的折旧或摊销，以及减值准备的计提情况。 12.3 采用公允价值模式的，公允价值的确定依据和方法，以及公允价值变动对损益的影响。 12.4 房地产转换情况、理由，以及对损益或所有者权益的影响。 12.5 当期处置的投资性房地产及其对损益的影响。					√			

（二）投资性房地产导引表

被审计单位名称：________ 编制人：________ 日期：________ 索引号：TZXFDC－1

会计期间或截止日：________ 复核人：________ 日期：________ 页 次：________

项目类别	索引号	未审数				审计调整	审定数			
		期初数	本期增加	本期减少	期末数	借方（贷方）	期初数	本期增加	本期减少	期末数
合计										

审计说明及结论：

（三）投资性房地产明细表

被审计单位名称：________ 编制人：________ 日期：________ 索引号：TZXFDC－2

会计期间或截止日：________ 复核人：________ 日期：________ 页　次：________

项目【按明细项目列示】	年初余额			借方发生数	贷方发生数	年末余额			工作底稿索引号	备注
	调整前	审计调整	调整后			调整前	审计调整	调整后		

审计说明及结论：

（四）投资性房地产折旧测算表

被审计单位名称：________ 编制人：________ 日期：________ 索引号：TZXFDC－3

会计期间或截止日：________ 复核人：________ 日期：________ 页　次：________

类别	索引号	原值	年折旧率	计提期间	应计提折旧	索引号	实际计提折旧	应补提折旧

审计说明及结论：

（五）投资性房地产细节测试（1）

被审计单位名称：________　编制人：________　日期：________　索引号：TZXFDC－4－1

会计期间或截止日：________　复核人：________　日期：________　页　次：________

细节测试的目标	确定测试项目的选取方法	界定总体	抽样单元	样本规模	样本选取方法	界定误差构成条件	预计误差额	总体误差额	实施测试程序	结论

审计说明及结论：

（六）投资性房地产细节测试（2）

被审计单位名称：________　编制人：________　日期：________　索引号：TZXFDC－4－2
会计期间或截止日：________　复核人：________　日期：________　页　次：________

日期	凭证编号	摘要	科目名称	明细科目	借方金额	贷方金额	核对内容						附件
							1	2	3	4	5	6	

核对内容说明：

1. 原始凭证是否齐全；
2. 记账凭证与原始凭证是否相符；
3. 账务处理是否正确；
4. 是否记录于恰当的会计期间；
5. ……

审计说明：

十五、固定资产及其减值准备实质性测试

（一）固定资产实质性测试程序表

被审计单位名称：		编制人：		日期：		索引号：	GDZC
会计期间或截止日：		复核人：		日期：		页　次：	

审计目标

1. 存在：确定记录的固定资产是存在的；
2. 完整性：确定所有应当记录的固定资产均已记录；
3. 权利和义务：确定记录的固定资产由被审计单位拥有或控制（记录的固定资产是被审计单位应当履行的偿还义务）；
4. 计价和分摊：确定固定资产以恰当的金额包括在财务报表中，与之相关的计价或分摊调整已恰当记录；
5. 列报：确定固定资产已按照企业会计准则的规定在财务报表中做出适当分类、描述和披露。

针对认定实施的审计程序	财务报表的认定					是否执行	执行人	工作底稿索引号
	存在	完整性	权利和义务	计价和分摊	列报			
1. 获取或编制固定资产分类汇总表，检查固定资产的分类是否正确，复核加计正确，并与报表数、总账数和明细账合计数核对是否相符，核对期初余额与上期审定期末余额是否相符。				√				GDZC－1，GDZC－2
2. 根据实际情况，选择以下方法对固定资产进行分析程序：								

续表

针对认定实施的审计程序	财务报表的认定					是否执行	执行人	工作底稿索引号
	存在	完整性	权利和义务	计价和分摊	列报			
2.1 计算固定资产原值与全年产品产量的比率，并与以前年度比较，判断是否存在闲置固定资产，或减少的固定资产未在账户上注销。								
2.2 分析固定资产的构成及其增减变动情况，与在建工程、现金流量表、生产能力等相关信息交叉复核，检查固定资产相关金额的合理性和准确性。	√	√		√				
2.3 分析主要生产设备的生产能力（产能比率），判断被审计单位的生产能力是否在正常范围内。								
3. 对固定资产进行实地观察：								GDZC－3
3.1 实地抽查新增固定资产（如为初次审计，应适当扩大抽查范围），确定其是否存在。	√							
3.2 调查有无已完工或已购建但尚未交付使用的新增固定资产，因改扩建等原因暂停使用的固定资产，以及多余或不适用的需要处理的固定资产，如有，应查明原因，做出记录，以确定其是否真实。	√			√				
3.3 根据固定资产品质和使用状况，判断固定资产是否存在减值或损失的可能。	√			√				
4. 检查房屋产权证、车辆行驶证或车辆运营证、船舶船籍证明等所有权证明文件，确定固定资产是否归被审计单位所有。			√					
5. 检查本期固定资产的增加数：	√		√	√				GDZC－4
5.1 外购固定资产	√		√	√				

续表

针对认定实施的审计程序	财务报表的认定					是否执行	执行人	工作底稿索引号
	存在	完整性	权利和义务	计价和分摊	列报			
5.1.1 通过核对购货合同、发票、保险单、运单等文件，抽查测试其计价是否正确，授权批准手续是否齐备，会计处理是否正确；如果是土地使用权和房屋，还应检查契税的会计处理是否正确。	√		√	√				
5.1.2 对外购土地及建筑物的，检查支付的价款是否在建筑物与土地使用权之间进行分配，并将土地使用权单独作为无形资产核算；难以合理分配的，是否全部作为固定资产处理。 5.1.3 重点检查购入固定资产超过正常信用条件延期支付价款、实质上具有融资性质的，是否按应付购买价款的现值，增加固定资产或“在建工程”科目，并确认有关长期应付款、未确认融资费用。	√	√		√				
5.1.4 固定资产存在弃置义务的，检查是否在取得固定资产时，已按预计弃置费用的现值，增加固定资产和有关预计负债。		√		√				
5.2 在建工程转入： 5.2.1 入账价值是否由建造该项资产达到预定可使用状态前所发生的必要支出构成。 5.2.2 应计入固定资产成本的借款费用，是否按照《企业会计准则第17号——借款费用》处理。 5.2.3 检查竣工决算、验收和移交报告是否正确，与在建工程的相关记录是否核对相符。 5.2.4 对已达到预定可使用状态但尚未办理竣工决算的固定资产，检查其是否按照估计价值确定其成本，并计提折旧；待办理竣工决算后，是否再按实际成本调整原来的暂估价值，但不需调整原已计提的折旧额。 5.2.5 自行开发建造厂房等建筑物，检查相关的土地使用权与建筑物是否分别进行处理。	√		√	√				

续表

针对认定实施的审计程序	财务报表的认定					是否执行	执行人	工作底稿索引号
	存在	完整性	权利和义务	计价和分摊	列报			
5.3 投资投入： 检查投资者投入固定资产是否按投资各方确认价值入账（不公允除外），是否有评估报告，检查其作价的合理性，交接手续是否齐全。如属国有企业投入的，检查是否业经国有资产管理部门确认。	√		√	√				
5.4 因后续支出转入而增加： 5.4.1 对更新改造等后续支出，满足《企业会计准则第4号——固定资产》第四条规定确认条件的，检查有关的增加价值是否真实，是否已计入固定资产成本，如有被替换的部分，是否已终止确认被替换部分的账面价值。 5.4.2 检查不满足《企业会计准则第4号——固定资产》第四条规定确认条件的固定资产修理费用等，应当在发生时计入当期损益。 5.4.3 检查新确定的折旧年限是否恰当。	√		√	√				
5.5 非货币性资产交换、债务重组、企业合并取得： 应检查产权过户手续是否齐备，固定资产计价及确认的损益是否符合《企业会计准则第7号——非货币性资产交换》、《企业会计准则第12号——债务重组》和《企业会计准则第20号——企业合并》有关规定。	√		√	√				
5.6 盘盈增加： 检查盘盈的固定资产，是否作为前期差错记入“以前年度损益调整”科目，并按同类或类似固定资产的市场价格，减去按该项资产的新旧程度估计的价值损耗后的余额，作为入账价值。	√		√	√				

续表

针对认定实施的审计程序	财务报表的认定					是否执行	执行人	工作底稿索引号
	存在	完整性	权利和义务	计价和分摊	列报			
5.7 其他增加： 检查其他增加固定资产的原始凭证，核对其计价及会计处理是否正确，法律手续是否齐全。	√		√	√				
6. 检查本期固定资产的减少数： 6.1 结合固定资产清理和待处理财产损溢科目，抽查固定资产账面转销额是否正确。 6.2 检查减少固定资产的授权批准文件。 6.3 对于企业出售、转让、报废固定资产或发生固定资产毁损的，以及其他满足终止确认条件的固定资产，检查是否已将处置收入扣除账面价值和相关税费后的金额计入当期损益，固定资产盘亏造成的损失，是否计入当期损益。 6.4 检查投资转出固定资产的会计处理是否正确。 6.5 检查因非货币性资产交换、债务重组和企业合并等交易转出固定资产的会计处理是否符合企业会计准则的有关规定。 6.6 检查其他减少固定资产的会计处理是否正确。	√		√	√				GDZC－5
7. 检查固定资产租赁： 7.1 获取经营性租出、租入和融资租入固定资产的相关证明文件。 7.2 了解并检查租入的固定资产是否属企业必需，或租出的固定资产是否企业多余、闲置不用的，是否存在不正当交易。	√		√	√				GDZC－6

续表

针对认定实施的审计程序	财务报表的认定					是否执行	执行人	工作底稿索引号
	存在	完整性	权利和义务	计价和分摊	列报			
7.3 融资租入的固定资产，检查在租赁期开始日，是否按应计入固定资产成本的金额（租赁开始日租赁资产公允价值与最低租赁付款额现值两者中较低者，加上初始直接费用），增加固定资产或“在建工程”科目，并按最低租赁付款额增加长期应付款，确认有关未确认融资费用；租赁期届满，企业取得该项固定资产所有权的，是否已将该项固定资产从“融资租入固定资产”明细科目转入有关明细科目。 7.4 企业以经营租赁方式租入的固定资产发生的改良支出，检查其是否予以资本化，作为长期待摊费用核算处理。	√		√	√				
8. 对于因清产核资、资产评估调整固定资产的，取得有关清产核资报告、资产评估报告和国有资产管理等部门的确认文件，检查其会计处理是否正确。	√		√	√				
9. 对于企业持有待售的固定资产，检查其是否按预计净残值进行计价。	√			√				
10. 查询固定资产保险情况，复核保险范围是否恰当，保险数额足够。	√		√	√				
11. 检查有无与关联方之间的固定资产购售活动，是否经适当授权，是否为按正常交易价格进行交易，有关会计处理是否正确。	√		√	√				
12. 结合银行借款等的检查，了解固定资产是否存在抵押、担保情况。如有，则应取证并记录，并提请被审计单位作必要披露。	√		√		√			
13. 检查购置固定资产时是否存在与资本性支出有关的财务承诺，资本性支出与收益性支出的划分是否恰当。		√	√	√				
14. 检查自用房地产与投资性房地产之间的转换，有关会计处理是否正确。				√				

续表

针对认定实施的审计程序	财务报表的认定					是否执行	执行人	工作底稿索引号
	存在	完整性	权利和义务	计价和分摊	列报			
15. 针对识别的舞弊风险等特别风险，需额外考虑实施的审计程序： 15.1 重点检查对已达到预定可使用状态但尚未办理竣工决算的固定资产，是否按照估计价值确定其成本，并计提折旧。 15.2 涉及非货币性资产交换增加或减少固定资产的，若以公允价值计量并确认有关损益时，重点关注其该项交易的背景及交易价格的公允性，检查是否非货币性资产交换具有商业实质且公允价值能够可靠计量。 15.3 涉及债务重组增加或减少固定资产的，重点关注其该项交易的背景及交易价格的公允性，检查是否有关公允价值能够可靠计量。				√				
16. 验明固定资产的列报与披露是否恰当，检查是否在附注中披露与固定资产有关的下列信息： 16.1 固定资产的确认条件、分类、计量基础和折旧方法。 16.2 各类固定资产的使用寿命、预计净残值和折旧率。 16.3 各类固定资产的期初和期末原价、累计折旧额及固定资产减值准备累计金额。 16.4 当期确认的折旧费用。 16.5 对固定资产所有权的限制及其金额和用于担保的固定资产账面价值。 16.6 准备处置的固定资产名称、账面价值、公允价值、预计处置费用和预计处置时间等。					√			

（二）累计折旧实质性测试程序表

被审计单位名称：＿＿＿＿＿＿ 编制人：＿＿＿＿＿＿ 日期：＿＿＿＿＿＿ 索引号：LJZJ

会计期间或截止日：＿＿＿＿＿＿ 复核人：＿＿＿＿＿＿ 日期：＿＿＿＿＿＿ 页 次：＿＿＿＿＿＿

审计目标：

1. 存在：确定记录的累计折旧是存在的；
2. 完整性：确定所有应当记录的累计折旧均已记录；
3. 权利和义务：确定记录的累计折旧由被审计单位拥有或控制；
4. 计价和分摊：确定累计折旧以恰当的金额包括在财务报表中，与之相关的计价或分摊调整已恰当记录；
5. 列报：确定累计折旧已按照企业会计准则的规定在财务报表中做出适当分类、描述和披露。

针对认定实施的审计程序	财务报表的认定					执行人	工作底稿索引号
	存在	完整性	权利和义务	计价和分摊	列报		
1. 获取或编制累计折旧分类汇总表，复核加计正确，并与报表数、总账数和明细账合计数核对相符，核对期初余额与上期审定期末余额是否相符。				√			LJZJ－1，LJZJ－2
2. 根据情况，选择以下方法对累计折旧实施分析程序： 2.1 计算本年计提折旧额占固定资产原值的比率，并与上年比较，分析本年折旧计提额的合理性和准确性。 2.2 计算累计折旧占固定资产原值的比率，评估固定资产的老化率，并估计因闲置、报废等原因可能发生的固定资产损失，结合固定资产减值准备检查，分析是否合理。				√			

续表

针对认定实施的审计程序	财务报表的认定					执行人	工作底稿索引号
	存在	完整性	权利和义务	计价和分摊	列报		
3. 折旧的计提和分配：							
3.1 了解被审计单位固定资产的使用寿命和预计净残值，检查：							
3.1.1 被审计单位是否根据固定资产的性质和使用情况，合理确定固定资产的使用寿命和预计净残值。							
3.1.2 检查固定资产的使用寿命和预计净残值的变更情况，是否一经确定，除符合 3.3 的有关情形外，不得随意变更。							
3.2 了解被审计单位的折旧方法，检查被审计单位是否根据与固定资产有关的经济利益的预期实现方式，合理选择固定资产折旧方法（包括年限平均法、工作量法、双倍余额递减法和年数总和法等）。				√			LJZJ－3，LJZJ－4，LJZJ－5
3.2.1 已全额计提减值准备或持有待售的固定资产，以及已提足折旧仍继续使用的固定资产和单独计价入账的土地，检查是否未再计提折旧。							
3.2.2 已计提减值准备的固定资产，计提的折旧是否正确。							
3.2.3 采用加速折旧法的，是否已取得其批准文件；如无，应提请被审计单位改正或调整应纳税所得额。							
3.3 检查被审计单位是否至少已在每年年度终了，对固定资产的使用寿命、预计净残值和折旧方法进行复核，存在以下对固定资产使用寿命、预计净残值和折旧方法的改变的，检查是否已作为会计估计变更处理：							

续表

针对认定实施的审计程序	财务报表的认定					执行人	工作底稿索引号
	存在	完整性	权利和义务	计价和分摊	列报		
3.3.1 当被审计单位固定资产的使用寿命预计数与原先估计数有差异的，检查是否已调整固定资产使用寿命。 3.3.2 当预计净残值预计数与原先估计数有差异的，检查是否已调整预计净残值。 3.3.3 当与固定资产有关的经济利益预期实现方式有重大改变的，检查是否已改变固定资产折旧方法。 3.4 检查是否按期（月）计提固定资产的折旧，计算复核本期折旧费用的计提是否正确。 3.5 检查折旧费用是否根据用途计入相关资产的成本或者当期损益（包括“制造费用”、“销售费用”、“管理费用”、“研发支出”、“其他业务成本” 等）；检查折旧费用的分配是否合理，并与上期分配方法一致，如果分配方法发生改变，检查其依据是否充分，改变后的分配方法是否更加合理。 3.6 注意固定资产增减变动时，有关折旧的会计处理是否符合规定。 3.7 查明通过更新改造、接受捐赠旧的、融资租入而增加的固定资产的折旧费用计算是否正确。				√			
4. 对于因资产评估调整累计折旧的，取得有关资产评估报告和国有资产管理部门的确认文件，检查其会计处理是否正确。	√	√	√	√			
5. 针对识别的舞弊风险等特别风险，需额外考虑实施的审计程序：							
5.1 重点检查对已达到预定可使用状态但尚未办理竣工决算的固定资产，是否按照估计价值确定其成本，并计提折旧。				√			

续表

针对认定实施的审计程序	财务报表的认定					执行人	工作底稿索引号
	存在	完整性	权利和义务	计价和分摊	列报		
5.2 重点检查与折旧有关的会计估计变更的合理性，重点关注资产折旧方法是否与固定资产有关的经济利益预期实现方式相一致。当与固定资产有关的经济利益预期实现方式有重大改变的，是否改变固定资产折旧方法。				√			
6. 验明累计折旧的列报与披露是否恰当。					√		

（三）固定资产减值准备实质性测试程序表

被审计单位名称：＿＿＿＿＿＿ 编制人：＿＿＿＿＿＿ 日期：＿＿＿＿＿＿ 索引号：GDZCJZ

会计期间或截止日：＿＿＿＿＿＿ 复核人：＿＿＿＿＿＿ 日期：＿＿＿＿＿＿ 页 次：＿＿＿＿＿＿

审计目标：

1. 存在：确定记录的固定资产减值准备是存在的；
2. 完整性：确定所有应当记录的固定资产减值准备均已记录；
3. 权利和义务：确定记录的固定资产减值准备由被审计单位拥有或控制；
4. 计价和分摊：确定固定资产减值准备以恰当的金额包括在财务报表中，与之相关的计价或分摊调整已恰当记录；
5. 列报：确定固定资产减值准备已按照企业会计准则的规定在财务报表中做出适当分类、描述和披露。

针对认定实施的审计程序	财务报表的认定					执行人	工作底稿索引号
	存在	完整性	权利和义务	计价和分摊	列报		
1. 获取或编制固定资产减值准备明细表，复核加计正确，并与报表数、总账数和明细账合计数核对是否相符，核对期初余额与上期审定期末余额是否相符。				√			GDZCJZ－1，GDZCJZ－2
2. 实施分析程序，分析期末固定资产减值准备占固定资产期末原价的比率，并与上年度的比率比较，分析异常波动原因。				√			
3. 检查固定资产减值准备计提和核销的批准程序，取得书面报告等证明文件。				√			
4. 在资产负债表日固定资产存在以下减值迹象的，检查被审计单位是否已估计其可收回金额。可收回金额应当根据固定资产的公允价值减去处置费用后的净额与固定资产预计未来现金流量的现值两者之间较高者确定。				√			

续表

针对认定实施的审计程序	财务报表的认定					执行人	工作底稿索引号
	存在	完整性	权利和义务	计价和分摊	列报		
4.1 资产的市价当期大幅度下跌，其跌幅明显高于因时间的推移或者正常使用而预计的下跌。 4.2 企业经营所处的经济、技术或者法律等环境以及资产所处的市场在当期或者将在近期发生重大变化，从而对企业产生不利影响。 4.3 市场利率或者其他市场投资报酬率在当期已经提高，从而影响企业计算资产预计未来现金流量现值的折现率，导致资产可收回金额大幅度降低。 4.4 有证据表明资产已经陈旧过时或者其实体已经损坏。 4.5 资产已经或者将被闲置、终止使用或者计划提前处置。 4.6 企业内部报告的证据表明资产的经济绩效已经低于或者将低于预期，如资产所创造的净现金流量或者实现的营业利润（或者亏损）远远低于（或者高于）预计金额等。 4.7 其他表明资产可能已经发生减值的迹象。				√			
5. 查明固定资产减值准备计提的方法是否符合规定，前后期是否一致，依据是否充分，并做出记录。 5.1 检查被审计单位对应计提固定资产减值准备和应全额计提固定资产减值准备的情况划分是否正确。 5.2 是否按单项固定资产或资产组计提固定资产减值准备。 5.3 固定资产减值准备的计算和会计处理是否正确，是否已将资产的账面价值减记至可收回金额，减记的金额是否确认为资产减值损失，并同时计提相应的资产减值准备。				√			GDZCJZ－3

续表

针对认定实施的审计程序	财务报表的认定					执行人	工作底稿索引号
	存在	完整性	权利和义务	计价和分摊	列报		
6. 实际发生的固定资产损失转销是否符合有关法规的规定完成审批手续，会计处理是否正确。				√			
7. 针对识别的舞弊风险等特别风险，需额外考虑实施的审计程序： 7.1 重点关注被审计单位是否建立、健全资产减值准备计提和各项损失核销的内部控制制度，对资产减值损失做出适当估计，并根据准则规定合理计提减值准备。 7.2 重点关注被审计单位是否定期检查固定资产是否出现资产减值的迹象，如出现该迹象，是否根据实际情况对固定资产进行减值测试，重点分析被审计单位按照准则的有关要求，对其存在的不良资产充分计提资产减值准备。 7.3 若被审计单位因重大资产处置导致计提的资产减值准备在一年以内大额冲回的，应重点关注原减值准备计提的适当性，是否应按会计差错更正进行处理。 7.4 结合固定资产、在建工程等项目的审计，检查相关会计资料，重点关注被审计单位是否存在以下情形：利用计提资产价值准备人为调节各期利润，随意变更计提方法和计提比例，利用计提资产减值准备的机会“一次亏足”或随意调节利润的情形。				√			
8. 验明固定资产减值准备的列报与披露是否恰当。					√		

（四）固定资产及累计折旧导引表

被审计单位名称：________　　编制人：________　　日期：________　　索引号：GDZC－1
会计期间或截止日：________　　复核人：________　　日期：________　　页　次：________

固定资产类别	索引号	未审数				审计调整	审定数			
		期初数	本期增加	本期减少	期末数	借方（贷方）	期初数	本期增加	本期减少	期末数
固定资产原值										
合计										
累计折旧										
合计										
固定资产净值										

（五）固定资产及累计折旧明细表

被审计单位名称：________ 编制人：________ 日期：________ 索引号：GDZC－2

会计期间或截止日：________ 复核人：________ 日期：________ 页　次：________

固定资产类别	数量	原值	累计折旧	资产状况	存放地点或使用部门	备注

审计结论：

（六）固定资产明细表

被审计单位名称：________ 编制人：________ 日期：________ 索引号：GDZC－2－2

会计期间或截止日：________ 复核人：________ 日期：________ 页　次：________

固定资产类别	固定资产名称及规格、型号	计量单位	账面数量	期初余额	本期增加	本期减少	期末余额	备注
合计								

编制说明：1. 如固定资产本期有减少情况，则在“备注”栏中说明减少原因。
2. 已交付使用而尚未办理竣工决算的固定资产，按工程概算/合同价暂估入账应在“备注”栏中说明。
3. 用于抵押、担保的固定资产中应在“备注”中予以说明。
4. 数量账实不符的固定资产，应在“备注”栏中说明。

（七）固定资产实物检查表

被审计单位名称：________ 编制人：________ 日期：________ 索引号：GDZC－3

会计期间或截止日：________ 复核人：________ 日期：________ 页 次：________

序 号	固定资产类别	固定资产名称	账面记录数量	存放地点	实点数量	差额	是否进行了会计处理

提示：本表用于确定固定资产是否实际存在。

审计结论：

（八）固定资产增加情况测试表

被审计单位名称：__________ 编制人：__________ 日期：__________ 索引号：GDZC－4

会计期间或截止日：__________ 复核人：__________ 日期：__________ 页　次：__________

月	日	凭证号	固定资产类别	固定资产名称	减少情况			测试情况					
					数量	原价	累计折旧	1	2	3	4	5	6

测试内容：

1. 新增固定资产的计价正确。
2. 新增固定资产原始凭证手续齐备。
3. 新增固定资产计提折旧方法正确。
4. 新增固定资产归企业所有。
5. 新增固定资产的会计处理正确。
6. 新增固定资产符合规定固定资产标准。

提示：本表用于汇总本年度增加固定资产的测试情况。

审计结论：

（九）固定资产减少情况测试表

被审计单位名称：＿＿＿＿＿＿ 编制人：＿＿＿＿＿＿ 日期：＿＿＿＿＿＿ 索引号：GDZC－5

会计期间或截止日：＿＿＿＿＿＿ 复核人：＿＿＿＿＿＿ 日期：＿＿＿＿＿＿ 页　次：＿＿＿＿＿＿

月	日	凭证号	固定资产类别	固定资产名称	减少情况			测试情况					
					数量	原价	累计折旧	1	2	3	4	5	6

测试内容：

1. 减少的固定资产归企业所有。
2. 减少固定资产结转的金额正确。
3. 减少的固定资产经授权批准。
4. 减少的固定资产会计处理恰当。
5. ……

审计说明：

审计结论：

（十）固定资产租赁检查表

被审计单位名称：________ **编制人：**________ **日期：**________ **索引号：** GDZC－6

会计期间或截止日：________ **复核人：**________ **日期：**________ **页　次：**________

序号	经营租出固定资产名称 （不包括租出建筑物，其作为投资房地产核算）	租出原值	对应科目	证明文件	会计处理恰当否	备注

提示：本表用于审查租出固定资产核算的正确性。

审计结论：

（十一）累计折旧明细表

被审计单位名称：________ 编制人：________ 日期：________ 索引号：LJZJ－2
会计期间或截止日：________ 复核人：________ 日期：________ 页 次：________

固定资产类别	固定资产名称及规格、型号	计量单位	折旧方法	折旧年限	残值率	折旧率	期初余额	本期增加	本期减少	期末余额
合　计										

（十二）折旧费用测算表

被审计单位名称：________　　编制人：________　　日期：________　　索引号：LJZJ－3
会计期间或截止日：________　　复核人：________　　日期：________　　页　次：________

固定资产类别	索引号	原值	年折旧率	计提期间	应计提折旧	索引号	实际计提折旧	应补提折旧

情况说明：公司的折旧政策如下：

固定资产类别	使用年限（年）	残值率（%）	年折旧率（%）
……			

审计结论：

（十三）固定资产折旧验算表

被审计单位名称：________ 编制人：________ 日期：________ 索引号：LJZJ－4

会计期间或截止日：________ 复核人：________ 日期：________ 页　次：________

序号	固定资产类别	折旧方法	年折旧率	计提折旧固定资产期初余额	本期增加			本期减少			固定资产期末余额	应提折旧平均余额	应提折旧	本期已提折旧	已提折旧差异
					月份	金额	年平均数	月份	金额	年平均数					
	甲	乙	丙	1	n	2	3＝2×(12－n)/12	m	4	5＝4×m/12	6＝1＋2－4	7＝1＋3－5	8＝7×丙	9	10＝9－8

提示：本表用于验算采用直线法计提折旧的客户。采用工作量法、双倍余额递减法、年数总和法的应另附验算记录。

（十四）折旧费用分配测试表

被审计单位名称：________　　编制人：________　　日期：________　　索引号：LJZJ－5
会计期间或截止日：________　　复核人：________　　日期：________　　页　次：________

固定资产类别	索引号	生产成本	制造费用	营业费用	管理费用	合计

情况说明：公司折旧费用分配标准如下：

审计结论：

（十五）固定资产减值准备导引表

被审计单位名称：________ 编制人：________ 日期：________ 索引号：GDZCJZZB－1
会计期间或截止日：________ 复核人：________ 日期：________ 页　次：________

固定资产类别及名称	索引号	未审数				审计调整	审定数			
		期初数	本期增加	本期核销	期末数	借方（贷方）	期初数	本期增加	本期核销	期末数
合　计										

审计结论：

（十六）固定资产减值准备明细表

被审计单位名称：______　　编制人：______　　日期：______　　索引号：GDZCJZZB－2
会计期间或截止日：______　　复核人：______　　日期：______　　页　次：______

固定资产类别	固定资产名称及规格、型号	计量单位	账面数量	账面价值	可收回金额	减值准备				备注
						期初余额	本期计提	本期转出	期末余额	
合　计										

编制说明：1. 账面价值＝固定资产原值－累计折旧
2. 减值准备的期末余额＝账面价值－可收回金额

（十七）固定资产减值准备增减明细核查表

被审计单位名称：________ 编制人：________ 日期：________ 索引号：GDZCJZZB－3

会计期间或截止日：________ 复核人：________ 日期：________ 页　次：________

月	日	凭证号	项目	对应科目	本期计提	本期转销	核对内容					
							1	2	3	4	5	6

核对内容说明：1. 存在固定资产减值的情况或依据。2. 上下年度确定减值的情况或依据的口径一致。3. 计算预计可回收金额的公式、数据符合企业实际情况。4. 会计处理正确。5……

（十八）未使用、不需用固定资产核查表

被审计单位名称：__________　编制人：__________　日期：__________　索引号：GDZC－4

会计期间或截止日：__________　复核人：__________　日期：__________　页　次：__________

序号	固定资产名称	原值	已提折旧	起始时间	状况	不使用	不需用	备注

提示：本表用于审查未使用、不需用固定资产核算的正确性。

审计结论：

十六、在建工程及其减值准备实质性测试

（一）在建工程实质性测试程序表

被审计单位名称：________ 编制人：________ 日期：________ 索引号：ZJGC

会计期间或截止日：________ 复核人：________ 日期：________ 页　次：________

审计目标：

1. 存在：确定记录的在建工程是存在的，反映了被审计单位基建、更新改造等在建工程发生的支出；
2. 完整性：确定所有应当记录的在建工程均已记录；
3. 权利和义务：确定记录的在建工程由被审计单位拥有或控制；
4. 计价和分摊：确定在建工程以恰当的金额包括在财务报表中，与之相关的计价或分摊调整已恰当记录；
5. 列报：确定在建工程，已按照企业会计准则的规定在财务报表中做出适当分类、描述和披露。

针对认定实施的审计程序	财务报表的认定					是否执行	执行人	工作底稿索引号
	存在	完整性	权利和义务	计价和分摊	列报			
1. 获取或编制在建工程明细表，复核加计正确，并与报表数、总账数和明细账合计数核对是否相符，核对期初余额与上期审定期末余额是否相符。				√				ZJGC－1，ZJGC－2
2. 实地观察工程现场。 2.1 确定在建工程是否存在。 2.2 观察工程项目的实际完工程度。	√		√	√				

续表

针对认定实施的审计程序	财务报表的认定					是否执行	执行人	工作底稿索引号
	存在	完整性	权利和义务	计价和分摊	列报			
2.3 检查是否存在已达到预计可使用状态，但是未办理竣工决算手续、未及时进行会计处理的项目。	√		√	√				
3. 对于重大建设项目，取得有关工程项目的立项批文、预算总额及建设批准文件，施工承包合同、现场监理施工进度报告等业务资料。	√	√	√	√				
4. 检查本年度在建工程的增加数： 4.1 支付工程款： 抽查工程款是否按照合同、协议、工程进度或监理进度报告分期支付，其付款授权批准手续是否齐备，会计处理是否正确。 4.2 领用工程物资： 抽查工程物资的领用是否有审批手续，会计处理是否正确。 4.3 借款费用资本化： 对于计入固定资产成本的借款费用，结合长短期借款、应付债券或长期应付款的审计，检查是否按照《企业会计准则第17号——借款费用》处理，是否满足借款费用资本化条件，资本化的计算方法是否正确，资本化金额是否合理，会计处理是否正确。 4.4 工程管理费资本化： 结合管理费用等的审计工作，检查工程管理费资本化的金额是否合理，会计处理是否正确。	√	√	√	√				ZJGC-3，ZJGC-4 ZJGC-5，ZJGC-6

续表

针对认定实施的审计程序	财务报表的认定					是否执行	执行人	工作底稿索引号
	存在	完整性	权利和义务	计价和分摊	列报			
4.5 自行开发建造厂房等建筑物，检查相关的土地使用权与建筑物是否分别进行处理，土地使用权应单独作为无形资产核算。 4.6 对于企业发包的在建工程，是否按合理估计的发包工程进度和合同规定结算的进度款增加在建工程，或在将设备交付建造承包商建造安装时，增加在建工程。 4.7 建设期间发生的工程物资盘亏、报废及毁损净损失，或盘盈的工程物资或处置净收益，是否相应减少或增加在建工程。但对于自然灾害等原因造成的在建工程报废或毁损，减去残料价值和过失人或保险公司等赔款后的净损失，检查是否作为“营业外支出——非常损失”，相应减少在建工程支出。 4.8 检查是否应按照合理的方法计算和分配待摊支出（包括在建工程发生的管理费、征地费、可行性研究费、临时设施费、公证费、监理费及应负担的税费等），在建工程达到预定可使用状态时，是否相应增加完工的在建工程成本。	√	√	√	√				
5. 检查本期在建工程的减少数：								ZJGC－3
5.1 了解在建工程转固定资产的政策，并结合固定资产审计，检查在建工程转销额是否正确，是否存在将已经达到预定可使用状态的固定资产挂列在建工程，少计折旧。 5.2 检查已完工程项目的竣工决算报告、验收交接单等相关凭证以及其他转出数的原始凭证，检查会计处理是否正确。	√	√	√	√				

续表

针对认定实施的审计程序	财务报表的认定					是否执行	执行人	工作底稿索引号
	存在	完整性	权利和义务	计价和分摊	列报			
5.3 对已达到预定可使用状态但尚未办理竣工决算的在建工程，检查其是否按照估计价值转出有关固定资产成本，并计提折旧；待办理竣工决算后，是否再按实际成本调整原来的暂估价值，但不需调整原已计提的折旧额。	√	√	√	√				
6. 如被审计单位是上市公司，将在建工程的增减数与募集资金使用情况的披露进行核对。			√					
7. 查询在建工程项目保险情况，复核保险范围和金额是否足够。			√					
8. 对于因资产评估调整在建工程账面原值的，取得有关资产评估报告和国有资产管理部门的确认文件，检查其会计处理是否正确。				√				
9. 检查是否有长期挂账的在建工程；如有，了解原因，并关注是否会发生损失。				√				
10. 检查有无与关联方之间的工程建造或代开发业务。如有，是否经适当授权，是否为按正常交易价格进行交易。				√				
11. 结合银行借款等的检查，了解在建工程是否存在抵押、担保情况。如有，则应取证记录，并提请被审计单位作必要披露。					√			
12. 检查在建工程合同，以确定是否存在与资本性支出有关的财务承诺。			√		√			
13. 针对识别的舞弊风险等特别风险，需额外考虑实施的审计程序： 13.1 重点检查是否存在对已达到预定可使用状态但未按照估计价值转出在建工程，并计提折旧的情形。				√				

续表

针对认定实施的审计程序	财务报表的认定					是否执行	执行人	工作底稿索引号
	存在	完整性	权利和义务	计价和分摊	列报			
13.2 重点检查在建工程发生的借款费用是否满足借款费用资本化条件，一般借款的资本化金额的计算是否正确。				√				
14. 验明在建工程的列报与披露是否恰当，是否在附注中披露与在建工程有关的下列信息： 14.1 在建工程的类别、结转为固定资产的标准和时点。 14.2 列示重要的在建工程名称、预算数、期初余额、本期增加额、本期转入固定资产额、其他减少额、期末余额、资金来源、工程投入占预算的比例。 14.3 分项列示在建工程期初余额、本期增加额、本期转入固定资产、其他减少额、期末余额中所包含的借款费用资本化金额。 14.4 用于确定借款费用资本化金额的资本化率应单独披露。 14.5 披露主要工程项目的资金来源，资金来源应区分募股资金、金融机构贷款和其他来源等。					√			

（二）在建工程减值准备实质性测试程序表

被审计单位名称：________ 编制人：________ 日期：________ 索引号：ZJGCJZZB

会计期间或截止日：________ 复核人：________ 日期：________ 页　次：________

审计目标：

1. 存在：确定记录的在建工程减值准备是存在的；
2. 完整性：确定所有应当记录的在建工程减值准备均已记录；
3. 权利和义务：确定记录的在建工程减值准备由被审计单位拥有或控制；
4. 计价和分摊：确定在建工程减值准备以恰当的金额包括在财务报表中，计提方法和比例恰当、计提的金额充分，与之相关的计价已恰当记录；
5. 列报：确定在建工程减值准备，已按照企业会计准则的规定在财务报表中做出适当分类、描述和披露。

针对认定实施的审计程序	财务报表的认定					执行人	工作底稿索引号
	存在	完整性	权利和义务	计价和分摊	列报		
1. 获取或编制在建工程减值准备明细表，复核加计正确，并与报表数、总账数和明细账合计数核对是否相符，核对期初余额与上期审定期末余额是否相符。				√			ZJGCJZZB－1，ZJGCJZZB－2
2. 运用分析性复核的方法，分析期末在建工程减值准备占在建工程期末原价的比率，并与上年度的比率比较，分析异常波动原因。				√			
3. 检查在建工程减值准备计提和核销的批准程序，取得书面报告等证明文件。				√			
4. 在资产负债表日在建工程存在以下减值迹象的，检查被审计单位是否已估计其可收回金额。可收回金额应当根据在建工程的公允价值减去处置费用后的净额与在建工程预计未来现金流量的现值两者之间较高者确定。				√			

续表

针对认定实施的审计程序	财务报表的认定					执行人	工作底稿索引号
	存在	完整性	权利和义务	计价和分摊	列报		
4.1 资产的市价当期大幅度下跌，其跌幅明显高于因时间的推移或者正常使用而预计的下跌。 4.2 企业经营所处的经济、技术或者法律等环境以及资产所处的市场在当期或者将在近期发生重大变化，从而对企业产生不利影响。 4.3 市场利率或者其他市场投资报酬率在当期已经提高，从而影响企业计算资产预计未来现金流量现值的折现率，导致资产可收回金额大幅度降低。 4.4 有证据表明资产已经陈旧过时或者其实体已经损坏。 4.5 资产已经或者将被闲置、终止使用或者计划提前处置。 4.6 企业内部报告的证据表明资产的经济绩效已经低于或者将低于预期，如资产所创造的净现金流量或者实现的营业利润（或者亏损）远远低于（或者高于）预计金额等。 4.7 其他表明资产可能已经发生减值的迹象。				√			
5. 查明在建工程减值准备计提的方法是否符合规定，前后期是否一致，依据是否充分，并做出记录。 5.1 检查被审计单位对应计提在建工程减值准备和应全额计提在建工程减值准备的情况划分是否正确。 5.2 是否按单项在建工程或资产组计提在建工程减值准备。 5.3 在建工程减值准备的计算和会计处理是否正确，是否已将资产的账面价值减记至可收回金额，减记的金额是否确认为资产减值损失，并同时计提相应的资产减值准备。				√			

续表

针对认定实施的审计程序	财务报表的认定					执行人	工作底稿索引号
	存在	完整性	权利和义务	计价和分摊	列报		
6. 实际发生的在建工程损失转销是否符合有关法规的规定完成审批手续，会计处理是否正确。				√			
7. 针对识别的舞弊风险等特别风险，需额外考虑实施的审计程序： 7.1 重点关注被审计单位是否建立、健全资产减值准备计提和各项损失核销的内部控制制度，对资产减值损失做出适当估计，并根据准则规定合理计提减值准备。 7.2 重点关注被审计单位是否定期检查在建工程是否出现资产减值的迹象，如出现该迹象，是否根据实际情况对在建工程进行减值测试，重点分析被审计单位按照准则的有关要求，对其存在的不良资产充分计提资产减值准备。 7.3 若被审计单位因重大资产处置导致计提的资产减值准备在一年以内大额冲回的，应重点关注原减值准备计提的适当性，是否应按会计差错更正进行处理。 7.4 结合固定资产、在建工程等项目的审计，检查相关会计资料，重点关注被审计单位是否存在以下情形：利用计提资产价值准备人为调节各期利润，随意变更计提方法和计提比例，利用计提资产减值准备的机会“一次亏足”或随意调节利润的情形。				√			
8. 验明在建工程减值准备的列报与披露是否恰当。					√		

（三）在建工程导引表

被审计单位名称：________　编制人：________　日期：________　索引号：ZJGC－1

会计期间或截止日：________　复核人：________　日期：________　页　次：________

资金来源	项目进度	未审数					审计调整	审定数				
		期初数	本期增加	本期转入固定资产	本期其他减少	期末数	借方（贷方）	期初数	本期增加	本期转入固定资产	本期其他减少	期末数

审计结论：

（四）在建工程明细表

被审计单位名称：________ 编制人：________ 日期：________ 索引号：ZIGC－2
会计期间或截止日：________ 复核人：________ 日期：________ 页 次：________

序号	工程项目名称	批准文号	工程预算数	资金来源	工程进度	期初余额	本期减少			期末余额
							本期增加	转入固定资产	其他减少	
1	…									
	其中：资本化利息									
2	…									
	其中：资本化利息									
3	…									
	其中：资本化利息									
	合计									
	其中：资本化利息									

（五）在建工程发生额测试表

被审计单位名称：________　　编制人：________　　日期：________　　索引号：ZJGC－3

会计期间或截止日：________　　复核人：________　　日期：________　　页　次：________

月	日	凭证号	内容摘要	对应科目	测试内容						说明
					1	2	3	4	5	6	

测试内容：1. 凭证合法。　2. 支出经授权批准，手续齐备。　3. 属于资本性支出。　4. 会计处理正确。　5. ……

审计说明：

审计结论：

（六）在建工程明细项目核查表

被审计单位名称：__________　　编制人：__________　　日期：__________　　索引号：ZJGC－4
会计期间或截止日：__________　　复核人：__________　　日期：__________　　页　次：__________

项目类别及名称	期初数	本期发生数	本期转出数	期末数	预算金额	工程进度（%）	批准文号

审计说明：

审计结论：

（七）借款利息资本化核查表

被审计单位名称：________ 编制人：________ 日期：________ 索引号：ZJGC－5
会计期间或截止日：________ 复核人：________ 日期：________ 页　次：________

工程名称	本期累计支出加权平均数	索引号	资本化率	索引号	资本化金额	借款合同索引

审计说明：

审计结论：

（八）待摊工程管理费审核表

被审计单位名称：________ 编制人：________ 日期：________ 索引号：ZJGC－6

会计期间或截止日：________ 复核人：________ 日期：________ 页　次：________

项目名称	期初数	本期发生数	本期转出数	期末未审数	调整数	审定数

审计说明：

审计结论：

（九）在建工程减值准备导引表

被审计单位名称：________　　编制人：________　　日期：________　　索引号：ZJGCJZZB－1

会计期间或截止日：________　　复核人：________　　日期：________　　页　次：________

在建工程类别及名称	索引号	未审数				审计调整	审定数			
		期初数	本期增加	本期核销	期末数	借方（贷方）	期初数	本期增加	本期核销	期末数
合　计										

审计结论：

（十）在建工程减值准备明细表

被审计单位名称：______ 编制人：______ 日期：______ 索引号：ZJGCJZZB－2
会计期间或截止日：______ 复核人：______ 日期：______ 页 次：______

序号	工程项目名称	批准文号	减值准备				备注
			期初余额	本期计提	本期转出	期末余额	
	合 计						

编制说明：对于在建工程计提减值准备的原因在“备注”中予以说明。

（十一）在建工程减值准备增减明细核查表

被审计单位名称：________ 编制人：________ 日期：________ 索引号：ZJGCJZZB－3

会计期间或截止日：________ 复核人：________ 日期：________ 页　次：________

月	日	凭证号	项目	对应科目	本期增加	本期减少	核对内容					
							1	2	3	4	5	6

核对内容说明：1. 存在在建工程减值的情况或依据。2. 上下年度确定减值的情况或依据的口径一致。3. 计算预计可回收金额的公式、数据符合企业实际情况。4. 会计处理正确。5. ……

审计说明：

审计结论：

十七、工程物资实质性测试

（一）工程物资实质性测试程序表

被审计单位名称：______	编制人：______	日期：______	索引号：GCWZ
会计期间或截止日：______	复核人：______	日期：______	页　次：______

审计目标

1. 存在：确定记录的工程物资是存在的，反映了被审计单位为在建工程准备的各种物资的成本，包括工程用材料、尚未安装的设备以及为生产准备的工器具等；

2. 完整性：确定所有应当记录的工程物资均已记录；

3. 权利和义务：确定记录的工程物资由被审计单位拥有或控制；

4. 计价和分摊：确定工程物资以恰当的金额包括在财务报表中，与之相关的计价或分摊调整已恰当记录；

5. 列报：确定工程物资已按照企业会计准则的规定在财务报表中做出适当分类、描述和披露。

针对认定实施的审计程序	财务报表的认定					是否执行	执行人	工作底稿索引号
	存在	完整性	权利和义务	计价和分摊	列报			
1. 获取或编制工程物资明细表，复核加计正确，并与报表数、总账数和明细账合计数核对是否相符，核对期初余额与上期审定期末余额是否相符。				√				GCWZ－1，GCQZ－2
2. 实地盘点工程物资，确定其是否存在，并观察是否有呆滞积压物资。	√			√				

续表

针对认定实施的审计程序	财务报表的认定					是否执行	执行人	工作底稿索引号
	存在	完整性	权利和义务	计价和分摊	列报			
3. 抽查若干工程物资采购合同、发票、收货单、运单等原始凭证，检查其是否经过授权批准，会计处理是否正确。			√	√				
4. 结合在建工程审计，检查物资领用手续是否齐全，会计处理是否正确。	√			√				
5. 检查被审计单位是否对工程物资定期盘点，对盘盈（亏）是否及时处理，处理是否符合规定，会计处理是否正确。		√	√	√				
6. 检查工程完工后剩余的工程物资在转入存货时是否将其所含增值税进项税额进行了正确的分离。				√				
7. 检查有无与关联方之间的工程物资采购业务，其是否经适当授权，是否为按正常交易价格进行交易。如有，表明应合并抵销的金额。				√				
8. 工程物资发生减值的，检查是否单独设置“工程物资减值准备”科目，比照“固定资产减值准备”科目进行了会计处理。				√				
9. 验明工程物资的列报与披露是否恰当。					√			

（二）工程物资导引表

被审计单位名称：________ 编制人：________ 日期：________ 索引号：GCWZ－1

会计期间或截止日：________ 复核人：________ 日期：________ 页　次：________

工程物资类别	索引号	未审数	审计调整		审定数	上期数
			借方	贷方		
合　计						

审计结论：

（三）工程物资明细表

被审计单位名称：＿＿＿＿＿＿ 编制人：＿＿＿＿＿＿ 日期：＿＿＿＿＿＿ 索引号：GCWZ－2

会计期间或截止日：＿＿＿＿＿＿ 复核人：＿＿＿＿＿＿ 日期：＿＿＿＿＿＿ 页　次：＿＿＿＿＿＿

工程物资类别	名称及规格	计量单位	数量	单价	金额
合　计					

十八、固定资产清理实质性测试

（一）固定资产清理实质性测试程序表

被审计单位名称：______	编制人：______	日期：______	索引号：GDZCQL
会计期间或截止日：______	复核人：______	日期：______	页　次：______

审计目标

1. 存在：确定记录的固定资产清理是存在的，反映了被审计单位因出售、报废、毁损、对外投资、非货币性资产交换、债务重组等原因转出的固定资产价值以及在清理过程中发生的费用；
2. 完整性：确定所有应当记录的固定资产清理均已记录；
3. 权利和义务：确定记录的固定资产清理由被审计单位拥有或控制；
4. 计价和分摊：确定固定资产清理以恰当的金额包括在财务报表中，与之相关的计价或分摊调整已恰当记录；
5. 列报：确定固定资产清理已按照企业会计准则的规定在财务报表中做出适当分类、描述和披露。

针对认定实施的审计程序	财务报表的认定					是否执行	执行人	工作底稿索引号
	存在	完整性	权利和义务	计价和分摊	列报			
1. 获取或编制固定资产清理明细表，复核加计正确，并与报表数、总账数和明细账合计数核对是否相符，核对期初余额与上期审定期末余额是否相符。				√				GDZCQL－1，GDZCQL－2

续表

针对认定实施的审计程序	财务报表的认定					是否执行	执行人	工作底稿索引号
	存在	完整性	权利和义务	计价和分摊	列报			
2. 结合长期股权投资、非货币性资产交换、债务重组等有关审计，对于符合终止确认条件的固定资产，是否相应进行了固定资产清理。	√	√	√	√				
3. 检查固定资产清理发生的原因（出售、报废、毁损、对外投资、非货币性资产交换、债务重组等），是否经有关授权批准，有关会计处理是否正确。	√	√	√	√				GDZCQL－3
3.1 检查是否按该项固定资产的账面价值，转入固定资产清理。重点关注已计提减值准备的，是否应同时结转减值准备，并检查其原值、累计折旧等的账面转入额是否正确。				√				
3.2 检查固定资产清理收入和清理费用的发生是否真实、准确，清理过程中应支付的相关税费及其他费用，是否增加固定资产清理，收回出售固定资产的价款、残料价值和变价收入，以及应由保险公司或过失人赔偿的损失，是否减少固定资产清理。				√				
3.3 检查固定资产清理完成后，有关损益计算是否正确：对属于生产经营期间正常的处理损失，是否作为“营业外支出——处置非流动资产损失”处理；对属于自然灾害等非正常原因造成的损失，是否作为“营业外支出——非常损失”处理。若为贷方余额，是否作为“营业外收入”处理。	√	√	√	√				
4. 检查有无长期挂账的固定资产清理余额。如有，应查明原因，必要时应作调整。	√							
5. 验明固定资产清理的列报与披露是否恰当。					√			

（二）固定资产清理导引表

被审计单位名称：________ 编制人：________ 日期：________ 索引号：GDZCQL－1
会计期间或截止日：________ 复核人：________ 日期：________ 页　次：________

被清理固定资产名称、规格	索引号	未审数	审计调整		审定数	上期数
			借方	贷方		
合　计						

（三）固定资产清理明细表

被审计单位名称：________ 编制人：________ 日期：________ 索引号：GDZCQL－2

会计期间或截止日：________ 复核人：________ 日期：________ 页　次：________

被清理固定资产的名称及规格	计量单位	数量	被清理固定资产原值	被清理固定资产已计折旧	被清理固定资产净值	清理费用	清理收入	固定资产清理净额
合　计								

编制说明：1. “清理收入”包括出售固定资产的价款、残料价值和变价收入及保险公司或过失人的赔偿款等。

2. “清理费用”包括清理过程中发生的费用及应交的税金。

3. 固定资产清理净额＝清理固定资产净值＋清理费用－清理收入。

（四）固定资产清理明细核查表

被审计单位名称：________ 编制人：________ 日期：________ 索引号：GDZCQL－3

会计期间或截止日：________ 复核人：________ 日期：________ 页 次：________

固定资产名称	原值	已提折旧	净值	清理费用	清理收入	转营业外收入（支出）	期末余额	清理原因	批准人

十九、无形资产及其减值准备实质性测试

（一）无形资产实质性测试程序表

被审计单位名称：________ 编制人：________ 日期：________ 索引号：WXZC

会计期间或截止日：________ 复核人：________ 日期：________ 页　次：________

审计目标

1. 存在：确定记录的无形资产在资产负债表日是确实存在的，反映了被审计单位持有的无形资产成本（包括专利权、非专利技术、商标权、著作权、土地使用权等）；

2. 完整性：确定所有应当记录的无形资产均已记录；

3. 权利和义务：确定记录的无形资产由被审计单位拥有或控制；

4. 计价和分摊：确定无形资产以恰当的金额包括在财务报表中，与之相关的计价或分摊调整已恰当记录；

5. 列报：确定无形资产已按照企业会计准则的规定在财务报表中做出适当分类、描述和披露。

针对认定实施的审计程序	财务报表的认定					是否执行	执行人	工作底稿索引号
	存在	完整性	权利和义务	计价和分摊	列报			
1. 获取或编制无形资产明细表，复核加计正确（并检查其分类是否正确），并与报表数、总账数和明细账合计数核对是否相符，核对期初余额与上期审定期末余额是否相符。				√				WXZC－1，WXZC－2

续表

<table>
<tr><th rowspan="2">针对认定实施的审计程序</th><th colspan="5">财务报表的认定</th><th rowspan="2">是否执行</th><th rowspan="2">执行人</th><th rowspan="2">工作底稿索引号</th></tr>
<tr><th>存在</th><th>完整性</th><th>权利和义务</th><th>计价和分摊</th><th>列报</th></tr>
<tr><td>2. 根据实际情况，选择以下方法对无形资产执行分析程序：
2.1 按类别比较无形资产当年度及以前年度的摊销，并对异常情况做出解释。
2.2 将无形资产账面价值与平均摊销率的乘积与无形资产账面摊销额进行比较。</td><td>√</td><td>√</td><td></td><td>√</td><td></td><td></td><td></td><td></td></tr>
<tr><td>3. 检查与无形资产有关的会计记录，以确定被审计单位是否按下列规定进行相应会计处理和披露：
3.1 无形资产应当按照成本进行初始计量。
外购无形资产的成本，包括购买价款、相关税费以及直接归属于使该项资产达到预定用途所发生的其他支出。购买无形资产的价款超过正常信用条件延期支付，实质上具有融资性质的，无形资产的成本以购买价款的现值为基础确定。实际支付的价款与购买价款的现值之间的差额，除按照《企业会计准则第 17 号——借款费用》应予资本化的以外，应当在信用期间内计入当期损益。
3.2 自行开发的无形资产，其成本包括自满足其确认条件和下列规定后至达到预定用途前所发生的支出总额，但是对于以前期间已经费用化的支出不再调整。
企业内部研究开发项目开发阶段的支出，同时满足下列条件的，才能确认为无形资产：
（1）完成该无形资产以使其能够使用或出售，在技术上具有可行性；
（2）具有完成该无形资产并使用或出售的意图；</td><td>√</td><td>√</td><td>√</td><td>√</td><td></td><td></td><td></td><td>WXZC－3</td></tr>
</table>

续表

针对认定实施的审计程序	财务报表的认定					是否执行	执行人	工作底稿索引号
	存在	完整性	权利和义务	计价和分摊	列报			
（3）无形资产产生经济利益的方式，包括能够证明运用该无形资产生产的产品存在市场或无形资产自身存在市场，无形资产将在内部使用的，应当证明其有用性；								
（4）有足够的技术、财务资源和其他资源支持，以完成该无形资产的开发，并有能力使用或出售该无形资产；								
（5）归属于该无形资产开发阶段的支出能够可靠地计量。								
3.3 投资者投入无形资产的成本，应当按照投资合同或协议约定的价值确定，但合同或协议约定价值不公允的除外。								
3.4 非货币性资产交换、债务重组、政府补助和企业合并取得的无形资产的成本，应当分别按照《企业会计准则第 7 号——非货币性资产交换》、《企业会计准则第 12 号——债务重组》、《企业会计准则第 16 号——政府补助》和《企业会计准则第 20 号——企业合并》确定。	√	√	√	√				
3.5 企业应当于取得无形资产时分析判断其使用寿命。无形资产的使用寿命为有限的，应当估计该使用寿命的年限或者构成使用寿命的产量等类似计量单位数量；无法预见无形资产为企业带来经济利益期限的，应当视为使用寿命不确定的无形资产。								

续表

针对认定实施的审计程序	财务报表的认定					是否执行	执行人	工作底稿索引号
	存在	完整性	权利和义务	计价和分摊	列报			
3.6 使用寿命有限的无形资产，其应摊销金额应当在使用寿命内系统合理摊销。企业摊销无形资产，应当自无形资产可供使用时起，至不再作为无形资产确认时止。企业选择的无形资产摊销方法，应当反映与该项无形资产有关的经济利益的预期实现方式。无法可靠确定预期实现方式的，应当采用直线法摊销。无形资产的摊销金额一般应当计入当期损益，其他会计准则另有规定的除外。 3.7 无形资产的应摊销金额为其成本扣除预计残值后的金额。已计提减值准备的无形资产，还应扣除已计提的无形资产减值准备累计金额。使用寿命有限的无形资产，其残值应当视为零，但下列情况除外： （1）有第三方承诺在无形资产使用寿命结束时购买该无形资产； （2）可以根据活跃市场得到预计残值信息，并且该市场在无形资产使用寿命结束时很可能存在。 3.8 使用寿命不确定的无形资产不应摊销。 3.9 无形资产的减值，应当按照《企业会计准则第 8 号——资产减值》处理。 3.10 企业至少应当于每年年度终了，对使用寿命有限的无形资产的使用寿命及摊销方法进行复核。无形资产的使用寿命及摊销方法与以前估计不同的，应当改变摊销期限和摊销方法。企业应当在每个会计期间对使用寿命不确定的无形资产的使用寿命进行复核。如果有证据表明无形资产的使用寿命是有限的，应当估计其使用寿命，并按本准则规定处理。	√	√	√	√				

续表

针对认定实施的审计程序	财务报表的认定					是否执行	执行人	工作底稿索引号
	存在	完整性	权利和义务	计价和分摊	列报			
3.11 企业出售无形资产，应当将取得的价款与该无形资产账面价值的差额计入当期损益。 3.12 无形资产预期不能为企业带来经济利益的，应当将该无形资产的账面价值予以转销。 3.13 企业自创商誉以及内部产生的品牌、报刊名等，不应确认为无形资产。								
4. 针对识别的舞弊风险等特别风险，需额外考虑实施的审计程序：	√	√	√	√				
4.1 检查自行开发的增加的无形资产真实性、合理性，是否按予资本化的支出增加无形资产。								
4.2 检查无形资产是否预期不能为企业带来经济利益的，相应将账面价值转入“营业外支出”科目。								
5. 检查无形资产的权属证书原件、非专利技术的持有和保密状况等，并获取有关协议和董事会纪要等文件、资料，检查无形资产的性质、构成内容、计价依据、使用状况和受益期限，确定无形资产是否存在，并由被审计单位拥有或控制。	√		√					
6. 结合长、短期借款等项目的审计，了解是否存在用于债务担保的无形资产。如有，应取证并记录，并提请被审计单位作恰当披露。			√		√			
7. 验明无形资产的列报与披露是否恰当，检查是否在附注中披露与无形资产有关的下列信息： 7.1 无形资产的期初和期末账面余额、累计摊销额及减值准备累计金额。 7.2 使用寿命有限的无形资产，其使用寿命的估计情况；使用寿命不确定的无形资产，其使用寿命不确定的判断依据。					√			

续表

针对认定实施的审计程序	财务报表的认定					是否执行	执行人	工作底稿索引号
	存在	完整性	权利和义务	计价和分摊	列报			
7.3 无形资产的摊销方法。 7.4 用于担保的无形资产账面价值、当期摊销额等情况。 7.5 计入当期损益和确认为无形资产的研究开发支出金额。					√			

（二）无形资产导引表

被审计单位名称：______　　编制人：______　　日期：______　　索引号：WXZC－1

会计期间或截止日：______　　复核人：______　　日期：______　　页　次：______

项目类别	索引号	原始金额	剩余摊销年限	未审数					审计调整（重分类）	审定数				
				期初数	本期增加	本期转出	本期摊销	期末数	借方（贷方）	期初数	本期增加	本期转出	本期摊销	期末数
	WXZC－3													

注：项目类别可分为专利权、非专利技术、商标权、著作权、土地使用权、特许权，具体披露要求可参考《企业会计准则第30号——财务报表列报》和证监会的有关规定。

审计说明及结论：

（三）无形资产减值准备导引表

被审计单位名称：________ 编制人：________ 日期：________ 索引号：WXZCJZZB－1

会计期间或截止日：________ 复核人：________ 日期：________ 页　次：________

项目类别	索引号	未审数				审计调整	审定数			
		期初数	本期增加	本期减少	期末数	借方（贷方）	期初数	本期增加	本期减少	期末数

注：具体披露要求可参考《企业会计准则第30号——财务报表列报》和证监会的有关规定。

审计说明及结论：

（四）无形资产明细表

被审计单位名称：________ 编制人：________ 日期：________ 索引号：WXZC－2

会计期间或截止日：________ 复核人：________ 日期：________ 页　次：________

无形 资产项目	摊销 起止日	原始 发生总额	以前年度 摊销额	剩余 摊销期限	期初余额	本年增加额	本年度 摊销额	本期 转出额	期末余额
一、专利权									
二、非专利技术									
三、商标权									
四、著作权									
五、土地使用权									
六、特许权									
合　计									

（五）无形资产减值准备明细表

被审计单位名称：________ 编制人：________ 日期：________ 索引号：WXZCJZZB－2

会计期间或截止日：________ 复核人：________ 日期：________ 页　次：________

无形资产项目	无形资产账面余额	可收回金额	减值准备				备注
			期初余额	本期计提	本期转回	期末余额	
合　计							

编制说明：对于无形资产计提减值准备的原因在“备注”中予以说明。

（六）无形资产检查表

被审计单位名称：______ 编制人：______ 日期：______ 索引号：WXZC－3

会计期间或截止日：______ 复核人：______ 日期：______ 页　次：______

项目	未审金额	凭证号	检查、核对记录					调整金额	审定金额
			1	2	3	4	5		
一、原始发生金额									
二、期初余额									
三、本期摊销									
四、本期转出									
五、本期增加									
六、期末余额									
七、累计摊销									
八、减值情况									
九、权属、抵押情况									

检查、核对提示：	审计说明及结论：
1. 真实发生且符合确认条件； 2. 摊销计算正确； 3. 有权属证明； 4. 入账金额计价正确； 5. ……	

二十、开（研）发支出实质性测试

（一）开（研）发支出实质性测试程序表

被审计单位名称：＿＿＿＿＿＿ 编制人：＿＿＿＿＿＿ 日期：＿＿＿＿＿＿ 索引号：K（Y）FZC

会计期间或截止日：＿＿＿＿＿＿ 复核人：＿＿＿＿＿＿ 日期：＿＿＿＿＿＿ 页　次：＿＿＿＿＿＿

审计目标：

1. 存在：确定记录的研发支出在资产负债表日是确实存在的，反映了被审计单位正在进行无形资产研究开发项目满足资本化条件的支出；
2. 权利和义务：确定记录的研发支出资产由被审计单位拥有或控制；
3. 完整性：确定所有应当记录的研发支出均已记录；
4. 计价和分摊：确定研发支出以恰当的金额包括在财务报表中，与之相关的计价或分摊调整已恰当记录；
5. 列报：确定研发支出已按照企业会计准则的规定在财务报表中做出适当分类、描述和披露。

针对认定实施的审计程序	财务报表的认定					是否执行	执行人	工作底稿索引号
	存在	完整性	权利和义务	计价和分摊	列报			
1. 获取或编制研发支出明细表，复核加计正确，并与报表数、总账数和明细账合计数核对是否相符，核对期初余额与上期审定期末余额是否相符。				√				K（Y）FZC－1，K（Y）FZC－2

针对认定实施的审计程序	财务报表的认定					是否执行	执行人	工作底稿索引号
	存在	完整性	权利和义务	计价和分摊	列报			
2. 获取企业对研发项目如何区分研究阶段支出与开发阶段支出的文件，检查企业内部研究开发项目开发阶段的支出，是否只有同时满足下列条件，才能进行资本化、确认为无形资产： （1）完成该无形资产以使其能够使用或出售在技术上具有可行性； （2）具有完成该无形资产并使用或出售的意图； （3）无形资产产生经济利益的方式，包括能够证明运用该无形资产生产的产品存在市场或无形资产自身存在市场，无形资产将在内部使用的，应当证明其有用性； （4）有足够的技术、财务资源和其他资源支持，以完成该无形资产的开发，并有能力使用或出售该无形资产； （5）归属于该无形资产开发阶段的支出能够可靠地计量。	√	√	√	√				K（Y）FZC-3
3. 检查与研发支出有关的会计记录，以确定被审计单位是否按下列规定进行相应的会计处理和披露： 3.1 企业自行开发无形资产发生的研发支出，不满足资本化条件的，借记本科目（费用化支出），满足资本化条件的，借记本科目（资本化支出），贷记“原材料”、“银行存款”、“应付职工薪酬”等科目。 3.2 研究开发项目达到预定用途形成无形资产的，应按本科目（资本化支出）的余额，借记“无形资产”科目，贷记本科目（资本化支出）。				√				K（Y）FZC-3

续表

针对认定实施的审计程序	财务报表的认定					是否执行	执行人	工作底稿索引号
	存在	完整性	权利和义务	计价和分摊	列报			
3.3 期（月）末，应将本科目归集的费用化支出金额转入“管理费用”科目，借记“管理费用”科目，贷记本科目（费用化支出）。								
4. 针对识别的舞弊风险等特别风险，需额外考虑实施的审计程序：（根据具体情况，注册会计师应针对识别的特别风险设计有效的实质性程序。）								
5. 验明研发支出的列报与披露是否恰当，检查其符合资本化支出的研发支出账面余额是否在开发支出资产科目中列报，并在附注中分别披露计入当期损益和确认为无形资产的研究开发支出金额。					√			

（二）开（研）发支出导引表

被审计单位名称：________ 编制人：________ 日期：________ 索引号：K（Y）FZC－1

会计期间或截止日：________ 复核人：________ 日期：________ 页　次：________

项目类别	索引号	未审数				审计调整	审定数			
		期初数	本期增加	本期减少	期末数	借方（贷方）	期初数	本期增加	本期减少	期末数
	K（Y）FZC－3									

注：具体披露要求可参考《企业会计准则第30号——财务报表列报》和证监会的有关规定。

审计说明及结论：

（三）开（研）发支出明细表

被审计单位名称：＿＿＿＿＿＿　　编制人：＿＿＿＿＿＿　　日期：＿＿＿＿＿＿　　索引号：K（Y）FZC－2
会计期间或截止日：＿＿＿＿＿＿　　复核人：＿＿＿＿＿＿　　日期：＿＿＿＿＿＿　　页　次：＿＿＿＿＿＿

序号	研究开发项目名称	项目开发进度	期初余额	本期增加	本期减少		期末余额
					转入无形资产	其他减少	
1	…						
	其中：资本化利息						
2	…						
	其中：资本化利息						
3	…						
	其中：资本化利息						
	合　计						
	其中：资本化利息						

（四）开（研）发支出检查表

被审计单位名称：________　　编制人：________　　日期：________　　索引号：K（Y）FZC－3

会计期间或截止日：________　　复核人：________　　日期：________　　页　次：________

项目	未审金额	凭证号	检查、核对记录					调整金额	审定金额
			1	2	3	4	5		
一、原始发生金额									
二、期初余额									
三、本期转出									
四、本期增加									
五、期末余额									
六、利息资本化情况									
七、项目开发进度等情况									

检查、核对提示：	审计说明及结论：
1. 入账金额真实发生且符合无形资产资本化条件； 2. 资本化利息计算正确； 3. 结转无形资产正确； 4. ……	

二十一、商誉实质性测试

（一）商誉实质性测试程序表

被审计单位名称：________　编制人：________　日期：________　索引号：SY
会计期间或截止日：________　复核人：________　日期：________　页　次：________

审计目标：

1. 存在：确定记录的商誉是存在的，反映了被审计单位企业合并中形成的商誉价值；
2. 完整性：确定所有应当记录的商誉均已记录；
3. 权利和义务：确定记录的商誉资产由被审计单位拥有或控制；
4. 计价和分摊：确定商誉以恰当的金额包括在财务报表中，与之相关的计价或分摊调整已恰当记录；
5. 列报：确定商誉已按照企业会计准则的规定在财务报表中做出适当分类、描述和披露。

针对认定实施的审计程序	财务报表的认定					是否执行	执行人	工作底稿索引号
	存在	完整性	权利和义务	计价和分摊	列报			
1. 获取或编制商誉明细表，复核加计正确，并与报表数、总账数和明细账合计数核对是否相符，核对期初余额与上期审定期末余额是否相符。				√				SY－1，SY－2
2. 检查与商誉有关的会计记录，以确定被审计单位是否按下列规定进行相应的会计处理和披露： 2.1 在非同一控制下企业合并中，购买方在购买日应当对合并成本进行分配，以确认所取得的被购买方各项可辨认资产、负债及或有负债，对合并成本大于合并中取得的被购买方可辨认净资产公允价值份额的差额，确认为商誉。	√	√	√	√				SY－3

续表

针对认定实施的审计程序	财务报表的认定					是否执行	执行人	工作底稿索引号
	存在	完整性	权利和义务	计价和分摊	列报			
2.2 企业合并中取得资产、负债的入账价值与其计税基础不同形成可抵扣暂时性差异的，是否于购买日确认递延所得税资产，相应贷记“商誉”等科目；形成应纳税暂时性差异的，是否于购买日确认递延所得税负债，同时调整商誉，相应借记“商誉”等科目。	√	√	√	√				SY－3
3. 初始确认后的商誉，应当以其成本扣除累计减值准备后的金额计量。商誉的减值应当按照如下规定处理： （1）企业合并所形成的商誉，至少应当在每年年度终了进行减值测试。商誉应当结合与其相关的资产组或者资产组组合进行减值测试。相关的资产组或者资产组组合应当是能够从企业合并的协同效应中受益的资产组或者资产组组合，不应当大于按照《企业会计准则第35号——分部报告》所确定的报告分部。 （2）企业进行资产减值测试，对于因企业合并形成的商誉的账面价值，应当自购买日起按照合理的方法分摊至相关的资产组；难以分摊至相关的资产组的，应当将其分摊至相关的资产组组合。在将商誉的账面价值分摊至相关的资产组或者资产组组合时，应当按照各资产组或者资产组组合的公允价值占相关资产组或者资产组组合公允价值总额的比例进行分摊。公允价值难以可靠计量的，按照各资产组或者资产组组合的账面价值占相关资产组或者资产组组合账面价值总额的比例进行分摊。企业因重组等原因改变了其报告结构，从而影响到已分摊商誉的一个或者若干个资产组或者资产组组合构成的，应当按照与本条前款规定相似的分摊方法，将商誉重新分摊至受影响的资产组或者资产组组合。				√				SY－3

续表

针对认定实施的审计程序	财务报表的认定					是否执行	执行人	工作底稿索引号
	存在	完整性	权利和义务	计价和分摊	列报			
（3）在对包含商誉的相关资产组或者资产组组合进行减值测试时，如其存在减值迹象的，应当先对不包含商誉的资产组或者资产组组合进行减值测试，计算可收回金额，并与相关账面价值相比较，确认相应的减值损失。再对包含商誉的资产组或者资产组组合进行减值测试，比较这些相关资产组或者资产组组合的账面价值（包括所分摊的商誉的账面价值部分）与其可收回金额，如相关资产组或者资产组组合的可收回金额低于其账面价值的，应当确认商誉的减值损失。				√				SY－3
4. 针对识别的舞弊风险等特别风险，需额外考虑实施的审计程序： 根据具体情况，注册会计师应针对识别的特别风险设计有效的实质性程序。								
5. 验明商誉的列报与披露是否恰当，检查是否在附注中披露与商誉有关的下列信息： 5.1 企业合并发生当期的期末，购买方应当在附注中披露与非同一控制下企业合并形成的商誉的金额及其确定方法的信息。 5.2 企业进行商誉减值测试时，如果分摊到某资产组的商誉的账面价值占商誉账面价值总额的比例重大的，应当在附注中披露下列信息： A. 分摊到该资产组的商誉的账面价值。 B. 该资产组可收回金额的确定方法。					√			

续表

针对认定实施的审计程序	财务报表的认定					是否执行	执行人	工作底稿索引号
	存在	完整性	权利和义务	计价和分摊	列报			
5.3 企业进行商誉减值测试时，如果商誉的全部或者部分账面价值分摊到多个资产组，且分摊到每个资产组的商誉的账面价值占商誉账面价值总额的比例不重大的，企业应当在附注中说明这一情况以及分摊到上述资产组的商誉合计金额。商誉账面价值按照相同的关键假设分摊到上述多个资产组，且分摊的商誉合计金额占商誉账面价值总额的比例重大的，企业应当在附注中说明这一情况，并披露下列信息： A. 分摊到上述资产组的商誉的账面价值合计。 B. 采用的关键假设及其依据。 C. 企业管理层在确定各关键假设相关的价值时，是否与企业历史经验或者外部信息来源相一致；如不一致，应当说明理由。					√			

（二）商誉导引表

被审计单位名称：________ 编制人：________ 日期：________ 索引号：SY－1

会计期间或截止日：________ 复核人：________ 日期：________ 页　次：________

项目类别	索引号	未审数				审计调整	审定数			
		期初数	本期增加	本期减少	期末数	借方（贷方）	期初数	本期增加	本期减少	期末数
原始金额：	SY－3									
合　计										
减值准备：										
合　计										
净值										

注：具体披露要求可参考《企业会计准则第30号——财务报表列报》和证监会的有关规定。

审计说明及结论：

（三）商誉明细表

被审计单位名称：________ 编制人：________ 日期：________ 索引号：SY－2

会计期间或截止日：________ 复核人：________ 日期：________ 页　次：________

项目类别	发生日期	原始发生总额	以前年度已计提减值准备	本年度计提减值准备	净值	备注
合　计						

编制说明：在“备注”中注明非同一控制下的企业合并情况。

（四）商誉检查表

被审计单位名称：________ 编制人：________ 日期：________ 索引号：SY－3

会计期间或截止日：________ 复核人：________ 日期：________ 页　次：________

项目	未审金额	凭证号	检查、核对记录					调整金额	审定金额
			1	2	3	4	5		
一、原始发生金额									
二、期初余额									
三、本期计提减值									
四、期末余额									
五、累计计提减值									

检查、核对提示：

1. 非同一控制下企业合并时入账金额正确
2. 减值计算正确
3. ……

审计说明及结论：

二十二、长期待摊费用实质性测试

（一）长期待摊费用实质性测试程序表

被审计单位名称：________ 编制人：________ 日期：________ 索引号：CQDTFY

会计期间或截止日：________ 复核人：________ 日期：________ 页　次：________

审计目标：

1. 存在：确定记录的长期待摊费用在资产负债表日是确实存在的，反映了被审计单位已经发生但应由本期和以后各期负担的分摊期限在1年以上的各项费用（如以经营租赁方式租入的固定资产发生的改良支出等）；

2. 完整性：确定所有应当记录的长期待摊费用均已记录；

3. 权利和义务：确定记录的长期待摊费用资产由被审计单位拥有或控制；

4. 计价和分摊：确定长期待摊费用以恰当的金额包括在财务报表中，与之相关的计价或分摊调整已恰当记录；

5. 列报：确定长期待摊费用已按照企业会计准则的规定在财务报表中做出适当分类、描述和披露。

针对认定实施的审计程序	财务报表的认定					是否执行	执行人	工作底稿索引号
	存在	完整性	权利和义务	计价和分摊	列报			
1. 获取或编制长期待摊费用明细表，复核加计正确（并检查其分类是否正确），并与报表数、总账数和明细账合计数核对是否相符，核对期初余额与上期审定期末余额是否相符。				√				CQDTFY－1，CQDTFY－2
2. 首次接受委托时，应对期初余额实施必要的审计程序。检查长期待摊费用形成的有关账户、凭证，验证其形成的真实性和发生总额计价的正确性，并视不同项目做进一步检查：如开办费截止的正确性，包括时间截止与费用截止两个方面。	√	√		√				CQDTFY－3

续表

针对认定实施的审计程序	财务报表的认定					是否执行	执行人	工作底稿索引号
	存在	完整性	权利和义务	计价和分摊	列报			
3. 抽查重要的原始凭证，检查长期待摊费用增加的合法性和真实性，查阅有关合同、协议等资料和支出凭证，是否经授权批准，会计处理是否正确，是否存在应计入期间费用的支出，租入固定资产改良支出与修理费的划分是否正确	√	√	√	√	√			CQDTFY－3
4. 长期待摊费用摊销正确性测试： 4.1 了解各个资产项目的摊销政策，并检查其合规性、合理性。 4.2 根据适当的会计政策，测试各项资产在本期的应计摊销额是否符合合同、协议等，计算是否正确，是否与上年一致，改变摊销政策是否适当。 4.3 各项资产的本期摊销额应与各项费用核对、勾稽。				√				CQDTFY－3
5. 长期待摊费用减少的检查： 5.1 检查有关账项，是否存在非摊销的转出项目及其数额。 5.2 获取相关合同、凭证，检查其合规性与合理性，并视具体情况做进一步检查。 5.3 测试转销数额的正确性，并视重要性确定调整与否。 5.4 关注、记录由于长期待摊费用减少而引致的现金流量。				√				CQDTFY－3
6. 针对识别的舞弊风险等特别风险，需额外考虑实施的审计程序： 检查长期待摊费用各项目，评估其是否能使企业在以后会计期间受益，如不能，应提请企业将其摊余价值转入当期损益。	√	√	√	√				
7. 验明长期待摊费用的列报与披露是否恰当，检查是否在附注中披露与长期待摊费用有关的信息。					√			

（二）长期待摊费用导引表

被审计单位名称：________ 编制人：________ 日期：________ 索引号：CQDTFY－1

会计期间或截止日：________ 复核人：________ 日期：________ 页　次：________

项目类别	索引号	未审数				审计调整	审定数			
		期初数	本期增加	本期减少	期末数	借方（贷方）	期初数	本期增加	本期减少	期末数
原始金额（成本）：	CQDTFY－3									
合　计										
累计摊销：										
合　计										
净值										

注：具体披露要求可参考《企业会计准则第30号——财务报表列报》和证监会的有关规定。

审计说明及结论：

（三）长期待摊费用明细表

被审计单位名称：________ 编制人：________ 日期：________ 索引号：CQDTFY－2

会计期间或截止日：________ 复核人：________ 日期：________ 页　次：________

长期待摊费用项目	摊销起止日	原发生总额	以前年度摊销额	本年度摊销额	尚未摊销金额	剩余摊销期限	备注
合　计							

（四）长期待摊费用检查表

被审计单位名称：________ 编制人：________ 日期：________ 索引号：CQDTFY－3

会计期间或截止日：________ 复核人：________ 日期：________ 页　次：________

项　目	未审金额	凭证号	检查、核对记录					调整金额	审定金额
			1	2	3	4	5		
一、原始发生金额									
二、期初余额									
三、本期摊销									
四、本期转出									
五、本期增加									
六、期末余额									
七、累计摊销									
八、详细说明应转销的情形									

检查、核对提示：

1. 支出真实发生且符合确认条件；
2. 截止正确；
3. 摊销计算正确；
4. 转出计算正确；
5. ……

审计说明及结论：

二十三、递延所得税资产实质性测试

（一）递延所得税资产实质性测试程序表

被审计单位名称：	编制人：	日期：	索引号：DYSDS
会计期间或截止日：	复核人：	日期：	页　次：

审计目标：

1. 存在：确定记录的递延所得税资产是存在的；
2. 完整性：确定所有应当记录的递延所得税资产均已记录；
3. 权利和义务：确定记录的递延所得税资产由被审计单位拥有和控制；
4. 计价和分摊：确定递延所得税资产以恰当的金额包括在财务报表中，与之相关的计价和分摊已恰当记录；
5. 列报：确定递延所得税资产已按照企业会计准则的规定在财务报表中做出适当分类、描述和披露。

针对认定实施的审计程序	财务报表的认定					是否执行	执行人	工作底稿索引号
	存在	完整性	权利和义务	计价和分摊	列报			
1. 获取或编制递延所得税资产明细表，复核加计正确，并与明细账核对相符。				√				
2. 识别被审计单位期初可抵扣暂时性差异的金额和种类以及对当期经营损失以及未来期间的影响。	√		√	√				
3. 确定能够结转以后年度的可抵扣亏损额，计算当期亏损形成的递延所得税资产。	√			√				
4. 计算确定固定资产折旧年限与税法不一致形成的递延所得税资产。	√	√		√				

续表

针对认定实施的审计程序	财务报表的认定					是否执行	执行人	工作底稿索引号
	存在	完整性	权利和义务	计价和分摊	列报			
5. 计算确定当期提取各类减值准备形成的递延所得税资产。	√	√		√				
6. 计算确定当期开办费摊销形成的递延所得税资产。	√	√		√				
7. 计算确定非同一控制下企业合并形成的递延所得税资产。	√	√		√				
8. 计算确定可供出售金融资产公允价值变动形成的递延所得税资产。	√	√		√				
9. 计算确定融资租赁形成的递延所得税资产。	√	√		√				
10. 计算确定权益法核算被投资单位损失形成的递延所得税资产。	√	√		√				
11. 计算确定其他可抵扣暂时性差异形成的递延所得税资产。	√	√		√				
12. 检查所得税率变动引起的递延所得税资产的变化情况。				√	√			
13. 检查期初递延所得税资产当年转销情况。	√	√		√				
14. 检查是否以未来期间很可能取得用来抵扣可抵扣暂时性差异的应纳税所得额（未来期间企业正常生产经营活动实现的应纳税所得额，以及因应纳税暂时性差异在未来期间转回相应增加的应税所得）为限，确认由可抵扣暂时性差异产生的递延所得税资产，并检查提供证据是否充分。	√		√	√				
15. 检查递延所得税资产是否已在资产负债表上充分披露。					√			

（二）递延所得税资产导引表

被审计单位名称：________ 编制人：________ 日期：________ 索引号：DYSDS－1

会计期间或截止日：________ 复核人：________ 日期：________ 页　次：________

工作底稿索引号	项　目	年初余额			年末余额		
		调整前	审计调整	调整后	调整前	审计调整	调整后
	购入摊销年限小于税法规定的资产						
	提取资产减值						
	开办费摊销形成						
	非同一控制下企业合并形成						
	可供出售金融资产公允价值变动						
	融资租赁形成						
	投资性房地产公允价值变动						
	权益法核算被投资单位损失						
	当期亏损形成递延所得税资产						
	其　他						
	合　计						
结　论：	【经审计/经审计调整】，递延所得税资产余额可以确认。						

（三）递延所得税资产明细表

被审计单位名称：________ 编制人：________ 日期：________ 索引号：DYSDS－2

会计期间或截止日：________ 复核人：________ 日期：________ 页　次：________

项目【按明细项目列示】	年初余额				当期新增	当期转回	年末余额			工作底稿索引号	备注
	调整前	审计调整	税率变动调整	调整后			调整前	审计调整	调整后		
购入摊销年限小于税法规定的资产											
提取资产减值											
开办费摊销形成											
非同一控制下企业合并形成											
可供出售金融资产公允价值变动											
融资租赁形成											
投资性房地产公允价值变动											
权益法核算被投资单位损失											
当期亏损形成递延所得税资产											
其他：											
合　计											

审计说明：

（四）递延所得税资产细节测试（1）

被审计单位名称：__________ 编制人：__________ 日期：__________ 索引号：DYSDS－3

会计期间或截止日：__________ 复核人：__________ 日期：__________ 页　次：__________

细节测试的目标	确定测试项目的选取方法	界定总体	抽样单元	样本规模	样本选取方法	界定误差构成条件	预计误差额	总体误差额	实施测试程序	结论
完整性										
存在或发生										
权利和义务										
计价										

说明：1. 可根据重要性选取抽样单元；
2. 样本选取方法一般包括随机抽样、系统抽样和容量概率比例抽样等；
3. 根据被审计单位的规模业务性质等确定预计误差额；
4. 测试程序包括检查有关原始凭证、重新计算等。

（五）递延所得税资产细节测试（2）

被审计单位名称：＿＿＿＿＿＿ 编制人：＿＿＿＿＿＿ 日期：＿＿＿＿＿＿ 索引号：DYSDS－4

会计期间或截止日：＿＿＿＿＿＿ 复核人：＿＿＿＿＿＿ 日期：＿＿＿＿＿＿ 页　次：＿＿＿＿＿＿

日期	凭证编号	摘要	科目名称	明细科目	借方金额	贷方金额	核对内容				附件
							1	2	3	4	

核对内容说明：
1. 原始凭证内容完整；
2. 属于递延所得税资产性质；
3. 账务处理正确；
4. 分摊正确。

审计说明：

二十四、短期借款实质性测试

（一）短期借款实质性测试程序表

被审计单位名称：______	编制人：______	日期：______	索引号：DQJK
会计期间或截止日：______	复核人：______	日期：______	页　次：______

审计目标：

1. 存在：确定记录的短期借款在资产负债表日是确实存在的，反映了被审计单位尚未偿还的向银行或其他金融机构等借入的期限在1年以下（含1年）的各种借款；
2. 完整性：确定所有应当记录的短期借款均已记录；
3. 权利和义务：确定记录的短期借款负债是被审计单位应当履行的偿还义务；
4. 计价和分摊：确定短期借款以恰当的金额包括在财务报表中，与之相关的计价或分摊调整已恰当记录；
5. 列报：确定短期借款已按照企业会计准则的规定在财务报表中做出适当分类、描述和披露。

针对认定实施的审计程序	财务报表的认定					是否执行	执行人	工作底稿索引号
	存在	完整性	权利和义务	计价和分摊	列报			
1. 获取或编制短期借款明细表，复核加计正确（并检查其分类是否正确），并与报表数、总账数和明细账合计数核对是否相符，核对期初余额与上期审定期末余额是否相符。				√				DQJK－1，DQJK－2
2. 根据实际情况，选择以下方法对短期借款执行分析程序： 2.1　计算借款平均实际利率并同以前年度及市场平均利率相比较；	√	√		√				

续表

针对认定实施的审计程序	财务报表的认定					是否执行	执行人	工作底稿索引号
	存在	完整性	权利和义务	计价和分摊	列报			
2.2 根据借款平均余额、平均借款利率测算当期利息费用和利息，并与账面记录进行比较。 2.3 针对舞弊实施的分析程序 （1）比较当年度及以前年度的借款总额，并查明异常情况的原因。 （2）比较当年度及以前年度的利息支出费用，并查明异常情况的原因。 （3）比较当年度及以前年度利息支出占借款余额的比例，并查明异常情况的原因。 （4）比较当年度及以前年度的借款平均实际利率，并查明异常情况的原因。								
3. 检查与短期借款有关的会计记录，以确定被审计单位是否按下列规定进行相应的会计处理和披露： 3.1 对本期增加的所有借款项目应检查下列内容： 3.1.1 借款合同或协议、董事会纪要，以检查其合法性及是否遵守合同协议规定的条款。 3.1.2 检查有关原始凭证、验证借款资金是否全部到账，单据是否齐全，金额是否一致。 3.2 对本期减少的所有借款，应检查相关的会计记录和原始凭证，核对还款的真实性。 3.3 检查借款利息计算的依据，编制利息测算表，确定应计利息的正确性，确认全部利息费用已正确区分为资本性支出和收益性支出，并已正确入账。	√	√	√	√				DQJK－3
4. 获取并复印企业的贷款证（贷款信息卡），检查企业的各项借款取得的合法性，并将贷款证的各项目与编制的明细表核对，若不一致，应查明原因。		√						DQJK－3

针对认定实施的审计程序	财务报表的认定					是否执行	执行人	工作底稿索引号
	存在	完整性	权利和义务	计价和分摊	列报			
5. 对所有借款发询证函，内容包括借款性质、借款条件、利率、期限及余额等，若利息长期未按合同支付，应函证应付未付的利息金额；对收回的询证函，应和明细表和各项目核对，若有差异，应查明原因并作适当调整。	√		√					DQJK－3
6. 检查未能按期偿还的借款，是否已办理了续借/延期手续，若未办理，是否有抵押，应关注是否有贷款人起诉，抵押物的处理情况等。			√		√			DQJK－3
7. 记录借款产生的关联交易和关联往来，对关联公司借款和担保应予以记录，并检查关联交易的真实性、合法性。	√	√	√	√	√			DQJK－3
8. 如为外汇借款，测试借款汇率使用是否正确，折算差额的会计处理是否符合有关规定。				√				DQJK－3
9. 针对识别的舞弊风险等特别风险，需额外考虑实施的审计程序： 9.1 索取被审计单位的贷款证（或 IC 卡），到银行查对贷款的余额、发生额和贷款方式。 9.2 关注被审计单位财产保险的办理情况，如财产保险的第一受益人为银行，应检查其抵押借款是否已入账。 9.3 检查房屋建筑物或土地使用权等权证的原件，如果被审计单位无法提供原件，则应追查原因，并向房产交易中心查询该权证是否已用于抵押或交易，以判断被审计单位是否存在未入账的银行借款。 9.4 查阅工商行政管理部门的网站，或聘请律师向工商行政管理部门查询是否已办理机器设备的抵押登记。 9.5 检查定期存单原件，并在银行询证函中注明该定期存单是否已被质押或冻结。	√	√	√	√				

续表

针对认定实施的审计程序	财务报表的认定					是否执行	执行人	工作底稿索引号
	存在	完整性	权利和义务	计价和分摊	列报			
9.6 向银行函证银行借款，并应特别注明除了已列示的银行借款外是否还有其他的银行借款。								
10. 验明短期借款的列报与披露是否恰当，检查是否附注中披露与短期借款有关的下列信息： 10.1 按借款条件（信用借款、抵押借款、保证借款、质押借款等）分项列示短期借款金额。 10.2 对已到期未偿还的短期借款，应单独列示贷款单位、贷款金额、贷款利率、贷款资金用途、未按期偿还的原因及预计还款期，并在期后事项中反映报表日后是否已偿还。 10.3 若已到期的短期借款获得展期，应说明展期条件、新的到期日。					√			

（二）短期借款导引表

被审计单位名称：__________ 编制人：__________ 日期：__________ 索引号：DQJK－1

会计期间或截止日：__________ 复核人：__________ 日期：__________ 页　次：__________

贷款人	索引号	未审数							审计调整（重分类）	审定数	
		币种	借款期限	利率	期初余额	本期借入	本期归还	期末余额	借方（贷方）	期初数	期末数
抵押借款	DQJK－3										
保证借款											
质押借款											
信用借款											
合　计											

注：具体披露要求可参考《企业会计准则第 30 号——财务报表列报》和证监会的有关规定。

审计说明及结论：

（三）短期借款明细表

被审计单位名称：________　　编制人：________　　日期：________　　索引号：DQJK－2

会计期间或截止日：________　　复核人：________　　日期：________　　页　次：________

贷款银行名称	借款种类	借款起止期限	年利率	期初余额	本期增加	本期偿还	期末余额	借款条件	备注
合　计									

编制说明：

1. 如有外币借款，应在“备注”栏中说明；
2. 借款条件按照抵押借款、担保借款、信用借款列示；
3. 若存在逾期借款，在“备注”栏中说明。

（四）短期借款检查表

被审计单位名称：________ 编制人：________ 日期：________ 索引号：DQJK－3

会计期间或截止日：________ 复核人：________ 日期：________ 页 次：________

项 目	未审金额	凭证号	检查、核对记录					调整金额	审定金额
			1	2	3	4	5		
一、期初余额									
二、本期借入									
三、本期归还									
四、期末余额									
五、逾期情况									
六、利息支付情况									
七、担保、抵押情况									

检查、核对提示：	审计说明及结论：
1. 与借款合同核对相符； 2. 与贷款信息卡核对相符； 3. 与函证结果核对相符； 4. 与银行入账、支出凭证核对相符； 5. ……	

二十五、交易性金融负债实质性测试

（一）交易性金融负债实质性测试程序表

被审计单位名称：＿＿＿＿　编制人：＿＿＿＿　日期：＿＿＿＿　索引号：JYXJRFZ

会计期间或截止日：＿＿＿＿　复核人：＿＿＿＿　日期：＿＿＿＿　页　次：＿＿＿＿

审计目标：

1. 存在：确定记录的交易性金融负债是存在的；
2. 完整性：确定所有应当记录的交易性金融负债均已记录；
3. 权利和义务：记录的交易性金融负债是被审计单位应当履行的偿还义务；
4. 计价和分摊：确定交易性金融负债以恰当的金额包括在财务报表中，与之相关的计价或分摊调整已恰当记录；
5. 列报：确定交易性金融负债，已按照企业会计准则的规定在财务报表中做出适当分类、描述和披露。

针对认定实施的审计程序	财务报表的认定					是否执行	执行人	工作底稿索引号
	存在	完整性	权利和义务	计价和分摊	列报			
1. 获取或编制交易性金融负债明细表，复核加计正确，并与报表数、总账数和明细账合计数核对相符。核对期初余额与上期审定期末余额是否相符。				√				JYXJRFZ－1，JYXJRFZ－2
2. 取得证券交易账户流水单，对照检查账面记录是否完整。	√	√	√	√				
3. 查阅有关交易性金融负债的协议、合同、董事会决议及有关出资凭证和记录，可向投资单位函证。	√		√	√				
4. 检查与交易性金融负债有关的会计记录，以确定被审计单位是否按规定进行相应会计处理和披露。	√	√		√				JYXJRFZ－4

针对认定实施的审计程序	财务报表的认定					是否执行	执行人	工作底稿索引号
	存在	完整性	权利和义务	计价和分摊	列报			
4.1 企业承担的交易性金融负债，应按实际收到的金额，借记“银行存款”、“存放中央银行款项”、“结算备付金”等科目，按发生的交易费用，借记“投资收益”科目，按交易性金融负债的公允价值，贷记本科目（本金）。 4.2 资产负债表日，按交易性金融负债票面利率计算的利息，借记“投资收益”科目，贷记“应付利息”科目。资产负债表日，交易性金融负债的公允价值高于其账面余额的差额，借记“公允价值变动损益”科目，贷记本科目（公允价值变动）；公允价值低于其账面余额的差额做相反的会计分录。 4.3 处置交易性金融负债，应按该金融负债的账面余额，借记本科目，按实际支付的金额，贷记“银行存款”、“存放中央银行款项”、“结算备付金”等科目，按其差额，贷记或借记“投资收益”科目。同时，按该金融负债的公允价值变动，借记或贷记“公允价值变动损益”科目，贷记或借记“投资收益”科目。	√	√		√				JYXJRFZ－4
5. 针对识别的舞弊风险等特别风险，需额外考虑实施的审计程序：								
6. 验明交易性金融负债的列报与披露是否恰当，检查是否在附注中披露与交易性金融负债有关的下列信息： 6.1 金融负债的分类方法；主要金融负债公允价值的确定方法。 6.2 分别发行的交易性债券、指定为以公允价值计量且其变动计入本期损益的金融负债、衍生金融负债、其他金融负债列示其期初公允价值、期末公允价值。					√			

（二）交易性金融负债导引表

被审计单位名称：________ 编制人：________ 日期：________ 索引号：JYXJRFZ－1

会计期间或截止日：________ 复核人：________ 日期：________ 页　次：________

项目类别	索引号	未审数				审计调整	审定数			
		期初数	本期增加	本期减少	期末数	借方（贷方）	期初数	本期增加	本期减少	期末数
合　计										

审计说明及结论：

（三）交易性金融负债明细表

被审计单位名称：________　　编制人：________　　日期：________　　索引号：JYXJRFZ－2

会计期间或截止日：________　　复核人：________　　日期：________　　页　次：________

项目	年初余额			借方发生数	贷方发生数	年末余额			调整后年末余额账龄分析				工作底稿索引号	备注
	调整前	审计调整	调整后			调整前	审计调整	调整后	1年以内	1~2年	2~3年	3年以上		

审计说明及结论：

（四）交易性金融负债函证控制表

被审计单位名称：________ 编制人：________ 日期：________ 索引号：JYXJRFZ－3

会计期间或截止日：________ 复核人：________ 日期：________ 页　次：________

询证函编号	债务人名称	债务人地址	账面金额	函证方式	函证日期		回函日期	替代程序	确认余额	差异金额及说明	备注
					第一次	第二次					

审计说明及结论：

（五）交易性金融负债细节测试（1）

被审计单位名称：________ 编制人：________ 日期：________ 索引号：JYXJRFZ－4－1

会计期间或截止日：________ 复核人：________ 日期：________ 页　次：________

细节测试的目标	确定测试项目的选取方法	界定总体	抽样单元	样本规模	样本选取方法	界定误差构成条件	预计误差额	总体误差额	实施测试程序	结论

审计说明及结论：

（六）交易性金融负债细节测试（2）

被审计单位名称：________ 编制人：________ 日期：________ 索引号：JYXJRFZ－4－2

会计期间或截止日：________ 复核人：________ 日期：________ 页　次：________

日期	凭证编号	摘要	科目名称	明细科目	借方金额	贷方金额	核对内容						附件
							1	2	3	4	5	6	

核对内容说明：

审计说明：

二十六、应付票据实质性测试

（一）应付票据实质性测试程序表

被审计单位名称：	编制人：	日期：	索引号：YFPJ
会计期间或截止日：	复核人：	日期：	页　次：

审计目标：

1. 存在：确定记录的应付票据是存在的；
2. 完整性：确定所有应当记录的应付票据均已记录；
3. 权利和义务：记录的应付票据是被审计单位应当履行的偿还义务；
4. 计价和分摊：确定应付票据以恰当的金额包括在财务报表中，与之相关的计价或分摊调整已恰当记录；
5. 列报：确定应付票据，已按照企业会计准则的规定在财务报表中做出适当分类、描述和披露。

针对认定实施的审计程序	财务报表的认定					是否执行	执行人	工作底稿索引号
	存在	完整性	权利和义务	计价和分摊	列报			
1. 获取或编制应付票据明细表，复核加计正确，并与应付票据登记簿、报表数、总账数和明细账合计数核对相符。				√				YFPJ－1，YFPJ－2
2. 选择应付票据重要项目（包括零账户），函证其余额是否正确。	√		√					
3. 根据回函情况，编制与分析函证结果汇总表。对未回函的再次发函或实施替代程序（检查原始凭单，如合同、发票、验收单，核实票据的真实性）。	√		√					YFPJ－2
4. 检查应付票据备查簿，抽查若干有关原始凭证，确定其是否真实：								
4.1 检查该笔债务的相关合同、发票、收货单等资料，核实交易事项真实性。	√		√					

续表

针对认定实施的审计程序	财务报表的认定					是否执行	执行人	工作底稿索引号
	存在	完整性	权利和义务	计价和分摊	列报			
4.2 抽查决算日后应付票据明细账及现金、银行存款日记账，核实其是否已付款并转销。		√						
4.3 对截止资产负债表日已偿付的应付票据，注意其凭证入账日期的合理性。				√	√			
5. 复核应付票据利息是否足额计提，其会计处理是否正确。				√				
6. 检查逾期未兑付应付票据的原因，是否已经转入应付账款，如系有抵押的票据，应做出记录，并提请被审计单位作必要的披露。	√				√			
7. 对于用非记账本位币结算的应付票据，检查其采用的折算汇率是否正确。				√				
8. 检查应付关联方票据的合法性和真实性：	√	√	√	√				YFPJ－3
8.1 了解交易事项的目的、价格和条件。	√	√	√	√				YFPJ－3
8.2 检查采购合同等有关文件。	√		√	√				YFPJ－4
8.3 向关联方或其他注册会计师函询，以确认交易的真实性。	√		√	√				YFPJ－4
8.4 标明应付关联方（包括持股5%以上股东）的款项，并注明合并报表时应予抵销的数字。	√		√	√				YFPJ－4
9. 检查与应付票据有关的会计记录，以确定被审计单位是否按规定进行相应的会计处理和披露。	√	√		√				
10. 针对识别的舞弊风险等特别风险，需实施的审计程序：								
获取客户的贷款卡，打印贷款卡中全部信息，检查其中有关应付票据的信息与明细账、总账、报表是否相符。		√						
11. 验明应付票据的列报与披露是否恰当，检查是否在附注中披露与应付票据有关的下列信息： 11.1 按种类分项列示其金额。 11.2 说明下一会计期间将到期的金额。					√			

（二）应付票据导引表

被审计单位名称：________ 编制人：________ 日期：________ 索引号：YFPJ－1

会计期间或截止日：________ 复核人：________ 日期：________ 页　次：________

项目类别	索引号	未审数				审计调整	审定数			
		期初数	本期增加	本期减少	期末数	借方（贷方）	期初数	本期增加	本期减少	期末数
合　计										

审计说明及结论：

（三）应付票据明细表

被审计单位名称：__________ 编制人：__________ 日期：__________ 索引号：YFPJ－2

会计期间或截止日：__________ 复核人：__________ 日期：__________ 页　次：__________

项　目	年初余额			借方发生数	贷方发生数	年末余额			签发银行名称	出票日期	到期日	利率（%）	工作底稿索引号	备注
	调整前	审计调整	调整后			调整前	审计调整	调整后						
合　计	—					—								

审计说明及结论：

（四）应付票据函证控制表

被审计单位名称：________ 编制人：________ 日期：________ 索引号：YFPJ－3

会计期间或截止日：________ 复核人：________ 日期：________ 页　次：________

询证函编号	债务人名称	债务人地址	账面金额	函证方式	函证日期		回函日期	替代程序	确认余额	差异金额及说明	备注
					第一次	第二次					

审计说明及结论：

（五）应付票据细节测试（1）

被审计单位名称：＿＿＿＿＿＿ 编制人：＿＿＿＿＿＿ 日期：＿＿＿＿＿＿ 索引号：YFPJ－4－1

会计期间或截止日：＿＿＿＿＿＿ 复核人：＿＿＿＿＿＿ 日期：＿＿＿＿＿＿ 页　次：＿＿＿＿＿＿

细节测试的目标	确定测试项目的选取方法	界定总体	抽样单元	样本规模	样本选取方法	界定误差构成条件	预计误差额	总体误差额	实施测试程序	结论

审计说明及结论：

（六）应付票据细节测试（2）

被审计单位名称：______　　编制人：______　　日期：______　　索引号：YFPJ－4－2
会计期间或截止日：______　　复核人：______　　日期：______　　页　次：______

日期	凭证编号	摘要	科目名称	明细科目	借方金额	贷方金额	核对内容						附件
							1	2	3	4	5	6	

核对内容说明：
1. 原始凭证是否齐全；
2. 记账凭证与原始凭证是否相符；
3. 账务处理是否正确；
4. 是否记录于恰当的会计期间；
5. ……

审计说明：

二十七、应付账款实质性测试

（一）应付账款实质性测试程序表

被审计单位名称：________　　编制人：________　　日期：________　　索引号：YFZK

会计期间或截止日：________　　复核人：________　　日期：________　　页　次：________

审计目标：

1. 存在：确定记录的应付账款是存在的；
2. 完整性：确定所有应当记录的应付账款均已记录；
3. 权利和义务：记录的应付账款是被审计单位应当履行的偿还义务；
4. 计价和分摊：确定应付账款以恰当的金额包括在财务报表中，与之相关的计价或分摊调整已恰当记录；
5. 列报：确定应付账款，已按照企业会计准则的规定在财务报表中做出适当分类、描述和披露。

针对认定实施的审计程序	财务报表的认定					是否执行	执行人	工作底稿索引号
	存在	完整性	权利和义务	计价和分摊	列报			
1. 获取或编制应付账款明细表，复核加计正确，并与报表数、总账数和明细账合计数核对相符。核对期初余额与上期审定期末余额是否相符。				√				YFZK－1，YFZK－2
2. 对应付账款进行分析性复核，如有异常波动，应询问并分析其波动原因： 2.1 比较当年度及以前年度应付账款的增减变动。 2.2 比较当年度及以前年度应付账款明细项目（主要供货商变化、贷方余额构成及应付账款账龄）的变动。 2.3 比较当年度及以前年度应付账款支付期的变动。	√	√	√	√				YFZK－2

续表

针对认定实施的审计程序	财务报表的认定					是否执行	执行人	工作底稿索引号
	存在	完整性	权利和义务	计价和分摊	列报			
2.4 比较最近3个月及当年度平均应付账款支付期的变动情况。 2.5 比较当年度及以前年度应付账款支付期的变动情况。 2.6 比较截止日前后两个月应付账款支付期、余额构成及主要供货商变化并查明异常情况的原因。 2.7 比较当年度及以前年度信用额度和折扣及其与采购金额的比例，并查明异常情况的原因。								
3. 选择应付账款重要项目（包括零账户），函证其余额是否正确。	√		√					YFZK－3
4. 根据回函情况，编制与分析函证结果汇总表。对未回函的，决定是否再函证。	√		√					YFZK－3
5. 对未回函的应付账款，抽查有关原始凭证，确定其是否真实。 5.1 检查该笔债权的相关凭证资料，核实交易事项的真实性。 5.2 抽查资产负债表日后应付账款明细账及存货明细账，核实是否已收到货物并转销。	√		√					YFZK－4
6. 检查是否存在未入账的应付账款： 6.1 结合存货监盘检查被审计单位在决算日是否有大额料到单未到的经济业务。 6.2 对决算日后应付账款明细账的贷方发生额的相应凭证，检查其购货发票的日期，确认其入账时间是否合理。 6.3 检查决算日后（　　）天的付款事项，确定有无未及时入账的应付账款。		√						

续表

针对认定实施的审计程序	财务报表的认定					是否执行	执行人	工作底稿索引号
	存在	完整性	权利和义务	计价和分摊	列报			
7. 检查应付账款是否存在借方余额；如有，应查明原因，必要时作重分类调整。					√			
8. 结合其他应付款、预付账款的明细余额，查明有否双方同时挂账的项目，或有无不属于应付账款的其他应付款，如有，应做出记录，必要时作重分类调整。					√			
9. 检查应付账款长期挂账原因，做出记录，对于确实无法支付的检查其是否按规定转入“营业外收入”科目。	√				√			
10. 对于用非记账本位币结算的应付账款，检查其采用的折算汇率是否正确。				√				
11. 检查预付关联款项的合法性和真实性： 11.1 了解交易事项的目的、价格和条件。 11.2 检查采购合同等有关文件。 11.3 向关联方或其他注册会计师函询，以确认交易的真实性。 11.4 标明应付关联方（包括持股5%以上股东）的款项，并注明合并报表时应予抵销的数字。 11.5 必要时，向公司管理当局索取关联交易的声明书。	√	√	√	√				
12. 检查与应付账款有关的会计记录，以确定被审计单位是否按规定进行相应的会计处理和披露。	√	√		√				
13. 针对识别的舞弊风险等特别风险，需实施的审计程序：								

续表

针对认定实施的审计程序	财务报表的认定					是否执行	执行人	工作底稿索引号
	存在	完整性	权利和义务	计价和分摊	列报			
13.1 加大函证比例或进行空白函证，要求供应商直接填写函证金额，或要求供应商提供与未结算发票的有关信息（发货记录、支付条款、付款历史记录等），或直接寄送有关账户记录的复印件。 13.2 对同一重要供应商或关联方的所有往来余额或交易事项，同时在一封询证函中进行询证，并在询证函中特别注明“除上述项目外，不存在其他应记录的往来余额和交易事项”。 13.3 针对异常或大额交易及重大调整事项（如大额的购货折扣或退回，会计处理异常的交易，未经授权的交易，或缺乏支持性凭证的交易等），检查相关原始凭证和会计记录。	√		√					
14. 检查带有现金折扣的应付账款是否按发票上记载的全部应付金额入账，在实际获得现金折扣时再冲减财务费用。				√				
15. 被审计单位与债权人进行债务重组的，检查不同债务重组方式下的会计处理是否正确。	√	√	√	√				
16. 验明应付账款的列报与披露是否恰当，检查是否附注中披露与应付账款有关的下列信息： 16.1 说明有无欠持有本公司5%（含5%）以上表决权股份的股东单位或关联方的款项；如无此类欠款，也应说明。 16.2 账龄超过1年的大额应付账款，应说明未偿还或未结转的原因，并在资产负债表日后事项中说明是否偿还。					√			

（二）应付账款导引表

被审计单位名称：＿＿＿＿　编制人：＿＿＿＿　日期：＿＿＿＿　索引号：YFZK－1

会计期间或截止日：＿＿＿＿　复核人：＿＿＿＿　日期：＿＿＿＿　页　次：＿＿＿＿

项目类别	索引号	未审数				审计调整	审定数			
		期初数	本期增加	本期减少	期末数	借方（贷方）	期初数	本期增加	本期减少	期末数
合　计										

审计说明及结论：

（三）应付账款明细表

被审计单位名称：________ 编制人：________ 日期：________ 索引号：YFZK－2

会计期间或截止日：________ 复核人：________ 日期：________ 页　次：________

债务人名称	年初余额			借方发生数	贷方发生数	年末余额			调整后年末余额账龄分析				工作底稿索引号	备注
	调整前	审计调整	调整后			调整前	审计调整	调整后	1 年以内	1～2 年	2～3 年	3 年以上		

审计说明及结论：

（四）应付账款函证控制表

被审计单位名称：________　　编制人：________　　日期：________　　索引号：YFZK－3

会计期间或截止日：________　　复核人：________　　日期：________　　页　次：________

询证函编号	债务人名称	债务人地址	账面金额	函证方式	函证日期		回函日期	替代程序	确认余额	差异金额及说明	备注
					第一次	第二次					

审计说明及结论：

（五）应付账款细节测试（1）

被审计单位名称：________　　编制人：________　　日期：________　　索引号：YFZK－4－1

会计期间或截止日：________　　复核人：________　　日期：________　　页　次：________

细节测试的目标	确定测试项目的选取方法	界定总体	抽样单元	样本规模	样本选取方法	界定误差构成条件	预计误差额	总体误差额	实施测试程序	结论

审计说明及结论：

（六）应付账款细节测试（2）

被审计单位名称：________ 编制人：________ 日期：________ 索引号：YFZK－4－2

会计期间或截止日：________ 复核人：________ 日期：________ 页　次：________

日期	凭证编号	摘要	科目名称	明细科目	借方金额	贷方金额	核对内容						附件
							1	2	3	4	5	6	

核对内容说明：

1. 原始凭证是否齐全；
2. 记账凭证与原始凭证是否相符；
3. 账务处理是否正确；
4. 是否记录于恰当的会计期间；
5. ……

审计说明：

二十八、预收账款实质性测试

（一）预收账款实质性测试程序表

被审计单位名称：______	编制人：______	日期：______	索引号：YSZK
会计期间或截止日：______	复核人：______	日期：______	页　次：______

审计目标：

1. 存在：确定记录的预收账款是存在的，反映了按照合同规定预收的款项；
2. 完整性：确定所有应当记录的预收账款均已记录；
3. 权利和义务：确定记录的预收账款是被审计单位应当履行的偿还义务；
4. 计价和分摊：确定预收账款以恰当的金额包括在财务报表中，与之相关的计价或分摊调整已恰当记录；
5. 列报：确定预收账款，已按照企业会计准则的规定在财务报表中做出适当分类、描述和披露。

针对认定实施的审计程序	财务报表的认定					是否执行	执行人	工作底稿索引号
	存在	完整性	权利和义务	计价和分摊	列报			
1. 获取或编制预收账款明细表，复核加计正确，并与总账数和明细账合计数核对相符，结合未确认融资费用科目与报表数核对相符；核对期初余额与上期审定期末余额是否相符。				√				
2. 请客户协助或审查至审计日相应的会计记录，在预收账款明细表上标出审计日止已转销的预收账款，对已转销金额较大的预收账款进行检查，核对记账凭证、仓库发货单、销货发票等，并注意这些凭证发生日期的合理性。	√	√		√				

续表

针对认定实施的审计程序	财务报表的认定					是否执行	执行人	工作底稿索引号
	存在	完整性	权利和义务	计价和分摊	列报			
3. 抽查预收账款有关的销货合同、仓库发货记录、收款凭证，检查已实现销售的商品是否及时转销预收账款，确定预收账款年末余额的正确性和合理性。	√	√		√				
4. 选择预收账款的代表性样本项目进行函证，并编制“预收账款函证结果汇总表”。 4.1 函证测试样本选择要求：金额较大的项目，或账龄较长的项目，或交易频繁但期末金额较小的项目，或重大关联方交易，或重大或异常的交易，或可能存在争议以及产生重大错误或舞弊的交易。 4.2 对回函金额不符的，应查明原因，做出记录，必要时作适当调整。 4.3 对函证结果的差异进行分析，据以评价预收账款的收款情况；若函证结果存在较大的审计差异，则应当估算应收账款中可能出现的累计差错是多少，估计未被选中进行函证的应收账款的累计差错是多少。可进一步扩大函证范围或进一步采取替代程序进行验证。	√		√					
5. 检查预收账款长期挂账的原因并做出记录，必要时予以调整。	√		√					
6. 对预收账款中税法规定应予纳税的预收销售款，结合应交税金项目，检查是否及时、足额计缴有关税金，并记录对所得税的影响。				√				
7. 标明预收关联方［包括持股5%以上（含5%）股东］的款项，执行关联方及其交易审计程序，并注明合并报表时应予抵销的金额。	√			√				
8. 验明预收账款的列报与披露是否恰当。					√			

（二）预收账款导引表

被审计单位名称：________ 编制人：________ 日期：________ 索引号：YSZK－1

会计期间或截止日：________ 复核人：________ 日期：________ 页　次：________

项目	索引号	未审数		审计调整		重分类		审定数		上期数	
		原币	折合本位币	借方	贷方	借方	贷方	原币	折合本位币	原币	折合本位币
合　计											

审计说明及结论：

（三）预收账款明细表

被审计单位名称：________ 编制人：________ 日期：________ 索引号：YSZK－2

会计期间或截止日：________ 复核人：________ 日期：________ 页　次：________

债务人名称	年初余额			借方发生数	贷方发生数	年末余额			调整后年末余额账龄分析				工作底稿索引号	备注
	调整前	审计调整	调整后			调整前	审计调整	调整后	1年以内	1～2年	2～3年	3年以上		

审计说明及结论：

（四）预收账款函证控制表

被审计单位名称：________ 编制人：________ 日期：________ 索引号：YSZK－3

会计期间或截止日：________ 复核人：________ 日期：________ 页　次：________

询证函编号	债务人名称	债务人地址	账面金额	函证方式	函证日期		回函日期	替代程序	确认余额	差异金额及说明	备注
					第一次	第二次					

审计说明及结论：

（五）预收账款细节测试（1）

被审计单位名称：________　编制人：________　日期：________　索引号：YSZK－4－1
会计期间或截止日：________　复核人：________　日期：________　页　次：________

细节测试的目标	确定测试项目的选取方法	界定总体	抽样单元	样本规模	样本选取方法	界定误差构成条件	预计误差额	总体误差额	实施测试程序	结论

审计说明及结论：

（六）预收账款细节测试（2）

被审计单位名称：________ 编制人：________ 日期：________ 索引号：YSZK－4－2

会计期间或截止日：________ 复核人：________ 日期：________ 页 次：________

日期	凭证编号	摘要	科目名称	明细科目	借方金额	贷方金额	核对内容						附件
							1	2	3	4	5	6	

核对内容说明：

1. 原始凭证是否齐全；
2. 记账凭证与原始凭证是否相符；
3. 账务处理是否正确；
4. 是否记录于恰当的会计期间；
5. ……

审计说明：

二十九、应付职工薪酬实质性测试

（一）应付职工薪酬实质性测试程序表

被审计单位名称：________ 编制人：________ 日期：________ 索引号：YFZGXC
会计期间或截止日：________ 复核人：________ 日期：________ 页　次：________

审计目标：

1. 存在：确定记录的应付职工薪酬是存在的，反映了被审计单位根据有关规定应付给职工的各种薪酬；
2. 完整性：确定所有应当记录的应付职工薪酬均已记录；
3. 权利和义务：确定记录的应付职工薪酬是被审计单位应当履行的偿还义务；
4. 计价和分摊：确定应付职工薪酬以恰当的金额包括在财务报表中，与之相关的计价或分摊调整已恰当记录；
5. 列报：确定应付职工薪酬，已按照企业会计准则的规定在财务报表中做出适当分类、描述和披露。

针对认定实施的审计程序	财务报表的认定					是否执行	执行人	工作底稿索引号
	存在	完整性	权利和义务	计价和分摊	列报			
1. 获取或编制应付职工薪酬明细表，复核加计是否正确，并将期初、期末余额与报表数、总账数和明细账合计数核对相符，核对期初余额与上期审定期末余额是否相符。				√				YFZGXC－1，YFZGXC－2
2. 对本期工资费用的发生情况进行分析程序： 2.1 关注被审计单位员工人数的变动情况；检查被审计单位各部门各月工资费用的发生额是否有异常波动，若有，则查明波动原因是否合理。 2.2 将本期工资费用总额与上期进行比较，要求被审计单位解释其增减变动原因，或取得公司管理当局关于员工工资标准的决议。	√	√		√				

续表

针对认定实施的审计程序	财务报表的认定					是否执行	执行人	工作底稿索引号
	存在	完整性	权利和义务	计价和分摊	列报			
2.3 结合员工社保缴交明细，明确被审单位员工范围，检查是否与关联公司员工工资混淆列支。	√	√		√				
3. 了解被审计单位实行的工资制度，并检查： 3.1 如果被审计单位实行工效挂钩，应取得有关主管部门确认的效益工资发放额的认定证明，并复核有关合同文件和实际完成的指标，检查其计提额、发放额是否正确。是否应作纳税调整。 3.2 如果被审计单位实行计税工资制，应取得当地计税工资标准及公司平均人数，计算可准予从应纳税所得额中扣除的工资费用额，对超支部分的工资及工资附加费作纳税调整。	√	√		√				
4. 检查应付职工薪酬的确认及账务处理是否正确，除因解除与职工的劳动关系给予的补偿直接计入管理费用外，被审计单位是否根据职工提供服务的受益对象，分别下列情况处理： 4.1 应由生产产品、提供劳务负担的职工薪酬，计入产品成本或劳务成本。 4.2 应由在建工程、无形资产负担的职工薪酬，计入建造固定资产或无形资产成本。 4.3 作为外商投资企业，按规定从净利润中提取的职工奖励及福利基金，是否相应记入“利润分配——提取的职工奖励及福利基金”科目。 4.4 其他职工薪酬，计入当期损益。	√	√		√				
5. 对于被审计单位为职工缴纳的医疗保险费、养老保险费、失业保险费、工伤保险费、生育保险费等社会保险费和住房公积金： 5.1 检查是否在职工为其提供服务的会计期间，根据工资总额的一定比例计算。	√	√		√				

续表

针对认定实施的审计程序	财务报表的认定					是否执行	执行人	工作底稿索引号
	存在	完整性	权利和义务	计价和分摊	列报			
5.2 检查是否根据职工提供服务的受益对象，计入有关成本费用。 5.3 检查计提是否存在超标准情况，必要时进行应纳税所得额的调整。 5.4 检查应付福利费是否据实列支，在执行新会计准则后不再计提应付福利费。	√	√		√				
6. 检查应付职工薪酬分配方法是否与上期一致，并将应付职工薪酬计提数与相关的生产成本、费用、在建工程等项目核对一致。	√	√		√				
7. 检查期后工资发放情况，分析和评价报表日应付职工薪酬余额的准确性及合理性。	√	√	√					
8. 以现金与职工结算的股份支付的薪酬，检查其是否按照《企业会计准则第11号——股份支付》处理；重点关注在等待期内每个资产负债表日，是否按当期应确认的成本费用金额，增加应付职工薪酬。在可行权日之后，以现金结算的股份支付当期公允价值的变动金额，是否相应增加或减少应付职工薪酬。	√	√		√				
9. 针对识别的舞弊风险等特别风险，需实施的审计程序： 9.1 计量应付职工薪酬时，国家规定了计提基础和计提比例的，检查是否按照国家规定的标准计提。没有规定计提基础和计提比例的，检查是否根据历史经验数据和实际情况，合理预计当期应付职工薪酬。 9.2 以其自产产品作为非货币性福利发放给职工的，检查是否根据受益对象，按照该产品的公允价值，计入相关资产成本或当期损益，同时确认应付职工薪酬。	√	√		√				

针对认定实施的审计程序	财务报表的认定					是否执行	执行人	工作底稿索引号
	存在	完整性	权利和义务	计价和分摊	列报			
9.3 以现金与职工结算的股份支付，重点关注是否存在为获取管理层激励而进行利润操纵或随意选择股份支付的计算参数，人为调节利润的情形。 9.4 检查是否根据《企业会计准则第9号——职工薪酬》和《企业会计准则第13号——或有事项》的规定，严格按照辞退计划条款的规定，合理预计并确认辞退福利产生的应付职工薪酬。对于职工没有选择权的辞退计划，是否根据辞退计划条款规定的拟解除劳动关系的职工数量、每一职位的辞退补偿标准等，计提应付职工薪酬。 企业对于自愿接受裁减的建议，是否预计将会接受裁减建议的职工数量，根据预计的职工数量和每一职位的辞退补偿标准等，按照《企业会计准则第13号——或有事项》规定，计提应付职工薪酬。 符合准则规定的应付职工薪酬确认条件、实质性辞退工作在一年内完成、但付款时间超过一年的辞退福利，是否选择恰当的折现率，以折现后的金额计量应付职工薪酬。	√	√		√				
10. 验明应付职工薪酬的列报与披露是否恰当，检查是否在附注中披露与职工薪酬有关的下列信息： 10.1 应当支付给职工的工资、奖金、津贴和补贴，及其期末应付未付金额。 10.2 应当为职工缴纳的医疗保险费、养老保险费、失业保险费、工伤保险费和生育保险费等社会保险费，及其期末应付未付金额。 10.3 应当为职工缴存的住房公积金，及其期末应付未付金额。 10.4 为职工提供的非货币性福利，及其计算依据。 10.5 当期因以权益结算或现金结算的股份支付而确认的职工薪酬费用总额。 10.6 其他职工薪酬等。					√			

（二）应付职工薪酬导引表

被审计单位名称：＿＿＿＿ 编制人：＿＿＿＿ 日期：＿＿＿＿ 索引号：YFZGXC－1

会计期间或截止日：＿＿＿＿ 复核人：＿＿＿＿ 日期：＿＿＿＿ 页 次：＿＿＿＿

应付职工薪酬类别	索引号	未审数				审计调整	审定数			
		期初数	本期增加	期末数	本期减少	借方（贷方）	期初数	本期增加	本期减少	期末数
一、工资、奖金、津贴和补贴										
二、职工福利费										
三、社会保险费										
其中：1. 医疗保险费										
2. 基本养老保险费										
3. 年金缴费										
4. 失业保险费										
5. 工伤保险费										
6. 生育保险费										
四、住房公积金										
五、工会经费和职工教育经费										
六、非货币性福利										
七、因解除劳动关系给予的补偿										
八、其他										
其中：以现金结算的股份支付										
合　计										

（三）应付职工薪酬（应付工资）检查表

被审计单位名称：＿＿＿＿＿＿　　编制人：＿＿＿＿＿＿　　日期：＿＿＿＿＿＿　　索引号：YFZGXC－2

会计期间或截止日：＿＿＿＿＿＿　　复核人：＿＿＿＿＿＿　　日期：＿＿＿＿＿＿　　页　次：＿＿＿＿＿＿

一、应付工资分析程序

月份	贷方金额	占全年%	是否异常	核　查　说　明
1				
2				
3				
4				
5				
6				
7				
8				
9				
10				
11				
12				
合　计				

二、未通过应付工资科目直接在成本、费用中列支的工资性支出

会计科目						合　计
金额						

续表

三、税前允许扣除的工资及应纳税调整金额 1. 工效挂钩工资基数计算： 2. 限额计税工资计算： 3. 应纳税调整的计算：							
四、应付工资抽查							
凭证号	月份	抽查内容					
		借方金额	计算是否正确	依据是否充分	有无授权批准	领款人是否签章	代扣款项是否扣减
五、会计处理核对							
凭证号	月份	金额	成本、费用科目				

审计说明：

审计结论：

三十、应交税费实质性测试

（一）应交税费实质性测试程序表

被审计单位名称：________　　编制人：________　　日期：________　　索引号：YJSF
会计期间或截止日：________　　复核人：________　　日期：________　　页　次：________

审计目标：

1. 存在：资产负债表中的应交税费是否存在；
2. 完整性：被审计单位所有应交税费是否均包含在资产负债表中；
3. 权利和义务：被审计单位所有应交税费均由本单位业务活动引起，不存在承担其他单位税费的情形；
4. 计价和分摊：应交税金以恰当的金额包括在财务报表中，与之相关的计价调整已恰当记录；
5. 列报：应交税费已按照企业会计准则的规定在财务报表中做出适当分类、描述和披露。

针对认定实施的审计程序	财务报表的认定					是否执行	执行人	工作底稿索引号
	存在	完整性	权利和义务	计价和分摊	列报			
1. 获取或编制应交税费明细表。 1.1 复核加计正确，并与总账数和明细账合计数核对相；与报表数进行核对。 1.2 分析存在借方余额的项目，查明原因，判断是否由被审计单位预缴税款引起。				√				
2. 查阅被审计单位纳税鉴定或纳税通知及征、免、减税的批准文件，了解被审计单位适用的税种、计税基础、税率，以及征、免、减税的范围与期限，确认其年度内应纳税项的内容。	√	√	√					

续表

针对认定实施的审计程序	财务报表的认定					是否执行	执行人	工作索引号
	存在	完整性	权利和义务	计价和分摊	列报			
3. 取得税务部门汇算清缴或其他确认文件、有关政府部门的专项检查报告、税务代理机构的专业报告、企业纳税申报有关资料等，分析其有效性，并与上述明细表及账面情况进行核对。		√	√	√				
4. 检查应缴增值税的计算是否正确。	√	√		√				
5. 根据与增值税进项税额相关账户审定的有关数据，复核国内采购货物、进口货物、购进的免税农产品、接受投资或捐赠、接受应税劳务等应计的进项税额是否按规定进行了会计处理。	√	√		√				
6. 根据与增值税销项税额相关账户审定的有关数据，复核存货销售，或将存货用于投资、无偿馈赠他人、分配给股东（或投资者）应计的销项税额，以及将自产、委托加工的产品用于非应税项目应计的销项税额是否正确计算，是否按规定进行会计处理。	√	√		√				
7. 根据与增值税进项税额转出相关账户审定的有关数据，复算因存货改变用途或发生非常损失应计的进项税额转出数是否正确计算，是否按规定进行了会计处理；检查出口货物退税的计算是否正确，是否按规定进行了会计处理。	√	√		√				
8. 检查应缴营业税、消费税、资源税、土地增值税、房产税、土地使用税、车船税、城市维护建设税和印花税计算是否正确，是否按规定进行了会计处理，企业是否较好地履行了代扣代缴个人所得税的义务，是否按规定进行处理。	√	√		√				
9. 检查教育费附加、矿产资源补偿费等的计算是否正确，是否按规定进行了会计处理。	√	√		√				
10. 确定应纳税所得额及企业所得税税率，结合所得税费用复核计算应缴企业所得税的计算是否正确，是否按规定进行了会计处理。	√	√		√				
11. 抽查（　　）笔应交税费相关的凭证，检查是否有合法依据，会计处理是否正确。	√	√		√				
12. 验明应交税费是否已在资产负债表上充分披露。					√			

（二）应交税费导引表

被审计单位名称：________ 编制人：________ 日期：________ 索引号：YJSF－1

会计期间或截止日：________ 复核人：________ 日期：________ 页　次：________

税　目	年初余额			年末余额		
	调整前	审计调整	调整后	调整前	审计调整	调整后
企业所得税						
增值税						
营业税						
消费税						
资源税						
土地增值税						
城市维护建设税						
房产税						
土地使用税						
车船税						
印花税						
个人所得税						
教育费附加						
矿产资源补偿费						
合　计						

审计说明：

审计结论：

（三）应交税费明细表

被审计单位名称：＿＿＿＿＿＿　　编制人：＿＿＿＿＿＿　　日期：＿＿＿＿＿＿　　索引号：YJSF－2

会计期间或截止日：＿＿＿＿＿＿　　复核人：＿＿＿＿＿＿　　日期：＿＿＿＿＿＿　　页　次：＿＿＿＿＿＿

项目	税（费）率	年初余额			借方发生数	贷方发生数	年末余额			索引号	备注
		调整前	审计调整	调整后			调整前	审计调整	调整后		
企业所得税											
增值税											
营业税											
消费税											
资源税											
土地增值税											
城市维护建设税											
房产税											
土地使用税											
车船税											
印花税											
个人所得税											
教育费附加											
资源补偿费											
合　计											

审计说明及结论：

（四）应交增值税测算表

被审计单位名称：__________　编制人：__________　日期：__________　索引号：YJSF－3

会计期间或截止日：__________　复核人：__________　日期：__________　页　次：__________

项目					应税销售额	税额
销项	按适用税率征税货物及劳务			1＝2＋3＋4		
	销售	货物或劳务	适用税率			
		小计		2		
	视同销售	对外捐赠				
		对外投资				
		……				
		小计		3		
				4		
	按简易征收办法征税货物			5＝6＋7＋8		
	其中：适用6%征收率的货物			6		
	适用4%征收率的货物			7		
				8		
	免税货物			9		
	出口货物免税销售额			10		

续表

	项目		合计	应税销售额			税额		
	项目			17%税率	13%税率	10%扣除率	7%扣除率	6%征收率	4%征收率
	本期进项税额发生额	11							
	进项税额转出	12							
	其中：免税货物用	13							
	非应税项目用	14							
	非正常损失	15							
	简易办法征税货物用	16							
	免抵退货物不得抵扣税额	17							
	其他	18							
		19							
税款计算	上期留抵税额	20							
	销项税额合计	21 = 1 + 5							
	进项税额合计	22 = 11 - 12							
	应纳税额	23 = 21 - 22 - 20							
	本期已缴税额	24							
	应补（应退）税额	25							
	期末留抵税额	26							

审计说明及调整分录：

审计结论：

（五）应交增值税测算表附列资料

被审计单位名称：______ 编制人：______ 日期：______ 索引号：YJSF－3－1
会计期间或截止日：______ 复核人：______ 日期：______ 页　次：______

<table>
<tr><td rowspan="5">财务指标</td><td colspan="2">项目名称</td><td>上期数</td><td>本期数</td><td>审计调整</td><td>调整后</td></tr>
<tr><td colspan="2">产品（商品）销售收入</td><td></td><td></td><td></td><td></td></tr>
<tr><td colspan="2">产品（商品）销售成本</td><td></td><td></td><td></td><td></td></tr>
<tr><td colspan="2">产品（商品）销售利润</td><td></td><td></td><td></td><td></td></tr>
<tr><td colspan="2"></td><td></td><td></td><td></td><td></td></tr>
<tr><td rowspan="5">销项发票</td><td>项目名称</td><td>份数</td><td>金额</td><td>税额</td><td></td><td></td></tr>
<tr><td>开具增值税专用发票</td><td></td><td></td><td></td><td></td><td></td></tr>
<tr><td>开具普通发票</td><td></td><td></td><td></td><td></td><td></td></tr>
<tr><td>未开具发票</td><td></td><td></td><td></td><td></td><td></td></tr>
<tr><td>小计</td><td></td><td></td><td></td><td></td><td></td></tr>
<tr><td rowspan="7">进项发票或凭证</td><td>项目名称</td><td>份数</td><td>金额</td><td>税额</td><td></td><td></td></tr>
<tr><td>增值税专用发票抵扣联</td><td></td><td></td><td></td><td></td><td></td></tr>
<tr><td>农产品收购凭证或普通发票</td><td></td><td></td><td></td><td></td><td></td></tr>
<tr><td>废旧货物收购凭证</td><td></td><td></td><td></td><td></td><td></td></tr>
<tr><td>进口货物海关完税凭证</td><td></td><td></td><td></td><td></td><td></td></tr>
<tr><td>运费普通发票</td><td></td><td></td><td></td><td></td><td></td></tr>
<tr><td>小计</td><td></td><td></td><td></td><td></td><td></td></tr>
<tr><td>审计结论</td><td colspan="6"></td></tr>
</table>

（六）应交税费测算表

被审计单位名称：________ 编制人：________ 日期：________ 索引号：YJSF－4

会计期间或截止日：________ 复核人：________ 日期：________ 页　次：________

项　目	计税依据		税率或单位税额		应纳税额		已纳税额		应退（应补）税额	
	企业数	审计数	企业数	审计数	企业数	审计数	企业数	审计数	企业数	审计数
一、未交税费										
所得税										
营业税										
消费税										
资源税										
土地增值税										
土地使用税										
房产税										
车船税										
城市维护建设税										
耕地占用税										
印花税										
教育费附加										
矿产资源补偿费										
其他										
合　计										
二、代扣代缴个人所得税										

审计说明及调整分录：

审计结论：

（七）应交税费细节测试（1）

被审计单位名称：________　　编制人：________　　日期：________　　索引号：YJSF－5

会计期间或截止日：________　　复核人：________　　日期：________　　页　次：________

细节测试的目标	界定总体	抽样单元	样本规模	样本选取方法	界定误差构成条件	预计误差额	总体误差额	实施测试程序	结论
1. 存在或发生									
2. 完整性									
3. 计价									
4. 权利或义务									

说明：1. 可根据重要性选取抽样单元；
2. 样本选取方法一般包括随机抽样、系统抽样和容量概率比例抽样等；
3. 根据被审计单位的规模业务性质等确定预计误差额；
4. 测试程序包括检查有关原始凭证、重新计算等。

（八）应交税费细节测试（2）

被审计单位名称：________ 编制人：________ 日期：________ 索引号：YJSF－5

会计期间或截止日：________ 复核人：________ 日期：________ 页　次：________

日期	凭证编号	摘要	科目名称	明细科目	金额	借/贷	调整金额	核对内容			附件
								1	2	3	

核对内容说明：

1. 原始凭证内容完整；
2. 有授权批准；
3. 账务处理正确；

审计说明：

三十一、应付利息实质性测试

（一）应付利息实质性测试程序表

被审计单位名称： ______ **编制人：** ______ **日期：** ______ **索引号：** YFLX

会计期间或截止日： ______ **复核人：** ______ **日期：** ______ **页 次：** ______

审计目标

1. 存在：确定记录的应付利息在资产负债表日是确实存在的，反映了被审计单位按照合同约定应支付的利息（包括分期付息到期还本的长期借款、企业债券等应支付的利息）；
2. 完整性：确定所有应当记录的应付利息均已记录；
3. 权利和义务：确定记录的应付利息负债是被审计单位应当履行的偿还义务；
4. 计价和分摊：确定应付利息以恰当的金额包括在财务报表中，与之相关的计价或分摊调整已恰当记录；
5. 列报：确定应付利息已按照企业会计准则的规定在财务报表中做出适当分类、描述和披露。

针对认定实施的审计程序	财务报表的认定					是否执行	执行人	工作底稿索引号
	存在	完整性	权利和义务	计价和分摊	列报			
1. 获取或编制应付利息明细表，复核加计正确（并检查其分类是否正确），并与报表数、总账数和明细账合计数核对是否相符，核对期初余额与上期审定期末余额是否相符。				√				YFLX－1，YFLX－2
2. 根据实际情况，选择以下方法对应付利息进行分析程序：根据分期付息到期还本的长期借款、企业债券的本金（或面值）与利率对应付利息进行复核。	√	√		√				

续表

针对认定实施的审计程序	财务报表的认定					是否执行	执行人	工作底稿索引号
	存在	完整性	权利和义务	计价和分摊	列报			
3. 检查与应付利息有关的会计记录，以确定被审计单位是否按下列规定进行相应的会计处理和披露： 资产负债表日，应按摊余成本和实际利率计算确定的利息费用，借记“利息支出”、“在建工程”、“财务费用”、“研发支出”等科目，按合同利率计算确定的应付未付利息，贷记本科目，按其差额，借记或贷记“长期借款——利息调整”、“应付债券——利息调整”等科目。 合同利率与实际利率差异较小的，也可以采用合同利率计算确定利息费用。实际支付利息时，借记本科目，贷记“银行存款”等科目。	√	√	√	√				YFLX－3
4. 将本期增加的应付利息与利息计算表进行核对，并获取有关的法律依据如债券发行等文件，确认其合法性。	√	√	√	√				YFLX－3
5. 针对识别的舞弊风险等特别风险，需额外考虑实施的审计程序： （根据具体情况，注册会计师应针对识别的特别风险设计有效的实质性程序。）								
6. 结合分期付息到期还本的长期借款、应付债券的审计对应付利息进行函证。	√		√					
7. 验明应付利息的列报与披露是否恰当，检查是否按规定在附注中披露与应付利息有关的信息。					√			

（二）应付利息导引表

被审计单位名称：＿＿＿＿　编制人：＿＿＿＿　日期：＿＿＿＿　索引号：YFLX－1
会计期间或截止日：＿＿＿＿　复核人：＿＿＿＿　日期：＿＿＿＿　页　次：＿＿＿＿

项　目	索引号	未审数		审计调整		重分类		审定数		上期数	
		原币	折合本位币	借方	贷方	借方	贷方	原币	折合本位币	原币	折合本位币
	YFLX－3										
合　计											

注：具体披露要求可参考《企业会计准则第30号——财务报表列报》和证监会的有关规定。

审计说明及结论：

（三）应付利息明细表

被审计单位名称：________ 编制人：________ 日期：________ 索引号：YFLX－2

会计期间或截止日：________ 复核人：________ 日期：________ 页　次：________

类别	债权人名称	计息基数	起息日	到期日	利率	期初余额	本期应付利息	本期已付利息	期末余额
合　计									

（四）应付利息检查表

被审计单位名称：________ 编制人：________ 日期：________ 索引号：YFLX－3

会计期间或截止日：________ 复核人：________ 日期：________ 页　次：________

项　目	未审金额	凭证号	检查、核对记录					调整金额	审定金额
			1	2	3	4	5		
一、期初余额									
二、本期计提									
三、本期支付									
四、期末余额									
五、相关债券、长期借款情况									

检查、核对提示：

1. 属于分期付息的企业债券、长期借款等。
2. 利息计算正确。
3. 利息支付会计处理正确。
4. ……

审计说明及结论：

三十二、应付股利实质性测试

（一）应付股利（利润）实质性测试程序表

被审计单位名称：________ 编制人：________ 日期：________ 索引号：YFGL

会计期间或截止日：________ 复核人：________ 日期：________ 页　次：________

审计目标：

1. 存在：确定记录的应付股利（利润）是存在的，反映了被审计单位分配的现金股利或利润；
2. 完整性：确定所有应当记录的应付股利（利润）均已记录；
3. 权利和义务：确定记录的应付股利（利润）相关的资产由被审计单位拥有或控制；
4. 计价和分摊：确定应付股利（利润）以恰当的金额包括在财务报表中，与之相关的计价或分摊调整已恰当记录；
5. 列报：确定应付股利（利润），已按照企业会计准则的规定在财务报表中做出适当分类、描述和披露。

针对认定实施的审计程序	财务报表的认定					是否执行	执行人	工作底稿索引号
	存在	完整性	权利和义务	计价和分摊	列报			
1. 获取或编制应付股利（利润）明细表，复核加计正确（并检查其分类是否正确），并与报表数、总账数和明细账合计数核对是否相符，核对期初余额与上期审定期末余额是否相符。				√				
2. 根据实际情况，选择以下方法对实收资本进行分析程序： 2.1 比较当年度及以前年度应付股利（利润）的增减变动，并对异常情况做出解释。 2.2 比较当年度及以前年度应付股利（利润）支付期的变动情况。	√	√		√				

续表

针对认定实施的审计程序	财务报表的认定					是否执行	执行人	工作底稿索引号
	存在	完整性	权利和义务	计价和分摊	列报			
3. 检查与应付股利（利润）有关的会计记录，以确定被审计单位是否按下列规定进行相应的会计处理和披露。 3.1 审阅公司章程、股东大会和董事会会议纪要中有关股利的规定，了解股利分配标准和发放方式是否符合有关规定并经法定程序批准。 3.2 检查应付股利的发生额，是否根据董事会或股东大会决定的利润分配方案，从税后可供分配利润中计算确定，并复核应付股利计算和会计处理的正确性。	√	√	√	√				
4. 检查股利支付的原始凭证的内容和金额是否正确。 4.1 现金股利是否按公告规定的时间、金额予以发放结算，非标准手之零星股东股利有否采用适当方法结算，对无法结算及委托发放而长期未结的股利是否做出适当处理。 4.2 股利宣布、结算、转账的会计处理是否正确、适当。	√	√		√				
5. 针对识别的舞弊风险等特别风险，需实施的审计程序。 5.1 检查大额或异常的应付股利（利润）变动的适当性。 5.2 检查高层管理人员提交的有关支持应付股利（利润）变动的文件的恰当性。	√	√		√				
6. 验明应付股利（利润）的列报与披露是否恰当。					√			

（二）应付股利（利润）导引表

被审计单位名称：__________　编制人：__________　日期：__________　索引号：YFGL

会计期间或截止日：__________　复核人：__________　日期：__________　页　次：__________

序号	项目	未审数	调整数		审定数	调整原因
			借方	贷方		
1						
2						
3						
4						
合　计						

（三）应付股利（利润）实质性测试表

被审计单位名称：________ 编制人：________ 日期：________ 索引号：YFGL

会计期间或截止日：________ 复核人：________ 日期：________ 页　次：________

项　目	时间	凭证号	借方	贷方	余额	投资分配方案
期初余额						
上年可供投资者分配的利润						
本年分配情况						
本年实际支付						
期末余额						

（四）应付股利（利润）细节测试

被审计单位名称：________ 编制人：________ 日期：________ 索引号：YFGL

会计期间或截止日：________ 复核人：________ 日期：________ 页 次：________

序号	明细账资料				凭证审核内容					
	日期	凭证号	业务内容	金额	日期	金额	对应科目	有无授权	账务处理是否正确	审核情况的说明

说明：根据风险评估及内控测试所确定的关键控制点，选择应付股利变动的代表性样本，检查应付股利的会计处理是否正确，完整。

三十三、其他应付款实质性测试

（一）其他应付款实质性测试程序表

被审计单位名称：________ 编制人：________ 日期：________ 索引号：QTYFK

会计期间或截止日：________ 复核人：________ 日期：________ 页　次：________

审计目标：

1. 存在：确定记录的其他应付款是存在的；
2. 完整性：确定所有应当记录的其他应付款均已记录；
3. 权利和义务：记录的其他应付款是被审计单位应当履行的偿还义务；
4. 计价和分摊：确定其他应付款以恰当的金额包括在财务报表中，与之相关的计价或分摊调整已恰当记录；
5. 列报：确定其他应付款，已按照企业会计准则的规定在财务报表中做出适当分类、描述和披露。

针对认定实施的审计程序	财务报表的认定					是否执行	执行人	工作底稿索引号
	存在	完整性	权利和义务	计价和分摊	列报			
1. 获取或编制其他应付款明细表，复核加计正确，并与报表数、总账数和明细账合计数核对相符。核对期初余额与上期审定期末余额是否相符。				√				QTYFK－1，QTYFK－2
2. 请被审计单位协助，在其他应付款明细表上标出截止审计日已支付的其他应付款项，抽查付款凭证、银行对账单等，并注意这些凭证发生日期的合理性。								
3. 选择金额较大的和异常的明细账户余额向债权人发函询证，注意有无利用“其他应付款”隐匿收入调节利润的情况。	√		√					QTYFK－2

续表

针对认定实施的审计程序	财务报表的认定					是否执行	执行人	工作底稿索引号
	存在	完整性	权利和义务	计价和分摊	列报			
4. 选择其他应付款余额较大项目和异常的明细账户余额，检查其原始凭证，追查决算日后其他应付款明细账及现金日记账，核实其是否已支付，此项程序在未收到其他应付款函证信时可作为替代审计程序。	√		√	√				
5. 检查其他应付款是否存在借方余额，确定是否进行重分类。					√			
6. 审核资产负债表日后的付款事项，确定有无未及时入账的其他应付款。		√						
7. 检查其他应付款长期挂账的原因，并做出记录，必要时予以调整。	√		√					
8. 检查非记账本位币折合记账本位币采用的折算汇率，折算差额是否按规定进行会计处理。				√				
9. 检查其他应付款中关联方的余额是否正常。	√		√	√				
10. 检查与其他应付款有关的会计记录，以确定被审计单位是否按规定进行相应会计处理和披露。 10.1 采用售后回购方式融入资金的，应按实际收到的金额，借记“银行存款”科目，贷记本科目。回购价格与原销售价格之间的差额，应在售后回购期间内按期计提利息费用，借记“财务费用”科目，贷记本科目。按照合同约定购回该项商品等时，应按实际支付的金额，借记本科目，贷记“银行存款”科目。 10.2 发生的其他各种应付、暂收款项，借记“管理费用”等科目，贷记本科目；支付的其他各种应付、暂收款项，借记本科目，贷记“银行存款”等科目。	√	√		√				
11. 针对识别的舞弊风险等特别风险，需实施的审计程序：								

续表

针对认定实施的审计程序	财务报表的认定					是否执行	执行人	工作底稿索引号
	存在	完整性	权利和义务	计价和分摊	列报			
12. 标明应付关联方［包括持股5%以上（含5%）股东］的款项，执行关联方及其交易审计程序，并注明合并报表时应予抵销的金额；对关联企业、有密切关系的主要单位的交易事项作专门核查： 12.1 了解交易事项目的及应付款项的原因、检查相关合同等相关文件资料。 12.2 向关联方、有密切关系的主要单位或其他注册会计师函询，以确认交易的真实性、合理性。	√			√				
13. 验明其他应付款的列报与披露是否恰当。					√			

（二）其他应付款导引表

被审计单位名称：________ 编制人：________ 日期：________ 索引号：QTYFK－1

会计期间或截止日：________ 复核人：________ 日期：________ 页　次：________

项目类别	索引号	未审数				审计调整	审定数			
		期初数	本期增加	本期减少	期末数	借方（贷方）	期初数	本期增加	本期减少	期末数
合　计										

审计说明及结论：

（三）其他应付款明细表

被审计单位名称：________ 编制人：________ 日期：________ 索引号：QTYFK－2

会计期间或截止日：________ 复核人：________ 日期：________ 页　次：________

债务人名称	年初余额			借方发生数	贷方发生数	年末余额			调整后年末余额账龄分析				工作底稿索引号	备注
	调整前	审计调整	调整后			调整前	审计调整	调整后	1 年以内	1～2 年	2～3 年	3 年以上		

审计说明及结论：

（四）其他应付款函证控制表

被审计单位名称：________　　编制人：________　　日期：________　　索引号：QTYFK－3

会计期间或截止日：________　　复核人：________　　日期：________　　页　次：________

询证函编号	债务人名称	债务人地址	账面金额	函证方式	函证日期		回函日期	替代程序	确认余额	差异金额及说明	备注
					第一次	第二次					

审计说明及结论：

（五）其他应付款细节测试（1）

被审计单位名称：________ 编制人：________ 日期：________ 索引号：QTYFK－4－1

会计期间或截止日：________ 复核人：________ 日期：________ 页　次：________

细节测试的目标	确定测试项目的选取方法	界定总体	抽样单元	样本规模	样本选取方法	界定误差构成条件	预计误差额	总体误差额	实施测试程序	结论

审计说明及结论：

（六）其他应付款细节测试（2）

被审计单位名称：______ 编制人：______ 日期：______ 索引号：QTYFK－4－2

会计期间或截止日：______ 复核人：______ 日期：______ 页　次：______

日期	凭证编号	摘要	科目名称	明细科目	借方金额	贷方金额	核对内容						附件
							1	2	3	4	5	6	

核对内容说明：

1. 原始凭证是否齐全；
2. 记账凭证与原始凭证是否相符；
3. 账务处理是否正确；
4. 是否记录于恰当的会计期间；
5. ……

审计说明：

三十四、长期借款实质性测试

（一）长期借款实质性测试程序表

被审计单位名称：		**编制人：**		**日期：**		**索引号：**	CQJK
会计期间或截止日：		**复核人：**		**日期：**		**页　次：**	

审计目标

1. 存在：确定记录的长期借款在资产负债表日是确实存在的，反映了被审计单位尚未偿还的向银行或其他金融机构借入的期限在1年以上（不含1年）的各项借款；

2. 完整性：确定所有应当记录的长期借款均已记录；

3. 权利和义务：确定记录的长期借款是被审计单位应当履行的偿还义务；

4. 计价和分摊：确定长期借款以恰当的金额包括在财务报表中，与之相关的计价或分摊调整已恰当记录；

5. 列报：确定长期借款已按照企业会计准则的规定在财务报表中做出适当分类、描述和披露。

针对认定实施的审计程序	财务报表的认定					是否执行	执行人	工作底稿索引号
	存在	完整性	权利和义务	计价和分摊	列报			
1. 获取或编制长期借款明细表，复核加计正确（并检查其分类是否正确），并与报表数、总账数和明细账合计数核对是否相符，核对期初余额与上期审定期末余额是否相符。				√				CQJK－1，CQJK－2
2. 根据实际情况，选择以下方法对长期借款进行分析程序： 2.1 计算借款平均实际利率并同以前年度及市场平均利率相比较。 2.2 根据借款平均余额、平均借款利率测算当期利息费用和利息，并与账面记录进行比较。 2.3 针对舞弊实施的分析程序。	√	√		√				

续表

针对认定实施的审计程序	财务报表的认定					是否执行	执行人	工作底稿索引号
	存在	完整性	权利和义务	计价和分摊	列报			
（1）比较当年度及以前年度的借款总额，并查明异常情况的原因。 （2）比较当年度及以前年度的利息支出费用，并查明异常情况的原因。 （3）比较当年度及以前年度利息支出占借款余额的比例，并查明异常情况的原因。 （4）比较当年度及以前年度的借款平均实际利率，并查明异常情况的原因。								
3. 检查与长期借款有关的会计记录，以确定被审计单位是否按下列规定进行相应的会计处理和披露： 3.1 对本期增加的所有借款项目应检查下列内容： （1）借款合同或协议、董事会纪要，以检查其合法性及是否遵守合同协议规定的条款。 （2）检查有关原始凭证、验证借款资金是否全部到账，单据是否齐全，金额是否一致。 （3）检查是否分别按“本金”、“利息调整”进行明细核算。 3.2 对本期减少的所有借款，应检查相关的会计记录和原始凭证，核对还款的真实性。 3.3 检查借款利息计算的依据，编制利息测算表，确定应计利息的正确性，确认全部利息费用已正确区分为资本性支出和收益性支出，并已正确入账。	√	√	√	√				CQJK－3
4. 获取并复印企业的贷款证（贷款信息卡），检查企业的各项借款取得的合法性，并将贷款证的各项目与编制的明细表核对，若不一致，应查明原因。		√						CQJK－3

续表

针对认定实施的审计程序	财务报表的认定					是否执行	执行人	工作底稿索引号
	存在	完整性	权利和义务	计价和分摊	列报			
5. 对所有借款发询证函，内容包括借款性质、借款条件、利率、期限及余额等，若利息长期未按合同支付，应函证应付未付的利息金额；对收回的询证函，应和明细表和各项目核对，若有差异，应查明原因并作适当调整。	√		√	√				CQJK－3
6. 检查未能按期偿还的借款，是否已办理了续借/延期手续，若未办理，是否有抵押，应关注是否有贷款人起诉，抵押物的处理情况等。	√				√			CQJK－3
7. 检查长期借款合同的以下内容： 7.1 如果长期借款是以某项资产或某种收入作抵押/担保，该资产是否归属企业，其价值是否属实，充作担保的收入来源是否可靠，其价值和现实情况是否与抵押契约中的规定一致。 7.2 如果是其他单位提供的担保，应了解该单位与本企业的关系，对方提供担保是否以获得一定的利益为前提，并关注对方的担保条件是否具备。 7.3 有无一年内到期的借款，应作重分类流动负债。	√	√	√	√				CQJK－3
8. 记录借款产生的关联交易和关联往来，对关联公司借款和担保应予以记录，并检查关联交易的真实性、合法性。	√			√				CQJK－3
9. 如为外汇借款，测试借款汇率使用是否正确，折算差额的会计处理是否符合有关规定。				√				CQJK－3
10. 检查与长期借款有关的会计记录，以确定被审计单位是否按下列规定进行相应的会计处理： 10.1 借入长期借款，是否按实际收到的金额，借记“银行存款”科目，贷记长期借款（本金）。如存在差额，还应借记长期借款（利息调整）。				√				

续表

针对认定实施的审计程序	财务报表的认定					是否执行	执行人	工作底稿索引号
	存在	完整性	权利和义务	计价和分摊	列报			
10.2 资产负债表日，是否按摊余成本和实际利率计算确定的长期借款的利息费用，借记“在建工程”、“制造费用”、“财务费用”、“研发支出”等科目，按合同利率计算确定的应付未付利息，贷记“应付利息”科目，按其差额，贷记长期借款（利息调整）。实际利率与合同利率差异较小的，也可以采用合同利率计算确定利息费用。 10.3 归还的长期借款本金，是否借记长期借款（本金），贷记“银行存款”科目。同时，存在利息调整余额的，借记或贷记“在建工程”、“制造费用”、“财务费用”、“研发支出”等科目，贷记或借记长期借款（利息调整）。								
11. 针对识别的舞弊风险等特别风险，需额外考虑实施的审计程序： 11.1 索取被审计单位贷款证（或 IC 卡），到银行查对贷款的余额、发生额和贷款方式。 11.2 关注被审计单位财产保险办理情况，如保险第一受益人为银行，应检查其抵押借款是否已入账。 11.3 检查房屋建筑物或土地使用权等权证的原件，如果被审计单位无法提供原件，则应追查原因，并向房产交易中心查询该权证是否已用于抵押或交易，以判断被审计单位是否存在未入账的银行借款。 11.4 查询工商行政管理部门的网站，或聘请律师向工商部门查询是否已办理机器设备的抵押登记。 11.5 检查定期存单原件，并在银行询证函中注明该定期存单是否已被质押或冻结。 11.6 向银行函证银行借款，并应特别注明除了已列示的银行借款外是否还有其他的银行借款。	√	√	√	√				

续表

针对认定实施的审计程序	财务报表的认定					是否执行	执行人	工作底稿索引号
	存在	完整性	权利和义务	计价和分摊	列报			
12. 检查被审计单位与贷款人进行的债务重组。检查债务重组协议，确定其真实性、合法性，并检查债务重组的会计处理是否正确。	√			√				
13. 验明长期借款的列报与披露是否恰当，检查是否附注中披露与长期借款有关的下列信息： 13.1 按币种、借款条件（信用借款、抵押借款、保证借款、质押借款等）、贷款单位分项列示长期借款金额。 13.2 如果有一年内到期的长期负债，也应按上述要求进行披露。					√			

（二）长期借款导引表

被审计单位名称：________ 编制人：________ 日期：________ 索引号：CQJK－1

会计期间或截止日：________ 复核人：________ 日期：________ 页　次：________

贷款人	索引号	未审数							审计调整（重分类）	审定数	
		币种	借款期限	利率	期初余额	本期借入	本期归还	期末余额	借方（贷方）	期初数	期末数
抵押借款	CQJK－3										
保证借款											
质押借款											
信用借款											
合　计											

注：具体披露要求可参考《企业会计准则第30号——财务报表列报》和证监会的有关规定。

审计说明及结论：

（三）长期借款明细表

被审计单位名称：________ 编制人：________ 日期：________ 索引号：CQJK－2

会计期间或截止日：________ 复核人：________ 日期：________ 页　次：________

贷款单位名称	贷款种类	借款起止期限	年利率	期初余额	本期增加				本期归还	期末余额	借款条件	备注
					本金	本期利息	本期汇兑损益	小计				
合　计												

说明：

1. 如为外币借款，应在“备注”栏说明。
2. 借款条件按照抵押借款、担保借款、信用借款列示。

（四）长期借款检查表

被审计单位名称：________ 编制人：________ 日期：________ 索引号：CQJK－3
会计期间或截止日：________ 复核人：________ 日期：________ 页　次：________

项　目	未审金额	凭证号	检查、核对记录					调整金额	审定金额
			1	2	3	4	5		
一、期初余额									
二、本期借入									
三、本期归还									
四、期末余额									
五、逾期情况									
六、利息支付情况									
七、担保、抵押情况									

检查、核对提示：
1. 与借款合同核对是否相符；
2. 与贷款信息卡核对是否相符；
3. 与函证结果核对是否相符；
4. 与银行入账、支出凭证是否相符；
5. ……

审计说明及结论：

三十五、应付债券实质性测试

（一）应付债券实质性测试程序表

被审计单位名称：________ 编制人：________ 日期：________ 索引号：YFZQ

会计期间或截止日：________ 复核人：________ 日期：________ 页　次：________

审计目标

1. 存在：确定记录的应付债券在资产负债表日是确实存在的，反映了被审计单位尚未偿还的长期债券摊余成本；
2. 完整性：确定所有应当记录的应付债券均已记录；
3. 权利和义务：确定记录的应付债券负债是被审计单位应当履行的偿还义务；
4. 计价和分摊：确定应付债券以恰当的金额包括在财务报表中，与之相关的计价或分摊调整已恰当记录；
5. 列报：确定应付债券已按照企业会计准则的规定在财务报表中做出适当分类、描述和披露。

针对认定实施的审计程序	财务报表的认定					是否执行	执行人	工作底稿索引号
	存在	完整性	权利和义务	计价和分摊	列报			
1. 获取或编制应付债券明细表，复核加计正确（并检查其分类是否正确），并与报表数、总账数和明细账合计数核对是否相符，核对期初余额与上期审定期末余额是否相符。				√				YFZQ－1，YFZQ－2

续表

针对认定实施的审计程序	财务报表的认定					是否执行	执行人	工作底稿索引号
	存在	完整性	权利和义务	计价和分摊	列报			
2. 根据实际情况，选择以下方法对应付债券执行分析程序：复核债券面值和应计利息之间的关系。	√	√		√				YFZQ－3
3. 检查与应付债券有关的会计记录，以确定被审计单位是否按下列规定进行相应的会计处理和披露： 3.1 检查债券发行是否合法、真实，会计处理是否正确。 （1）检查债券发行的董事会决议、有关部门批复、债券承销协议等文件，确定债券发行的合法性。 （2）索取公司现有债券副本或登记簿，检查各项内容是否同相关的会计记录相一致。 （3）检查公司发行债券所收入现金的收据、汇款通知单、送款登记簿及相关的银行对账单，以确定发行的真实性。 （4）公司发行债券是否已作抵押或担保，应检查相关抵押、担保协议。 （5）检查是否分别按“面值”、“利息调整”、“应计利息”等进行明细核算：发行债券，检查是否按实际收到的金额，借记“银行存款”等科目，按债券票面金额，贷记应付债券（面值）。存在差额的，还应借记或贷记应付债券（利息调整）。发行的可转换公司债券，检查是否按实际收到的金额，借记“银行存款”等科目，按该项可转换公司债券包含的负债成份的面值，贷记应付债券（可转换公司债券——面值），按权益成份的公允价值，贷记“资本公积——其他资本公积”科目，按其差额，借记或贷记应付债券（利息调整）。	√	√	√	√	√			YFZQ－3

续表

针对认定实施的审计程序	财务报表的认定					是否执行	执行人	工作底稿索引号
	存在	完整性	权利和义务	计价和分摊	列报			
3.2 检查应计利息的计算是否准确，会计处理及利息资本化是否正确。资产负债表日，对于分期付息、一次还本的债券，应按摊余成本和实际利率计算确定的债券利息费用，借记“在建工程”、“制造费用”、“财务费用”、“研发支出”等科目，按票面利率计算确定的应付未付利息，贷记“应付利息”科目，按其差额，借记或贷记应付债券（利息调整）。对于一次还本付息的债券，应于资产负债表日按摊余成本和实际利率计算确定的债券利息费用，借记“在建工程”、“制造费用”、“财务费用”、“研发支出”等科目，按票面利率计算确定的应付未付利息，贷记应付债券（应计利息），按其差额，借记或贷记应付债券（利息调整）。实际利率与票面利率差异较小的，也可以采用票面利率计算确定利息费用。 3.3 检查“利息调整”明细的增、减计算是否准确，会计处理是否正确。 3.4 检查对到期债券偿还的会计处理是否正确。	√	√	√	√	√			YFZQ－3
4. 发行的可转换公司债券是否按如下规定进行会计处理： 4.1 企业发行的可转换公司债券，应将负债和权益成份进行分拆，分拆后形成的负债成份在应付债券核算。发行的可转换公司债券，应按实际收到的金额，借记“银行存款”等科目，按该项可转换公司债券包含的负债成份的面值，贷记应付债券（可转换公司债券——面值），按权益成份的公允价值，贷记“资本公积——其他资本公积”科目，按其差额，借记或贷记应付债券（利息调整）。	√			√				YFZQ－3

续表

针对认定实施的审计程序	财务报表的认定					是否执行	执行人	工作底稿索引号
	存在	完整性	权利和义务	计价和分摊	列报			
4.2 可转换公司债券持有人行使转换权利，将其持有的债券转换为股票，按可转换公司债券的余额，借记应付债券（可转换公司债券——面值、利息调整），按其权益成份的金额，借记“资本公积——其他资本公积”科目，按股票面值和转换的股数计算的股票面值总额，贷记“股本”科目，按其差额，贷记“资本公积——股本溢价”科目。如用现金支付不可转换股票的部分，还应贷记“银行存款”等科目。	√			√				YFZQ－3
5. 函证应付债券账户期末余额，注意以下事项： 5.1 可向债权人及债券承销人或包销人进行函证。 5.2 函证内容包括：应付债券名称、发行日、到期日、利率、已付利息期间，年内偿还的债券，资产负债表日尚未偿还的债券以及其他应包括的重要事项。 5.3 根据函证结果进行核对，若有差异，应查明原因并作适当调整。	√	√	√	√				
6. 针对识别的舞弊风险等特别风险，需额外考虑实施的审计程序： （根据具体情况，注册会计师应针对识别的特别风险设计有效的实质性程序。）								
7. 验明应付债券的列报与披露是否恰当，检查是否附注中披露与应付债券有关的下列信息： 7.1 分项列示应付债券的种类、期限、发行日期、面值总额、利息调整、应计利息总额、期末余额。说明可转换公司债券的转股条件、转股时间。 7.2 检查一年内到期的应付债券是否列入流动负债。					√			

（二）应付债券导引表

被审计单位名称：________ 编制人：________ 日期：________ 索引号：YFZQ－1

会计期间或截止日：________ 复核人：________ 日期：________ 页　次：________

类别	索引号	期限	发行日期	面值	利息调整	应计利息	未审数	审计调整（重分类）		审定数	
								借方	贷方	期末数	期初数
	YFZQ－3										
合计											

注：具体披露要求可参考《企业会计准则第30号——财务报表列报》和证监会的有关规定。

审计说明及结论：

（三）应付债券明细表

被审计单位名称：________ 编制人：________ 日期：________ 索引号：YFZQ－2

会计期间或截止日：________ 复核人：________ 日期：________ 页　次：________

债券名称	发行数量	债券期限			票面利率	面值	利息调整			应计利息				账面余额	备注
		起息日	到期日	期限			利息调整金额	已结转的利息调整	尚未结转的利息调整	期初数	本期计提	本期支付	期末数		
合计															

说明：

如新发行债券，应在“备注”栏中说明证券主管部门批准文号、发行日期、付息日期等内容。

（四）应付债券检查表

被审计单位名称：________　　编制人：________　　日期：________　　索引号：YFZQ－3

会计期间或截止日：________　　复核人：________　　日期：________　　页　次：________

项　　目	未审金额	凭证号	检查、核对记录					调整金额	审定金额
			1	2	3	4	5		
一、期初余额（包括面值、利息调整、应计利息）									
二、本期减少（包括面值、利息调整、应计利息）									
三、本期增加（包括面值、利息调整、应计利息）									
四、期末余额（包括面值、利息调整、应计利息）									
五、本期应计利息									
六、本期结转利息调整									
七、累计结转利息调整									

检查、核对提示：

1. 与相关债券发行文件等核对相符；
2. 债券入账金额与银行凭证相符；
3. 利息调整结转正确；
4. 应计利息计算正确；
5. ……

审计说明及结论：

三十六、长期应付款实质性测试

（一）长期应付款实质性测试程序表

被审计单位名称：______ 编制人：______ 日期：______ 索引号：CQYFK

会计期间或截止日：______ 复核人：______ 日期：______ 页　次：______

审计目标：

1. 存在：确定记录的长期应付款是存在的，反映了应付融资租入固定资产的租赁费、以分期付款方式购入固定资产等发生的应付款项等；
2. 完整性：确定所有应当记录的长期应付款均已记录；
3. 权利和义务：确定记录的长期应付款是被审计单位应当履行的偿还义务；
4. 计价和分摊：确定长期应付款以恰当的金额包括在财务报表中，与之相关的计价或分摊调整已恰当记录；
5. 列报：确定长期应付款，已按照企业会计准则的规定在财务报表中做出适当分类、描述和披露。

针对认定实施的审计程序	财务报表的认定						是否执行	执行人	工作底稿索引号
	存在	完整性	权利和义务	计价和分摊	列报				
1. 获取或编制长期应付款明细表，复核加计正确，并与总账数和明细账合计数核对相符，结合未确认融资费用科目与报表数核对相符；核对期初余额与上期审定期末余额是否相符。				√					

续表

针对认定实施的审计程序	财务报表的认定						是否执行	执行人	工作底稿索引号
	存在	完整性	权利和义务	计价和分摊	列报				
2. 取得并审阅股东大会、董事会和管理层会议记录等，查明被审计单位是否存在融资租赁事项和购入固定资产超过正常信用条件延期支付价款等融资事项。	√	√	√						
3. 检查相关的协议、合同等证明文件，了解具体交易内容，重点检查认定为融资租赁的是否符合准则规定的条件。	√	√							
4. 必要时，对有关交易所涉及的重要资产或债务，向有关方面发函询证。	√		√	√					
5. 检查与融资租赁有关的会计记录，以确定被审计单位对长期应付款的会计处理是否正确： 5.1 检查承租人在租赁期开始日，是否将租赁开始日租赁资产公允价值与最低租赁付款额现值两者中较低者作为租入资产的入账价值，将最低租赁付款额作为长期应付款的入账价值，其差额作为未确认融资费用。承租人在租赁谈判和签订租赁合同过程中发生的，可归属于租赁项目的手续费、律师费、差旅费、印花税等初始直接费用，应当计入租入资产价值。 5.2 检查承租人采用的折现率是否合理，在计算最低租赁付款额的现值时，能够取得出租人租赁内含利率的，是否采用租赁内含利率作为折现率；否则，是否采用租赁合同规定的利率作为折现率。承租人无法取得出租人的租赁内含利率且租赁合同没有规定利率的，是否采用同期银行贷款利率作为折现率。 5.3 检查是采用实际利率法分期摊销未确认融资费用，相应减少未确认融资费用（贷记）。	√		√	√					

续表

针对认定实施的审计程序	财务报表的认定						是否执行	执行人	工作底稿索引号
	存在	完整性	权利和义务	计价和分摊	列报				
6. 购入固定资产超过正常信用条件延期支付价款、实质上具有融资性质的，检查有关会计处理是否正确： 6.1 检查是否按应付购买价款的现值，借记固定资产或在建工程，按应支付的金额，增加“长期应付款”科目，按其差额，借记“未确认融资费用”科目。 6.2 检查是采用实际利率法分期摊销未确认融资费用，相应减少未确认融资费用。	√	√	√	√					
7. 标明应付关联方［包括持股5%以上（含5%）股东］的款项，执行关联方及其交易审计程序，并注明合并报表时应予抵销的金额；对关联企业、有密切关系的主要被审计单位的交易事项作专门核查： 7.1 了解交易事项目的及应付款项的原因、检查相关合同等相关文件资料。 7.2 向关联方、有密切关系的主要被审计单位或其他注册会计师函询，以确认交易的真实性、合理性。	√			√					
8. 验明长期应付款的列报与披露是否恰当。					√				

（二）长期应付款导引表

被审计单位名称：______ 编制人：______ 日期：______ 索引号：CQYFK－1
会计期间或截止日：______ 复核人：______ 日期：______ 页　次：______

项目	索引号	未审数		审计调整		重分类		审定数		上期数	
		原币	折合本位币	借方	贷方	借方	贷方	原币	折合本位币	原币	折合本位币
合　计											

审计说明及结论：

三十七、未确认融资费用实质性测试

（一）未确认融资费用实质性测试程序表

被审计单位名称：__________ 编制人：__________ 日期：__________ 索引号：WQRRZFY

会计期间或截止日：__________ 复核人：__________ 日期：__________ 页　次：__________

审计目标

1. 存在：确定记录的未确认融资费用是存在的，反映了应当分期计入利息费用的未确认融资费用；
2. 完整性：确定所有应当记录的未确认融资费用均已记录；
3. 权利和义务：确定记录的未确认融资费用是被审计单位应当履行的偿还义务；
4. 计价和分摊：确定未确认融资费用以恰当的金额包括在财务报表中，与之相关的计价或分摊调整已恰当记录；
5. 列报：确定未确认融资费用，已按照企业会计准则的规定在财务报表中做出适当分类、描述和披露。

针对认定实施的审计程序	财务报表的认定					是否执行	执行人	工作底稿索引号
	存在	完整性	权利和义务	计价和分摊	列报			
1. 获取或编制未确认融资费用明细表，复核加计正确，并与总账数和明细账合计数核对相符，结合未确认融资费用科目与报表数核对相符；核对期初余额与上期审定期末余额是否相符。				√				
2. 取得并审阅股东大会、董事会和管理层会议记录等，查明被审计单位是否存在融资租赁事项和购入固定资产超过正常信用条件延期支付价款等融资事项。	√	√	√					

续表

针对认定实施的审计程序	财务报表的认定					是否执行	执行人	工作底稿索引号
	存在	完整性	权利和义务	计价和分摊	列报			
3. 检查相关的协议、合同等证明文件，了解具体交易内容，重点检查认定为融资租赁的是否符合准则规定的条件。	√	√						
4. 必要时，对有关交易所涉及的重要资产或债务，向有关方面发函询证。	√		√	√				
5. 检查与融资租赁有关的会计记录，以确定被审计单位对长期应付款的会计处理是否正确： 5.1 检查承租人在租赁期开始日，是否将租赁开始日租赁资产公允价值与最低租赁付款额现值两者中较低者作为租入资产的入账价值，将最低租赁付款额作为长期应付款的入账价值，其差额作为未确认融资费用。承租人在租赁谈判和签订租赁合同过程中发生的，可归属于租赁项目的手续费、律师费、差旅费、印花税等初始直接费用，应当计入租入资产价值。 5.2 检查承租人采用的折现率是否合理，在计算最低租赁付款额的现值时，能够取得出租人租赁内含利率的，是否采用租赁内含利率作为折现率；否则，是否采用租赁合同规定的利率作为折现率。承租人无法取得出租人的租赁内含利率且租赁合同没有规定利率的，是否采用同期银行贷款利率作为折现率。 5.3 检查是采用实际利率法分期摊销未确认融资费用，相应减少未确认融资费用（贷记）。	√		√	√				
6. 购入固定资产超过正常信用条件延期支付价款、实质上具有融资性质的，检查有关会计处理是否正确：								

续表

针对认定实施的审计程序	财务报表的认定					是否执行	执行人	工作底稿索引号
	存在	完整性	权利和义务	计价和分摊	列报			
6.1 检查是否按应付购买价款的现值，借记固定资产或在建工程，按应支付的金额，增加“长期应付款”科目，按其差额，借记“未确认融资费用”科目。 6.2 检查是采用实际利率法分期摊销未确认融资费用，相应减少未确认融资费用。	√	√	√	√				
7. 验明未确认融资费用的列报与披露是否恰当。					√			

（二）未确认融资费用导引表

被审计单位名称：______ 编制人：______ 日期：______ 索引号：WQRRZFY-1

会计期间或截止日：______ 复核人：______ 日期：______ 页　次：______

项目	索引号	未审数		审计调整		重分类		审定数		上期数	
		原币	折合本位币	借方	贷方	借方	贷方	原币	折合本位币	原币	折合本位币
合计											

审计说明及结论：

三十八、专项应付款实质性测试

（一）专项应付款实质性测试程序表

被审计单位名称：________	编制人：________	日期：________	索引号：ZXYFK
会计期间或截止日：________	复核人：________	日期：________	页　次：________

审计目标

1. 存在：确定记录的专项应付款在资产负债表日是确实存在的，反映了被审计单位尚未转销的政府作为所有者投入的具有专项或特定用途的款项；
2. 完整性：确定所有应当记录的专项应付款均已记录；
3. 权利和义务：确定记录的专项应付款负债是被审计单位应当履行的偿还义务；
4. 计价和分摊：确定专项应付款以恰当的金额包括在财务报表中，与之相关的计价或分摊调整已恰当记录；
5. 列报：确定专项应付款已按照企业会计准则的规定在财务报表中做出适当分类、描述和披露。

针对认定实施的审计程序	财务报表的认定					是否执行	执行人	工作底稿索引号
	存在	完整性	权利和义务	计价和分摊	列报			
1. 获取或编制专项应付款明细表，复核加计正确，并与报表数、总账数和明细账合计数核对是否相符，核对期初余额与上期审定期末余额是否相符。				√				ZXYFK－1，ZXYFK－2

续表

针对认定实施的审计程序	财务报表的认定					是否执行	执行人	工作底稿索引号
	存在	完整性	权利和义务	计价和分摊	列报			
2. 取得专项应付款有关拨款文件，检查有关会计记录和银行单证，确认款项已拨入，资金来源与文件相符，入账金额和会计处理正确。	√	√		√				
3. 取得拨款项目完成情况报告和批复等资料，结合在建工程、固定资产的审计查明拨款项目的完成情况，检查专项应付款转销的会计处理是否正确；特别注意未形成相应资产的专项应付款，其核销是否经批准。	√	√		√				
4. 检查拨款结余是否按规定上缴，其会计处理是否正确。				√				
5. 检查与专项应付款有关的会计记录，以确定被审计单位是否按下列规定进行相应的会计处理和披露： 5.1 检查相关文件，确定属于企业取得政府作为企业所有者投入的具有专项或特定用途的款项，并区分政府补助，如：政府拨入的投资补助等专项拨款中，国家相关文件规定作为“资本公积”处理的均属于政府的资本性投入而不属于政府补助。 5.2 企业收到或应收的资本性拨款，借记“银行存款”等科目，贷记本科目。将专项或特定用途的拨款用于工程项目，借记“在建工程”等科目，贷记“银行存款”、“应付职工薪酬”等科目。 5.3 工程项目完工形成长期资产的部分，借记本科目，贷记“资本公积——资本溢价”科目；对未形成长期资产需要核销的部分，借记本科目，贷记“在建工程”等科目；拨款结余需要返还的，借记本科目，贷记“银行存款”科目。上述资本溢价转增实收资本或股本，借记“资本公积——资本溢价或股本溢价”科目，贷记“实收资本”或“股本”科目。	√		√	√				ZXYFK－3

续表

针对认定实施的审计程序	财务报表的认定					是否执行	执行人	工作底稿索引号
	存在	完整性	权利和义务	计价和分摊	列报			
6. 针对识别的舞弊风险等特别风险，需实施的审计程序： （根据具体情况，注册会计师应针对识别的特别风险设计有效的实质性程序。）								
7. 验明专项应付款的列报与披露是否恰当，检查是否在附注中披露与专项应付款有关的下列信息：按资本性投资项目分别披露期末尚未转销的专项应付款。					√			

（二）专项应付款导引表

被审计单位名称：__________　编制人：__________　日期：__________　索引号：ZXYFK－1
会计期间或截止日：__________　复核人：__________　日期：__________　页　次：__________

类别	索引号	未审数	审计调整		重分类		审定数	上期数
			借方	贷方	借方	贷方		
专门拨款								
小计								
其他来源								
小计								
合计								

审计说明及审计结论：

（三）专项应付款明细表

被审计单位名称：______ 编制人：______ 日期：______ 索引号：ZXYFK－2

会计期间或截止日：______ 复核人：______ 日期：______ 页　次：______

专项应付款种类	期初余额	本期增加	本期结转	期末余额	备注
合　计					

（四）专项应付款检查表

被审计单位名称：__________ 编制人：__________ 日期：__________ 索引号：ZXYFK－3

会计期间或截止日：__________ 复核人：__________ 日期：__________ 页　次：__________

项　　目	未审金额	凭证号	检查、核对记录					调整金额	审定金额
			1	2	3	4	5		
一、期初余额									
二、本期增加									
三、本期减少									
四、期末余额									
五、项目进展情况									
六、款项支付情况									

检查、核对提示：

1. 与政府相关文件核对相符；
2. 与银行收款、付款凭证核对相符；
3. 核销会计处理正确；
4. 结转资本公积会计处理正确；
5. ……

审计说明及结论：

三十九、预计负债实质性测试

（一）预计负债实质性测试程序表

被审计单位名称：________ 编制人：________ 日期：________ 索引号：YJFZ

会计期间或截止日：________ 复核人：________ 日期：________ 页　次：________

审计目标：

1. 存在：确定记录的预计负债在资产负债表日是确实存在的，反映了被审计单位已确认尚未支付的对外提供担保、未决诉讼、产品质量保证、重组义务、亏损性合同等预计负债；

2. 完整性：确定所有应当记录的预计负债均已记录；

3. 权利和义务：确定记录的预计负债是被审计单位应当履行的偿还义务；

4. 计价和分摊：确定预计负债以恰当的金额包括在财务报表中，与之相关的计价或分摊调整已恰当记录；

5. 列报：确定预计负债已按照企业会计准则的规定在财务报表中做出适当分类、描述和披露。

针对认定实施的审计程序	财务报表的认定					是否执行	执行人	工作底稿索引号
	存在	完整性	权利和义务	计价和分摊	列报			
1. 获取或编制预计负债明细表，复核加计正确（并检查其分类是否正确），并与报表数、总账数和明细账合计数核对是否相符，核对期初余额与上期审定期末余额是否相符。				√				YJFZ－1，YJFZ－2

续表

针对认定实施的审计程序	财务报表的认定					是否执行	执行人	工作底稿索引号
	存在	完整性	权利和义务	计价和分摊	列报			
2. 检查与预计负债有关的会计记录，以确定被审计单位是否按下列规定进行相应的会计处理和披露： 2.1 企业由对外提供担保、未决诉讼、重组义务产生的预计负债，应按确定的金额，借记“营业外支出”等科目，贷记预计负债。由产品质量保证产生的预计负债，应按确定的金额，借记“销售费用”科目，贷记预计负债。由资产弃置义务产生的预计负债，应按确定的金额，借记“固定资产”或“油气资产”科目，贷记预计负债。在固定资产或油气资产的使用寿命内，按计算确定各期应负担的利息费用，借记“财务费用”科目，贷记预计负债。 2.2 实际清偿或冲减的预计负债，借记预计负债，贷记“银行存款”等科目。 2.3 根据确凿证据需要对已确认的预计负债进行调整的，调整增加的预计负债，借记有关科目，贷记预计负债；调整减少的预计负债作相反的会计分录。	√		√	√				
3. 针对识别的舞弊风险等特别风险，需实施的审计程序： 3.1 对于因担保事项产生的预计负债，向相关银行函证担保事项。 3.2 对已涉诉并已判决的对外担保，取得并审阅相关法院判决书。 3.3 对已涉诉但尚未判决的对外担保，取得被审计单位律师或法律顾问的法律意见。 3.4 结合已披露的或有事项，检查有无未预计或少预计负债，重点检查预计负债得以证实时的会计处理是否正确。	√	√	√	√				

续表

针对认定实施的审计程序	财务报表的认定					是否执行	执行人	工作底稿索引号
	存在	完整性	权利和义务	计价和分摊	列报			
4. 向被审计单位管理层索取下列资料，作必要的审核和评价： 4.1 被审计单位有关或有事项的全部文件和凭证。 4.2 被审计单位与银行之间的往来函件，以查找有关票据贴现、应收账款抵借、票据背书和对其他债务的担保。 4.3 被审计单位的债务说明书，其中，除其他债务说明外，还应包括对或有事项的说明，即说明已知的或有事项均已在财务报表中作了适当反映。	√	√						
5. 验明预计负债的列报与披露是否恰当，检查是否附注中披露与预计负债有关的下列信息： 5.1 预计负债的种类、形成原因以及经济利益流出不确定性的说明。 5.2 各类预计负债的期初、期末余额和本期变动情况。 5.3 与预计负债有关的预期补偿金额和本期已确认的预期补偿金额。					√			

（二）预计负债导引表

被审计单位名称：________ 编制人：________ 日期：________ 索引号：YJFZ－1
会计期间或截止日：________ 复核人：________ 日期：________ 页　次：________

项目	索引号	未审数		审计调整		重分类		审定数		上期数	
		原币	折合本位币	借方	贷方	借方	贷方	原币	折合本位币	原币	折合本位币
	YJFZ－3										
合计											

注：项目类别可根据对外提供担保、未决诉讼、产品质量保证、重组义务、亏损性合同等分类。具体披露要求可参考《企业会计准则30号——财务报表列报》和证监会的有关规定。

审计说明及结论：

（三）预计负债明细表

被审计单位名称：________　编制人：________　日期：________　索引号：YJFZ－2
会计期间或截止日：________　复核人：________　日期：________　页　次：________

项目类别	预计负债计提原因	期初余额	本期计提数	本期减少数	期末余额	备注
合计						

编制说明：项目类别可根据对外提供担保、未决诉讼、产品质量保证、重组义务、亏损性合同等分类，对预计负债的计提方法在“备注”栏中说明。

（四）预计负债检查表

被审计单位名称：＿＿＿＿　　编制人：＿＿＿＿　　日期：＿＿＿＿　　索引号：YJFZ－3

会计期间或截止日：＿＿＿＿　　复核人：＿＿＿＿　　日期：＿＿＿＿　　页　次：＿＿＿＿

项　目	未审金额	凭证号	检查、核对记录					调整金额	审定金额
			1	2	3	4	5		
一、期初余额									
二、本期增加									
三、本期减少									
四、期末余额									
五、计提事项变化									
六、款项支付情况									

检查、核对提示：

1. 质量保证、担保等事项真实发生；
2. 预计负债金额估计正确；
3. 款项支付会计处理正确；
4. ……

审计说明及结论：

四十、递延所得税负债实质性测试

（一）递延所得税负债实质性程序表

被审计单位名称： ________	**编制人：** ________	**日期：** ________	**索引号：** DYSDSFZ
会计期间或截止日： ________	**复核人：** ________	**日期：** ________	**页　次：** ________

审计目标：

1. 存在：资产负债表中的代表了被审计单位的真实偿付义务；
2. 完整性：被审计单位所有可能引起未来应纳所得税义务的事项均反映在资产负债表中；
3. 权利和义务：记录的递延所得税负债是被审计系统应当履行的偿还义务；
4. 计价和分摊：被审计单位在递延所得税负债金额考虑未来盈亏、税率变动等因素，计算准确、余额正确；
5. 列报：递延所得税负债已按照企业会计准则的规定在财务报表中做出适当分类、描述和披露。

针对认定实施的审计程序	财务报表的认定					是否执行	执行人	工作底稿索引号
	存在	完整性	权利和义务	计价和分摊	列报			
1. 取得或编制递延所得税负债明细表，复核加计正确，并与明细账核对相符。				√				
2. 识别被审计单位期初递延所得税负债的金额和种类以及对当期经营损失以及未来期间的影响。	√	√						
3. 计算确定当期冲回各类减值准备形成的递延所得税负债。	√	√		√				

续表

针对认定实施的审计程序	财务报表的认定					是否执行	执行人	工作底稿索引号
	存在	完整性	权利和义务	计价和分摊	列报			
4. 计算确定固定资产折旧年限超出税法规定形成递延所得税负债。	√	√		√				
5. 计算确定非同一控制下企业合并形成递延所得税负债。	√	√		√				
6. 计算确定可供出售金融资产公允价值变动形成递延所得税负债。	√	√		√				
7. 计算当年其他应纳税暂时性差异形成的递延所得税负债。	√	√		√				
8. 检查所得税税率变动引起的递延所得税资产的增减变动情况。				√	√			
9. 检查递延所得税负债预计转销年限和本年转销额是否正确，相关会计处理是否正确。	√	√		√				
10. 检查递延所得税负债是否有现行税法确定性支持，是否符合被审计单位所在地税务当局征管制度的要求，是否属于一项现时义务。	√							
11. 检查递延所得税负债是否已在资产负债表上充分披露。					√			

（二）递延所得税负债导引表

被审计单位名称：________ 编制人：________ 日期：________ 索引号：DYSDSFZ－1

会计期间或截止日：________ 复核人：________ 日期：________ 页　次：________

工作底稿索引号	项　目	年初余额			年末余额		
		调整前	审计调整	调整后	调整前	审计调整	调整后
	购入摊销年限大于税法规定的资产						
	冲回资产减值						
	非同一控制下企业合并形成						
	融资租赁形成						
	可供出售金融资产公允价值变动						
	权益法核算被投资单位收益						
	其他						
	合　计						
结论：	【经审计/经审计调整】，递延所得税资产余额可以确认。						

（三）递延所得税负债明细表

被审计单位名称：________ 编制人：________ 日期：________ 索引号：DYSDSFZ－2

会计期间或截止日：________ 复核人：________ 日期：________ 页 次：________

项目【按明细项目列示】	年初余额				当期发生	当期转回	年末余额			工作底稿索引号	备注
	调整前	审计调整	税率变动调整	调整后			调整前	审计调整	调整后		
购入摊销年限大于税法规定的资产											
可供出售金融资产公允价值变动											
非同一控制下的企业合并形成											
投资性房地产公允价值变动											
融资租赁形成											
权益法核算被投资单位收益等											
其他											
合　计											

审计说明：

（四）递延所得税负债细节测试（1）

被审计单位名称：______　　编制人：______　　日期：______　　索引号：DYSDSFZ－3

会计期间或截止日：______　　复核人：______　　日期：______　　页　次：______

细节测试的目标	确定测试项目的选取方法	界定总体	抽样单元	样本规模	样本选取方法	样本选取方法	界定误差构成条件	预计误差额	总体误差额	实施测试程序	结论
存在或发生											
完整性											
权利或义务											
计价											

说明：1. 可根据重要性选取抽样单元；

2. 样本选取方法一般包括随机抽样、系统抽样和容量概率比例抽样等；

3. 根据被审计单位的规模业务性质等确定预计误差额；

4. 测试程序包括检查有关原始凭证、重新计算等。

（五）递延所得税负债细节测试（2）

被审计单位名称：__________ 编制人：__________ 日期：__________ 索引号：DYSDSFZ－4

会计期间或截止日：__________ 复核人：__________ 日期：__________ 页 次：__________

日 期	凭证编号	摘要	科目名称	明细科目	借方金额	贷方金额	核对内容				附件
							1	2	3	4	

核对内容说明：

1. 原始凭证是否齐全；
2. 记账凭证与原始凭证是否相符；
3. 账务处理是否正确；
4. 是否记录于恰当的会计期间。

审计说明：

四十一、实收资本（股本）实质性测试

（一）实收资本（股本）实质性测试程序表

被审计单位名称：________ 编制人：________ 日期：________ 索引号：SSZB
会计期间或截止日：________ 复核人：________ 日期：________ 页　次：________

审计目标：

1. 存在：确定记录的实收资本是存在的，反映了被审计单位接受投资者投入的实收资本；
2. 完整性：确定所有应当记录的实收资本均已记录；
3. 计价和分摊：确定实收资本以恰当的金额包括在财务报表中，与之相关的计价或分摊调整已恰当记录；
4. 列报：确定实收资本，已按照企业会计准则的规定在财务报表中做出适当分类、描述和披露。

针对认定实施的审计程序	财务报表的认定					是否执行	执行人	工作底稿索引号
	存在	完整性	权利和义务	计价和分摊	列报			
1. 获取或编制股本（实收资本）明细表，复核加计正确（并检查其分类是否正确），并与报表数、总账数和明细账合计数核对是否相符，核对期初余额与上期审定期末余额是否相符。				√				
2. 根据实际情况，选择以下方法对实收资本进行分析程序。	√	√		√				
2.1 将本年实收资本与上一年度进行比较，判断其变动的合理性。	√	√		√				

续表

针对认定实施的审计程序	财务报表的认定					是否执行	执行人	工作底稿索引号
	存在	完整性	权利和义务	计价和分摊	列报			
2.2 检查股本（或实收资本）增减变动的原因，查阅其是否与董事会纪要、补充合同、协议及其他有关法律性文件的规定一致。会计处理是否正确。注意有无抽资或变相抽资的情况，如有，应取证核实，做恰当处理。	√	√		√				
3. 检查与实收资本有关的会计记录，以确定被审计单位是否按下列规定进行相应的会计处理和披露。 3.1 审阅公司章程、股东（大）会、董事会会议记录中有关规定，收集有关的董事会会议纪要、合同、协议、公司章程及营业执照，公司设立批文、验资报告等法律性文件，确定股本（实收资本）的构成与金额。 3.2 审核股东按合同、协议、章程约定时间缴付出资的情况，出资额是否已经中国注册会计师审验。对已验资者，查阅验资报告。 3.3 以非记账本位币出资的，检查折算汇率的正确性，汇率折算差额的会计处理是否正确。 3.4 外方投入币种与注册币种不一致的，审核外汇资本项目核准件中是否列明外币金额折合注册资本币种金额。如列明，则视同为固定汇率；如未列明则以入资日汇率折算。 3.5 根据证券登记公司提供的股东名录，检查委托人及其子公司、合营企业与联营企业是否违反规定持有或相互持有原发行在外的股票。 3.6 检查股票发行费用的会计处理是否正确。	√			√				

续表

针对认定实施的审计程序	财务报表的认定					是否执行	执行人	工作底稿索引号
	存在	完整性	权利和义务	计价和分摊	列报			
3.7 审查认股权证及其有关交易，确定委托人及认股人是否遵守认股合约或认股权证中的有关规定。	√			√				
4. 针对识别的舞弊风险等特别风险，需实施的审计程序： 4.1 检查大额或异常的实收资本变动的适当性。 4.2 检查高层管理人员提交的有关支持实收资本变动的文件的恰当性。	√	√		√				
5. 首次接受委托的客户，取得历次验资报告，将其所载明的投资者名称、投资方式、投资金额、到账时间等内容与被审计单位历次实收资本（股本）变动的账面记录、会计凭证及附件等核对。	√	√		√				
6. 验明实收资本的列报与披露是否恰当。					√			

（二）实收资本（股本）导引表

被审计单位名称：________ 编制人：________ 日期：________ 索引号：________

会计期间或截止日：________ 复核人：________ 日期：________ 页　次：________

序号	投资方	未审数	调整数		审定数	调整原因
			借方	贷方		
1						
2						
3						
4						
5						
6						
7						
8						
9						
10						
11						
合　计						

（三）实收资本（股本）实质性测试表

被审计单位名称：________ 编制人：________ 日期：________ 索引号：________

会计期间或截止日：________ 复核人：________ 日期：________ 页　次：________

投资方	规定出资情况			期初实际入资				本期变动				期末余额		验资情况	备注
	注册资金	出资比例	出资方式	日期	原币	汇率	本币	日期	原币	汇率	本币	原币	本币		

章程中重要条款：	期间变更情况：	审计结论：

（四）实收资本（股本）细节测试

被审计单位名称：________ 编制人：________ 日期：________ 索引号：________
会计期间或截止日：________ 复核人：________ 日期：________ 页　次：________

序号	明细账资料				凭证审核内容					
	日期	凭证号	业务内容	金额	日期	金额	对应科目	有无授权	账务处理是否正确	审核情况的说明

说明：根据风险评估及内控测试所确定的关键控制点，选择实收资本变动的代表性样本，检查实收资本的会计处理是否正确、完整。

四十二、资本公积实质性测试

（一）资本公积实质性测试程序表

被审计单位名称：______　**编制人：**______　**日期：**______　**索引号：** ZBGJ

会计期间截止日：______　**复核人：**______　**日期：**______　**页　次：**______

审计目标：

1. 存在：确定记录的资本公积是存在的，反映了被审计单位收到投资者出资额超出其在注册资本或股本中所占份额的部分，以及直接计入所有者权益的利得和损失；

2. 完整性：确定所有应当记录的资本公积均已记录；

3. 计价和分摊：确定资本公积以恰当的金额包括在财务报表中，与之相关的计价或分摊调整已恰当记录；

4. 列报：确定资本公积，已按照企业会计准则的规定在财务报表中做出适当分类、描述和披露。

针对认定实施的审计程序	财务报表的认定					是否执行	执行人	工作底稿索引号
	存在	完整性	权利和义务	计价和分摊	列报			
1. 获取或编制资本公积明细表，复核加计正确，并与报表数、总账数和明细账合计数核对。				√				
2. 收集与资本公积变动有关的股东大会决议、董事会会议纪要、资产评估报告等文件资料，更新永久性档案。对首次接受委托的单位，应对期初的资本公积进行追查，确定其入账依据是否充分。	√	√		√				

续表

针对认定实施的审计程序	财务报表的认定					是否执行	执行人	工作底稿索引号
	存在	完整性	权利和义务	计价和分摊	列报			
3. 审核资本公积增减变动的内容及依据，并查阅相关会计记录和原始凭证，确认增减变动的合法性与正确性。	√			√				
4. 根据资本公积明细账，对股本溢价、接受捐赠非现金资产准备、股权投资准备、拨款转入、外币资本折算差额、关联交易差价、其他资本公积等资本公积项目的发生额进行审查： 4.1 对股本溢价，应取得董事会会议纪要、股东大会决议、有关合同、政府批文，检查股票溢价收入的计算是否正确，是否已扣除股票发行费用，并追查至银行收款凭证。注意公司以减资为目的的回购本公司股票的会计处理是否正确。 4.2 对接受捐赠，检查捐赠的手续是否齐全，资本公积的入账金额和会计处理是否正确。 4.3 对股权投资准备，检查因被投资单位股本溢价、接受捐赠及外币资本折算差额等引起的所有者权益变动，被审计单位是否已按其分享的份额入账，会计处理是否正确，并查明该项股权处置时的会计处理是否正确。 4.4 对拨款转入，结合专项应付款的审计，查阅相关文件，检查入账依据是否充分，会计处理是否正确。实行国家拨补流动资本的企业，应单独设置“补充流动资本”明细科目进行核算。 4.5 对外币资本折算差额，结合股本的审计，复核折算汇率是否正确。	√			√				

续表

针对认定实施的审计程序	财务报表的认定					是否执行	执行人	工作底稿索引号
	存在	完整性	权利和义务	计价和分摊	列报			
4.6 对于上市公司与关联方之间显失公允的关联交易所形成的差价而产生的资本公积，应结合关联方及其交易的审计，审查资本公积的入账金额是否正确，会计处理是否恰当。 4.7 对债务重组产生的资本公积，结合债务重组的审计，审查其资本公积的入账金额是否正确，会计处理是否恰当。 4.8 对于资本公积转增股本，应取得股东大会决议、董事会会议纪要和政府批文等，检查其是否符合有关规定，并依法办理增资手续，会计处理是否正确。	√			√				
5. 针对识别的舞弊风险等特别风险，需实施的审计程序。 5.1 检查大额或异常的资本公积变动的适当性。 5.2 检查高层管理人员提交的有关支持资本公积变动的文件的恰当性。	√	√		√				
6. 首次接受委托的单位，应对期初的资本公积进行追溯查验，检查原始发生的依据是否充分。	√	√						
7. 验明资本公积的列报与披露是否恰当。					√			

（二）资本公积导引表

被审计单位名称：________ 编制人：________ 日期：________ 索引号：ZBGJ

会计期间或截止日：________ 复核人：________ 日期：________ 页　次：________

序号	项目	未审数	调整数		审定数	调整原因
			借方	贷方		
1						
2						
3						
4						
5						
6						
7						
8						
9						
10						
11						
合　计						

（三）资本公积实质性测试表

被审计单位名称：________　编制人：________　日期：________　索引号：ZBGJ

会计期间或截止日：________　复核人：________　日期：________　页　次：________

项目	期初余额	本期增加	本期减少	期末余额	备注
资本（或股本）溢价					
接受捐赠非现金资产准备					
接受现金捐赠					
股权投资准备					
拨款转入					
外币资本折算差额					
其他资本公积					
转增资本（或股本）					

（四）资本公积细节测试

被审计单位名称：________ 编制人：________ 日期：________ 索引号：ZBGJ

会计期间或截止日：________ 复核人：________ 日期：________ 页 次：________

序号	明细账资料				凭证审核内容					
	日期	凭证号	业务内容	金额	日期	金额	对应科目	有无授权	账务处理是否正确	审核情况的说明

说明：根据风险评估及内控测试所确定的关键控制点，选择资本公积变动的代表性样本，检查资本公积的会计处理是否正确、完整。

四十三、盈余公积实质性测试程序表

（一）盈余公积实质性测试程序表

被审计单位名称：________　　编制人：________　　日期：________　　索引号：YYGJ

会计期间或截止日：________　　复核人：________　　日期：________　　页　次：________

审计目标：

1. 存在：确定记录的盈余公积是存在的，反映了被审计单位从净利润中提取的盈余公积；
2. 完整性：确定所有应当记录的盈余公积均已记录；
3. 计价和分摊：确定盈余公积以恰当的金额包括在财务报表中，与之相关的计价或分摊调整已恰当记录；
4. 列报：确定盈余公积，已按照企业会计准则的规定在财务报表中做出适当分类、描述和披露。

针对认定实施的审计程序	财务报表的认定					是否执行	执行人	工作底稿索引号
	存在	完整性	权利和义务	计价和分摊	列报			
1. 获取或编制盈余公积明细表，复核加计正确，并与报表数、总账数和明细账合计数核对。				√				
2. 收集与盈余公积变动有关的董事会会议纪要、股东大会决议等文件资料，并更新永久性档案。对首次接受委托的单位，应对期初的盈余公积进行追查，确定其入账依据是否充分。	√	√		√				

续表

针对认定实施的审计程序	财务报表的认定					是否执行	执行人	工作底稿索引号
	存在	完整性	权利和义务	计价和分摊	列报			
3. 检查与盈余公积有关的会计记录，以确定被审计单位是否按下列规定进行相应的会计处理和披露。 3.1 审查法定盈余公积、法定公益金和任意盈余公积的计提顺序、计提基数、计提比例是否符合有关规定，会计处理是否正确。 3.2 审查外商投资企业储备基金、企业发展基金的计提顺序、计提基数、计提比例是否符合有关规定，会计处理是否正确。 3.3 审查盈余公积的减少是否符合有关规定，取得董事会会议纪要、股东大会决议，予以核实，检查有关会计处理是否正确。注意用盈余公积转增股本，转增后的余额不得低于注册资本的25%；用盈余公积支付股利，支付比率不超过股票面值的6%。 3.4 取得董事会会议纪要、政府有关部门的批准文件等资料，检查外商投资企业以利润归还投资是否符合有关规定，采用的折算汇率和会计处理是否正确。 3.5 检查公益金的用途是否合法，对动用公益金举办集体福利设施增加固定资产，注意是否已按规定冲减公益金并相应增加盈余公积。	√			√				
4. 针对识别的舞弊风险等特别风险，需实施的审计程序。 4.1 检查大额或异常的盈余公积变动的适当性。 4.2 检查高层管理人员提交的有关支持盈余公积变动的文件的恰当性。	√	√		√				
5. 验明盈余公积的列报与披露是否恰当。					√			

（二）盈余公积导引表

被审计单位名称：＿＿＿＿＿＿ 编制人：＿＿＿＿＿＿ 日期：＿＿＿＿＿＿ 索引号：YYGJ

会计期间或截止日：＿＿＿＿＿＿ 复核人：＿＿＿＿＿＿ 日期：＿＿＿＿＿＿ 页　次：＿＿＿＿＿＿

序号	项目	未审数	调整数		审定数	调整原因
			借方	贷方		
1						
2						
3						
4						
5						
6						
7						
8						
9						
10						
11						
合计						

（三）盈余公积实质性测试表

被审计单位名称：__________　　编制人：__________　　日期：__________　　索引号：YYGJ

会计期间或截止日：__________　　复核人：__________　　日期：__________　　页　次：__________

明细项目	上年末审定数	本年增加				本年减少				年末余额（审计前）	调整数		年末余额（审定数）	备注
		利润提取	公益金转入	其他	小计	转增股本			小计		索引号	金额		
合计														

（四）盈余公积细节测试

被审计单位名称：________ 编制人：________ 日期：________ 索引号：YYGJ

会计期间或截止日：________ 复核人：________ 日期：________ 页　次：________

序号	明细账资料				凭证审核内容					
	日期	凭证号	业务内容	金额	日期	金额	对应科目	有无授权	账务处理是否正确	审核情况的说明

说明：根据风险评估及内控测试所确定的关键控制点，选择盈余公积变动的代表性样本，检查盈余公积的会计处理是否正确、完整。

四十四、未分配利润实质性测试程序表

（一）未分配利润实质性测试程序表

被审计单位名称：________ 编制人：________ 日期：________ 索引号：WFPLR

会计期间或截止日：________ 复核人：________ 日期：________ 页 次：________

审计目标：

1. 存在：确定记录的未分配利润是存在的，反映了被审计单位企业利润的分配（或亏损的弥补）和历年分配（或弥补）后的余额；
2. 完整性：确定所有应当记录的未分配利润均已记录；
3. 计价和分摊：确定未分配利润以恰当的金额包括在财务报表中，与之相关的计价或分摊调整已恰当记录；
4. 列报：确定未分配利润，已按照企业会计准则的规定在财务报表中做出适当分类、描述和披露。

针对认定实施的审计程序	财务报表的认定					是否执行	执行人	工作底稿索引号
	存在	完整性	权利和义务	计价和分摊	列报			
1. 获取或编制未分配利润明细表，复核加计正确（并检查其分类是否正确），并与报表数、总账数和明细账合计数核对是否相符，核对期初余额与上期审定期末余额是否相符。				√				

续表

针对认定实施的审计程序	财务报表的认定					是否执行	执行人	工作底稿索引号
	存在	完整性	权利和义务	计价和分摊	列报			
2. 收集与未分配利润有关的董事会会议纪要、股东大会决议、有关合同、协议、公司章程等文件资料，并更新永久性档案；对上年未经审计的单位，可以向被审计单位索取由财政部门核定的上一年度会计报表作为确定年初数的参考。	√	√		√				
3. 检查董事会会议纪要、股东大会决议、利润分配方案等资料，对照有关规定确认利润分配的合法性；注意当境内与境外注册会计师审定的可供分配利润不同时，被审计单位计提法定盈余公积金和任意盈余公积金的基数是否正确。	√	√		√				
4. 检查与未分配利润有关的会计记录，以确定被审计单位是否按下列规定进行相应的会计处理和披露。 4.1 检查未分配利润变动的相关凭证，结合所获取的文件资料，确定其会计处理是否正确。 4.2 了解本年利润弥补以前年度亏损的情况，如果弥补期间已过，必须对应纳税所得额进行调整。 4.3 对于股份有限公司，检查以前年度损益调整的内容是否真实、合理，有无调整年初未分配利润，注意对以前年度所得税的影响。对重大调整事项应逐项核实其发生原因、依据和有关资料，复核数据的正确性，并取得有效证据。	√			√				
5. 针对识别的舞弊风险等特别风险，需实施的审计程序。 5.1 检查大额或异常的未分配利润变动的适当性。 5.2 检查高层管理人员提交的有关支持未分配利润变动的文件的恰当性。	√	√		√				
6. 验明未分配利润的列报与披露是否恰当。					√			

（二）未分配利润导引表

被审计单位名称：________ 编制人：________ 日期：________ 索引号：WFPLR

会计期间或截止日：________ 复核人：________ 日期：________ 页　次：________

序号	项目	未审数	调整数		审定数	调整原因
			借方	贷方		
1						
2						
3						
4						
5						
6						
7						
8						
9						
10						
11						
合计						

（三）未分配利润实质性测试表

被审计单位名称：________ 编制人：________ 日期：________ 索引号：WFPLR

会计期间或截止日：________ 复核人：________ 日期：________ 页　次：________

索引号	项目	未审数	会计差错调整金额	审定额	备注
	一、利润总额（净亏损以“-”填列）				
	减：所得税				
	二、净利润				
	加：年初未分配利润				
	盈余公积补亏				
	其他调整因素				
	三、可供分配的利润				
	减：提取法定盈余公积				
	提取法定公益金				
	提取职工奖励及福利基金				
	提取储备基金				
	提取企业发展基金				
	利润归还投资				

续表

索引号	项目	未审数	会计差错调整金额	审定额	备注
	补充流动资本				
	单项留用的利润				
	其他				
	四、可供投资者分配的利润				
	减：应付优先股股利				
	提取任意盈余公积				
	应付普通股股利（应付利润）				
	转作资本（或股本）的普通股股利				
	其他				
	五、未分配利润				

调整分录：

审计说明：

审计结论：

（四）未分配利润细节测试

被审计单位名称：__________　　编制人：__________　　日期：__________　　索引号：WFPLR

会计期间或截止日：__________　　复核人：__________　　日期：__________　　页　次：__________

序号	明细账资料				凭证审核内容					
	日期	凭证号	业务内容	金额	日期	金额	对应科目	有无授权	账务处理是否正确	审核情况的说明

说明：根据风险评估及内控测试所确定的关键控制点，选择未分配利润变动的代表性样本，检查未分配利润的会计处理是否正确、完整。

利润表项目实质性测试

一、营业收入实质性测试

（一）主营业务收入实质性测试程序表

被审计单位名称：＿＿＿＿＿＿ 编制人：＿＿＿＿＿＿ 日期：＿＿＿＿＿＿ 索引号：YYSR

会计期间或截止日：＿＿＿＿＿＿ 复核人：＿＿＿＿＿＿ 日期：＿＿＿＿＿＿ 页　次：＿＿＿＿＿＿

审计目标：

1. 发生：确定记录的与主营业务收入有关的交易和事项已发生，且与被审计单位有关；
2. 完整性：确定所有与主营业务收入有关的应当记录的交易和事项均已记录；
3. 准确性：确定与主营业务收入有关的交易和事项的金额及其他数据已恰当记录；
4. 截止：确定与主营业务收入有关的交易和事项已记录于正确的会计期间；
5. 分类：确定与主营业务收入有关的交易和事项已记录于恰当的账户；
6. 列报：确定主营业务收入已按照企业会计准则的规定在财务报表中做出适当分类、描述和披露。

针对认定实施的审计程序	财务报表的认定						是否执行	执行人	工作底稿索引号
	发生	完整性	准确性	截止	分类	列报			
1. 获取或编制主营业务收入明细表，复核加计是否正确，并与明细账和总账、报表数核对相符。				√					YYSR－1
2. 查明主营业务收入的确认原则、方法，注意是否符合相关会计制度（准则）规定的收入实现条件，前后期一致；特别关注周期性、偶然性的收入是否符合既定的收入确认原则和方法，追查其入账依据及有关法律性文件是否充分；对执行项目核算的，独立估计项目完工进度；以确认收入确认的合理性。	√	√	√	√					
3. 根据实际情况，选择以下方法对主营业务收入进行分析程序，判断其总体合理性；如有重大波动，应查明原因。 3.1 将收入、成本及毛利率与同行业数据对比分析，分析差异的合理性。 3.2 比较当年度及以前年度按不同品种的主要产品的收入和毛利率，并查明异常情况的原因。 3.3 比较当年度及以前年度按销售区域的主要产品的主营业务收入、毛利率，并查明异常情况的原因。 3.4 比较当年度及以前年度销售退回、销售折扣与折让的总额及其与主营业务收入的比率，并查明异常情况的原因。 3.5 比较当年度及以前年度截止日前后两个月的主营业务收入、毛利率，销售退回、销售折扣与折让的总额及其与主营业务收入的比率，并查明异常情况的原因。 3.6 比较当年度及以前年度各月主营业务收入，并查明异常波动的原因。 3.7 比较当年度及以前年度现销与赊销的比例，并查明异常情况的原因。 3.8 比较当年度及以前年度销售佣金率、销售折扣率、销售运费率和其他销售费用率，并查明异常情况的原因。	√	√		√					YYSR－2

续表

针对认定实施的审计程序	财务报表的认定						是否执行	执行人	工作底稿索引号
	发生	完整性	准确性	截止	分类	列报			
3.9 根据产品生产能力、仓储能力和运输能力，原材料采购数量及单位产品材料耗用定额，生产工人数量、生产工时及劳动生产率，分析产品生产量和销售量的合理性，并查明异常情况的原因。 3.10 核对相互独立部门的数据，如：（1）发票上记载的销售数量与发货单记载的数量、定单数量和产品销售成本中的销货数量；（2）账面销售数量与商品采购和生产数量；（3）出纳记录的销售收款与应收账款贷方发生额；（4）应收账款借方发生额与销售定单金额总计；（5）运货部门记录的运货数与仓库记录的发货量；（6）主营业务收入贷方发生额与发运部门记录的运货价值；（7）账面销售额与增值税纳税申报的收入。 3.11 了解下游企业产品同期销售情况，分析被审计单位产品销售量的合理性，并查明异常情况的原因。 3.12 将营业收入、主营业务利润与经营活动产生的现金流量、净利润进行对比分析，判断营业收入、主营业务利润的合理性。 3.13 将营业收入与收入相关的税金如营业税、增值税等进行对比分析，判断其比例关系是否合理。 3.14 将营业收入与成本、销售佣金、广告费用、运输费用、保险费用等进行对比分析，判断营业收入的合理性。	√	√	√					YYSR－2	
4. 根据普通发票或增值税发票申报表，估算全年的收入，并与实际入账收入金额核对，并检查是否存在虚开发票或已销售但未开发票的情况。	√	√	√						
5. 获取产品价格目录，检查售价是否符合定价政策，并注意销售给关联方或关系密切的重要客户的产品价格是否合理，有无低价或高价结算以转移收入的现象。				√					

续表

针对认定实施的审计程序	财务报表的认定						是否执行	执行人	工作底稿索引号
	发生	完整性	准确性	截止	分类	列报			
6. 抽取其中（　　）张销售发票，审查开票、记账、发货日期是否相符，品名、数量、单价、金额等是否与发运凭证、销售合同等一致，编制测试表。	√	√	√	√					ZYYWSR－4
7. 对主营业务收入实施截止测试，确定被审计单位主营业务收入的会计记录归属期是否正确。			√						ZYYWSR－5
8. 结合对资产负债表日应收账款的函证程序，观察有无未经认可的巨额销售。	√		√					YSZK－4	
9. 检查销售折扣、销售退回与折让业务是否真实，内容是否完整，相关手续是否符合规定，折扣与折让的计算和会计处理是否正确： 9.1 分析销售折扣和销售退回等项目，识别出异常的折扣、退货模式或异常趋势。 9.2 向第三方确证销售合同的具体条款。 9.3 实施审计程序，以获取销售合同是否按照规定条款得到执行。				√					YYSR－3
10. 检查以外币结算的主营业务收入的折算汇率和折算方法是否正确。				√					
11. 检查有无特殊的销售行为，如附有销售退回条件的商品销售、委托代销、分期收款销售、售后回购、以旧换新、出口销售、售后租回、商品需要安装和检验的销售等，确定恰当的审计程序进行审核；检查资产负债表日后退货是否进行了正确的处理。				√		√			YYSR－3
12. 调查集团内部销售的情况，记录其交易品种、价格、数量和金额，并追查在编制合并会计报表时是否已予以抵销。				√		√			YYSR－3
13. 调查向关联方（包括持股5%以上股东）销售的情况、集团内部销售的情况，记录其交易品种、价格、数量和金额以及占主营业务收入总额的比例。						√			

针对认定实施的审计程序	财务报表的认定						是否执行	执行人	工作底稿索引号
	发生	完整性	准确性	截止	分类	列报			
14. 针对识别的舞弊风险等特别风险，需实施的审计程序：									
14.1 向被审计单位营销人员或内部法律顾问询问接近报告期末的货物出售或运输情况，以及他们对这些交易存在的任何不平常条款或者条件的认知。									
14.2 谨慎地向被审计单位管理当局、财务部、生产管理部门、采购部门、商务部门及生产一线等不同权限的员工询问有关产销量的问题，并对相关人员的回应进行综合分析。									
14.3 实施以下程序，以确定重大、非正常或高度复杂交易的真实性。									
（1）仔细研读销售合同的内容，关注合同中不明确甚至是矛盾的条款，并就相关合同条款及是否存在附属协议取得客户的确认。									
（2）检查重大、非正常或高度复杂的交易，尤其是报告期末发生的交易。									
（3）实地暗访或到工商行政管理部门了解重要客户的背景和工商登记资料，判断其财务实力，从而判断交易的真实性。	√	√	√	√					
（4）选取适量交易样本进行走访或电话询问，或就销售数量、销售价格、验收标准、付款条件、退货、后续服务等内容进行函证。									
（5）对于出口业务，应审阅相关合同，核实出口结算方式，检查海关报关记录，判断是否满足收入确认的条件，并关注公司出口退税情况和销售回款情况。									
（6）检查资产负债表日后发生的大额销售退回，并查明其原因。									
（7）检查报告期末大额销售的发票开具情况，判断是否符合收入确认条件。									
14.4 检查关联交易形成的主营业务收入：									
（1）到工商行政管理部门或聘请律师查询重要客户的工商登记资料和财务资料，判断重要客户与被审计单位是否属于关联方，重要客户是否有能力、有必要购买被审计单位的产品。									

针对认定实施的审计程序	财务报表的认定						是否执行	执行人	工作底稿索引号
	发生	完整性	准确性	截止	分类	列报			
（2）检查向关联方销售货物的发货情况，确定是否存在长期未发货、发货滞后于正常销售、报告期末大额发货等不合理现象； （3）检查向关联方销售货物的价格情况，确定关联方交易价格是否远远高于或低于非关联方交易价格； （4）如有可能，检查关联方所购货物交易的有关账目，实地观察关联交易所购货物，判断关联交易的真实性； （5）统计关联交易形成的主营业务收入，并与公司披露的关联交易信息核对； （6）关注被审计单位是否存在通过第三方销售货物，并由其关联方购回的情况，如存在，则应予以披露； （7）对于实行垂直一体化管理的公司，在上游环节免缴增值税（先征后返、即征即退）的情况下，索取税务主管部门核定的内部转移价格，关注其是否利用较高的内部转移价格来提高下游环节的进项税额，从而达到规避增值税的目的；如不能取得核定的内部转移价格且对纳税有较大影响的，披露其交易价格及对增值税的影响； （8）对于实行垂直一体化管理的公司，在生产环节应缴消费税的情况下，索取税务主管部门核定的内部转移价格，关注其是否利用较低的内部转移价格销售给营销公司，从而达到规避消费税的目的；如不能取得核定的内部转移价格且对纳税有较大影响的，披露其交易价格及对消费税的影响。	√	√	√	√					
15. 对于出口销售，应当将销售记录与出口报关单、货运提单、销售发票等出口销售单据进行核对，必要时向海关函证。	√		√						
16. 调查集团内部销售的情况，记录其交易价格、数量和金额，并追查在编制合并财务报表时是否已予以抵销。	√		√						
17. 验明主营业务收入的列报与披露是否恰当。						√			

（二）主营业务收入导引表

被审计单位名称：＿＿＿＿＿＿ 编制人：＿＿＿＿＿＿ 日期：＿＿＿＿＿＿ 索引号：YYSR－1

会计期间或截止日：＿＿＿＿＿＿ 复核人：＿＿＿＿＿＿ 日期：＿＿＿＿＿＿ 页　次：＿＿＿＿＿＿

索引	按行业、产品、地区分类	未审数	审计调整	审计重分类	审定数	所占比例	上年数据	变动比率
	合计							

审计说明：

A. 收入确认的具体原则和方法是：

B. 分析程序：

C. 销售行为和模式为（包括公司销售折扣、折让政策）：

D. 关联交易类型及其发生额：

E. 销售前五名的客户和销售金额明细：

F. 调整事项说明：

审计结论：

（三）主营业务收入成本分析程序

被审计单位名称：＿＿＿＿ 编制人：＿＿＿＿ 日期：＿＿＿＿ 索引号：YYSR－2

会计期间或截止日：＿＿＿＿ 复核人：＿＿＿＿ 日期：＿＿＿＿ 页　次：＿＿＿＿

类别／月份	全部产品			主产品										备注
				A					B					
	主营业务收入1	主营业务成本2	毛利率＝(1－2)/1	业务收入		业务成本		毛利率	业务收入		业务成本		毛利率	
				数量	金额	数量	金额		数量	金额	数量	金额		
1														
2														
3														
4														
5														
6														
7														
8														
9														
10														
11														

续表

类别 月份	全部产品			主产品											备注
	主营业务收入1	主营业务成本2	毛利率=(1-2)/1	A					B						
				业务收入		业务成本		毛利率	业务收入		业务成本		毛利率		
				数量	金额	数量	金额		数量	金额	数量	金额			
12															
本年合计															
上年数															

审计说明：

一、将本期与上期的主营业务收入进行比较，分析产品销售的结构和价格的变动是否正常，并分析异常变动的原因。

二、比较本期各月各种主营业务收入的波动情况，分析其变动趋势是否正常，是否符合被审计单位季节性、周期性的经营规律，并查明异常现象和重大波动的原因；注意是否有企业内部各部门或企业间相互原价开票转账，虚增销售收入情况。

三、计算本期重要产品的毛利率，分析比较本期与上期同类产品毛利率变化情况，注意收入与成本是否配比，并查清重大波动和异常情况的原因。

四、计算重要客户的销售额及产品毛利率，分析比较本期与上期有无异常变化。

五、计算关联交易的销售额、产品毛利率以及关联交易占总销售额的比重，分析比较本期与上期有无异常变化，并关注其是否存在为了“包装”某个公司的业绩而人为制造业务。

（四）主营业务收入真实性检查情况表

被审计单位名称：＿＿＿＿＿＿ 编制人：＿＿＿＿＿＿ 日期：＿＿＿＿＿＿ 索引号：YYSR－3

会计期间或截止日：＿＿＿＿＿＿ 复核人：＿＿＿＿＿＿ 日期：＿＿＿＿＿＿ 页　次：＿＿＿＿＿＿

月	日	凭证号数	摘要	金额	附件			工作内容						备注
					发票	银行单据	发运单	1	2	3	4	5	6	
			合计											
			该分类或项目收入本期发生额											
			测试比例											

工作内容：

1. 与业务合同、客户订单内容性质一致；2. 与销售发票核对内容一致；3. 与产品出库票据、运输单据、劳务移交确认手续内容相符；4. 与收款凭证核对一致；5. 与银行对账单核对一致；6. 期后已收到款项。

审计结论：

（五）主营业务收入完整性检查情况表

被审计单位名称：________ 编制人：________ 日期：________ 索引号：YYSR－4

会计期间或截止日：________ 复核人：________ 日期：________ 页 次：________

分类或项目：

序号	抽查销售业务的原始凭证			追查至记账凭证					明细账	
	发生时间及内容	发票号	运货单号	入账日期	凭证号	借方科目	贷方科目	金额	有	无

审计说明：

1. 抽查的样本量为单位，占全年样本总量的____%；样本量的金额为____元，占全年总额的____%；
2. 抽查方法采用：随机选样；系统选样；随意选样。

（六）销售截止期检查情况表

被审计单位名称：________　　编制人：________　　日期：________　　索引号：YYSR－5

会计期间或截止日：________　　复核人：________　　日期：________　　页　次：________

发票号	客户名称	发票内容						记入明细账的日期	核对内容			备注
		日期	品名	规格	数量	单价	总计		1	2	3	

核对内容：

1. 品名、数量与发票单核对相符；
2. 正确过入销售、应收账款等明细账；
3. 正确过入总账。

审计说明：

审计结论：

二、营业成本实质性测试

（一）主营业务成本实质性测试程序表

被审计单位名称：________ 编制人：________ 日期：________ 索引号：YYCB

会计期间或截止日：________ 复核人：________ 日期：________ 页　次：________

审计目标：

1. 发生：确定记录的与主营业务成本有关的交易和事项已发生，且与被审计单位有关；
2. 完整性：确定所有与主营业务成本有关的应当记录的交易和事项均已记录；
3. 准确性：确定与主营业务成本有关的交易和事项的金额及其他数据已恰当记录；
4. 截止：确定与主营业务成本有关的交易和事项已记录于正确的会计期间；
5. 分类：确定与主营业务成本有关的交易和事项已记录于恰当的账户；
6. 列报：确定主营业务成本已按照企业会计准则的规定在财务报表中做出适当分类、描述和披露。

针对认定实施的审计程序	财务报表的认定						是否执行	执行人	工作底稿索引号
	发生	完整性	准确性	截止	分类	列报			
1. 获取或编制主营业务成本明细表，复核加计正确，并与报表数、总账数和明细账合计数核对是否相符，核对期初金额与上期审定期末金额是否相符。			√						YYCB－1，YYCB－2
2. 根据实际情况，选择以下方法对主营业务成本进行分析程序：	√	√	√						

续表

针对认定实施的审计程序	财务报表的认定						是否执行	执行人	工作底稿索引号
	发生	完整性	准确性	截止	分类	列报			
2.1 比较当年度及以前年度不同品种产品的主营业务成本和毛利率，并查明异常情况的原因。 2.2 比较当年度及以前年度各月主营业务成本的波动趋势，并查明异常情况的原因。 2.3 比较被审计单位与同行业统计资料的毛利率，并查明异常情况的原因。 2.4 比较当年度及以前年度截止日前后两个月的毛利率，并查明异常情况的原因。 2.5 比较当年度及以前年度的存货周转率，并查明异常情况的原因。 2.6 比较当年度及以前年度主要产品的单位成本，并查明异常情况的原因。 2.7 比较当年度及以前年度各月主要产品的单位成本，并查明异常情况的原因。	√	√	√					YYCB－3 YYCB－4	
3. 检查主营业务成本的内容和计算方法是否符合规定，前后期是否一致。	√	√	√						
4. 复核主营业务成本明细汇总表的正确性，与库存商品等账项的结转额核对一致，并编制生产成本与销售成本倒轧表。	√	√	√					YYCB－5	
5. 抽查（　　）月主营业务成本结转明细清单，比较计入主营业务成本的品种、规格、数量和主营业务收入的口径是否一致，是否符合配比原则。	√	√							
6. 针对主营业务成本中重大调整事项（如销售退回）、非常规项目，检查相关原始凭证，评价真实性和合理性，检查其会计处理是否正确。	√	√	√	√	√				

续表

针对认定实施的审计程序	财务报表的认定						是否执行	执行人	工作底稿索引号
	发生	完整性	准确性	截止	分类	列报			
7. 采用计划成本、定额成本或标准成本核算的，应检查商品成本差异的计算、分配和会计处理的正确性。			√						YYCB－6 YYCB－7
8. 检查与主营业务成本有关的会计记录，以确定被审计单位是否规定进行相应的会计处理和披露。	√	√	√						
9. 针对识别的舞弊风险等特别风险，需实施的审计程序： 9.1 结合存货的审计，确定被审计单位是否多结转或少结转主营业务成本。 9.2 结合生产成本的审计，判断被审计单位是否在不同产品之间、完工产品与在产品之间调节生产成本，从而调节主营业务成本。 9.3 结合期间费用的审计，判断被审计单位是否通过将应计入生产成本的支出计入期间费用，或将应计入期间费用的支出计入生产成本等手段调节生产成本，从而调节主营业务成本。	√	√	√	√					
……									
10. 验明主营业务成本的列报与披露是否恰当，检查是否附注中披露与主营业务成本有关的下列信息： 按产品或业务类别列示主营业务成本。					√				

（二）主营业务成本导引表

被审计单位名称：________ 编制人：________ 日期：________ 索引号：YYCB－1

会计期间或截止日：________ 复核人：________ 日期：________ 页　次：________

项目	索引号	未审数		审计调整		重分类		审定数		上期数	
		原币	折合本位币	借方	贷方	借方	贷方	原币	折合本位币	原币	折合本位币
合　计											

审计说明及结论：

（三）主营业务成本明细表

被审计单位名称：________ 编制人：________ 日期：________ 索引号：YYCB－2

会计期间或截止日：________ 复核人：________ 日期：________ 页　次：________

项目	上年数			本年数			工作底稿索引号	备注
	调整前	审计调整	调整后	调整前	审计调整	调整后		
合　计	——	——	——	——	——	——		

审计说明及结论：

（四）主营业务收入和主营业务成本比较分析表

被审计单位名称：__________　编制人：__________　日期：__________　索引号：YYCB－3

会计期间或截止日：__________　复核人：__________　日期：__________　页　次：__________

月份 类别	主营业务收入	主营业务成本	销售成本率	上年度销售成本率	备注
1					
2					
3					
4					
5					
6					
7					
8					
9					
10					
11					
12					
合计					

审计说明及结论：

（五）主营业务成本分品种检查表

被审计单位名称：＿＿＿＿＿＿　编制人：＿＿＿＿＿＿　日期：＿＿＿＿＿＿　索引号：YYCB－4

会计期间或截止日：＿＿＿＿＿＿　复核人：＿＿＿＿＿＿　日期：＿＿＿＿＿＿　页　次：＿＿＿＿＿＿

产品名称	期初产成品余额	本期结转产成品	本期销售数量	本期结转销售成本	期末产成品余额	本期单位销售成本	上期销售数量	上期销售成本	上期单位销售成本	本期与上期单位成本变动比例	备注

审计说明及结论：

（六）生产成本及销售成本倒轧表

被审计单位名称：＿＿＿＿＿＿　编制人：＿＿＿＿＿＿　日期：＿＿＿＿＿＿　索引号：YYCB－5

会计期间或截止日：＿＿＿＿＿＿　复核人：＿＿＿＿＿＿　日期：＿＿＿＿＿＿　页　次：＿＿＿＿＿＿

项目	未审数	审计调整数	审定数	计算说明	数据来源	企业账面金额	差异
原材料年初余额				1	总账“材料”账户年初余额		
加：本期购进				2	“材料”借方发生额扣退货折让金额		
加：其他增加额				3			
减：原材料期末余额				4	总账“材料”账户年末余额		
减：其他发出额				5	根据有关科目分析填列		
其中：销售材料				6	其他业务支出		
办公用				7	估计数		
计入制造费用				8	低值品/修理费/工装费/机物料		
委托加工发出				9	委托加工账户借方发生——加工费用		
工装				10			
其他				11			
直接材料成本				12＝1＋2＋3－4－5	生产成本明细表		
加：材料成本差异				13	生产成本明细表		
直接人工成本				14	生产成本明细表		
制造费用				15	生产成本明细表		
其中：材料费用				16	“材料”转入“制造费用”借方金额		

续表

项目	未审数	审计调整数	审定数	计算说明	数据来源	企业账面金额	差异
外部加工费				17	生产成本明细账		
生产成本				18 = 12 + 13 + 14 + 15	或“生产成本”借方发生额		
加：在产品年初余额				19	“生产成本”账户年初余额		
减：在产品年末余额				20	“生产成本”账户年末余额		
产品生产成本				21 = 18 + 19 − 20	或“生产成本”转入“产成品”借方金额		
加：产成品年初余额				22	“产成品”账户年初余额		
加：产成品盘盈金额				23	“产成品”盘盈会计记录		
加：退货收回产成品成本				24	用户退货会计记录		
减：产成品年末余额				25	“产成品”账户年末余额		
减：自制自用产品成本				26	“产成品”转入“生产成本”借方金额		
减：内部领用产品成本				27	自：在建工程、福利奖励基金、销售费、管理费、营业外支出等科目借方分析		
减：产成品折价盘亏报损				28	存货（成品）折价、盘亏、报废会计记录		
加：其他销售成本				29	外购商品贷方资料		
销售成本				30 = 21 + 22 + 23 + 24 − 25 − 26 − 27 − 28 + 29			

审计说明及结论：

（七）主营业务成本细节测试（1）

被审计单位名称：________ 编制人：________ 日期：________ 索引号：YYCB－6

会计期间或截止日：________ 复核人：________ 日期：________ 页次：________

细节测试的目标	确定测试项目的选取方法	界定总体	抽样单元	样本规模	样本选取方法	界定误差构成条件	预计误差额	总体误差额	实施测试程序	结论

审计说明及结论：

（八）主营业务成本细节测试（2）

被审计单位名称：________ 编制人：________ 日期：________ 索引号：YYCB－7

会计期间或截止日：________ 复核人：________ 日期：________ 页　次：________

日期	凭证编号	摘要	科目名称	明细科目	借方金额	贷方金额	核对内容						附件
							1	2	3	4	5	6	

核对内容说明：

1. 原始凭证是否齐全；
2. 记账凭证与原始凭证是否相符；
3. 账务处理是否正确；
4. 是否记录于恰当的会计期间；
5. ……

审计说明：

三、营业税金及附加实质性测试

（一）营业税金及附加实质性测试程序表

被审计单位名称：__________ 编制人：__________ 日期：__________ 索引号：YYSJJFJ

会计期间或截止日：__________ 复核人：__________ 日期：__________ 页　次：__________

审计目标：

1. 发生：利润表中的营业税金及附加确由被审计单位经营活动所致；
2. 完整性：被审计单位所有收入全部按照税法规定提取了营业税金及附加；
3. 准确性：被审计单位营业税金及附加计算准确；
4. 截止：确定营业税金及附加记录于正确的会计期间；
5. 分类：确定营业税金及附加记录于恰当的账户；
6. 列报：营业税金及附加已按照企业会计准则的规定在财务报表中做出适当披露。

针对认定实施的审计程序	财务报表的认定						是否执行	执行人	工作底稿索引号
	发生	完整性	准确性	截止	分类	列报			
1. 获取或编制营业税金及附加明细表，复核加计正确，并与报表数、总账数和明细账合计数核对相符。			√						
2. 确定被审计单位的纳税范围与税种是否符合国家规定。	√	√	√	√	√				
3. 确定被审计单位减免税的项目是否真实，理由是否充分，手续是否完备。	√	√	√						

续表

针对认定实施的审计程序	财务报表的认定						是否执行	执行人	工作底稿索引号
	发生	完整性	准确性	截止	分类	列报			
4. 根据审定的当期应纳营业税的主营业务收入，按规定的税率，分项计算、复核本期应纳营业税税额。	√	√	√	√	√				
5. 根据审定的应税消费品销售额（或数量），按规定适用的税率，分项计算、复核本期应纳消费税税额。	√	√	√	√	√				
6. 根据审定的应纳资源税产品的课税数量，按规定适用的单位税额，计算、复核本期应纳资源税税额。	√	√	√	√	√				
7. 检查城市维护建设税、教育费附加等项目的计算依据是否和本期应纳增值税、营业税、消费税合计数一致，并按规定适用的税率或费率计算、复核本期应纳城建税、教育费附加等。	√	√	√	√	√				
8. 复核各项税费与应交税费等项目的勾稽关系。	√	√	√						
9. 确定主营业务税金及附加是否已在利润表上作恰当披露。如果被审计单位是上市公司，在其会计报表附注中应分项列示本期主营业务税金及附加的计缴标准及金额。						√			

（二）营业税金及附加导引表

被审计单位名称：＿＿＿＿＿　　编制人：＿＿＿＿＿　　日期：＿＿＿＿＿　　索引号：YYSJJFJ－1

会计期间或截止日：＿＿＿＿＿　　复核人：＿＿＿＿＿　　日期：＿＿＿＿＿　　页　次：＿＿＿＿＿

项目	上年数			本年数			工作底稿索引号
	调整前	审计调整	调整后	调整前	审计调整	调整后	
营业税							
城建税							
教育费附加							
消费税							
资源税							
其他							
合计							
注释							
结论							

（三）营业税金及附加明细表

被审计单位名称：＿＿＿＿ 编制人：＿＿＿＿ 日期：＿＿＿＿ 索引号：YYSJJFJ－2

会计期间或截止日：＿＿＿＿ 复核人：＿＿＿＿ 日期：＿＿＿＿ 页　次：＿＿＿＿

项目	税金计算			审计调整	调整后	工作底稿索引号	备注
	计税基础	税率或单位税额	应纳税额				
营业税							
城市维护建设税							
教育费附加							
消费税							
资源税							
其他							
合　计							

审计说明：

（四）营业税金及附加细节测试（1）

被审计单位名称：________ 编制人：________ 日期：________ 索引号：YYSJJFJ－2

会计期间或截止日：________ 复核人：________ 日期：________ 页　次：________

细节测试的目标	确定测试项目的选取方法	界定总体	抽样单元	样本规模	样本选取方法	界定误差构成条件	预计误差额	总体误差额	实施测试程序	结论
1. 存在或发生										
2. 完整性										
3. 计价										
4. ……										

审计说明：
1. 可根据重要性选取抽样单元；
2. 样本选取方法一般包括随机抽样、系统抽样和容量概率比例抽样等；
3. 根据被审计单位的规模、业务性质等确定预计误差额；
4. 测试程序包括检查有关原始凭证、重新计算等。

（五）营业税金及附加细节测试（2）

被审计单位名称：________ 编制人：________ 日期：________ 索引号：YYSJJFJ-3

会计期间或截止日：________ 复核人：________ 日期：________ 页　次：________

日期	凭证编号	摘要	科目名称	明细科目	金额	借/贷	核对内容				附件
							1	2	3	4	

核对内容说明：

1. 原始凭证是否齐全；
2. 记账凭证与原始凭证是否相符；
3. 账务处理是否正确；
4. 是否记录于恰当的会计期间。

审计说明：

四、销售费用实质性测试程序

（一）销售费用实质性测试程序表

被审计单位名称：		编制人：		日期：		索引号：	XSFY
会计期间或截止日：		复核人：		日期：		页 次：	

审计目标：

1. 发生：确定记录的与销售费用有关的交易和事项已发生，且与被审计单位有关，反映了被审计单位销售商品和材料、提供劳务的过程中发生的各种经营费用；
2. 完整性：确定所有与销售费用有关的应当记录的交易和事项均已记录；
3. 准确性：确定与销售费用有关的交易和事项的金额及其他数据已恰当记录；
4. 截止：确定与销售费用有关的交易和事项已记录于正确的会计期间；
5. 分类：确定与销售费用有关的交易和事项已记录于恰当的账户；
6. 列报：确定销售费用已按照企业会计准则的规定在财务报表中做出适当分类、描述和披露。

针对认定实施的审计程序	财务报表的认定						是否执行	执行人	工作底稿索引号
	发生	完整性	准确性	截止	分类	列报			
1. 获取或编制销售费用明细表，复核加计数是否正确，并与报表数、总账数和明细账合计数核对。检查其明细项目的分类设置是否符合规定的核算内容与范围，是否划清了销售费用和其他费用的界限。				√					XSFY－1
2. 根据实际情况，选择以下方法对销售费用进行分析程序。									
2.1 计算分析各个月份销售费用总额及主要项目金额占主营业务收入的比率，并与上一年度进行比较，判断变动的合理性。									XSFY－2 XSFY－4
2.2 计算分析各个月份销售费用中主要项目发生额及占费用总额的比率，并与上一年度进行比较，判断其变动的合理性。	√	√	√						XSFY－3
2.3 计算分析销售费用各月各项费用构成情况，并与上一年度进行对比，判断变动的合理性。									XSFY－3
2.4. 将销售费用中的工资、折旧等与相关的资产、负债科目核对，分析其勾稽关系的合理性。									XSFY－2
3. 检查与销售费用有关的会计记录，以确定被审计单位是否按下列规定进行相应的会计处理和披露：									XSFY－6
3.1 检查被审计单位为生产产品、提供劳务等发生的可归属于产品成本、劳务成本等费用，是否在确认产品销售收入、劳务收入等时，将已销售产品、已提供劳务的成本等计入当期损益。	√	√	√						XSFY－6

续表

针对认定实施的审计程序	财务报表的认定						是否执行	执行人	工作底稿索引号
	发生	完整性	准确性	截止	分类	列报			
3.2 检查被审计单位发生的支出不产生经济利益的，或者即使能够产生经济利益但不符合或者不再符合资产确认条件的，是否在发生时确认为费用，计入当期损益。 3.3 检查被审计单位发生的交易或者事项导致其承担了一项负债而又不确认为一项资产的，是否在发生时确认为费用，计入当期损益。	√	√	√						XSFY－6
4. 针对识别的舞弊风险等特别风险，需实施的审计程序： 4.1. 检查大额或异常费用开支的适当性。 4.2. 检查高层管理人员提交的费用报告的适当性和金额。	√	√	√						XSFY－6
5. 对销售费用实施截止测试，检查有无跨期入账的现象，并对重大跨期项目进行必要调整。				√					XSFY－5
6. 检查销售费用的结转是否正确、合规，查明有无多转、少转或不转销售费用，人为调节利润的情况。		√	√						
7. 检查销售佣金支出是否符合规定，审批手续是否健全，是否取得有效的原始凭证；如超过规定，是否按规定进行了纳税调整。	√	√		√					
8. 检查由产品质量保证产生的预计负债，是否按确定的金额进行会计处理。	√	√		√					

续表

针对认定实施的审计程序	财务报表的认定						是否执行	执行人	工作底稿索引号
	发生	完整性	准确性	截止	分类	列报			
9. 验明销售费用的列报与披露是否恰当，检查是否附注中披露与销售费用有关的下列信息。									
9.1. 是否在利润表中单独列示销售费用。									
9.2. 是否披露上一可比会计期间的比较数据。						√			XSFY－1
9.3. 列报项目发生变更的，应当对上期比较数据按照当期的列报要求进行调整，并在附注中披露调整的原因和性质，以及调整的各项目金额。对上期比较数据进行调整不切实可行的，应当在附注中披露不能调整的原因。									

（二）销售费用导引表

被审计单位名称：________　　编制人：________　　日期：________　　索引号：XSFY－1

会计期间或截止日：________　　复核人：________　　日期：________　　页　次：________

序号	费用项目	未审数	调整数		审定数	调整原因
			借方	贷方		
1						
2						
3						
4						
5						
6						
7						
8						
9						
10						
……						
合计						

（三）销售费用实质性测试

被审计单位名称：________ 编制人：________ 日期：________ 索引号：XSFY－2

会计期间或截止日：________ 复核人：________ 日期：________ 页　次：________

类别＼时间	1月	2月	3月	4月	5月	6月	7月	8月	9月	10月	11月	12月	合计	与相关科目的勾稽关系
合计														
调整后合计（审定数）														
上年同期														
增减比率														

（四）销售费用分析表（1）

被审计单位名称：________　编制人：________　日期：________　索引号：XSFY－3

会计期间或截止日：________　复核人：________　日期：________　页　次：________

序号	费用项目	本年数	结构比（%）	上年数	结构比（%）	增减（%）	分析原因
1							
2							
3							
4							
5							
6							
7							
8							
9							
10							
11							
12							
合计							

（五）销售费用分析表（2）

被审计单位名称：________　编制人：________　日期：________　索引号：XSFY－4

会计期间或截止日：________　复核人：________　日期：________　页　次：________

序号	费用项目	本年数	占销售收入比例（%）	上年数	占销售收入比例（%）	增减（%）	分析原因
1							
2							
3							
4							
5							
6							
7							
8							
9							
10							
11							
12							
合计							

（六）销售费用截止测试

被审计单位名称：________ 编制人：________ 日期：________ 索引号：XSFY－6

会计期间或截止日：________ 复核人：________ 日期：________ 页　次：________

时间	明细账			凭证			原始单据			分析说明
	凭证号	摘要	金额	时间	金额	对应科目	时间	金额	票据内容	
20××.12.25										
20××.12.26										
20××.12.27										
20××.12.28										
20××.12.29										
20××.12.30										
20××.12.31										
20××.01.01										
20××.01.02										
20××.01.03										
20××.01.04										
20××.01.05										

（七）销售费用细节测试

被审计单位名称：________ 编制人：________ 日期：________ 索引号：XSFY－7

会计期间或截止日：________ 复核人：________ 日期：________ 页　次：________

序号	明细账资料				凭证审核内容					
	日期	凭证号	业务内容	金额	日期	金额	对应科目	有无授权	账务处理是否正确	审核情况的说明

说明：根据风险评估及内控测试所确定的关键控制点，选择若干月份代表性样本，检查销售费用的会计处理是否正确、完整。

五、管理费用实质性测试

（一）管理费用实质性测试程序表

被审计单位名称：		编制人：		日期：		索引号：	GLFY
会计期间或截止日：		复核人：		日期：		页　次：	

审计目标：

1. 发生：确定记录的与管理费用有关的交易和事项已发生，且与被审计单位有关，反映了被审计单位组织和管理企业生产经营所发生的管理费用；
2. 完整性：确定所有与管理费用有关的应当记录的交易和事项均已记录；
3. 准确性：确定与管理费用有关的交易和事项的金额及其他数据已恰当记录；
4. 截止：确定与管理费用有关的交易和事项已记录于正确的会计期间；
5. 分类：确定与管理费用有关的交易和事项已记录于恰当的账户；
6. 列报：确定管理费用已按照企业会计准则的规定在财务报表中做出适当分类、描述和披露。

针对认定实施的审计程序	财务报表的认定						是否执行	执行人	工作底稿索引号
	发生	完整性	准确性	截止	分类	列报			
1. 获取或编制管理费用明细表，复核加计数是否正确，并与报表数、总账数和明细账合计数核对。检查其明细项目的分类设置是否符合规定的核算内容与范围，是否划清了管理费用和其他费用的界限。			√						GLFY－1
2. 根据实际情况，选择以下方法对管理费用进行分析程序。 2.1 计算分析各个月份管理费用中主要项目发生额及占费用总额的比率，并与上一年度进行比较，判断其变动的合理性。 2.2 计算分析管理费用各月各项费用构成情况，并与上一年度进行对比，判断变动的合理性。 2.3 将管理费用中的工资、福利、折旧等与相关的资产、负债科目核对，分析其勾稽关系的合理性。	√	√	√						GLFY－2，GLFY－3 GLFY－3 GLFY－2
3. 检查与管理费用有关的会计记录，以确定被审计单位是否按下列规定进行相应的会计处理和披露。 3.1 检查被审计单位发生的支出不产生经济利益的，或者即使能够产生经济利益但不符合或者不再符合资产确认条件的，是否在发生时确认为费用，计入当期损益。 3.2 检查被审计单位发生的交易或者事项导致其承担了一项负债而又不确认为一项资产的，是否在发生时确认为费用，计入当期损益。	√	√	√						GLFY－5
4. 针对识别的舞弊风险等特别风险，需实施的审计程序。	√	√	√						

针对认定实施的审计程序	财务报表的认定						是否执行	执行人	工作底稿索引号
	发生	完整性	准确性	截止	分类	列报			
4.1. 检查大额或异常费用开支的适当性。 4.2. 检查高层管理人员提交的费用报告的适当性和金额。	√	√	√						GLFY－5
5. 对管理费用实施截止测试，检查有无跨期入账的现象，并对重大跨期项目进行必要调整。				√					GLFY－4
6. 检查管理费用的结转是否正确、合规，查明有无多转、少转或不转管理费用，人为调节利润的情况。		√	√						
7. 复核本期发生的矿产资源补偿费、房产税、土地使用税、印花税等税费是否正确。	√	√	√						
8. 验明管理费用的列报与披露是否恰当，检查是否附注中披露与管理费用有关的下列信息。 8.1. 是否在利润表中单独列示管理费用。 8.2. 是否披露上一可比会计期间的比较数据。 8.3. 列报项目发生变更的，应当对上期比较数据按照当期的列报要求进行调整，并在附注中披露调整的原因和性质，以及调整的各项目金额。对上期比较数据进行调整不切实可行的，应当在附注中披露不能调整的原因。						√			GLFY－1

（二）管理费用导引表

被审计单位名称：______ 编制人：______ 日期：______ 索引号：GLFY－1

会计期间或截止日：______ 复核人：______ 日期：______ 页　次：______

序号	费用项目	未审数	调整数		审定数	调整原因
			借方	贷方		
1						
2						
3						
4						
5						
6						
7						
8						
9						
10						
…						
合计						

（三）管理费用实质性测试

被审计单位名称：________ 编制人：________ 日期：________ 索引号：GLFY－2

会计期间或截止日：________ 复核人：________ 日期：________ 页　次：________

类别＼时间	1月	2月	3月	4月	5月	6月	7月	8月	9月	10月	11月	12月	合计	与相关科目的勾稽关系
合计														
调整后合计（审定数）														
上年同期														
增减比率														

（四）管理费用分析表

被审计单位名称：__________　编制人：__________　日期：__________　索引号：GLFY－3
会计期间或截止日：__________　复核人：__________　日期：__________　页　次：__________

序号	费用项目	本年数	结构比	上年数	结构比	增减（%）	分析原因
1							
2							
3							
4							
5							
6							
7							
8							
9							
10							
11							
12							
合计							

（五）管理费用截止测试

被审计单位名称：__________ 编制人：__________ 日期：__________ 索引号：GLFY－5

会计期间或截止日：__________ 复核人：__________ 日期：__________ 页　次：__________

时间	明细账			凭证			原始单据			分析说明
	凭证号	摘要	金额	时间	金额	对应科目	时间	金额	票据内容	
20××.12.25										
20××.12.26										
20××.12.27										
20××.12.28										
20××.12.29										
20××.12.30										
20××.12.31										
20××.01.01										
20××.01.02										
20××.01.03										
20××.01.04										
20××.01.05										

（六）管理费用细节测试

被审计单位名称：__________ 编制人：__________ 日期：__________ 索引号：GLFY－5

会计期间或截止日：__________ 复核人：__________ 日期：__________ 页　次：__________

序号	明细账资料				凭证审核内容					
	日期	凭证号	业务内容	金额	日期	金额	对应科目	有无授权	账务处理是否正确	审核情况的说明

说明：根据风险评估及内控测试所确定的关键控制点，选择若干月份代表性样本，检查销售费用的会计处理是否正确、完整。

六、财务费用实质性测试

（一）财务费用实质性测试程序表

被审计单位名称：______	编制人：______	日期：______	索引号：CWFY
会计期间或截止日：______	复核人：______	日期：______	页　次：______

审计目标：

1. 发生：确定记录的与财务费用有关的交易和事项已发生，且与被审计单位有关，反映了被审计单位为筹集生产经营所需资金等而发生的筹资费用，包括利息支出（减利息收入）、汇兑损益以及相关的手续费、企业发生的现金折扣或收到的现金折扣等；
2. 完整性：确定所有与财务费用有关的应当记录的交易和事项均已记录；
3. 准确性：确定与财务费用有关的交易和事项的金额及其他数据已恰当记录；
4. 截止：确定与财务费用有关的交易和事项已记录于正确的会计期间；
5. 分类：确定与财务费用有关的交易和事项已记录于恰当的账户；
6. 列报：确定财务费用已按照企业会计准则的规定在财务报表中做出适当分类、描述和披露。

针对认定实施的审计程序	财务报表的认定						是否执行	执行人	工作底稿索引号
	发生	完整性	准确性	截止	分类	列报			
1. 获取或编制财务费用明细表，复核加计数是否正确，并与报表数、总账数和明细账合计数核对。检查其明细项目的分类设置是否符合规定的核算内容与范围，是否划清了管理费用和其他费用的界限。			√	√					CWFY－1
2. 根据实际情况，选择以下方法对财务费用进行分析程序。									
2.1 计算分析各个月份财务费用中主要项目发生额及占费用总额的比率，并与上一年度进行比较，判断其变动的合理性。	√	√	√						CWFY－2
2.2 将财务费用中的利息支出、汇兑损益等与相关的资产、负债科目核对，分析其勾稽关系的合理性。									
3. 检查与财务费用有关的会计记录，以确定被审计单位是否按下列规定进行相应的会计处理和披露。									
3.1 选择重要或异常的利息费用等项目，检查其原始凭证是否合法，会计处理是否正确。	√	√	√						CWFY－2
3.2 审查汇兑损益明细账，检查所用汇率及汇兑损益的计算和会计处理是否正确。									
3.3 对于从筹建期间汇兑损益转入的，检查其摊销方法的一致性，摊销金额是否正确。									

续表

针对认定实施的审计程序	财务报表的认定						是否执行	执行人	工作底稿索引号
	发生	完整性	准确性	截止	分类	列报			
3.4 审核相关借款合同，测算利息计提的正确性，核对与预提费用的勾辑关系并标注交叉索引。	√	√	√						CWFY－2
4. 针对识别的舞弊风险等特别风险，需实施的审计程序。 4.1. 检查大额或异常费用开支的适当性。 4.2. 检查高层管理人员提交的费用报告的适当性和金额。	√	√	√						CWFY－3
5. 对财务费用实施截止测试，检查有无跨期入账的现象，并对重大跨期项目进行必要调整。				√					
6. 检查财务费用的结转是否正确、合规，查明有无多转、少转或不转财务费用，人为调节利润的情况。		√	√						CWFY－2
7. 验明财务费用的列报与披露是否恰当。						√			CWFY－1

（二）财务费用导引表

被审计单位名称：________ 编制人：________ 日期：________ 索引号：CWFY－1

会计期间或截止日：________ 复核人：________ 日期：________ 页　次：________

序号	费用项目	未审数	调整数		审定数	调整原因
			借方	贷方		
1						
2						
3						
4						
5						
…						
合计						

（三）财务费用实质性测试

被审计单位名称：________ 编制人：________ 日期：________ 索引号：CWFY－2

会计期间或截止日：________ 复核人：________ 日期：________ 页　次：________

类别 时间	借方项目					贷方项目				损益结转汇总	分析说明
	利息支出	汇兑损失	手续费	其他	结转损益	利息收入	汇兑收益	其他	结转损益		
1月											
2月											
3月											
4月											
5月											
6月											
7月											
8月											
9月											
10月											
11月											
12月											
本年合计											
调整后合计（审定数）											
去年合计											
增减比率											

（四）财务费用细节测试

被审计单位名称：________ 编制人：________ 日期：________ 索引号：CWFY－3

会计期间或截止日：________ 复核人：________ 日期：________ 页　次：________

序号	明细账资料				凭证审核内容					
	日期	凭证号	业务内容	金额	日期	金额	对应科目	有无授权	账务处理是否正确	审核情况的说明

说明：根据风险评估及内控测试所确定的关键控制点，选择若干月份代表性样本，检查销售费用的会计处理是否正确、完整。

七、资产减值损失实质性测试

（一）资产减值损失实质性测试程序表

被审计单位名称：		编制人：		日期：		索引号：	XCJZSS
会计期间或截止日：		复核人：		日期：		页　次：	

审计目标：

1. 发生：确定记录的与资产减值损失有关的交易和事项已发生，且与被审计单位有关，反映了被审计单位计提各项资产减值准备所形成的损失（包括应收款项、存货、长期股权投资、持有至到期投资、固定资产、无形资产、贷款，在建工程、工程物资、生产性生物资产、商誉、抵债资产、损余物资、采用成本模式计量的投资性房地产等资产发生减值损失）；
2. 完整性：确定所有与资产减值损失有关的应当记录的交易和事项均已记录；
3. 准确性：确定与资产减值损失有关的交易和事项的金额及其他数据已恰当记录；
4. 截止：确定与资产减值损失有关的交易和事项已记录于正确的会计期间；
5. 分类：确定与资产减值损失有关的交易和事项已记录于恰当的账户；
6. 列报：确定资产减值损失，已按照企业会计准则的规定在财务报表中做出适当分类、描述和披露。

针对认定实施的审计程序	财务报表的认定						是否执行	执行人	工作底稿索引号
	发生	完整性	准确性	截止	分类	列报			
1. 获取或编制资产减值损失明细表，复核加计正确，并与报表数、总账数和明细账合计数核对是否相符，核对期初余额与上期审定期末余额是否相符。			√						ZCJZSS－1，ZCJZSS－2
2. 根据实际情况，实施以下分析程序。 2.1 分析各项资产减值准备占有关期末资产成本（原价）的比率，并与上年度的比率比较，分析异常波动原因。 2.2 比较本年与上年发生和转回的各项资产减值损失，分析异常波动原因。	√	√	√						
3. 检查有关资产减值准备计提和核销的批准程序，取得书面报告等证明文件。	√	√	√						
4. 结合有关资产项目和资产减值准备项目的审计，检查与资产减值损失有关的会计记录，以确定被审计单位是否按有关规定进行相应的会计处理： 4.1 长期资产（除金融资产、递延所得税资产、未担保余值、未探明矿区权益）的减值测试（依据《企业会计准则第8号——资产减值》）： 4.1.1 资产存在减值迹象的，应当估计其可收回金额。可收回金额应当根据资产的公允价值减去处置费用后的净额与资产预计未来现金流量的现值两者之间较高者确定。	√	√	√	√	√				

续表

针对认定实施的审计程序	财务报表的认定						是否执行	执行人	工作底稿索引号
	发生	完整性	准确性	截止	分类	列报			
4.1.2 对于因企业合并所形成的商誉和使用寿命不确定的无形资产，无论是否存在减值迹象，检查被审计单位是否每年都应当进行减值测试。 4.1.3 对长期资产（除金融资产外）可收回金额的计量结果表明，资产的可收回金额低于其账面价值的，应当将资产的账面价值减记至可收回金额，减记的金额确认为资产减值损失，计入当期损益，同时计提相应的资产减值准备。 4.1.4 检查是否资产减值损失一经确认，在以后会计期间不得转回。	√	√	√	√	√				
4.2 金融资产的减值测试（依据《企业会计准则第22号——金融工具确认和计量》）： 4.2.1 重点关注被审计单位是否在资产负债表日对以公允价值计量且其变动计入当期损益的金融资产以外的金融资产的账面价值进行检查，有客观证据（如对该金融资产的预计未来现金流量有影响，且企业能够对该影响进行可靠计量的事项）表明该金融资产发生减值的，是否计提减值准备。 4.2.2 检查以摊余成本计量的金融资产发生减值时，应当将该金融资产的账面价值减记至预计未来现金流量（不包括尚未发生的未来信用损失）现值，减记的金额确认为资产减值损失，计入当期损益。	√	√	√	√	√				

续表

针对认定实施的审计程序	财务报表的认定						是否执行	执行人	工作底稿索引号
	发生	完整性	准确性	截止	分类	列报			
4.2.3 可供出售金融资产发生减值时，即使该金融资产没有终止确认，原直接计入所有者权益的因公允价值下降形成的累计损失，应当予以转出，计入当期损益。 4.2.4 对于已确认减值损失的以摊余成本计量的金融资产和可供出售债务工具，在随后的会计期间公允价值已上升且客观上与确认原减值损失确认后发生的事项有关的，原确认的减值损失应当予以转回，计入当期损益。 4.2.5 可供出售权益工具投资发生的减值损失，不得通过损益转回。但是，在活跃市场中没有报价且其公允价值不能可靠计量的权益工具投资，或与该权益工具挂钩并须通过交付该权益工具结算的衍生金融资产发生的减值损失，不得转回。	√	√	√	√	√				
4.3 流动资产和其他长期资产（递延所得税资产、未担保余值、未探明矿区权益）的减值测试。 4.3.1 资产负债表日，存货、消耗性生物资产应当按照成本与可变现净值孰低计量。账面成本高于其可变现净值的，应当计提资产减值准备，计入当期损益。 4.3.2 建造合同执行中预计总成本超过合同总收入的，应当将预计损失确认为当期费用。	√	√	√	√	√				

续表

针对认定实施的审计程序	财务报表的认定						是否执行	执行人	工作底稿索引号
	发生	完整性	准确性	截止	分类	列报			
4.3.3 资产负债表日，应当对递延所得税资产的账面价值进行复核。如果未来期间很可能无法获得足够的应纳税所得额用以抵扣递延所得税资产的利益，应当减记递延所得税资产的账面价值。在很可能获得足够的应纳税所得额时，减记的金额应当转回。 4.3.4 融资租赁出租人至少应当于每年年度终了，对未担保余值进行复核。有证据表明未担保余值已经减少的，应当重新计算租赁内含利率，将由此引起的租赁投资净额的减少，计入当期损益；已确认损失的未担保余值得以恢复的，应当在原已确认的损失金额内转回。 4.3.5 对于未探明矿区权益，应当至少每年进行一次减值测试。未探明矿区权益公允价值低于账面价值的差额，应当确认为减值损失，计入当期损益。未探明矿区权益减值损失一经确认，不得转回。	√	√	√	√					
5. 核对资产减值损失有关项目金额与坏账准备、各项跌价准备、各项减值准备等项目相关金额的勾稽关系，如有不符，应查明原因并作适当处理。		√	√						
6. 实施截止测试，检查有无跨期入账的现象，对于重大跨期项目应建议作必要调整。				√					
7. 检查资产减值损失中有无税法规定不允许列支的项目，如有，应予以注明，并与所得税工作底稿相互勾稽。			√						

续表

针对认定实施的审计程序	财务报表的认定						是否执行	执行人	工作底稿索引号
	发生	完整性	准确性	截止	分类	列报			
8. 针对识别的舞弊风险等特别风险，需实施的审计程序： 8.1 重点关注被审计单位是否建立、健全资产减值准备计提和各项损失核销的内部控制制度，对资产减值损失做出适当估计，并根据准则规定合理计提减值准备。 8.2 重点关注被审计单位是否定期检查有关资产是否出现资产减值的迹象，如出现该迹象，是否根据实际情况有关资产进行减值测试，重点分析被审计单位按照准则的有关要求，对其存在的不良资产充分计提资产减值准备。 8.3 重点关注除坏账准备、存货跌价准备、持有至到期投资减值准备、贷款损失准备，可以在原已计提的减值准备金额内，按恢复增加的金额转回资产减值损失外，检查其他减值准备一经确认，在以后会计期间不得转回。若被审计单位因重大资产处置导致计提的资产减值准备在一年以内大额冲回的，应重点关注原减值准备计提的适当性，是否应按会计差错更正进行处理。 8.4 结合有关资产项目的审计，检查相关会计资料，重点关注被审计单位是否存在利用计提资产价值准备人为调节各期利润，随意变更计提方法和计提比例，利用计提资产减值准备的机会“一次亏足”或随意调节利润的情形。	√	√	√	√	√				
9. 验明资产减值损失的列报与披露是否恰当。						√			

（二）资产减值损失导引表

被审计单位名称：＿＿＿＿＿＿ 编制人：＿＿＿＿＿＿ 日期：＿＿＿＿＿＿ 索引号：ZCJZSS－1

会计期间或截止日：＿＿＿＿＿＿ 复核人：＿＿＿＿＿＿ 日期：＿＿＿＿＿＿ 页　次：＿＿＿＿＿＿

工作底稿索引号	项目	上年数			本年数		
		调整前	审计调整	调整后	调整前	审计调整	调整后
	合计						
注释：							
结论：							

（三）资产减值损失审核表

被审计单位名称：__________ 编制人：__________ 日期：__________ 索引号：ZCJZSS－2

会计期间或截止日：__________ 复核人：__________ 日期：__________ 页　次：__________

项目	上年数			本年数			工作底稿索引号	备注
	调整前	审计调整	调整后	调整前	审计调整	调整后		
可按企业的明细项目列示								
计提的坏账准备								
计提的存货跌价准备								
计提的长期投资减值准备								
计提的持有至到期长期投资减值准备								
计提的固定资产减值准备								
计提的在建工程减值准备								
计提的工程物资减值准备								
计提的生产性生物资产减值准备								
计提的无形资产减值准备								
计提的商誉减值准备								

（四）资产减值损失细节测试（1）

被审计单位名称：__________　　编制人：__________　　日期：__________　　索引号：ZCJZSS－3

会计期间或截止日：__________　　复核人：__________　　日期：__________　　页　次：__________

细节测试的目标	确定测试项目的选取方法	界定总体	抽样单元	样本规模	样本选取方法	界定误差构成条件	预计误差额	总体误差额	实施测试程序	结论

（五）资产减值损失细节测试（2）

被审计单位名称：________ 编制人：________ 日期：________ 索引号：ZCJZSS－4

会计期间或截止日：________ 复核人：________ 日期：________ 页　次：________

日期	凭证编号	摘要	科目名称	明细科目	借方金额	贷方金额	核对内容						附件
							1	2	3	4	5	6	

核对内容说明：

1. 原始凭证是否齐全；
2. 记账凭证与原始凭证是否相符；
3. 账务处理是否正确；
4. 是否记录于恰当的会计期间；
5. ……

审计说明：

八、公允价值变动损益实质性测试

（一）公允价值变动损益实质性测试程序表

被审计单位名称：	______	编制人：	______	日期：	______	索引号：	GYJZBDSY
会计期间或截止日：	______	复核人：	______	日期：	______	页　次：	______

审计目标：

1. 发生：利润表中的公允价值变动在相应会计年度内确实发生；
2. 完整性：本年度涉及公允价值变动的损益均已入账；
3. 准确性：涉及公允价值变动损益的会计处理正确；
4. 截止：公允价值变动损益已记录于正确的会计期间；
5. 分类：公允价值变动损益已记录于恰当的账户；
6. 列报：公允价值变动损益已按照企业会计准则的规定在财务报表中做出适当分类、描述和披露。

针对认定实施的审计程序	财务报表的认定						是否执行	执行人	工作底稿索引号
	发生	完整性	准确性	截止	分类	列报			
1. 获取或编制公允价值变动损益明细表，复核加计正确，并与报表数、总账数和明细账合计数核对相符。			√						
2. 检查公允价值变动损益明细项目的设置是否符合规定的核算内容和范围，索取交易性金融资产、交易性金融负债、投资性房地产等期末市价的资料来源，复核、计算公允价值变动损益，如计算结果与账面差异较大，应作调整。	√	√	√						

续表

针对认定实施的审计程序	财务报表的认定						是否执行	执行人	工作底稿索引号
	发生	完整性	准确性	截止	分类	列报			
3. 检查公允价值变动损益的会计凭证，并同交易性金融资产、交易性金融负债、投资性房地产等审计结合起来，验证确定公允价值变动损益的计算依据是否充分，公允价值变动损益的期间归属是否混淆。	√	√	√	√	√				
4. 选择公允价值变动损益中数额较大或异常的项目追查至原始凭证，检查其原因、报批手续、当时公允价值计算的合理性。	√		√						
5. 审阅下期期初的公允价值变动损益明细账，检查公允价值变动损益各项目有无跨期入账的现象，对于重大跨期项目，应作必要调整；两者之间存在差异的，根据重要性原则确定递延所得税资产、递延所得税负债及相关的所得税费用。	√	√	√	√					
6. 检查公允价值变动损益中有无税法规定不允许列支的项目，如有，应予以注明，并与所得税工作底稿相互勾稽。			√	√					
7. 确定公允价值变动损益是否已在利润表上恰当披露。						√			

（二）公允价值变动损益导引表

被审计单位名称：________ 编制人：________ 日期：________ 索引号：GYJZBDSY

会计期间或截止日：________ 复核人：________ 日期：________ 页　次：________

项目	上年数			本年数		
	调整前	审计调整	调整后	调整前	审计调整	调整后
合计						

（三）公允价值变动损益审核表

被审计单位名称：＿＿＿＿　编制人：＿＿＿＿　日期：＿＿＿＿　索引号：GYJZBDSY
会计期间或截止日：＿＿＿＿　复核人：＿＿＿＿　日期：＿＿＿＿　页　次：＿＿＿＿

项目	上年数			本年数			工作底稿索引号	备注
	发生额	调整金额	调整后金额	发生额	调整金额	调整后金额		
可按企业的明细项目列示								
交易性金融资产								
交易性金融负债								
投资性房地产								
套期保值								

（四）公允价值变动损益细节测试（1）

被审计单位名称：________　编制人：________　日期：________　索引号：GYJZBDSY

会计期间或截止日：________　复核人：________　日期：________　页　次：________

细节测试的目标	确定测试项目的选取方法	界定总体	抽样单元	样本规模	样本选取方法	界定误差构成条件	预计误差额	总体误差额	实施测试程序	结论

（五）公允价值变动损益细节测试（2）

被审计单位名称：______ 编制人：______ 日期：______ 索引号：GYJZBDSY

会计期间或截止日：______ 复核人：______ 日期：______ 页　次：______

日期	凭证编号	摘要	科目名称	明细科目	借方金额	贷方金额	核对内容						附件
							1	2	3	4	5	6	

核对内容说明：

1. 原始凭证是否齐全；
2. 记账凭证与原始凭证是否相符；
3. 账务处理是否正确；
4. 是否记录于恰当的会计期间；
5. ……

审计说明：

九、投资收益实质性测试表

（一）投资收益实质性测试程序表

被审计单位名称：______	编制人：______	日期：______	索引号：TZSY
会计期间或截止日：______	复核人：______	日期：______	页　次：______

审计目标：

1. 发生：确定记录的与投资收益有关的交易和事项已发生，且与被审计单位有关；
2. 完整性：确定所有与投资收益有关的应当记录的交易和事项均已记录；
3. 准确性：确定与投资收益有关的交易和事项的金额及其他数据已恰当记录；
4. 截止：确定与投资收益有关的交易和事项已记录于正确的会计期间；
5. 分类：确定与投资收益有关的交易和事项已记录于恰当的账户；
6. 列报：确定投资收益，已按照企业会计准则的规定在财务报表中做出适当分类、描述和披露。

针对认定实施的审计程序	财务报表的认定						是否执行	执行人	工作底稿索引号
	发生	完整性	准确性	截止	分类	列报			
1. 获取或编制投资收益明细表，复核加计正确，并与报表数、总账数和明细账合计数核对是否相符，核对本期初发生额与上期审定期末发生额是否相符。			√						TZSY－1，TZSY－2
2. 与上期投资收益比较，结合相关会计科目的本期的变动情况，分析本期投资收益是否存在异常现象，如有，应查明原因，并做出适当的处理。	√		√						

续表

针对认定实施的审计程序	财务报表的认定						是否执行	执行人	工作底稿索引号
	发生	完整性	准确性	截止	分类	列报			
3. 结合长期股权投资、交易性金融资产、交易性金融负债、可供出售金融资产、持有至到期投资、长期股权投资等科目的审计，检查与有关投资收益会计处理的正确性。									
3.1 长期股权投资取得的投资收益要验证其计算依据是否充分，投资收益的期间归属是否混淆，成本法和权益法的使用是否适当。	√	√	√	√	√				
3.2 交易性金融资产、交易性金融负债、可供出售金融资产、持有至到期投资，持有期间取得的投资收益和处置损益是否准确的记入本科目。									
4. 对从被投资企业分回的已缴纳所得税的利润和购买国债的利息收入等不需缴纳所得税的投资收益予以注明，并与所得税工作底稿相互勾稽。	√		√						
5. 针对识别的舞弊风险等特别风险，需额外考虑实施的审计程序：									
5.1 长期股权投资中权益法核算有关的投资收益的确认，重点关注被投资企业存在净亏损情况时有关处理。									
5.2 检查在确认享有被投资单位净损益的份额时，是否以取得投资时被投资单位各项可辨认资产等的公允价值为基础，对被投资单位的净利润进行调整后确认。	√	√	√						

续表

针对认定实施的审计程序	财务报表的认定						是否执行	执行人	工作底稿索引号
	发生	完整性	准确性	截止	分类	列报			
6. 结合投资和银行存款等的审计，确定投资收益被记入正确的会计期间。	√			√					
7. 验明投资收益的列报与披露是否恰当，检查是否附注中披露与投资收益有关的下列信息：									
7.1 按投资单位分项列示投资收益的有关情况，包括投资收益的增减变动及其原因。						√			
7.2 说明投资收益汇回的重大限制。若不存在重大限制，也应做出说明。									

（二）投资收益导引表

被审计单位名称：________ 编制人：________ 日期：________ 索引号：TZSY－1

会计期间或截止日：________ 复核人：________ 日期：________ 页　次：________

项目	索引号	未审数		审计调整		重分类		审定数		上期数	
		原币	折合本位币	借方	贷方	借方	贷方	原币	折合本位币	原币	折合本位币
一、长期股权投资收益											
成本法核算股权投资收益											
权益法核算股权投资收益											
股权投资处置收益											
二、交易性金融资产											
三、交易性金融负债											
四、可供出售金融资产											
五、持有至到期投资											
六、其他											
合计											

审计说明及结论：

（三）投资收益明细表

被审计单位名称：________ 编制人：________ 日期：________ 索引号：TZSY－2

会计期间或截止日：________ 复核人：________ 日期：________ 页 次：________

项目	上年数			本年数			工作底稿索引号	备注
	调整前	审计调整	调整后	调整前	审计调整	调整后		
合计								

审计说明及结论：

（四）投资收益细节测试（1）

被审计单位名称：________ 编制人：________ 日期：________ 索引号：TZSY－4－1
会计期间或截止日：________ 复核人：________ 日期：________ 页　次：________

细节测试的目标	确定测试项目的选取方法	界定总体	抽样单元	样本规模	样本选取方法	界定误差构成条件	预计误差额	总体误差额	实施测试程序	结论

审计说明及结论：

（五）投资收益细节测试（2）

被审计单位名称：______　编制人：______　日期：______　索引号：TZSY－4－2

会计期间或截止日：______　复核人：______　日期：______　页　次：______

日期	凭证编号	摘要	科目名称	明细科目	借方金额	贷方金额	核对内容						附件
							1	2	3	4	5	6	

核对内容说明：

1. 原始凭证是否齐全；
2. 记账凭证与原始凭证是否相符；
3. 账务处理是否正确；
4. 是否记录于恰当的会计期间；
5. ……

审计说明：

十、营业外收入实质性测试

（一）营业外收入实质性测试程序表

被审计单位名称：		编制人：		日期：		索引号：	YYWSR
会计期间或截止日：		复核人：		日期：		页　次：	

审计目标：

1. 发生：确定记录的与营业外收入有关的交易和事项已发生，且与被审计单位有关，反映了被审计单位发生的各项营业外收入，主要包括非流动资产处置利得、非货币性资产交换利得、债务重组利得、政府补助、盘盈利得、捐赠利得等；

2. 完整性：确定所有与营业外收入有关的应当记录的交易和事项均已记录；

3. 准确性：确定与营业外收入有关的交易和事项的金额及其他数据已恰当记录；

4. 截止：确定与营业外收入有关的交易和事项已记录于正确的会计期间；

5. 分类：确定与营业外收入有关的交易和事项已记录于恰当的账户；

6. 列报：确定营业外收入已按照企业会计准则的规定在财务报表中做出适当分类、描述和披露。

针对认定实施的审计程序	财务报表的认定						是否执行	执行人	工作底稿索引号
	发生	完整性	准确性	截止	分类	列报			
1. 获取或编制营业外收入明细表，复核加计数是否正确，并与报表数、总账数和明细账合计数核对。检查其明细项目的分类设置是否符合规定的核算内容与范围。			√						YYWSR－1
2. 根据实际情况，选择以下方法对营业外收入进行分析程序。 计算分析各个月份营业外收入中主要项目发生额及占收入总额的比率，并与上一年度进行比较，判断其变动的合理性。	√	√	√						YYWSR－2
3. 检查与营业外收入有关的会计记录，以确定被审计单位是否按下列规定进行相应的会计处理和披露。 3.1 对营业外收入中各项目，包括处置固定资产净收益、出售无形资产收益、固定资产盘盈、非货币性交易收益、罚款净收入等，检查会计处理是否符合相关规定，相应的税金是否提取，并追查至相关原始凭证。 3.2 检查是否存在技术转让收益，必要时调减应纳税所得额。 3.3 对于教育费附加返还收入，索取税务机关文件，检查其入账期间是否正确。 3.4 对于违约补偿收入，检查其是否符合规定的条件，必要时可向违约方发函确认。	√	√	√						YYWSR－2

续表

针对认定实施的审计程序	财务报表的认定						是否执行	执行人	工作底稿索引号
	发生	完整性	准确性	截止	分类	列报			
3.5 对因将应收债权出售给银行等金融机构（不附追索权）而产生的应收债权融资收益，应结合应收债权的审计，检查计入营业外收入的金额是否适当。	√	√	√						YYWSR－2
4. 针对识别的舞弊风险等特别风险，需实施的审计程序。									
4.1 检查大额或异常收入项目的适当性。	√	√	√						YYWSR－3
4.2 检查高层管理人员提交的收入报告的适当性和金额。									
5. 对营业外收入实施截止测试，检查有无跨期入账的现象，并对重大跨期项目进行必要调整。				√					
6. 检查营业外收入的结转是否正确、合规，查明有无多转、少转或不转营业外收入，人为调节利润的情况。		√	√						YYWSR－2
7. 验明营业外收入的列报与披露是否恰当。						√			YYWSR－1

（二）营业外收入导引表

被审计单位名称：________ 编制人：________ 日期：________ 索引号：YYWSR－1
会计期间或截止日：________ 复核人：________ 日期：________ 页　次：________

序号	费用项目	未审数	调整数		审定数	调整原因
			借方	贷方		
1						
2						
3						
4						
5						
6						
7						
8						
9						
10						
……						
合计						

（三）营业外收入实质性测试

被审计单位名称：__________ 编制人：__________ 日期：__________ 索引号：YYWSR－2

会计期间或截止日：__________ 复核人：__________ 日期：__________ 页　次：__________

类别 时间	借方项目						损益结转汇总	与资产负债项目的勾稽
						合计		
1 月								
2 月								
3 月								
4 月								
5 月								
6 月								
7 月								
8 月								
9 月								
10 月								
11 月								
12 月								
本年合计								
调整后合计（审定数）								
去年合计								
增减比率								

（四）营业外收入细节测试

被审计单位名称：________ 编制人：________ 日期：________ 索引号：YYWSR－3

会计期间或截止日：________ 复核人：________ 日期：________ 页 次：________

序号	明细账资料				凭证审核内容					
	日期	凭证号	业务内容	金额	日期	金额	对应科目	有无授权	账务处理是否正确	审核情况的说明

说明：根据风险评估及内控测试所确定的关键控制点，选择若干月份代表性样本，检查营业外收入的会计处理是否正确，完整。

十一、营业外支出实质性测试

（一）营业外支出实质性测试程序表

被审计单位名称：______	编制人：______	日期：______	索引号：YYWZC
会计期间或截止日：______	复核人：______	日期：______	页　次：______

审计目标：

1. 发生：确定记录的与营业外支出有关的交易和事项已发生，且与被审计单位有关，反映了被审计单位发生的各项营业外支出，包括非流动资产处置损失、非货币性资产交换损失、债务重组损失、公益性捐赠支出、非常损失、盘亏损失等；
2. 完整性：确定所有与营业外支出有关的应当记录的交易和事项均已记录；
3. 准确性：确定与营业外支出有关的交易和事项的金额及其他数据已恰当记录；
4. 截止：确定与营业外支出有关的交易和事项已记录于正确的会计期间；
5. 分类：确定与营业外支出有关的交易和事项已记录于恰当的账户；
6. 列报：确定营业外支出已按照企业会计准则的规定在财务报表中做出适当分类、描述和披露。

针对认定实施的审计程序	财务报表的认定						是否执行	执行人	工作底稿索引号
	发生	完整性	准确性	截止	分类	列报			
1. 获取或编制营业外支出明细表，复核加计数是否正确，并与报表数、总账数和明细账合计数核对。检查其明细项目的分类设置是否符合规定的核算内容与范围。			√						YYWZC－1
2. 根据实际情况，选择以下方法对营业外支出进行分析程序。 计算分析各个月份营业外支出中主要项目发生额及占支出总额的比率，并与上一年度进行比较，判断其变动的合理性。	√	√	√						YYWZC－2
3. 检查与营业外支出有关的会计记录，以确定被审计单位是否按下列规定进行相应的会计处理和披露。 3.1 对因处理固定资产、无形资产产生的净损失和固定资产盘亏形成的支出，是否有清查盘点清单、董事会批文和有关部门的审批文件。 3.2 结合债务重组的审计，检查债务重组净损失金额是否正确。 3.3 检查对外捐赠资产的会计处理是否正确，注意对外捐赠资产已计提的减值准备是否结转，如为非公益性捐赠，检查其是否进行企业所得税纳税调整。 3.4 检查税收滞纳金、罚金、罚款支出、各种赞助费支出是否准确，必要时进行应纳税所得额调整。 3.5 对于自然灾害或其他不可抗力形成的非常损失，是否有自然灾害或意外事故的证据，检查保险理赔情况，确认有关损失金额和会计处理是否正确。	√	√	√						YYWZC－2

续表

针对认定实施的审计程序	财务报表的认定						是否执行	执行人	工作底稿索引号
	发生	完整性	准确性	截止	分类	列报			
3.6 对因固定资产装修产生的、截至下次装修时尚未计提折旧完毕的装修费用，应结合固定资产的审计，检查计入营业外支出的金额是否适当，有关会计处理是否正确。 3.7 对因担保事项产生的支出，是否取得担保合同、仲裁或法院判决书。结合预计负债的审计，检查计入营业外支出的金额是否适当，有关会计处理是否正确。 3.8 对因将应收债权出售给银行等金融机构（不附追索权）而产生的应收债权融资损失，结合应收债权的审计，检查计入营业外支出的金额和有关会计处理是否正确。 3.9 对因债务重组和非货币性交易产生的损失，结合债务重组和非货币性交易的审计，检查计入营业外支出的金额和有关会计处理是否正确。 3.10 因关联方之间承担费用而形成的支出，索取有关协议，并检查计入营业外支出的金额是否适当。	√	√	√						YYWZC－2
4. 针对识别的舞弊风险等特别风险，需实施的审计程序。 4.1 检查大额或异常费用开支的适当性。 4.2 检查高层管理人员提交的费用报告的适当性和金额。	√	√	√						YYWZC－3
5. 对营业外支出实施截止测试，检查有无跨期入账的现象，并对重大跨期项目进行必要调整。				√					
6. 检查营业外支出的结转是否正确、合规，查明有无多转、少转或不转营业外支出，人为调节利润的情况。		√	√						YYWZC－2
7. 验明营业外支出的列报与披露是否恰当。						√			YYWZC－1

（二）营业外支出导引表

被审计单位名称：________ 编制人：________ 日期：________ 索引号：YYWZC－1
会计期间或截止日：________ 复核人：________ 日期：________ 页　次：________

序号	项目	未审数	调整数		审定数	调整原因
			借方	贷方		
1						
2						
3						
4						
5						
6						
7						
8						
9						
10						
……						
合计						

（三）营业外支出实质性测试

被审计单位名称：__________ 编制人：__________ 日期：__________ 索引号：YYWZC－2
会计期间或截止日：__________ 复核人：__________ 日期：__________ 页　次：__________

类别 时间	借方项目							损益结转汇总	与资产负债项目的勾稽
							合计		
1月									
2月									
3月									
4月									
5月									
6月									
7月									
8月									
9月									
10月									
11月									
12月									
本年合计									
调整后合计（审定数）									
去年合计									
增减比率									

（四）营业外支出细节测试

被审计单位名称：________ 编制人：________ 日期：________ 索引号：YYWZC－3

会计期间或截止日：________ 复核人：________ 日期：________ 页　次：________

序号	明细账资料				凭证审核内容					
	日期	凭证号	业务内容	金额	日期	金额	对应科目	有无授权	账务处理是否正确	审核情况的说明

说明：根据风险评估及内控测试所确定的关键控制点，选择若干月份代表性样本，检查营业外支出的会计处理是否正确，完整。

十二、所得税费用实质性测试

（一）所得税费用实质性测试程序表

被审计单位名称：________	编制人：________	日期：________	索引号：SDSFY
会计期间或截止日：________	复核人：________	日期：________	页　次：________

审计目标：

1. 发生：利润表中的所得税费用在相应会计年度内确实发生；
2. 完整性：考虑被审计单位纳税调增事项和暂时性差异的基础上得出，反映了被审计单位递延所得税资产负债的增减变动；
3. 准确性：所得税费用计算准确；
4. 截止：所得税费用记录于正确的期间；
5. 分类：所得税费用记录于正确的账户；
6. 列报：所得税费用已按照企业会计准则的规定在财务报表中做出适当分类、描述和披露。

针对认定实施的审计程序	财务报表的认定						是否执行	执行人	工作底稿索引号
	发生	完整性	准确性	截止	分类	列报			
1. 获取或编制所得税费用明细表，核对所得税费用明细账、总账、报表是否相符。			√						
2. 获取被审计单位期初应缴所得税余额，了解被审计单位当期适用税法，当期收款情况。	√	√	√						

针对认定实施的审计程序	财务报表的认定						是否执行	执行人	工作底稿索引号
	发生	完整性	准确性	截止	分类	列报			
3. 核实应交所得税的计算依据，核对纳税调整事项是否正确，取得纳税鉴定和相关的税务批准文件，核对是否相符。	√	√	√						
4. 检查企业所得税的会计处理方法是否正确，会计政策的采用在前后期是否保持一致。			√						
5. 根据审计结果和税法规定，确定应纳税所得额。对资产及负债的账面价值与其计税基础进行比较，两者之间存在差异的，根据谨慎性原则确定递延所得税资产，足额确认递延所得税负债。			√						
6. 检查被审计单位当期所得税和递延所得税作为所得税费用或收益计入当期损益中，是否包括下列不应计入当期损益的所得税，如有，应提请被审计单位调整： 6.1 企业合并。 6.2 直接在所有者权益中确认的交易或者事项。	√				√				
7. 验明所得税是否已在损益表上恰当披露。						√			

（二）所得税费用明细表

被审计单位名称：________　　编制人：________　　日期：________　　索引号：SDSFY－1
会计期间或截止日：________　　复核人：________　　日期：________　　页　次：________

工作底稿索引号	项目	上年数			本年数		
		调整前	审计调整	调整后	调整前	审计调整	调整后
	会计利润						
	加/减：非暂时性纳税调整事项						
	当期所得税费用						
	加：递延所得税费用 （或减递延所得税收益）						
	合计						
注释							
结论							

（三）递延所得税费用明细表

被审计单位名称：________　编制人：________　日期：________　索引号：SDSFY－2

会计期间或截止日：________　复核人：________　日期：________　页　次：________

项目		原因	行次	金额	审计调整	调整后	备注
递延所得税费用	当期形成递延所得税负债	购入摊销年限大于税法规定的资产	1				
		可供出售金融资产公允价值变动	2				
		非同一控制下的企业合并形成	3				
		投资性房地产公允价值变动	4				
		融资租赁形成	5				
		权益法核算被投资单位收益等	6				
		其他：	7				
		小计＝1＋2＋3＋4＋5＋6＋7	8				
	当期清偿递延所得税负债	税法不允许继续提取折旧	9				
		可供出售金融资产处置	10				
		转回被合并企业公允价值高于账面价值金额	11				
		处置投资性房地产对应前期公允价值收益	12				
		融资租赁前期递延所得税负债清偿	13				
		实现权益法核算被投资单位收益等	14				
		其他：	15				
		小计＝9＋10＋11＋12＋13＋14＋15	16				
		合计＝8＋16	17				

（四）递延所得税收益明细表

被审计单位名称：________　编制人：________　日期：________　索引号：SDSFY－3

会计期间或截止日：________　复核人：________　日期：________　页　次：________

项目		原因	行次	金额	审计调整	调整后	备注
递延所得税收益	当期形成递延所得税收益	购入摊销年限小于税法规定的资产	1				
		提取资产减值	2				
		开办费摊销形成	3				
		非同一控制下企业合并形成	4				
		投资性房地产公允价值变动	5				
		可供出售金融资产公允价值变动	6				
		融资租赁形成	7				
		权益法核算被投资单位损失等	8				
		当期亏损形成递延所得税资产	9				
		其他	10				
		小计＝1＋2＋3＋4＋5＋6＋7＋8＋9＋10	11				

续表

项目		原因	行次	金额	审计调整	调整后	备注
递延所得税收益	递延所得税资产当期转回形成收益	税法允许继续提取折旧	12				
		处置资产冲销减值准备	13				
		按税法规定继续摊销开办费	14				
		转回被合并企业公允价值低于账面价值金额	15				
		处置投资性房地产对应前期公允价值变动损失	16				
		可供出售金融资产变现	17				
		支付租金与融资租入资产折旧差额形成	18				
		处置权益法核算被投资单位股权对应损失等	19				
		弥补亏损转回递延所得税资产	20				
		其他	21				
		小计 = 12 + 13 + 14 + 15 + 16 + 17 + 18 + 19 + 20 + 21	22				
		合计 = 11 + 22	23				

（五）所得税费用测算

被审计单位名称：________ 编制人：________ 日期：________ 索引号：SDSFY－4

会计期间或截止日：________ 复核人：________ 日期：________ 页　次：________

索引号	内容	本期未审数	调整数	本期审定数
	本年利润总额			
	减：按规定弥补以前年度亏损			
	经批准的单项留利			
	加：税法不允许列支的项目金额小计			
	其中：违法经营罚、没损失			
	各项税收的滞纳金、罚金、罚款			
	各项非救济性、公益性的赞助支出			
	加：超过税法规定标准的支出金额小计			
	其中：超过规定的利息支出			
	超过计税工资标准的工资费用			
	超过计税工资部分的“三金”			

续表

索引号	内容	本期未审数	调整数	本期审定数
	公益救济性捐赠超过 12% 的部分			
	超过规定的招待费			
	减：国库券利息收入			
	减：已纳税投资收益			
	本年应纳税所得额			
	适用所得税率			
	当期应交所得税额			
	加：递延所得税费用（减：递延所得税收益）			
	本年已预交所得税额			
	本年应清产所得税额			
审计说明及结论：				

（六）应纳税所得额调整明细表

被审计单位名称：______　　编制人：______　　日期：______　　索引号：SDSFY－5
会计期间或截止日：______　　复核人：______　　日期：______　　页　次：______

调增所得项目	调增金额	备注	调减所得项目	调减金额	备注
1. 超标准工资支出			1. 弥补以前年度亏损（法定结算期间）		
2. 超标准的职工福利费			2. 联营企业分回利润		
3. 超标准的职工教育经费			3. 按权益法入账的投资收益		
4. 超标准的工会经费			4. 会计提取的折旧额少于税法规定折旧额		
5. 超标准借款利息			5. 国库券利息收入		
6. 超标准交际应酬费			6. 股息收入		
7. 超标准公益性捐赠支出			7. 国家补贴收入		
8. 非公益性捐赠支出			8. 境外收益		
9. 税收滞纳金、罚金、罚款			9. 技术转让收益		
10. 各种赞助支出、会费			10. 治理“三废”收益		
11. 付外资总机构特许权使用费			11.		
12.			12.		
合计			合计		

审计说明：

（七）所得税费用细节测试（1）

被审计单位名称：__________ 编制人：__________ 日期：__________ 索引号：SDSFY－6

会计期间或截止日：__________ 复核人：__________ 日期：__________ 页 次：__________

细节测试的目标	确定测试项目的选取方法	界定总体	抽样单元	样本规模	样本选取方法	界定误差构成条件	预计误差额	总体误差额	实施测试程序	结论
存在或发生										
完整性										
计价										

说明：1. 可根据重要性选取抽样单元；
2. 样本选取方法一般包括随机抽样、系统抽样和容量概率比例抽样等；
3. 根据被审计单位的规模业务性质等确定预计误差额；
4. 测试程序包括检查有关原始凭证、重新计算等。

（八）所得税费用细节测试（2）

被审计单位名称：________　编制人：________　日期：________　索引号：SDSFY－7

会计期间或截止日：________　复核人：________　日期：________　页　次：________

日期	凭证编号	摘要	科目名称	明细科目	借方金额	贷方金额	核对内容				附件
							1	2	3	4	

核对内容说明：

1. 原始凭证是否齐全；
2. 记账凭证与原始凭证是否相符；
3. 账务处理是否正确；
4. 是否记录于恰当的会计期间。

审计说明：

第四部分

特殊项目实质性测试工作底稿

债务重组实质性测试

一、债务重组实质性测试程序表

被审计单位名称：______ 编制人：______ 日期：______ 索引号：ZWCZ

会计期间或截止日：______ 复核人：______ 日期：______ 页　次：______

实质性程序的审计目标

1. 确定与记录的债务重组有关的交易和事项已经发生，且与被审计单位有关；
2. 确定所有与债务重组有关的应当记录的交易和事项均已记录；
3. 确定通过债务重组受让的资产为被审计单位所拥有或控制；
4. 确定与债务重组有关的金额及其他数据已恰当记录；
5. 确定债务重组已按照企业会计准则的规定在财务报表中做出适当分类、描述和披露。

审计程序	工作底稿索引	执行者
风险评估程序：		
1. 向被审计单位了解其识别债务重组的程序、方法和相关内部控制。		
实质性程序：		
2. 取得并审阅股东大会、董事会和管理层会议记录等，查明被审计单位在报告期间内是否发生属于债务人处于财务困难，债权人做出让步的债务重组事项。		
3. 检查与债务重组相关的协议、合同、批文、法院裁决文件等，了解债务重组的方式与具体内容。		
4. 必要时，对债务重组所涉及的重要资产或债务向有关方面发函询证。		

续表

审计程序	工作底稿索引	执行者
5. 检查与债务重组有关的会计记录，以确定被审计单位对债务重组的会计处理是否正确，入账金额是否恰当：		
5.1　若被审计单位为债权人，应实施以下审计程序：		
5.1.1　对于重组债权原已计提的减值准备是否递减了相应的重组损失。		
5.1.2　受让非现金资产以及股权的公允价值的确定方法是否恰当，是否已办理资产的移交手续。		
5.1.3　重组协议中约定的或有应收金额是否未计入重组后债权的账面价值。		
5.1.4　以多种方式组合进行的债务重组，是否依次以收到的现金、接受的非现金资产公允价值、债权人享有股份的公允价值冲减重组债权的账面余额，最后再以修改其他债务条件后的债权的公允价值作为重组后债权的公允价值，差额计入当期损益。		
5.2　若被审计单位为债务人，应实施以下审计程序：		
5.2.1　用以抵债非现金资产的公允价值与其账面价值的差额是否计入了当期损益，如：（1）非现金资产为存货的，应作为销售处理；（2）非现金资产为固定资产的，应视同固定资产处置处理；（3）非现金资产为无形资产的，视同无形资产处置处理。		
5.2.2　用以抵债的非现金资产是否已办理资产的移交手续。		
5.2.3　重组协议中约定的或有应付金额是否满足预计负债的确认条件。		
5.2.4　将债务转为资本的，债权人享有股份的公允价值的确定方法是否恰当。		
5.2.5　以多种方式组合进行的债务重组，是否依次以支付的现金、转让的非现金资产公允价值、债权人享有股份的公允价值冲减重组债务的账面价值，最后再以修改其他债务条件后的债务的公允价值作为重组后债务的公允价值，差额计入当期损益。		
6. 确定债务重组的列报是否恰当：		
6.1　债务重组方式。		
6.2　确认的债务重组利得（损失）总额。		

续表

审计程序	工作底稿索引	执行者
6.3 将债务转为资本所导致的股本（或者实收资本）增加额（或者债权转为股份所导致的投资增加额及该投资占债务人股份总额的比例）。		
6.4 或有应付（应收）金额。		
6.5 债务重组中转让（受让）的非现金资产的公允价值、由债务（债权）转成的股份的公允价值和修改其他债务条件后债务（债权）的公允价值的确定方法及依据。		
（在执行该程序时，应依据企业会计准则及相关规定中对列报的要求，视项目类型结合被审计单位具体情况确定列报内容是否恰当）		
特别风险程序：		
7. 针对识别的特别风险等因素增加的审计程序。		
7.1 根据执行风险评估程序识别的重大错报风险设计的进一步审计程序。		
7.2 通过实施实质性测试程序，针对识别的特别风险设计的进一步审计程序。		

二、债务重组工作底稿示例

被审计单位名称：________ 编制人：________ 日期：________ 索引号：ZWCZ

会计期间或截止日：________ 复核人：________ 日期：________ 页　次：________

审计记录	工作底稿索引号	备注

非货币性资产交换实质性测试

一、非货币性资产交换实质性测试程序表

被审计单位名称：______	编制人：______	日期：______	索引号：FHBXZCJH
会计期间或截止日：______	复核人：______	日期：______	页　次：______

实质性程序的审计目标

1. 确定记录的与非货币性资产交换有关的交易和事项已发生，且与被审计单位有关；
2. 确定所有与非货币性资产交换有关的应当记录的交易和事项均已记录；
3. 确定与非货币性资产交换有关的交易和事项的金额及其他数据已恰当记录；
4. 确定与非货币性资产交换有关的交易和事项已记录于正确的会计期间；
5. 确定与非货币性资产交换有关的交易和事项已记录于恰当的账户；
6. 确定非货币性资产交换，已按照企业会计准则的规定在财务报表中做出适当分类、描述和披露。

审计程序	工作底稿索引	执行者
1. 取得并审阅股东大会、董事会和管理层会议记录等，查明被审计单位在报告期内是否发生非货币性资产交换事项。		
2. 检查与非货币性资产交换相关的协议、合同等，分析交易的实质，分析货币性资产补价是否超过了 25%，了解非货币性资产交换的具体内容。		
3. 必要时，对非货币性资产交换所涉及的重要资产或债务，向有关方面发函询证。		
4. 核查非货币性资产交换日的确定是否正确。		
5. 检查与非货币性资产交换有关的会计记录，以确定被审计单位是否按下列规定进行相应的会计处理：		

续表

审计程序	工作底稿索引	执行者
5.1 仅当非货币性资产交换具有商业实质以及换入资产或换出资产的公允价值能够可靠地计量时，应当以公允价值和应支付的相关税费作为换入资产的成本，公允价值与换出资产账面价值的差额计入当期损益。		
5.2 当非货币性资产交换不具有商业实质，或换入资产或换出资产的公允价值不能够可靠地计量时，应当以换出资产的账面价值和应支付的相关税费作为换入资产的成本，不确认损益。		
5.3 企业在按照公允价值和应支付的相关税费作为换入资产成本的情况下，发生补价的，应当分别下列情况处理：		
5.3.1 支付补价的，换入资产成本与换出资产账面价值加支付的补价、应支付的相关税费之和的差额，应当计入当期损益。		
5.3.2 收到补价的，换入资产成本加收到的补价之和与换出资产账面价值加应支付的相关税费之和的差额，应当计入当期损益。		
5.4 企业在按照换出资产的账面价值和应支付的相关税费作为换入资产成本的情况下，发生补价的，应当分别下列情况处理：		
5.4.1 支付补价的，应当以换出资产的账面价值，加上支付的补价和应支付的相关税费，作为换入资产的成本，不确认损益。		
5.4.2 收到补价的，应当以换出资产的账面价值，减去收到的补价并加上应支付的相关税费，作为换入资产的成本，不确认损益。		
5.5 非货币性资产交换同时换入多项资产的，在确定各项换入资产的成本时，应当分别下列情况处理：		
5.5.1 非货币性资产交换具有商业实质，且换入资产的公允价值能够可靠计量的，应当按照换入各项资产的公允价值占换入资产公允价值总额的比例，对换入资产的成本总额进行分配，确定各项换入资产的成本。		
5.5.2 非货币性资产交换不具有商业实质，或者虽具有商业实质但换入资产的公允价值不能可靠计量的，应当按照换入各项资产的原账面价值占换入资产原账面价值总额的比例，对换入资产的成本总额进行分配，确定各项换入资产的成本。		
6. 针对识别的舞弊风险等特别风险，需额外考虑实施的审计程序：		
6.1 重点关注交易的真实性，重点分析是否存在关联交易非关联化情形，是否存在为操纵利润而进行不存在真实交易背景的非货币性资产交换。		

续表

审计程序	工作底稿索引	执行者
6.2 重点关注不具有商业实质或公允价值不能可靠计量的非货币性资产交换，重点检查非货币性资产交换损益确认的合理性。若以公允价值计量并确认有关损益时，重点关注其该项交易的背景及交易价格的公允性，检查是否非货币性资产交换具有商业实质且公允价值能够可靠计量。		
6.3 若以公允价值计量并确认有关损益时，重点关注非货币性资产交换是否具有商业实质，相关证据有：换入资产的未来现金流量在风险、时间和金额方面与换出资产显著不同；换入资产与换出资产的预计未来现金流量现值不同，且其差额与换入资产和换出资产的公允价值相比是重大的；另外，交易各方之间不存在关联方关系。		
6.4 若以公允价值计量并确认有关损益时，重点关注公允价值选用的合理性，包括公司的决策程序、公允价值的确定方法及披露的充分性给予关注。		
6.4.1 检查被审计单位是否谨慎适度选用公允价值计量模式，在满足准则规定条件下采用公允价值模式进行计量时，是否参考了有关资产公开市场的交易情况，已全面、充分考虑各项影响因素。		
6.4.2 证明公允价值能够可靠计量的证据有：换入资产或换出资产存在活跃市场，或换入资产或换出资产不存在活跃市场、但同类或类似资产存在活跃市场，或换入资产或换出资产不存在同类或类似资产的可比市场交易，但可合理采用估值技术以确定其公允价值。		
6.4.3 若非货币性资产交换不具有商业实质，或公允价值不能够可靠计量，或公允价值显失公允的，检查被审计单位是否已调整为账面价值的计量模式。		
7. 验明非货币资产交换的列报与披露是否恰当，检查是否附注中披露与以下有关的下列信息：换入资产、换出资产的类别；换入资产成本的确定方式；换入资产、换出资产的公允价值以及换出资产的账面价值；非货币性资产交换确认的损益。		

二、非货币性资产交换工作底稿示例

被审计单位名称：________ 编制人：________ 日期：________ 索引号：FHBXZZJH－1

会计期间或截止日：________ 复核人：________ 日期：________ 页　次：________

审计记录	工作底稿索引号	备注

借款费用实质性测试

一、借款费用实质性测试程序表

被审计单位名称：______ 编制人：______ 日期：______ 索引号：JKFY
会计期间或截止日：______ 复核人：______ 日期：______ 页　次：______

实质性程序的审计目标

1. 确定记录的与借款费用有关的交易和事项已发生，且与被审计单位有关；
2. 确定所有与借款费用有关的应当记录的交易和事项均已记录；
3. 确定与借款费用有关的交易和事项的金额及其他数据已恰当记录；
4. 确定与借款费用有关的交易和事项已记录于正确的会计期间；
5. 确定与借款费用有关的交易和事项已记录于恰当的账户；
6. 确定借款费用，已按照企业会计准则的规定在财务报表中做出适当分类、描述和披露。

审计程序	工作底稿索引	执行者
1. 取得并审阅股东大会、董事会和管理当局会议记录等，查明被审计单位在报告期内是否发生与借款费用有关的符合资本化条件的资产购建或者生产事项。		
2. 检查与相关的协议、合同、文件等，分析应予资本化的资产费用、借款范围和借款费用构成内容的确定的合理性：		
2.1 资产范围，是否包括需要经过相当长时间的购建或者生产活动才能达到预定可使用或者可销售状态的借款费用、投资性房地产和存货等资产等。		
2.2 借款范围，是否包括为购建或者生产符合资本化条件的资产而借入的专门借款和占用的一般借款。		
2.3 借款费用的构成内容，是否包括因专门借款和一般借款而发生的利息和折价或溢价的摊销，以及专门借款发生的汇兑差额和辅助费用。		

续表

审计程序	工作底稿索引	执行者
3. 必要时，对借款费用所涉及的重要资产或债务，向有关方面发函询证。		
4. 核查资本化期间的确定是否正确，包括开始资本化、暂停资本化、停止资本化的期间的确定是否正确。		
5. 检查与借款费用有关的会计记录，以确定被审计单位对资本化金额的确定、借款费用的会计处理是否正确：		
5.1 为购建或者生产符合资本化条件的资产而借入专门借款的，应当以专门借款当期实际发生的利息费用，减去将尚未动用的借款资金存入银行取得的利息收入或进行暂时性投资取得的投资收益后的金额确定。		
5.2 为购建或者生产符合资本化条件的资产而占用了一般借款的，企业应当根据累计资产支出超过专门借款部分的资产支出加权平均数乘以所占用一般借款的资本化率，计算确定一般借款应予资本化的利息金额。资本化率应当根据一般借款加权平均利率计算确定。资本化期间，是指从借款费用开始资本化时点到停止资本化时点的期间，借款费用暂停资本化的期间不包括在内。		
5.3 借款存在折价或者溢价的，应当按照实际利率法确定每一会计期间应摊销的折价或者溢价金额，调整每期利息金额。		
5.4 企业发生的借款费用，可直接归属于符合资本化条件的资产的购建或者生产的，应当予以资本化，计入相关资产成本；其他借款费用，应当在发生时根据其发生额确认为费用，计入当期损益。		
5.5 在资本化期间内，外币专门借款本金及利息的汇兑差额，应当予以资本化，计入符合资本化条件的资产的成本。		
5.6 专门借款发生的辅助费用，在所购建或者生产的符合资本化条件的资产达到预定可使用或者可销售状态之前发生的，应当在发生时根据其发生额予以资本化，计入符合资本化条件的资产的成本。		
5.7 在借款费用资本化期间内，为购建或者生产符合资本化条件的资产占用了一般借款的，检查一般借款应予资本化的利息金额是否按照下列公式计算：		
一般借款利息费用资本化金额 = 累计资产支出超过专门借款部分的资产支出加权平均数 × 所占用一般借款的资本化率。所占用一般借款的资本化率 = 所占用一般借款加权平均利率 = 所占用一般借款当期实际发生的利息之和 ÷ 所占用一般借款本金加权平均数所占用一般借款本金加权平均数 = $\sum$（所占用每笔一般借款本金 × 每笔一般借款在当期所占用的天数/当期天数）		
6. 针对识别的舞弊风险等特别风险，需额外考虑实施的审计程序：		
6.1 根据实质重于形式原则，重点分析判断购建或者生产符合资本化条件的资产是否已达到预定可使用或者可销售状态，并重点关注当达到预定可使用或者可销售状态时，借款费用是否已停止资本化。		
6.2 重点检查被审计单位是否根据其业务情况和实际资金使用情况谨慎确定利息资本化范围，对于一般借款费用的资本化，是否履行必要的决策程序，重点检查应予资本化的资产费用、借款范围和借款费用构成内容的确定的合理性，分析是否存在不符合资本化条件的借款费用进行资本化处理，人为调节利润的情形。		
7. 检查是否附注中披露与借款费用有关的下列信息：当期资本化的借款费用金额；当期用于计算确定借款费用资本化金额的资本化率。		

二、借款费用审计工作底稿示例

被审计单位名称：________　　编制人：________　　日期：________　　索引号：JKFY－1

会计期间或截止日：________　　复核人：________　　日期：________　　页　次：________

审计记录	工作底稿索引号	备注

租赁实质性测试

一、租赁实质性测试程序表

被审计单位名称：________　　编制人：________　　日期：________　　索引号：ZL
会计期间或截止日：________　　复核人：________　　日期：________　　页　次：________

审计目标：

1. 确定记录的与租赁有关的交易和事项已发生，且与被审计单位有关；
2. 确定所有与租赁有关的应当记录的交易和事项均已记录；
3. 确定与租赁有关的交易和事项的金额及其他数据已恰当记录；
4. 确定与租赁有关的交易和事项已记录于恰当的会计期间；
5. 确定与租赁有关的交易和事项已记录于恰当的账户；
6. 确定租赁已按照《企业会计准则》的规定在财务报表中做出适当分类、描述和披露。

审计程序	工作底稿索引	执行者
实质性程序：		
1. 取得并审阅股东大会、董事会和管理层会议记录等，查明被审计单位在报告期内是否发生租赁事项。即在约定的期间内，出租人将资产使用权让与承租人，以获取租金的协议，包括出租和租入资产。		
2. 检查与租赁相关的协议、合同等相关证明文件，了解租赁的分类与具体交易内容，以核查确定租赁的分类是否正确。		
2.1　确定租赁标的符合租赁准则规范的交易内容：		
2.1.1　出租人以经营租赁方式租出的土地使用权和建筑物，适用《企业会计准则第3号——投资性房地产》。		

续表

审计程序	工作底稿索引	执行者
2.1.2　电影、录像、剧本、文稿、专利和版权等项目的许可使用协议，适用《企业会计准则第 6 号——无形资产》。		
2.1.3　出租人因融资租赁形成的长期债权的减值，适用《企业会计准则第 22 号——金融工具确认和计量》。		
2.1.4　融资租入的固定资产的减值，适用《企业会计准则第 8 号——减值准备》。		
2.2　重点检查租赁合同中的相关条款，是否符合以下融资租赁的条件：		
2.2.1　在租赁期届满时，租赁资产的所有权转移给承租人。		
2.2.2　即使资产的所有权不转移，但租赁期占租赁资产使用寿命的大部分（75%）。		
2.2.3　承租人在租赁开始日的最低租赁付款额现值，几乎相当于租赁开始日租赁资产公允价值（90%）。		
2.2.4　出租人在租赁开始日的最低租赁收款额现值，几乎相当于租赁开始日租赁资产公允价值（90%）。		
3. 必要时，对租赁所涉及的重要资产或债务，向有关方面发函询证，以确定与租赁相关的信息。		
4. 检查租赁协议，租赁开始日、租赁期开始日的确定是否正确。		
4.1　租赁开始日，是指租赁协议日与租赁各方就主要租赁条款做出承诺日中的较早者。检查在租赁开始日，承租人和出租人是否将租赁认定为融资租赁或经营租赁。		
4.2　租赁期开始日，是指承租人有权行使其使用租赁资产权利的日期，表明租赁行为的开始。检查在租赁期开始日，承租人是否对租入资产、最低租赁付款额和未确认融资费用进行初始确认；出租人是否对应收融资租赁款、未担保余值和未实现融资收益进行初始确认。		
5. 检查与融资租赁有关的会计记录，以确定被审计单位对融资租赁的会计处理是否正确：		
5.1　若被审计单位作为融资租赁的承租人，检查租赁涉及的固定资产、长期应付款、未确认融资费用等科目，被审计单位是否按下列规定进行相应的会计处理：		
5.1.1　检查在租赁期开始日，承租人是否将租赁资产公允价值与最低租赁付款额现值两者中较低者作为租入资产的入账价值；将最低租赁付款额作为长期应付款的入账价值；其差额作为未确认融资费用。		
5.1.2　检查承租人在租赁谈判和签订租赁合同过程中发生的，可归属于租赁项目的手续费、律师费、差旅费、印花税等初始直接费用，是否计入租入资产价值。		
5.1.3　检查承租人采用的折现率是否合理，在计算最低租赁付款额的现值时，应依次选择①出租人租赁内含利率；②租赁合同规定的利率；③同期银行贷款利率作为折现率。		

续表

审计程序	工作底稿索引	执行者
5.1.4 检查承租人是否采用实际利率法分期摊销未确认融资费用，相应减少未确认融资费用（贷记）。		
5.1.5 检查承租人是否采用与自有固定资产相一致的折旧政策计提租赁资产折旧。重点关注折旧年限的确定是否合理。		
5.1.6 检查承租人是否在或有租金实际发生时计入当期损益。		
5.2 若被审计单位作为融资租赁的出租人，检查租赁涉及的长期应收款、未实现融资收益等科目，被审计单位是否按下列规定进行相应的会计处理：		
5.2.1 检查在租赁期开始日，出租人是否将租赁开始日最低租赁收款额与初始直接费用之和作为应收融资租赁款的入账价值，同时记录未担保余值；将最低租赁收款额、初始直接费用及未担保余值之和与其现值之和的差额确认为未实现融资收益。		
5.2.2 检查出租人对未实现融资收益，是否在租赁期内各个期间进行分配，是否采用实际利率法计算确认当期的融资收入。		
5.2.3 检查出租人是否在每年年度终了，对未担保余值进行复核，有证据表明未担保余值已经减少的，是否重新计算租赁内含利率，并将由此引起的租赁投资净额的减少，计入当期损益；以后各期是否根据修正后的租赁投资净额和重新计算的租赁内含利率确认融资收入。		
5.2.4 检查已确认损失的未担保余值得以恢复的，是否在原已确认的损失金额内转回，并重新计算租赁内含利率，以后各期是否根据修正后的租赁投资净额和重新计算的租赁内含利率确认融资收入。		
5.2.5 检查出租人在实际发生或有租金时是否计入当期损益。		
6. 检查与经营租赁有关的会计记录，以确定被审计单位对经营租赁的会计处理是否正确：		
6.1 若被审计单位作为经营租赁的承租人，检查租赁涉及的有关科目，被审计单位是否按下列规定进行相应的会计处理：		
6.1.1 对于经营租赁的租金支出，承租人应当在租赁期内各个期间按照直线法计入相关资产成本或当期损益；其他方法更为系统合理的，也可以采用其他方法。		
6.1.2 检查承租人发生的初始直接费用，是否计入当期损益。		
6.1.3 检查承租人是否在实际发生或有租金时计入当期损益。		
6.1.4 以经营租赁方式租入的固定资产发生的改良支出，检查是否作为长期待摊费用核算。		
6.2 若被审计单位作为经营租赁的出租人，检查租赁涉及的有关科目，被审计单位是否按下列规定进行相应的会计处理：		

续表

审计程序	工作底稿索引	执行者
6.2.1 检查出租人应当按资产的性质，是否将用作经营租赁的资产包括在资产负债表中的相关项目内，包括作为投资性房地产核算的已出租的土地使用权和建筑物，作为固定资产核算的已出租的机器设备、车辆等，以及其他有关实物资产。		
6.2.2 检查对于经营租赁的租金收入，出租人是否在租赁期内各个期间按照直线法确认为当期损益；其他方法更为系统合理的，也可以采用其他方法。		
6.2.3 检查出租人发生的初始直接费用，是否计入当期损益。		
6.2.4 检查出租人是否在实际发生或有租金时计入当期损益。		
6.2.5 检查出租人对于经营租赁资产中的固定资产，是否采用类似资产的折旧政策计提折旧；对于其他经营租赁资产，应当采用系统合理的方法进行摊销。		
7. 若被审计单位存在售后租回业务，需实施以下程序：		
7.1 依据准则的原则将售后租回交易认定为融资租赁或经营租赁。		
7.2 售后租回交易认定为融资租赁的，售价与资产账面价值之间的差额应当予以递延，并按照该项租赁资产的折旧进度进行分摊，作为折旧费用的调整。		
7.3 售后租回交易认定为经营租赁的：在确凿证据表明售后租回交易是按照公允价值达成的，售价与资产账面价值的差额计入当期损益。如果售后租回交易不是按照公允价值达成的，有关损益应于当期确认；但若该损失将由低于市价的未来租赁付款额补偿的，应将其递延，并按与确认租金费用一致的方法分摊于预计的资产使用期内；售价高于公允价值的，其高于公允价值的部分应予以递延，并在预计的资产使用期限内分摊。		
8. 验明租赁的列报与披露是否恰当，检查附注中是否披露与租赁下有关的下列信息：		
8.1 与融资租赁相关的披露：		
8.1.1 承租人应当在资产负债表中，将与融资租赁相关的长期应付款减去未确认融资费用的差额，分别长期负债和一年内到期的长期负债列示。		
8.1.2 承租人应当在附注披露与融资租赁有关的下列信息：各类租入固定资产的期初和期末原价、累计折旧额；资产负债表日后连续三个会计年度每年将支付的最低付款额，以及以后年度将支付的最低租赁付款额总额；未确认融资费用的余额，以及分摊未确认融资费用所采用的方法。		

续表

审计程序	工作底稿索引	执行者
8.1.3 出租人应当在资产负债表中，将应收融资租赁款减去未实现融资收益的差额，作为长期债权列示。		
8.1.4 出租人应当在附注中披露与融资租赁有关的下列信息：资产负债表日后连续三个会计年度每年将收到的最低租赁收款额，以及以后年度将收到的最低租赁收款额总额；未实现融资收益的余额，以及分配未实现融资收益所采用的方法。		
8.2 与经营租赁相关的披露：		
8.2.1 承租人对于重大的经营租赁，应当在附注中披露下列信息：资产负债表日后连续三个会计年度每年将支付的不可撤销经营租赁的最低租赁付款额；以后年度将支付的不可撤销经营租赁的最低租赁付款总额。		
8.2.2 出租人对经营租赁，应当披露种类租出资产的账面价值。		
8.3 承租人和出租人应当披露各售后租回交易以及售后租回合同中的重要条款。		
特别风险程序：		
9. 针对识别的舞弊风险等特别风险，需实施的审计程序：		
9.1 对于明显异常的租赁协议，重点关注交易的真实性，重点分析是否存在关联交易，是否存在为操纵利润而进行不存在真实背景的租赁。		
9.2 重点检查租赁中有关损益确认的合理性，重点关注融资租赁中有关折现率确定的合理性，租赁交易的背景和交易价格的公允性，检查是否具有商业实质、有关公允价值是否能够可靠计量。		
9.3 重点检查售后租回合同中的重要条款，判断有关售后租回交易会计处理的适当性。		

二、租赁工作底稿示例

被审计单位名称：________ 编制人：________ 日期：________ 索引号：ZL－1

会计期间或截止日：________ 复核人：________ 日期：________ 页　次：________

审计记录	工作底稿索引号	备注

股份支付实质性测试

一、股份支付实质性测试程序表

被审计单位名称：________ 编制人：________ 日期：________ 索引号：GFZF

会计期间或截止日：________ 复核人：________ 日期：________ 页　次：________

审计目标：

1. 确定记录的与股份支付有关的交易和事项已发生，且与被审计单位有关；
2. 确定所有与股份支付有关的应当记录的交易和事项均已记录；
3. 确定与股份支付有关的交易和事项的金额及其他数据已恰当记录；
4. 确定与股份支付有关的交易和事项已记录于正确的会计期间；
5. 确定与股份支付有关的交易和事项已记录于恰当的账户；
6. 确定股份支付，已按照企业会计准则的规定在财务报表中做出适当分类、描述和披露。

审计程序	工作底稿索引	执行者
1. 获取并审阅截至审计外勤工作完成日止各次股东大会、董事会和管理当局会议记录及其他重要文件，确定是否存在股份支付事项，包括以权益结算的股份支付和以现金支付的股份支付。		
2. 向管理当局询问股份支付实施情况，并获取、审阅相关股份支付协议和其他资料。		
3. 结合资本公积、成本费用、负债的审计，检查股份支付会计处理是否正确，特别关注权益工具的公允价值计量。		
4. 针对识别的舞弊风险等特别风险，需额外考虑实施的审计程序：		

续表

审计程序	工作底稿索引	执行者
（根据具体情况，注册会计师应针对识别的特别风险设计有效的实质性程序。）		
5. 验明股份支付的列报与披露是否恰当，检查是否在附注中披露如下与股份支付有关的信息：		
5.1 企业应当在附注中披露与股份支付有关的下列信息：		
（1）当期授予、行权和失效的各项权益工具总额。		
（2）期末发行在外的股份期权或其他权益工具行权价格的范围和合同剩余期限。		
（3）当期行权的股份期权或其他权益工具以其行权日价格计算的加权平均价格。		
（5）权益工具公允价值的确定方法。		
企业对性质相似的股份支付信息可以合并披露。		
5.2 企业应当在附注中披露股份支付交易对当期财务状况和经营成果的影响，至少包括下列信息：		
（1）当期因以权益结算的股份支付而确认的费用总额。		
（2）当期因以现金结算的股份支付而确认的费用总额。		
（3）当期以股份支付换取的职工服务总额及其他方服务总额。		

二、股份支付审计工作底稿示例

被审计单位名称：________ 编制人：________ 日期：________ 索引号：GFZF－1

会计期间或截止日：________ 复核人：________ 日期：________ 页　次：________

审计记录	工作底稿索引号	备注

关联方关系及其交易实质性测试

一、关联方关系及其交易实质性测试程序表

被审计单位名称：		编制人：		日期：		索引号：	GLF
会计期间或截止日：		复核人：		日期：		页　次：	

审计目标：

1. 无论适用的财务报告编制基础是否对关联方做出规定，充分了解关联方关系及其交易，以便能够确认由此产生的、与识别和评估由于舞弊导致的重大错报风险相关的舞弊风险因素（如有）；根据获取的审计证据，就财务报表受到关联方关系及其交易的影响而言，确定财务报表是否实现公允反映。

2. 如果适用的财务报告编制基础对关联方做出规定，获取充分、适当的审计证据，确定关联方关系及其交易是否已按照适用的财务报告编制基础得到恰当识别、会计处理和披露。

审计程序	工作底稿索引	执行者
（一）风险评估程序		
1. 在了解被审计单位及其环境以识别和评估重大错报风险，及执行识别和应对由于舞弊导致的重大错报风险程序，实施项目组的内部讨论时，应特别考虑由于关联方关系及其交易导致的舞弊或错误使得财务报表存在重大错报的可能性。		
2. 获取关联方关系与关联方交易清单，询问被审计单位的管理层下列有关关联方关系及关联方交易事项：		
（1）关联方的名称和特征，包括关联方自上期以来发生的变化；		
（2）被审计单位和关联方之间关系的性质；		
（3）被审计单位在本期是否与关联方发生交易，如发生，交易的类型、定价政策和目的。		

续表

审计程序	工作底稿索引	执行者
3. 询问管理层和被审计单位内部其他人员，实施适当的风险评估程序，以获取对关联方及其交易以及相关控制的了解。这些相关控制包括：		
（1）按照适用的财务报告编制基础，对关联方关系及其交易进行识别、会计处理和披露；		
（2）授权和批准重大关联方交易和安排；		
（3）授权和批准超出正常经营过程的重大交易和安排。		
4. 考虑控制环境中与降低关联方关系及其交易导致的重大错报风险相关的内容；如果被审计单位与关联方关系及其交易相关的控制不存在、无效或控制存在缺陷，将可能导致无法就关联方关系及其交易获取充分、适当的审计证据时，应考虑其对审计工作（包括审计意见）的影响。		
5. 对于集团审计业务，集团项目组应向组成部分注册会计师提供集团管理层编制的关联方清单，以及集团项目组知悉的任何其他关联方。		
6. 检查下列记录和文件，对可能显示管理层以前未识别或未向注册会计师披露的关联方关系或关联方交易的某些安排或其他信息保持警觉，以确定管理层以前未识别或未向注册会计师披露的关联方关系或关联方交易。		
（1）获取的银行和律师的询证函回函，及自其他第三方取得的询证函回函。		
（2）股东会和治理层会议的纪要。		
（3）被审计单位的所得税纳税申报表。		
（4）被审计单位提供给监管机构的信息。		
（5）被审计单位的股东登记名册（用以识别主要股东）。		
（6）管理层和治理层的利益冲突声明		
（7）被审计单位有关投资和养老金计划的记录。		
（8）与关键管理层或治理层成员签订的合同和协议。		
（9）超出被审计单位正常经营过程的重要合同和协议。		
（10）被审计单位与专业顾问的往来函件和发票。		
（11）被审计单位购买的人寿保险单。		

续表

审计程序	工作底稿索引	执行者
（12）被审计单位在报告期内重新商定的重要合同。		
（13）内部审计人员的报告。		
（14）被审计单位向证券监管机构报送的文件（如招股说明书）。		
（15）可能显示存在管理层以前未识别或未向注册会计师披露的关联方关系或交易的某些安排，如：与其他机构或人员组成不具有法人资格的合伙企业；按照超出正常经营过程的交易条款和条件，向特定机构或人员提供服务的安排；担保和被担保关系。		
7. 在实施检查记录和文件以识别关联方程序及其他审计程序时，关注和识别超出正常经营过程的重大交易，并针对超出正常经营过程的重大交易的性质进行询问，了解交易的商业理由、交易的条款和条件。确定交易是否可能涉及关联方，如关联方参与超出正常经营过程的重大交易，将可能通过成为交易的一方直接影响该交易，或是通过中间机构间接影响该交易。这些影响可能表明存在舞弊风险因素。超出正常经营过程的重大交易的例子可能包括：		
（1）复杂的股权交易，如公司重组或收购；		
（2）与处于公司法制不健全的国家或地区的境外实体之间的交易；		
（3）对外提供厂房租赁或管理服务，而没有收取对价；		
（4）具有异常大额折扣或退货的销售业务；		
（5）循环交易，如售后回购交易；		
（6）在合同期限届满之前变更条款的交易。		
8. 在整个审计过程中，项目组内部应通过适当的形式分享与关联方有关的信息，包括：		
（1）关联方的名称和特征；		
（2）关联方关系及其交易的性质；		
（3）可能需要从审计的角度进行特别考虑的重大或复杂的关联方关系或关联方交易，特别是涉及管理层或治理层财务利益的交易。		
（二）识别和评估与关联方关系及其交易相关的重大错报风险		

续表

审计程序	工作底稿索引	执行者
9. 通过了解被审计单位及其环境，识别和评估关联方关系及其交易导致的重大错报风险，并确定这些风险是否为特别风险。在确定时应将识别出的、超出被审计单位正常经营过程的重大关联方交易导致的风险确定为特别风险。		
10. 识别和评估与关联方及其交易相关的重大错报风险时，应考虑与具有支配性影响的关联方相关的舞弊风险因素。		
10.1 关联方施加的支配性影响可能表现在下列方面：		
（1）关联方否决管理层或治理层做出的重大经营决策；		
（2）重大交易需经关联方的最终批准；		
（3）对关联方提出的业务建议，管理层和治理层未曾或很少进行讨论。		
（4）对涉及关联方（或与关联方关系密切的家庭成员）的交易，极少进行独立复核和批准。		
（5）如果关联方在被审计单位的设立和日后管理中均发挥主导作用，也可能表明存在支配性影响。		
10.2 管理层由一人或少数人控制且缺乏相应的补偿性控制是一项舞弊风险因素。在出现其他风险因素的情况下，存在具有支配性影响的关联方，可能表明存在由于舞弊导致的特别风险。例如：		
（1）异常频繁变更高级管理人员或专业顾问，可能表明被审计单位为关联方谋取利益而从事不道德或虚假的交易；		
（2）利用中间机构从事难以判断是否具有正当商业理由的重大交易，可能表明关联方出于欺诈目的，通过控制这些中间机构从交易中获利；		
（3）有证据显示关联方过度干涉或关注会计政策的选择或重大会计估计的做出，可能表明存在虚假财务报告。		
（三）针对与关联方关系及其交易相关的重大错报风险的应对措施		
11. 管理层未能按照适用的财务报告编制基础的规定对特定关联方交易进行恰当会计处理和披露，且注册会计师将其评估为一项特别风险（无论是舞弊还是错误导致），可实施下列实质性程序：		
11.1 如果可行且法律法规或注册会计师职业道德守则未予禁止，向银行、律师事务所、担保人或者代理商等中间机构函证或与之讨论交易的具体细节。		
11.2 向关联方函证交易目的、具体条款或金额。		
11.3 如果适用并且可行，查阅关联方的财务报表或其他相关财务信息，以获取关联方对关联方交易进行会计处理的证据。		

审计程序	工作底稿索引	执行者
12. 存在具有支配性影响的关联方，并且因此存在由于舞弊导致的重大错报风险，应评估为一项特别风险。除履行识别和应对由于舞弊导致的重大错报风险规定的相关审计程序外，还可以实施下列审计程序，以了解关联方与被审计单位直接或间接建立的业务关系，并确定是否有必要实施进一步的恰当的实质性程序。		
12.1 询问管理层和治理层并与之讨论。		
12.2 询问关联方。		
12.3 检查与关联方之间的重要合同。		
12.4 通过互联网或某些外部商业信息数据库，进行适当的背景调查。		
12.5 如果被审计单位保留了员工的举报报告，查阅该报告。		
13. 针对与关联方关系及其交易相关的重大错报风险，根据实施风险评估程序的结果，仅实施实质性程序可能无法获取充分、适当的审计证据时，应测试与关联方关系及其交易记录的完整性和准确性相关的控制。		
14. 如果识别出可能表明存在管理层以前未识别出或未向注册会计师披露的关联方关系或交易的安排或信息，应确定相关情况是否能够证实关联方关系或关联方交易的存在。		
15. 如果识别出管理层以前未识别出或未向注册会计师披露的关联方关系或重大关联方交易，应履行下列审计程序：		
15.1 立即将相关信息向项目组其他成员通报。		
15.2 在适用的财务报告编制基础对关联方做出规定的情况下，要求管理层识别与新识别出的关联方之间发生的所有交易，以便注册会计师做出进一步评价，并询问与关联方关系及其交易相关的控制为何未能识别或披露该关联方关系或交易。		
15.3 对新识别出的关联方或重大关联方交易实施恰当的实质性程序，包括：		
15.3.1 询问被审计单位与新识别出的关联方之间的关系的性质，包括向对被审计单位及其业务非常了解的外部人士询问（如适用，并且法律法规或注册会计师职业道德守则未予禁止）。这些外部人士包括法律顾问、主要代理商、主要业务代表、咨询专家、担保人或其他关系密切的商业伙伴等。		
15.3.2 分析与新识别出的关联方进行的交易的会计记录，可以采用计算机辅助审计技术进行分析。		
15.3.3 核实新识别出的关联方交易的条款和条件，评价是否已经按照适用的财务报告编制基础的规定对关联方交易进行恰当会计处理和披露。		

续表

审计程序	工作底稿索引	执行者
15.4 重新考虑可能存在管理层以前未识别出或未向注册会计师披露的其他关联方或重大关联方交易的风险，如有必要，实施追加的审计程序。		
15.5 如果管理层不披露关联方关系或交易看似是有意的，因而显示可能存在由于舞弊导致的重大错报风险，注册会计师除履行识别和应对由于舞弊导致的重大错报风险的相关审计程序外，还应考虑是否有必要重新评价管理层对询问的答复以及管理层声明的可靠性。		
16. 对于识别出的超出正常经营过程的重大关联方交易，注册会计师应当：		
16.1 检查相关合同或协议（如有），并评价：		
16.1.1 交易的商业理由（或缺乏商业理由）是否表明被审计单位从事交易的目的可能是为了对财务信息做出虚假报告或为了隐瞒侵占资产的行为；在评价超出正常经营过程的重大关联方交易的商业理由时，可以考虑下列事项：		
（1）交易是否过于复杂（如交易是否涉及集团内部多个关联方）。		
（2）交易条款是否异常（如价格、利率、担保或付款等条件是否异常）。		
（3）交易的发生是否缺乏明显且符合逻辑的商业理由。		
（4）交易是否涉及以前未识别的关联方。		
（5）交易的处理方式是否异常。		
（6）管理层是否已与治理层就这类交易的性质和会计处理进行讨论。		
（7）管理层是否更强调需要采用某项特定的会计处理方式，而不够重视交易的经济实质。		
（8）从关联方的角度了解交易的商业理由，可能有助于更好地了解交易的经济实质和发生原因。如果了解的商业理由与关联方的业务性质不一致，则可能表明存在舞弊风险因素。		
16.1.2 交易条款是否与管理层的解释一致，如果管理层的解释与关联方交易条款存在重大不一致，应考虑管理层对其他重大事项做出的解释和声明的可靠性。		
16.1.3 关联方交易是否已按照适用的财务报告编制基础得到恰当会计处理和披露。		

审计程序	工作底稿索引	执行者
16.2 获取交易已经恰当授权和批准的审计证据。		
16.2.1 了解超出正常经营过程的重大关联方交易是否已经管理层、治理层或股东（如适用）授权和批准。		
16.2.2 如果存在未经授权和批准的这类交易，应与管理层或治理层进行讨论，如仍未获取合理解释，则可能表明存在由于舞弊或错误导致的重大错报风险，应对其他类似性质的交易保持警觉。		
17. 实施下列审计程序，评价管理层关于关联交易系按照等同于公平交易中通行的条款执行的认定是否恰当，管理层用于支持这项认定的措施可能包括：		
（1）将关联方交易条款与相同或类似的非关联方交易的条款进行比较；		
（2）聘请外部专家确定交易的市场价格，并确认交易的条款和条件；		
（3）将关联方交易条款与公开市场进行的类似交易的条款进行比较。		
18. 评价管理层如何支持关联交易系按照等同于公平交易中通行的条款执行的认定。		
18.1 考虑管理层用于支持其认定的程序是否恰当。		
18.2 验证支持管理层认定的内部或外部数据来源，对这些数据进行测试，以判断其准确性、完整性和相关性。		
18.3 评价管理层认定所依据的重大假设的合理性。		
19. 在某些财务报告编制基础要求披露未按照等同于公平交易中通行的条款执行的关联方交易的情况下，如果管理层未在财务报表中披露关联方交易，则可能隐含着一项认定，即关联方交易是按照等同于公平交易中通行的条款执行的，应执行前述第7、8条规定的审计程序。		
（四）评价识别出的关联方关系及其交易的会计处理和披露		
20. 考虑关联方交易相关的错报的金额和性质，以及错报发生的特定情况，评价错报是否重大，及识别出的关联方关系及其交易是否已按照适用的财务报告编制基础得到恰当会计处理。		
21. 评价识别出的关联方关系及其交易是否已按照适用的财务报告编制基础得到恰当披露。注册会计师应考虑被审计单位是否已对关联方关系及其交易进行了恰当汇总和列报，以使披露具有可理解性。当存在下列情形之一时，表明管理层对关联方交易的披露可能不具有可理解性：		

续表

审计程序	工作底稿索引	执行者
（1）关联方交易的商业理由以及交易对财务报表的影响披露不清楚，或存在错报；		
（2）未适当披露为理解关联方交易所必需的关键条款、条件或其他要素。		
22. 评价关联方关系及其交易是否导致财务报表未实现公允反映。		
（五）就关联方及其交易获取书面声明		
23. 如果适用的财务报告编制基础对关联方做出规定，注册会计师应当向管理层和治理层（如适用）获取下列书面声明：（一）已经向注册会计师披露了全部已知的关联方名称和特征、关联方关系及其交易；（二）已经按照适用的财务报告编制基础的规定，对关联方关系及其交易进行了恰当的会计处理和披露。		
24. 就管理层做出的某项特殊认定获取书面声明，如管理层对特殊关联方交易不涉及某些未予披露的“背后协议”的声明。		
（六）与治理层的沟通		
25. 除非治理层全部成员参与管理被审计单位，注册会计师应当与治理层沟通审计工作中发现的与关联方相关的重大事项。包括：		
（1）管理层有意或无意未向注册会计师披露关联方关系或重大关联方交易； （2）识别出的未经适当授权和批准的、可能产生舞弊嫌疑的重大关联方交易；		
（3）注册会计师与管理层在按照适用的财务报告编制基础的规定披露重大关联方交易方面存在分歧；		
（4）违反适用的法律法规有关禁止或限制特定类型关联方交易的规定；		
（5）在识别被审计单位最终控制方时遇到的困难。		

二、关联方及其交易工作底稿示例

（一）调查表

被审计单位名称：＿＿＿＿＿＿　编制人：＿＿＿＿＿＿　日期：＿＿＿＿＿＿　索引号：GLF－1

会计期间或截止日：＿＿＿＿＿＿　复核人：＿＿＿＿＿＿　日期：＿＿＿＿＿＿　页　次：＿＿＿＿＿＿

1. 存在控制关系的关联方

企业名称	注册地址	主营业务	与本企业关系	经济性质	法定代表人

2. 存在控制关系的关联方的注册资本及其变化　（金额单位：万元）

企业名称	年初余额	本年增加额	本年减少额	年末余额

3. 存在控制关系的关联方所持股份及其变化　（金额单位：万元）

企业名称	年初余额		本年增加额		本年减少额		年末余额	
	金额	%	金额	%	金额	%	金额	%

4. 不存在控制关系的关联方关系的性质

企业名称	与本企业的关系

5. 关联方交易

交易类型及交易对象	交易内容		上年数		本年数	
			金额	比例	金额	比例
一、关联方销售						
（一）销售产品						
（二）提供劳务						
（三）销售其他资产						
二、关联方采购						
（一）购买产品						
（二）接受劳务						
（三）购买其他资产						
三、其他关联方交易						
（一）代理业务						
（二）租赁						
（三）提供或接受资金						
（四）提供或接受担保和抵押						
（五）管理方面的合同						

续表

交易类型及交易对象	交易内容	上年数		本年数	
		金额	比例	金额	比例
（六）研究与开发项目的转移					
（七）许可协议					
（八）关键管理人员报酬					
（九）其他					

6. 关联方往来

关联方名称	年初数		年末数	
	金额	性质	金额	性质

（二）测试表

被审计单位名称：______ 编制人：______ 日期：______ 索引号：GLF－2

会计期间或截止日：______ 复核人：______ 日期：______ 页　次：______

项　目	被审计单位提供				注册会计师审核意见
	关联企业名称	金额或（余额）	占期间（购）销货金（余）额的比例	价格执行情况或款项内容	
采购货物					
销售货物					
往来货物					
其他事项					

（三）关联方和关联方交易专项声明书

被审计单位名称：__________ **编制人：**__________ **日期：**__________ **索引号：**GLF－3
会计期间或截止日：__________ **复核人：**__________ **日期：**__________ **页 次：**__________

××会计师事务所并××注册会计师：

本公司已委托贵事务所对本公司××年12月31日的资产负债表，××年度的利润表、股东权益变动表和现金流量表以及财务报表附注进行审计，并出具审计报告。根据需要，兹对本公司关联方和关联方交易事项作出如下声明：

1. 本公司已提供所有关联公司及人员清单、全部关联方交易清单及有关资料（见附件1），对所有重大关联方交易均已作披露。

2. 对于关联方的识别，本公司已按照《企业会计准则》和《××企业会计制度》的规定，对存在关联方关系的各种情况加以确定。

3. 本公司所有关联方交易的审议、决策程序合法、有效。

4. 本公司董事会在审议关联方交易事项时，关联董事实行回避原则，表决程序符合有关法律法规的规定。所有关联方交易遵循了公平、公正、诚信的原则，独立董事、监事会成员未发表不同意见。

5. 对于所有关联方交易，本公司已按照《企业会计准则》和《××企业会计制度》的规定，进行了合理、适当的会计处理。

6. 本公司已按照《企业会计准则》和《××企业会计制度》的规定，在财务报表附注中对关联方关系及其交易作出了充分的披露，不存在其他尚未披露但需披露的关联方关系及其交易。

7. 本公司不存在关联方交易非关联化的情形。

××有限责任公司
法定代表人（签名并盖章）
财务负责人（签名并盖章）
××××年××月××日

(四) 就关联方事项发给其他注册会计师的询证函

被审计单位名称：________	编制人：________	日期：________	索引号：GLF-4
会计期间或截止日：________	复核人：________	日期：________	页　次：________

[注册会计师在审计关联方和关联方交易时，可能需要利用其他注册会计师的工作，以下是注册会计师就关联方问题发给其他注册会计师的询证函。该询证函能够帮助注册会计师及时了解和更新关联方和关联方交易的信息。]

××会计师事务所：

我们接受委托，对 ABC 集团公司××年 12 月 31 日的合并资产负债表，××年度的合并利润表、合并股东权益变动表和合并现金流量表以及财务报表附注进行审计。(组成部分名称）是 ABC 集团公司的一个重要组成部分，（组成部分名称）的财务信息包含在 ABC 集团公司的合并财务报表中，且贵所承担了对（组成部分名称）审计工作。

在对 ABC 集团公司进行审计的过程中，涉及到对关联方和关联方交易审计，我们希望贵所能够予以配合。附件是我们所了解的关联方名称的清单和对关联方之间交易的描述（注：如果我们在后续的审计过程中发现其他的关联方或关联方交易，我们将会及时通知贵所)。

我们对关联方和关联方交易进行审计的主要目的是：

(1) 识别关联方；

(2) 识别关联方交易；

(3) 检查已识别的关联方交易；

(4) 确定关联方和关联方交易披露的充分性。

我们希望贵所能在审计过程中参照附送的清单，关注 ABC 集团公司与（组成部分名称）之间的交易，以及 ABC 集团公司、(组成部分名称）与上述关联方之间的任何交易。

如果贵方发现清单以外的其他关联方或关联方交易，请及时告知我们。

××会计师事务所（盖章）
中国注册会计师（签名并盖章）
××××年××月××日

说明：

如果此信是在中期发送，应额外说明主审注册会计师在年末有可能向其他注册会计师提供更新的资料。另外，完成审计工作以前，主审注册会计师需要与其他注册会计师确定以下事项：

(1) 交易的描述，包括每个审计期间中没有金额的交易或只有名义金额的交易；

(2) 每个审计期间的关联方交易的金额，以及与以前期间相比合同条款变化的影响；

(3) 按照合同规定的结算方式，截止每个资产负债表日的关联方的应收或应付款项。

（五）就关联方事项发给关键管理人员或主要投资者的询证函

被审计单位名称：______	**编制人：**______	**日期：**______	**索引号：** GLF－5
会计期间或截止日：______	**复核人：**______	**日期：**______	**页　次：**______

［在某些情况下，注册会计师可能需要向被审计单位的高级管理人员、主要股东函证关联方的存在。例如，被审计单位识别关联方交易的控制措施和程序不够充分，且注册会计师对获取的关联方交易的信息并不满意。以下是注册会计师对关联方交易的信息不满意时可能使用的询证函。］

ABC 股份有限公司关键管理人员或主要投资者：

我们接受委托，对 ABC 股分有限公司（以下简称贵公司）××年 12 月 31 日的资产负债表，××年度的利润表、股东权益变动表和现金流量表以及财务报表附注进行审计。由于财务报表审计的需要，我们需要了解贵公司关联方和关联方交易的信息。请填写后附的调查问卷，并签名盖章，将问卷装入我们提供的已写好地址、贴好邮票的信封寄给我们。该调查问卷将为注册会计师提供某些相关的信息，包括贵公司董事、高级管理人员以及其他人员在与贵公司发生关联方交易时所获的利益。

请回答问卷中的所有问题。如果对某问题的回答为“是”，请作进一步的解释。本问卷所使用的一些专业术语在问卷的最后进行了定义。请在回答问题之前仔细阅读这些定义。

谢谢您的合作。

××会计师事务所（盖章）
中国注册会计师（签名并盖章）
××××年××月××日

ABC 股份有限公司关联方调查问卷

请回答问卷中的所有问题。如果对某问题的回答为“是”，请作进一步的解释。本问卷所使用的一些专业术语在问卷的最后进行了定义。请在回答问题之前仔细阅读这些定义。

（1）您（包括和您关系密切的家庭成员，下同）自××年1月1日起，在与公司进行的或将要进行的任何销售、采购、转让、租赁、担保或其他交易中，是否有任何直接或间接的利益关联？

（2）您在与公司进行的任何未决或未完成的销售、采购、转让、租赁，担保或其他交易中，是否有任何直接或间接的利益关联？

（3）您自××年 12 月 31 日起，是否拖欠公司的债务（不包括因日常交易产生的应付款项、日常的差旅费和预付款）？

我根据本人的了解回答上述问题。

签名：
（盖章）
××××年××月××日

比较数据实质性测试

一、比较数据实质性测试程序表

被审计单位名称：______	编制人：______	日期：______	索引号：BJSJ
会计期间或截止日：______	复核人：______	日期：______	页　次：______

审计目标：

1. 获取充分、适当的审计证据，确定在财务报表中包含的比较信息是否在所有重大方面按照适用的财务报告编制基础有关比较信息的要求进行列报；

2. 按照注册会计师的报告责任出具审计报告。

审计程序	工作底稿索引	执行者签名
实质性程序：		
1. 对于连续审计来说，执行下列审计程序：		
1.1　审查比较数据采用的会计政策与本期数据采用的会计政策是否一致；如不一致，是否已经做出适当调整和充分披露。		
1.2　审查比较数据与上期财务报表反映的金额和相关披露是否一致；如不一致，是否已经做出适当调整和充分披露。		
2. 如果上期财务报表由前任注册会计师审计，或未经审计，执行下列审计程序：		
2.1　上述第1项列示的两个审计程序。		
2.2　本套工作底稿期初余额的审计程序，获取关于期初余额充分、适当的审计证据。		

审计程序	工作底稿索引	执行者签名
3. 如果以前针对上期财务报表发表了保留意见、无法表示意见或否定意见，且导致非无保留意见的事项仍未解决，注册会计师应当对本期财务报表发表非无保留意见。		
3.1 如果导致非无保留意见的事项仍未解决，在非无保留意见的事项段中分下列两种情况予以处理：		
3.1.1 如果未解决事项对本期数据的影响或可能的影响是重大的，注册会计师应当在导致非无保留意见事项段中同时提及本期数据和对应数据。		
3.1.2 如果未解决事项对本期数据的影响或可能的影响不重大，注册会计师应当说明，由于未解决事项对本期数据和对应数据之间可比性的影响或可能的影响，因此发表了非无保留意见。		
3.2 如果导致非无保留意见的事项已经解决，并已在本期财务报表中得到恰当处理，分下列两种情况予以处理： 3.2.1 导致非无保留意见的事项对本期不重要，在针对本期财务报表出具的审计报告中不再提及该事项。 3.2.2 导致非无保留意见的事项对本期仍很重要，在审计报告中增加强调事项段提及这一情况。		
4. 如果注册会计师已经获取上期财务报表存在重大错报的审计证据，而以前对该财务报表发表了无保留意见，且对应数据未经适当重述或恰当披露，注册会计师应当就包括在财务报表中的对应数据，在审计报告中对本期财务报表发表保留意见或否定意见。		
5. 当因本期审计而对上期财务报表发表审计意见时，如果对上期财务报表发表的意见与以前发表的意见不同，注册会计师应当按照《中国注册会计师审计准则第 1503 号——在审计报告中增加强调事项段和其他事项段》的规定，在其他事项段中披露导致不同意见的实质性原因。		
特别风险程序：		
6. 针对识别的特别风险等因素增加的审计程序。		
6.1 根据执行风险评估程序识别的重大错报风险设计的进一步审计程序。		
6.2 通过实施实质性测试程序，针对识别的特别风险设计的进一步审计程序。		

二、比较数据审核表

被审计单位名称：________　编制人：________　日期：________　索引号：BJSJ－1

会计期间或截止日：________　复核人：________　日期：________　页　次：________

审核	审核说明	工作底稿索引号
1. 核对比较数据采用的会计政策与本期数据采用的会计政策。		
2. 核对比较数据与上期财务报表反映的金额和相关披露。		
3. 上期财务报表是否经过审计，审计报告的类型。		
4. 上期财务报表出具了非无保留意见的审计报告。		
（1）非无保留意见的事项仍未解决；		
（2）导致非无保留意见的事项已经解决，并已在本期财务报表中得到恰当处理。		
5. 影响上期财务报表的重大错报，而以前未就该重大错报出具非无保留意见的审计报告。		
（1）上期财务报表未经更正，也未重新出具审计报告，且比较数据未经恰当重述和充分披露；		
（2）上期财务报表未经更正，也未重新出具审计报告，但比较数据已在本期财务报表中恰当重述和充分披露。		
6. 就识别出比较数据存在重大错报，与管理层沟通并要求更正。		
审计结论：		

期后事项实质性测试

一、期后事项实质性测试程序表

被审计单位名称：________　编制人：________　日期：________　索引号：QHSX
会计期间或截止日：________　复核人：________　日期：________　页　次：________

审计目标：

1. 获取充分、适当的审计证据，以确定财务报表日至审计报告日之间发生的、需要在财务报表中调整或披露的事项是否已经按照适用的财务报告编制基础在财务报表中得到恰当反映；

2. 恰当应对在审计报告日及审计报告日后知悉的可能导致修改审计报告的事实。

审计程序	工作底稿索引	执行者签名
风险评估程序：		
1. 复核被审计单位建立的、用于识别期后事项的政策和程序。		
实质性程序：		
2. 取得并审阅股东大会、董事会和管理当局在财务报表日后的会议记录以及涉及诉讼的相关文件等，查询会议记录等文件中未能详尽说明的事项，识别资产负债表日后发生的对本期财务报表产生重大影响的事项：		
2.1 应予调整事项：		
2.1.1 已证实重大资产发生的减损。		
2.1.2 大额的销售退回。		
2.1.3 已确定获取或支付的大额赔偿。		

续表

审计程序	工作底稿索引	执行者签名
2.1.4 期后进一步确定了期前购入资产的成本或售出资产的收入。		
2.1.5 期后发现了财务报表舞弊或差错等。		
2.2 应予披露的非调整事项：		
2.2.1 期后发生的重大诉讼、仲裁、承诺事项。		
2.2.2 董事会批准了的利润分配方案、股票和债券的发行、巨额举债、资本公积转增资本、巨额亏损等。		
2.2.3 企业合并或处置子公司。		
2.2.4 自然灾害导致资产重大损失。		
2.2.5 资产价格、税收政策、外汇汇率发生较大变动等。		
3. 在尽量接近审计报告日时，查阅股东会、董事会及其专门委员会在资产负债表日后举行的会议的纪要，并在不能获取会议纪要时询问会议讨论的事项。		
4. 在尽量接近审计报告日时，查阅最近的中期财务报表、主要会计科目、重要合同和会计凭证；如认为必要和适当，还应当查阅预算、现金流量预测及其他相关管理报告。		
5. 在尽量接近审计报告日时，查阅被审计单位与客户、供应商、监管部门等的往来信函。		
6. 在尽量接近审计报告日时，向被审计单位律师或法律顾问询问有关诉讼和索赔事项，查询律师对关于期后事项的专门陈述。		
7. 在尽量接近审计报告日时，就以下内容（但不限于）向管理层询问可能影响财务报表的期后事项：		
7.1 根据初步或尚无定论的数据做出会计处理的项目的现状。		
7.2 是否发生新的担保、借款或承诺。		
7.3 是否出售或购进资产，或者计划出售或购进资产。		
7.4 是否已发行或计划发行新的股票或债券，是否已签订或计划签订合并或清算协议。		
7.5 资产是否被政府征用或因不可抗力而遭受损失。		
7.6 在风险领域和或有事项方面是否有新进展。		
7.7 是否已做出或考虑做出异常的会计调整。		
7.8 是否已发生或可能发生影响会计政策适当性的事项。		
8. 结合期末账户余额的审计，对应予调整的资产负债表日后事项进行审计，着重查明资产负债表日后的重大购销业务和重大的收付款业务，有无不寻常的转账交易或调整分录。		
9. 查询了解在资产负债表日或查询日已存在的重大财务承诺，是否存在导致需调整或披露的期后事项。		

续表

审计程序	工作底稿索引	执行者签名
10. 如果被审计单位的分支机构、子公司等组成部分的财务信息由其他注册会计师审计，应当考虑其他注册会计师对资产负债表日后事项所实施的审计程序及结果，并考虑是否需要向其告知计划的审计报告日。		
11. 审计报告日后知悉的事实：		
11.1 在审计报告日后至财务报表报出日前，如果知悉在审计报告日已存在的、可能导致修改审计报告的事实，也应当考虑是否需要修改财务报表，并与管理层讨论，同时根据具体情况采取适当措施。		
11.2 在财务报表报出后，如果知悉在审计报告日已存在的、可能导致修改审计报告的事实，也应当考虑是否需要修改财务报表，并与管理层讨论，同时根据具体情况采取适当措施。		
12. 确定期后事项的列报是否恰当：		
12.1 查明非调整期后事项的性质和内容，合理估计其对财务状况、经营成果的影响，或查询、了解无法合理估计其影响的原因。		
12.2 检查审计结束日前发行股票和债券、资本公积转增资本、对外巨额举债等的批准情况，取证并作记录。		
12.3 检查审计结束日前企业合并与分立、处置子公司的有关文件，如协议、合同、审计报告、资产评估报告及核准或备案文件、政府批文等，取得并作记录。		
12.4 检查审计结束日前董事会或类似机构所制定利润分配方案中分配的股利及董事会或类似机构制定并经股东大会或类似机构批准宣告发放的股利是否在会计报表附注中单独披露。		
12.5 如果期后事项表明持续经营假设不再适用，则检查被审计单位是否不在持续经营的基础上编制会计报表，并披露相关信息。		
（在执行该程序时，应依据企业会计准则及相关规定中对列报的要求，视项目类型结合被审计单位具体情况确定列报内容是否恰当）		
特别风险程序：		
13. 针对识别的特别风险等因素增加的审计程序。		
13.1 根据执行风险评估程序识别的重大错报风险设计的进一步审计程序。		
13.2 通过实施实质性测试程序，针对识别的特别风险设计的进一步审计程序。		

二、期后事项工作底稿示例

（一）期后事项汇总表

被审计单位名称：______　编制人：______　日期：______　索引号：QHSX－1
会计期间或截止日：______　复核人：______　日期：______　页　次：______

时　间	事项摘要	审验过程记录	备　注
资产负债表日至审计报告日			
审计报告日至审计报告发出日			
审计报告发出日至会计报告公布日			
审计结论：			

（二）管理层对期后事项评估的调查表

被审计单位名称：________ 编制人：________ 日期：________ 索引号：QHSX－3
会计期间或截止日：________ 复核人：________ 日期：________ 页　次：________

调查内容	是	否或不详
1. 概述 请答复下列问题/要求并提出适当意见（或附加相关信息）。你可以与公司了解该事项的人员（即财务、会计、法律方面的）沟通，审计人员将与你讨论你做出的答复。		
描述/说明：		
2. 中期财务信息		
（1）请向审计师提供一份本年度最近一期的中期财务报表。		
指出所涵盖的期间：		
（2）中期资产负债表与正在审计的资产负债表之间存在重大差异或者存在自审计日以来发生的异常交易吗？		
描述/说明：		
（3）中期损益表与其他活动及去年同期的可比报表之间有重大波动/差异吗？		
描述/说明：		
（4）中期财务报表是以不同于已审计报表的基础编制的吗（即会计原则或者会计原则的应用有变更吗）？		
描述/说明：		
3. 或有事项与承诺		
（1）公司在资产负债表日后的时间里是否存在不遵守债务合约及其他类似协议（如与营运资本或财务比率有关）的行为吗？		
描述/说明：		
（2）是否存在尚未审计的财务报表中披露的重要或有负债或承诺（包括自资产负债表日以来发生的那些）吗？		

续表

调查内容	是	否或不详
描述/说明：		
（3）自最近一期中期财务报表日以来（或者如果不编制中期报表，则自资产负债表日以来），股本、长期债务或营运资本有重大变更吗？		
描述/说明：		
（4）根据暂时、初步或不确定的数据核算的正在审计的财务报表中某些项目的状况发生重大变更了吗？		
描述/说明：		
（5）自资产负债表日以来有异常调整项目（上述说明的除外）吗？		
描述/说明：		
4. 未来财务信息		
（1）提供一份最新的预测、计划、预算（包括资本及经营方面的）或其他未来财务数据，包括与现金流量相关的数据，说明这些信息及其所涵盖的期间：		
描述/说明：		
（2）未来信息是以不同于正在审计的历史财务报表的基础编制的吗？		
描述/说明：		
（3）未来信息与：①上年的历史成果；②本期截止目前实现的成果之间是否存在重大不一致的地方？		
描述/说明：		
（4）未来信息和基本假设反映以下情况了吗？①应当考虑在已审计财务报表中进行调整或披露；②说明财务实力有重大不利变更的（如不遵守债务及其他协议、存货或其他重要资产的减值、重要财产或经营分部的处置、现金流量的限制）？		
描述/说明：		
（5）你了解有可能造成上述（3）中讨论的那类情况的可能的未来事项吗（如行业趋势、资产变现要求、竞争因素）？		
描述/说明：		
5. 其他事项： 下列事项因为它们可能对正在审计的财务报表或者对公司的财务状况或经营情况有影响，而成为你或管理层中其他人关注的问题吗（提出适当意见）？		

续表

调查内容	是	否或不详
（1）法律事项 资产负债表日的重要未决诉讼、索赔与估价的情况以及自该日以来提出诉讼、索赔与估价的可能性。		
描述/说明：		
（2）获利能力衰减的可能迹象：		
①经营趋势（如公司及其所属行业的销售与利润）。		
描述/说明：		
②公司及主要竞争者研制的替代品、产品变化等。		
描述/说明：		
③重要销售订单的取消或者失去大客户；产品召回。		
描述/说明：		
④公司产品或服务的价格或者竞争者报价的重大变化。		
描述/说明：		
⑤失去主要供应商或者其条款或条件的变更。关键物品、材料或技术的可获得性的变化。		
描述/说明：		
⑥可能对经营成果有影响的税收法律或法规的实际变化或建议做出的变化。		
描述/说明：		
⑦与政府合同相关的潜在损失、允许的成本范围或价格的重新制定等情况。		
描述/说明：		
（3）发生资产减值/额外负债的可能迹象：		
①资产负债表日仍未适当计提准备的重要坏账、贷款损失或产品退回。		
描述/说明：		

续表

调查内容	是	否或不详
②重要项目（如关键存货项目、可交易证券）成本的变化。如果成本已大幅度降低，考虑其对资产账面价值的影响。		
描述/说明：		
③可能因降价而发生损失的重要资产或服务采购承诺。		
描述/说明：		
④设施因火灾、爆炸或放弃而遭受损失。		
描述/说明：		
⑤税务代理人的报告、缺陷评估、本次检查的进展情况、已开始的检查工作等。		
描述/说明：		
⑥有争议或有争论的负债，如顾客的索赔、债权人的发票、保证、担保和税收核定。		
描述/说明：		
⑦监管委员会的指示，监管机构或政府机构的复查与审计。		
描述/说明：		
（4）需考虑的重要披露：		
①当前工资谈判的影响。		
描述/说明：		
②收购经营业务的谈判及相关融资计划。		
描述/说明：		
③主要财产的销售或中止经营计划。处理分部、部门或生产线的计划。		
描述/说明：		
④会计及财务政策的变更。		
描述/说明：		
（5）其他事项（请描述）：		
描述/说明：		

（三）期后事项专门检查表

被审计单位名称：________ 编制人：________ 日期：________ 索引号：QHSX－4

会计期间或截止日：________ 复核人：________ 日期：________ 页　次：________

<table>
<tr><td colspan="3">1. 总则</td><td></td><td>执行人</td></tr>
<tr><td colspan="3">（1）审阅并讨论管理层对期后事项的评估。</td><td></td><td></td></tr>
<tr><td colspan="3">复核客户填写的“管理层对期后事项的评估”，与负责财务、会计和法律事务的管理者、执行人员和律师进行讨论，如果适当的话，向他们做进一步的询问。根据具体情况（如已评估风险的水平），由项目合伙人或经理向高级管理人员进行其中的部分询问，并将询问结果汇总如下，并提出适当意见和注明工作底稿索引。</td><td></td><td></td></tr>
<tr><td>被访问者</td><td>职　务</td><td colspan="3">日　期</td></tr>
<tr><td>—</td><td>—</td><td colspan="3">—</td></tr>
<tr><td>—</td><td>—</td><td colspan="3">—</td></tr>
<tr><td colspan="3">（2）复核管理层确认重要期后事项的程序。应考虑的事项包括：①销售/采购截止；②应计负债；③诉讼情况；④与经营人员交流相关变化、计划和承诺方面的情况；⑤中期报告。</td><td></td><td></td></tr>
<tr><td colspan="3">描述/说明：</td><td></td><td></td></tr>
<tr><td colspan="3">2. 中期财务报表</td><td></td><td></td></tr>
<tr><td colspan="3">阅读资产负债表日后最近一期的中期财务报表，调查重要波动、异常交易、变更等。</td><td></td><td></td></tr>
<tr><td colspan="3">描述/说明：</td><td></td><td></td></tr>
<tr><td colspan="3">3. 或有事项、承诺、调整</td><td></td><td></td></tr>
<tr><td colspan="3">调查资产负债表日后遵守协议的情况、或有事项和其他重要变更等的异常审计结果。</td><td></td><td></td></tr>
<tr><td colspan="3">描述/说明：</td><td></td><td></td></tr>
<tr><td colspan="3">4. 未来财务信息</td><td></td><td></td></tr>
</table>

续表

阅读本年度最新的未来信息，特别是现金流量数据。调查重大波动、异常事项。		
描述/说明：		
5. 法律事项		
（1）与管理层讨论其确认、评价和核算诉讼、索赔与估价的程序。		
描述/说明：		
（2）向管理层获得一份清单，其中：①描述了未决的、威胁或可能提出的重要诉讼、索赔与估价；②评价其可能的结果；③确认已向律师提及的那些事。		
描述/说明：		
（3）必要时，检查与法律事项相关的文件，包括与律师的通信及其开具的发票。		
（4）从外部和/或外部律师那里获得对诉讼、索赔与估价的书面回应（回应的日期应当尽可能接近外勤工作完成的时间。如果在更早的日期收到回应，需获得律师的最新说明。如果与原来的回应没有很大区别，在工作底稿中记录最新的口头回应即可）。		
描述/说明：		
6. 会议记录		执行人
阅读股东、董事和主要委员会截止日前的会议记录。记录尚未完成/批准的会议。		
描述/说明：		
7. 管理当局声明书		
该声明书中应包含对期后事项的声明（见管理当局声明书）。		
描述/说明：		
8. 其他审计师		
如果由其他审计师或事务所的分所对集团公司的子公司实施审计时，应当考虑是否需要：		
（1）复核/调节其期后复核程序；（2）将我们的报告日通知他们。		
描述/说明：		
9. 额外程序		

续表

考虑是否需要实施额外程序来解决剩余问题。实施额外程序了吗？		
是：　　（执行追加审计程序） 否：　　（不需要执行追加审计程序）		
描述/说明：		
10. 需要调整/披露的事项		
是否存在应当写入管理当局声明书或者应当考虑在财务报表中进行调整/披露的重大期后事项了吗？		
是：　　（详细说明） 否：		

（四）对期后事项追加审计的检查表

被审计单位名称：______ 编制人：______ 日期：______ 索引号：QHSX－5

会计期间或截止日：______ 复核人：______ 日期：______ 页　次：______

	完成	不详
1. 需调查的额外事项		
（1）在下面说明需要进一步调查的账户、交易和其他事项。		
描述/说明：		
（2）与项目合伙人和企业管理层讨论必要的额外工作。		
描述/说明：		
2. 中期财务报表		
（1）通过将重要金额和披露事项与证明文件（如合并财务报表、试算平衡表、总分类账）进行比较来测试可得到的最新一期的中期财务报表。		
描述/说明：		
（2）将支持最近一期的中期报表的合并财务报表与上年可比期间的合并财务报表进行比较。调查个别子公司/部门的数据中及抵销分录中的异常波动。		
描述/说明：		
（3）浏览自最近一期的中期财务报表日以来的那一期间的总分类账和选定的登记簿、日记账和文件（如支票登记簿、凭证登记簿、凭证、未处理的供应商的发票、日记账分录、现金收入日记账、贷项通知单登记簿、未处理的贷项通知单等）。列出所浏览记录的名称和期间。		

续表

记录的名称	期间　　自　　至	超过（金额）的交易

	完成	不详
①调查可能需要调整或披露的重大异常交易。		
描述/说明：		
②检查所选定的重大交易被计入适当期间的证据。		
描述/说明：		
③询问是否已将所有未处理的相关文件（如供应商的发票、贷项通知单）提交给我们以便复核。		
描述/说明：		
3. 或有事项与承诺		
复核自资产负债表日以来对遵守债务合约及其他协议的记录。		
描述/说明：		
4. 未来财务信息		
如果存在持续经营问题，对未来财务信息（预算、预测等）实施持续经营能力审核的部分或全部编制程序。		
描述/说明：		
5. 其他事项（请描述）		
描述/说明：		

或有事项实质性测试

一、或有事项实质性测试程序表

被审计单位名称：__________　编制人：__________　日期：__________　索引号：HYSX

会计期间或截止日：__________　复核人：__________　日期：__________　页　次：__________

审计目标：

1. 确定记录或披露的或有事项是存在的；
2. 确定记录的或有事项是被审计单位应当履行的偿还义务；
3. 确定所有应当记录的或有事项均已记录，所有应当包括在财务报表中的有关披露均已包括；
4. 确定或有事项以恰当的金额包括在财务报表中，与之相关的计价或分摊调整已恰当记录；
5. 确定或有事项，已按照企业会计准则的规定在财务报表中做出适当分类、描述和披露。

审计程序	工作底稿索引	执行者
1. 向管理当局询问在确定、评价与控制或有事项方面的有关政策和措施。		
2. 审阅截至审计工作完成日止各次股东大会、董事会纪要及其他重要文件（如合同、借款及担保协议、与银行往来函件、租赁契约、税务局或其他政府机构的相关文件等），确定是否存在：未决诉讼或仲裁、债务担保、产品质量保证（含产品安全保证）、承诺、亏损合同、重组义务、环境污染整治等或有事项。		
3. 向被审计单位查询、了解为其他单位的银行借款或其他债务提供的担保事项（性质、金额、时间）以及存在或有损失的可能性。		
4. 索取被审计单位的贷款 IC 卡，或到当地中国人民银行（或其他银行）查询是否存在被审计单位未披露的对外担保事项。		

续表

审计程序	工作底稿索引	执行者
5. 向被审计单位的法律顾问或律师了解对资产负债日就已存在的以及之后发生的重大法律诉讼，索取与法律的往来信函及有关发票，估计可能发生的损失，必要时，应要求管理当局向法律顾问或律师寄发律师询证函，对有关问题予以确认。		
6. 复核上期和被审计期间税务机关的税收结算报告，并向管理当局询问是否存在税务纠纷。		
7. 询问有关销售人员并获取被审计单位对产品质量保证方面的记录，确定存在损失的可能性。		
8. 必要时，向银行函证商业票据贴现、应收账款抵押、通融票据背书和其他债务等或有事项。		
9. 检查管理当局估计或有事项的可能结果（包括致使经济利益流出企业的可能性，以及最可能的金额）和影响时所依据的假设。		
10. 必要时，检查或有事项期后不确定性事项的最终结果，并作审计调整。		
11. 或有事项相关义务确认为预计负债（估计入账）的，确定记录的预计负债是否满足准则规定的确认条件，估计金额的是否合理，会计处理是否恰当，是否符合会计准则有关规定。		
11.1 检查或有事项相关义务确认为预计负债是否同时满足的条件：（1）该义务是企业承担的现时义务。企业没有其他现实的选择，只能履行该义务，如法律要求企业必须履行、有关各方合理预期企业应当履行等。（2）履行该义务很可能导致经济利益流出企业，通常是指履行与或有事项相关的现时义务时，导致经济利益流出企业的可能性超过 50%。（3）该义务的金额能够可靠地计量。		
11.2 检查预计负债是否按照履行相关现时义务所需支出的最佳估计数进行初始计量。		
11.3 企业清偿预计负债所需支出全部或部分预期由第三方补偿的，检查是否补偿金额只有在基本确定能够收到时才能作为资产单独确认，确认的补偿金额不应当超过预计负债的账面价值。		
11.4 是否在资产负债表日对预计负债的账面价值进行复核，有确凿证据表明该账面价值不能真实反映当前最佳估计数的，应当按照当前最佳估计数对该账面价值进行调整。		
11.5 重点关注亏损合同、重组义务、环境污染整治有关预计负债的确认和计量是否符合准则要求。		
12. 向管理当局索取关于或有事项的声明书。		
13. 复核现存的审计工作底稿，寻找任何可以说明潜在或有事项的资料。		
14. 验明或有事项的披露是否恰当，是否已按照企业会计准则的规定在财务报表中做出适当分类、描述和披露。		

二、或有事项审核表

被审计单位名称：__________编制人：__________日期：__________索引号：HYSX－1

会计期间或截止日：__________复核人：__________日期：__________页　次：__________

事项	查验过程记录	备注
需要调整的事项		
不需要调整但需要披露的事项		
审计结论：		

会计政策、估计变更和前期会计差错更正实质性测试

一、会计政策变更和前期差错更正实质性测试程序表

被审计单位名称：______	编制人：______	日期：______	索引号：KJZC
会计期间或截止日：______	复核人：______	日期：______	页　次：______

审计目标：

1. 确定会计政策变更是否合法、合理；确定前期差错更正是否合理；
2. 确定会计政策变更和前期差错更正的会计处理是否正确；
3. 确定会计政策变更和前期差错更正的披露是否恰当。

审计程序	工作底稿索引	执行者
1. 获取被审计单位提供的会计政策说明，与前期采用的会计政策进行比较，以识别会计政策的变更。		
2. 查阅法规或会计准则等行政法规、规章以及被审计单位董事会、管理当局有关会议记录，根据会计准则规定和被审计单位实际情况，判断会计政策变更的合法性和合理性，会计处理的正确性。		
2.1 检查是否对相同或者相似的交易或者事项采用相同的会计政策进行处理。但是，其他会计准则另有规定的除外。		
2.2 被审计单位采用的会计政策，在每一会计期间和前后各期应当保持一致，不得随意变更。但是，满足下列条件之一的，可以变更会计政策：法律、行政法规或者国家统一的会计制度等要求变更。会计政策变更能够提供更可靠、更相关的会计信息。		
2.3 如果根据法律、行政法规或者国家统一的会计制度等要求变更会计政策的，检查是否按照国家相关会计规定执行。		

续表

审计程序	工作底稿索引	执行者
2.4　重点关注被审计单位首次执行《企业会计准则》（2006）的，有关会计政策变更的会计处理，首次执行企业会计准则对会计要素的确认、计量和财务报表列报，检查是否根据《企业会计准则第38号——首次执行企业会计准则》的规定办理；首次执行企业会计准则后发生的会计政策变更，检查是否适用《企业会计准则第28号——会计政策、会计估计变更和差错更正》的规定办理。		
2.5　会计政策变更能够提供更可靠、更相关的会计信息的，检查是否采用追溯调整法处理，将会计政策变更累积影响数调整列报前期最早期初留存收益，其他相关项目的期初余额和列报前期披露的其他比较数据也应当一并调整，但确定该项会计政策变更累积影响数不切实可行的除外。		
3. 获取并审查前期差错更正相关的资料，根据会计准则规定和被审计单位实际情况，判断前期差错更正合理性，会计处理的正确性。		
3.1　检查被审计单位是否采用追溯重述法更正重要的前期差错，但确定前期差错累积影响数不切实可行的除外。		
3.2　确定前期差错影响数不切实可行的，可以从可追溯重述的最早期间开始调整留存收益的期初余额，财务报表其他相关项目的期初余额也应当一并调整，也可以采用未来适用法。		
3.3　检查被审计单位是否在重要的前期差错发现当期的财务报表中，调整前期比较数据。		
4. 审查与会计政策变更和前期差错更正相关的会计记录，确定其会计处理是否正确。		
5. 审查被审计单位是否存在滥用会计政策及其变更的情况，如果存在，检查其是否已作为前期差错予以更正。		
6. 重点关注被审计单位首次执行企业会计准则时，是否全面执行企业会计准则，包括基本准则、具体准则及其应用指南的各项规定，并根据企业会计准则的有关要求和被审计单位实际情况，合理制定会计政策，不得利用会计政策变更、会计估计差错调节利润。		
7. 验明会计政策变更和前期差错更正的披露是否恰当。		

二、会计估计变更实质性测试程序表

被审计单位名称：______　　编制人：______　　日期：______　　索引号：KJGJ

会计期间或截止日：______　　复核人：______　　日期：______　　页　次：______

审计目标：

1. 确定会计估计是否合理；
2. 确定会计估计变更是否合理、合法；
3. 确定会计估计变更的会计处理是否正确；
4. 确定会计估计及其变更的披露是否恰当。

审计程序	工作底稿索引	执行者
1. 向被审计单位管理当局了解其做出会计估计的程序、方法和相关内部控制。		
2. 获取被审计单位提供的会计估计说明，并复核和测试被审计单位做出会计估计的过程。		
2.1 评价会计估计依据的数据的准确性、完整性和相关性、假设的合理性和使用的公式的正确性；当会计估计依据的数据是会计数据时，应判断其是否与会计系统的相关数据一致，必要时，可以考虑从被审计单位外部获取审计证据。		
2.2 测试会计估计的计算过程。		
2.3 如有可能，将以前期间做出的会计估计与其实际结果进行比较。		
2.4 考虑被审计单位管理当局对会计估计的批准程序。		
3. 利用独立估计与被审计单位做出的会计估计进行比较，如存在明显差异应查明原因，分析判断该差异是否合理，如果该项差异不合理，应当予以调整。		
4. 复核能够证实会计估计的资产负债表日后事项。		

续表

审计程序	工作底稿索引	执行者
5. 获取并审查与会计估计变更的相关资料，根据会计准则规定和被审计单位实际情况，审查与会计估计变更相关的会计记录，确定其会计处理是否正确，判断会计估计变更的合法性和合理性。		
5.1 检查是否在被审计单位据以进行估计的基础发生了变化，或者由于取得新信息、积累更多经验以及后来的发展变化，需要对会计估计进行修订。会计估计变更的依据应当真实、可靠。		
5.2 被审计单位对会计估计变更应当采用未来适用法处理。		
5.3 难以对某项变更区分为会计政策变更或会计估计变更的，检查是否将其作为会计估计变更处理。		
6. 审查被审计单位是否存在滥用会计估计及其变更的情况，如果存在，审查其是否已作为会计差错予以更正。		
7. 重点关注被审计单位首次执行企业会计准则时，是否全面执行企业会计准则，包括基本准则、具体准则及其应用指南的各项规定，并根据企业会计准则的有关要求和被审计单位实际情况，合理做出会计估计变更，不得利用会计估计变更调节利润。		
8. 验明会计估计及其变更的披露是否恰当。		

三、会计政策、会计估计变更和前期差错更正审核表

被审计单位名称：__________ 编制人：__________ 日期：__________ 索引号：KJGJ－1

会计期间或截止日：__________ 复核人：__________ 日期：__________ 页　次：__________

事项	查验过程记录	备　注
会计政策变更的事项		
会计估计变更事项		
前期差错更正事项		
审计结论：		

对法律法规的考虑实质性测试

一、对法律法规的考虑实质性测试程序表

被审计单位名称：________ 编制人：________ 日期：________ 索引号：FLFG

会计期间或截止日：________ 复核人：________ 日期：________ 页　次：________

审计程序	工作底稿索引	执行者
1. 了解被审计单位行业状况、法律环境与监管环境以及其他外部因素时所获知的信息，向管理层询问对被审计单位经营活动可能产生重要影响的法律法规，以了解适用于被审计单位及其所处行业的法律法规。		
2. 向管理层询问被审计单位为遵守有关法律法规而采用的政策和程序，与管理层讨论在识别、评价和处理诉讼、索赔与税务纠纷时采用的政策和程序，以了解被审计单位如何遵守这些法律法规。		
3. 通过向管理层询问被审计单位是否遵守了适用于被审计单位及其行业的法律法规、检查被审计单位与许可证颁发机构或监管机构的往来函件，以识别被审计单位在编制财务报表时是否考虑了违反法规行为。		
4. 充分关注可能表明被审计单位违反法律法规的信息，评价其对财务报表可能产生的影响。		
5. 就认为可能存在违反法规行为与管理层讨论并记录以及征询法律的意见。		
6. 就认为可能存在违反法规行为与治理层沟通并记录。		
7. 取得管理当局的声明书。		
8. 对于违反法规行为，验明是否已作恰当披露。		

二、对法律法规的考虑审计工作底稿示例

被审计单位名称：______ 编制人：______ 日期：______ 索引号：FLFG

会计期间或截止日：______ 复核人：______ 日期：______ 页 次：______

审核内容	审核记录	工作底稿索引号
一、获得对法律法规的总体了解		
二、通过询问管理层或向许可证颁发机构或监管机构函证，识别被审计单位遵守法律法规情况		
三、被审计单位违反法规行为的迹象		
（一）受到政府有关部门的调查或处罚；		
（二）提供异常贷款或支付不明费用；		
（三）与关联方存在异常交易；		
（四）支付异常的销售佣金或代理费用；		
（五）购销价格严重偏离市场价格；		
（六）异常的现金收支；		
（七）与在税收优惠地注册的公司存在异常交易；		
（八）向商品或劳务提供者以外的单位或个人支付商品或劳务款项；		
（九）收付款缺少适当的交易控制记录；		
（十）现有的会计信息系统不能提供适当审计轨迹或充分证据；		

续表

审核内容	审核记录	工作底稿索引号
（十一）交易未经授权或记录不当；		
（十二）媒介评论。		
四、与管理层讨论的记录		
五、与治理层沟通的记录		
审计说明：		

对环境事项的考虑实质性测试程序表

一、对环境事项的考虑实质性测试程序表

被审计单位名称：______ 编制人：______ 日期：______ 索引号：HJSX

会计期间或截止日：______ 复核人：______ 日期：______ 页　次：______

审计程序	工作底稿索引	执行者
1. 了解被审计单位所处行业及其业务产生重大影响的环境保护要求和问题，以识别和了解与环境事项相关的，可能对财务报表及其审计产生重大影响的交易、事项和惯例，特别关注被审计单位存在因环境事项导致负债和或有负债的可能性。		
2. 阅读含有已审计财务报表的文件中的其他信息所涉及的环境事项，以识别其是否与已审计财务报表存在重大不一致。		
3. 环境事项可能对财务报表产生重大影响时，了解与环境事项相关的控制环境，了解相关环境法律法规及其遵守情况。		
4. 针对环境事项导致的财务报表层次以及认定层次重大错报风险，实施包括以下的实质性程序：询问管理层和负责环境事项的关键管理人员、检查与环境事项相关的文件或记录、利用环境专家的工作、利用环境审计的工作、利用内部审计的工作、执行分析程序、检查与环境事项相关的财务报表项目、检查被审计单位因环境事项做出的会计估计、检查财务报表列报的适当性等。		
5. 就环境事项向管理层获取书面声明。		
6. 结合上述审计结果，形成对环境事项的考虑的审计结论，并确定其对本期审计意见类型的影响。		

三、对环境事项的考虑审计工作底稿示例（1）

被审计单位名称：__________ 编制人：__________ 日期：__________ 索引号：HJSX－1

会计期间或截止日：__________ 复核人：__________ 日期：__________ 页　次：__________

审核	审核说明	工作底稿索引号

三、对环境事项的考虑审计工作底稿示例（2）

被 审 计 单 位 名 称：＿＿＿＿＿＿　编制人：＿＿＿＿＿＿　日期：＿＿＿＿＿＿　索引号：HJSX－1

会计期间或截止日：＿＿＿＿＿＿　复核人：＿＿＿＿＿＿　日期：＿＿＿＿＿＿　页　次：＿＿＿＿＿＿

事项	是	否	索引号
一、影响报表的环境问题			
（1）因环境法律法规的实施导致资产减值，需要计提资产减值准备。			
（2）因没有遵守环境法律法规，需要计提补救、赔偿或诉讼费用，或支付罚款等。			
（3）如石油、天然气开采企业，化工厂或废弃物管理公司，因其核心业务而随之带来的环境保护义务。			
（4）自愿承担的环境保护推定义务。			
（5）需要在财务报表附注中披露的与环境事项相关的或有负债。			
（6）在特殊情况下，违反环境法律法规可能对被审计单位的持续经营产生影响，并由此影响财务报表的编制基础。			
二、环境保护要求和问题			
（1）所处行业存在的重大环境风险，包括已有的和潜在的风险。			
（2）所处行业通常面临的环境保护问题。			
（3）适用于被审计单位的环境法律法规。			
（4）被审计单位的产品或生产过程中使用的原材料、技术、工艺及设备等是否属于法律法规强制要求淘汰或行业自愿淘汰之列。			
（5）监管机构采取的行动或发布的报告是否对被审计单位及其财务报表可能产生重大影响。			

续表

事项	是	否	索引号
（6）被审计单位为预防、减轻或弥补对环境造成的破坏，或为保护可再生资源和不可再生资源拟采取的措施。			
（7）被审计单位因环境事项遭受处罚和诉讼的记录及其原因。			
（8）是否存在与遵守环境法律法规相关的未决诉讼。			
三、环境事项相关的控制活动			
（1）是否执行环境管理系统标准并取得独立机构的认证。			
（2）是否发布环境绩效报告，并经独立第三方验证。			
（3）是否建立适当程序，处理员工或第三方对环境事项的投诉。			
（4）是否按照环境法律法规的规定，建立适当的程序处理有害物和废弃物。			
四、与环境事项相关的文件或记录			
（1）治理层及专职负责环境事项的委员会的会议纪要或工作记录。			
（2）包含环境事项的公开行业信息。			
（3）环境专家报告，如场地评估报告、环境影响研究报告。			
（4）环境审计报告。			
（5）内部审计报告。			
（6）尽职调查报告。			
（7）监管机构报告及被审计单位与监管机构的往来函件。			
（8）可获取的生态环境恢复公开记录或规划。			
（9）被审计单位的环境绩效报告。			
（10）与监管机构和律师的往来函件。			

对含有已审计财务报表的文件中的其他信息测试

对含有已审计财务报表的文件中的其他信息审核表

被审计单位名称：________ 编制人：________ 日期：________ 索引号：________
会计期间或截止日：________ 复核人：________ 日期：________ 页　次：________

审核	审核说明	工作底稿索引号	执行者
获得其他信息			
1. 被审计单位管理层或治理层的经营报告；			
2. 财务数据摘要；			
3. 就业数据；			
4. 计划的资本性支出；			
5. 财务比率；			
6. 董事和高级管理人员的姓名；			
7. 择要列示的季度数据；			
8. 其他。			

持续经营实质性测试

一、持续经营能力实质性测试程序表

被审计单位名称：______　　编制人：______　　日期：______　　索引号：CXJY

会计期间或截止日：______　　复核人：______　　日期：______　　页　次：______

审计目标：

1. 确定被审计单位持续经营假设是否合理；
2. 根据被审计单位是否具备持续经营能力的情况，确定会计报表项目的分类及计价基础是否需作调整；
3. 确定持续经营能力的披露是否恰当。

审计程序	工作底稿索引	执行者
1. 充分关注被审计单位在财务、经营等方面存在的可能导致对被审计单位持续经营能力产生重大疑虑的事项或情况假设不再合理的各种迹象。		
2. 提请管理当局对持续经营能力做出书面评价，并充分关注管理当局做出评价的过程、依据的假设和拟采取的改善措施，以考虑管理当局对持续经营能力的评价是否适当。索引期后事项、或有事项、法律诉讼、违反法规行为、财务承诺等，综合评价对持续经营的影响。		
3. 如果被审计单位具有良好的盈利记录并很容易获得外部资金支持，管理层可能无需详细分析就能对持续经营能力做出评估。在此情况下，注册会计师通常无需实施以下的审计程序，就可对管理层做出评估的适当性得出结论。		

续表

审计程序	工作底稿索引	执行者
4. 当识别出可能导致对持续经营能力产生重大疑虑的事项或情况时，注册会计师应当实施下列进一步审计程序：		
4.1 复核管理层依据持续经营能力评估结果提出的应对计划。		
4.2 通过实施必要的审计程序，包括考虑管理层提出的应对计划和其他缓解措施的效果，获取充分、适当的审计证据，以确认是否存在与此类事项或情况相关的重大不确定性。		
4.3 向管理层获取有关应对计划的书面声明。		
4.4 与管理当局分析和讨论现金流量预测、盈利预测以及其他相关预测。		
4.5 与管理层分析和讨轮最近的中期财务报表。		
4.6 复核债券和借款协议条款并确定是否存在违约情况。		
4.7 阅读股东会会议、董事会会议以及相关委员会会议有关财务困境的记录。		
4.8 向被审计单位的律师询问是否存在针对被审计单位的诉讼或索赔，并向其询问管理层对诉讼或索赔结果及其财务影响的估计是否合理。		
4.9 确认财务支持协议的存在性、合法性和可行性，并对提供财务支持的关联方或第三方的财务能力做出评价。		
4.10 考虑被审计单位准备如何处理尚未履行的客户订单。		
4.11 复核期后事项并考虑其是否可能改善或影响持续经营能力。		
5. 考虑对审计报告的影响		
5.1 持续经营有问题，有措施且得力时，提请被审计单位增加已披露的改善措施的充分性和披露未披露的改善措施，如果被审计单位拒绝披露或不充分披露，应当发表保留或否定意见。		
5.2 持续经营有问题，无措施或措施不力时，确认：		
（1）被审计单位已充分披露有关事项及审计报告说明段的表述；		
（2）被审计单位已拒绝披露或不充分披露有关事项及审计报告保留意见或否定意见说明段的表述。		
5.3 持续经营有问题，有证据表明被审计单位在可预见的将来无法持续经营，若继续运用持续经营假设编制会计报表，将会对会计报表使用者产生严重误导，确认审计报告保留意见或否定意见说明段的表述。		
5.4 若不能获取持续经营假设的合理性所需的必要审计证据时，考虑拒绝表示意见的审计报告。		
6. 对于应予披露的持续经营事项，验明是否已作恰当披露。		

二、持续经营能力调查表示例

被审计单位名称：__________　编制人：__________　日期：__________　索引号：CXJY－1

会计期间或截止日：__________　复核人：__________　日期：__________　页　次：__________

调查内容	结　果			备注
	是	否	不适用	
1. 关于财务方面				
1.1　主要财务数据和指标是否显示财务状况恶化。				
1.1.1　是否资不抵债？				
1.1.2　营运资金是否出现负数？				
1.1.3　经营活动现金流量净额是否为负数？				
1.1.4　是否存在数额巨大的累计经营性亏损？				
1.2　是否出现过重的债务负担。				
1.2.1　是否过度依赖短期借款筹资？				
1.2.2　是否无法偿还到期债务？				
1.2.3　是否无法偿还即将到期且难以展期的借款？				
1.2.4　是否无法履行重大借款合同中的有关条款？				
1.3　流动性问题。				
1.3.1　是否无法支付应付账款、应付票据或其他应付款？				
1.3.2　是否存在大额的逾期未缴税金？				
1.3.3　是否无法获得供应商的正常商业信用？				
1.3.4　是否难以获得开发必要新产品或进行必要投资所需资金？				
1.3.5　是否存在大股东长期占用巨额资金的情况？				

续表

调查内容	结果			备注
	是	否	不适用	
1.4 显示财务状况恶化的其他迹象。				
1.4.1 是否存在大量长期未作处理的不良资产?				
1.4.2 是否有重要子公司无法持续经营且未进行处理?				
1.4.3 是否存在因对外巨额担保等或有事项引发的或有负债?				
1.4.4 是否存在管理当局操纵利润的迹象?如滥用会计政策、会计估计及其变更等。				
1.4.5 是否存在显示财务状况恶化的其他迹象(如有,请在备注中详述)?				
2. 关于经营方面				
2.1 是否存在经营前景暗淡的迹象。				
2.1.1 主导产品是否不符合国家产业政策?				
2.1.2 主营业务是否为夕阳产业?				
2.2 企业内部困境。				
2.2.1 是否存在关键管理人员离职且无人替代的情况?				
2.2.2 管理层是否低效且无法控制风险?				
2.2.3 是否过度依赖某一项目带来的盈利?				
2.2.4 人力资源或重要原材料是否严重短缺?				
2.2.5 是否存在不经济的长期承诺?				
2.2.6 是否存在长期停建并且预计将来不会重新开工的巨额在建工程?				
2.3 外部困境。				
2.3.1 是否失去主要市场、特许权或主要供应商?				
2.3.2 核心技术是否为其他新技术所取代或超过法律保护期限?				
2.4 显示经营情况恶化的其他迹象(如有,请在备注中详述)。				
3. 关于其他方面				

续表

调查内容	结果			备注
	是	否	不适用	
3.1 是否发生严重违反有关法律、法规或政策的事项？				
3.2 是否因异常原因导致停工、停产？				
3.3 宏观经济是否衰退？				
3.4 有关法律、法规或政策的变化是否可能造成重大不利影响？				
3.5 经营期限是否即将到期且无意继续经营？				
3.6 是否存在投资者未履行协议、合同、章程规定的义务，并造成重大不利影响的情形？				
3.7 是否因自然灾害、战争等不可抗力因素遭受严重损失？				
3.8 是否存在可能导致对持续经营能力产生疑虑的其他事项或情况（如有，请在备注中详述）？				
4. 当被审计单位存在可能导致对其持续经营能力产生重大疑虑的事项或情况时，管理当局是否计划采取以下改善措施				
4.1 处置资产；				
4.2 售后回租资产；				
4.3 取得担保借款；				
4.4 实施资产置换与债务重组；				
4.5 获得新的投资；				
4.6 削减或延缓开支；				
4.7 获得重要原材料的替代品；				
4.8 开拓新的市场；				
4.9 其他措施（如有，请在备注中详述）。				
5. 被审计单位按照持续经营假设编制会计报表的合理性评价				

现金流量表测试

现金流量表审计程序表

被审计单位名称：______　　编制人：______　　日期：______　　索引号：XJLL

会计期间或截止日：______　　复核人：______　　日期：______　　页　次：______

审计目标：

1. 确定现金流量表的内容、性质和数额是否正确、合理、完整；
2. 确定现金流量表有关项目数额与其他报表及附注勾稽关系是否正确；
3. 确定现金流量表各项目的披露是否恰当。

审计程序	工作底稿索引	执行者
1. 获取或编制现金流量表基础资料表：		
1.1　复核加计是否正确。		
1.2　将基础资料表中的有关数据和会计报表及附注、账册凭证、辅助账簿、审计工作底稿等核对相符，并进行详细分析，检查数额是否正确、完整，现金流量分类是否合理。		
1.3　根据审计调整分录，对基础资料表的有关数额进行修改调整。		
2. 审查对现金及现金等价物的界定是否符合规定，界定范围在前后会计期间是否保持一致。		
3. 审查现金流量表编制方法：		

续表

审计程序	工作底稿索引	执行者
3.1 了解现金流量表编制方法。如果没有利用计算机程序编制现金流量表，应查明是否专门为编制现金流量表设置辅助账簿记录，并取得现金流量表编制底稿；如果利用计算机程序编制现金流量表，应对计算机程序进行了解分析，必要时可聘请专家协助工作。		
3.2 检查合并现金流量表编制方法，关注集团内部往来及购销业务是否已作抵销。对本期存在收购子公司或部门以及出售子公司或部门情况的，检查是否已作正确处理。		
3.3 如现金流量表系审计人员代为编制，应恰当划分现金流量类别，检查所依据的基础资料是否正确，并采用合理的编制方法。如采用工作底稿法代编，应检查所作调整事项是否正确，将试算平衡表中的资产负债表和利润及利润分配表调整后金额与审计后会计报表调整一致，检查是否存在异常差额。		
3.4 关注现金流量表编制过程中，对有关特殊事项的处理是否正确，如：		
3.4.1 以非货币性资产对外投资等非货币性资产交换。		
3.4.2 收购其他公司时，权益性投资所支付的现金是否已扣除被收购公司被收购日的现金。		
3.4.3 以净资产或非货币性资产认缴股本。		
3.4.4 债务重组。		
3.4.5 融资租入固定资产。		
3.4.6 新设改制公司年度及股份公司上市年度现金流量表的特殊处理。		
3.4.7 特殊行业现金流量表的编制。		
4. 对现金流量表进行分析复核，并作经验判断：		
4.1 检查主表和附注之“现金及现金等价物净增加额”是否一致。		
4.2 检查主表和附注之“经营活动产生的现金流量净额”的勾稽是否合理。		
4.3 检查附注之货币资金期末、期初余额和资产负债表的勾稽是否合理。		
4.4 检查是否存在金额异常的现金流量表项目，并作追查调整。如：		

续表

审计程序	工作底稿索引	执行者
4.4.1 若以净额为基础分析经营性其他应收款、其他应付款时，其本期增减变动金额是否已正确列入“收到其他与经营活动有关的现金”或“支付其他与经营活动有关的现金”。		
4.4.2 “处置固定资产、无形资产和其他长期资产所收到的现金净额”如出现红字，是否已调列“支付的其他与投资活动有关的现金”。		
4.4.3 是否出现金额异常的项目，如“支付的其他与经营活动有关现金”金额大大高于本期管理费用和营业费用的合计数。		
4.4.4 是否存在某项现金流量未发生，而现金流量表对应项目有发生额，或某项现金流量有发生，而现金流量表对应项目无发生额。		
4.4.5 比较个别现金流量表和合并现金流量表相同项目金额，分析是否存在异常。		
5. 检查现金流量表附注中不涉及现金收支的投资和筹资活动各项目金额是否正确、合理、完整。		
6. 验明现金流量表各项目的披露是否恰当。		

合并会计报表测试

一、合并会计报表审计程序表

被审计单位名称：______编制人：______日期：______索引号：HBBB
会计期间或截止日：______复核人：______日期：______页　次：______

审计目标和审计程序	适用与否	工作底稿索引号
一、审计目标		
（1）确定合并会计报表的合并范围是否正确完整。		
（2）确定合并会计报表的合并基础是否正确、完整。		
（3）确定合并会计报表的合并结果是否正确。		
（4）确定合并报表及各项目的披露是否恰当。		
二、审计程序		
1. 检查合并会计报表的范围是否完整。		
（1）获取公司关于纳入和不纳入合并范围的子公司有关情况的说明及相关文件。		
（2）检查本期合并范围变动的子公司的会计报表纳入或不再纳入合并会计报表的方法是否正确。		
2. 检查合并会计报表的合并基础是否正确。		
（1）检查合并会计报表工作底稿所列个别会计报表是否经过审计，如经本所审计，则与审定后个别会计报表核对相符；如未经本所审计，应对其他会计师事务所出具的审计报告进行复核。对于我所作为主审所的企业集团的合并会计报表审计，应按我所的相关规定向参审所寄发审计问卷等。		
（2）检查母、子公司会计报表决算日和会计期间是否一致，如不一致，是否已作调整，报表披露是否恰当。		
（3）检查母、子公司采用的会计政策是否一致，如不一致，是否已对重大差异进行调整，报表披露是否恰当。		
（4）检查母公司对纳入合并范围的所有子公司是否均已采用权益法核算。		
（5）考虑母公司及重要子公司的审计意见类型对合并会计报表的影响程度。		
3. 检查合并会计报表的抵销分录是否正确。		

审计目标和审计程序	适用与否	工作底稿索引号
（1）检查母公司对子公司的权益性资本与子公司所有者权益抵销分录是否正确，合并价差是否正确、产生原因是否合理。		
（2）检查母公司与子公司及子公司相互之间的内部交易，及由此形成的期末存货中包含的未实现内部销售利润抵销事项的处理是否正确。		
（3）检查母公司与子公司相互之间的内部交易，及由此形成的固定资产价值中包含的未实现内部销售利润抵销事项的处理是否正确。		
（4）检查母公司与子公司相互之间的债权债务（包括坏账准备在内）的抵销事项是否正确。		
（5）检查母公司与子公司相互之间内部投资收益、子公司期初未分配利润与子公司本期利润分配和期末未分配利润的抵销事项的处理是否正确。		
（6）关注以前期间集团内公司间交易对本期合并会计报表编制的影响，检查有关的抵销分录是否正确。		
（7）检查盈余公积的提取方法，前后期是否一致。		
（8）检查合并现金流量表的相关抵销事项及抵销分录是否正确。		
4. 检查合并会计结果是否正确。		
（1）复核合并会计报表工作底稿的各项数据，检查计算是否正确，相关项目的勾稽关系是否正确无误。		
（2）检查少数股东本期损益、少数股东权益的计算是否正确，在报表上的反映是否恰当。		
（3）检查未确认的投资损失计算是否正确，在报表上的反映是否恰当。		
（4）检查合并报表的净利润及所有者权益合计等金额与母公司数据是否一致，如有差异应查明原因，并作出结论。		
（5）检查外币会计报表的折算方法及折算结果，以确定其是否符合有关规定。		
5. 检查合并会计报表附注的披露是否恰当。		
（1）审计工作底稿中应说明对合并会计报表附注的审核方法。		
（2）对于合并会计报表附注中披露的重大事项，在审计工作底稿应有相应的数据来源。		

二、致其他注册会计师审计问卷

注释：

1. 编制本审计问卷的目的在于在审计合并财务报表时，通过向其他注册会计师致送审计问卷，对其审计的组成部分的会计信息获取充分、适当的审计证据，以便对合并财务报表发表审计意见。

2. 本审计问卷包括信函和审计问卷两部分内容。

3. 审计问卷应由主审注册会计师签署并加盖本所印章，并要求对方在回签后签章。

4. 审计问卷可以通过集团公司或其子公司进行传递。

5. 本审计问卷主要针对纳入集团公司合并财务报表范围的生产性子公司而撰拟的，对非生产性子公司或者非子公司的独立核算单位（如分公司、办事处、代表处等），在采用本审计问卷时可进行适当的修改或增减。

第一部分（信函部分）

××会计师事务所

××先生（经办注册会计师）：

本所接受委托，对 BH 集团公司二零零×年度合并财务报表实施审计并发表审计意见。由于组成 BH 集团公司合并财务报表范围的 BE 公司二零零×年度会计报表是由贵所审计，基于下列考虑，本所需贵所协助填妥后附之审计问卷：

1. 虽然我们依据的审计准则均为《中国注册会计师独立审计准则》，但我们运用的具体程序和技术可能存在差异（如为境外注册会计师，则表述为“我们依据的审计准则可能存在差异”）。

2. 本所对 BH 集团公司实施的审计策略可能与贵所对 BE 公司实施的审计策略不同，同时考虑到审计意见作为一种专业判断，我们对同一问题可能会得出不尽一致的意见。

3. 明确我们双方就 BE 公司所需承担的审计责任。

本所诚望，后附审计问卷能得到贵所的回答，对于不当之处或需补充的事项，请贵所在相应的备注栏中详细说明或及时与本所联系，以便澄清。

根据 BH 集团公司对本所出具审计报告的要求以及本所的审计安排，本所希望后附审计问卷能在二零零×年×月×日前完成，并经贵所盖章后寄交给本所（联络地址：×××；邮编：×××；联络电话：×××及传真号码：×××）。

即此，本人谨代表本所预先就贵所的诚意配合表示衷心的谢意。

ssss 会计师事务所

____

审计经理×××谨上

二零零×年×月×日

中国　××

第二部分（审计问卷部分）

ssss会计师事务所

审计问卷

负责子公司审计的会计师事务所（审计师事务所）名称：________________

负责子公司审计的经办注册会计师姓名：________________

被审计之子公司名称：________________

被审计之会计报表名称及会计期间：________________

1. 重要审计事项概述

1.1　该公司背景情况概述（注册成立日期、注册地点、行业性质、历史沿革、经营范围、法定代表人、公司架构、长期投资情况、注册资本、所有者实际投资额、所有者拥有权益的比例等）

1.2　重大的会计政策

1.2.1　该公司所采用的会计政策是否与集团公司会计政策不一致？请说明不一致之处，并估计采用与集团公司不同的会计政策所造成的影响

1.2.2　该公司会计政策的变更及其影响

1.3　会计报表的概略性分析

1.3.1　利润及利润分配表的概略性分析

1.3.2 资产负债表的概略性分析

1.4 该公司内部会计控制制度的重要缺陷及贵所的建议性函件

请说明该公司内部会计控制制度的重要缺陷。若已以书面函件报告予该公司管理阶层，请附上该函件副本及任何该公司的回复。

1.5 被评估为高风险的审计区域

审计区域（可按账项列示）	已识别的风险	简述已实施的审计程序及结论

1.6 未调整不符事项汇总表

请提供业已发现而未调整的不符事项并说明其对会计报表的影响程度

1.7 审计范围是否完全没有受到限制（若受到限制，请详为表述）？

1.8 提请合伙人注意的重大事项

1.9 其他拟需提请本注册会计师注意的事项

1.10 企业合并事项评述

1.10.1 企业合并的会计处理

1.10.2 企业合并中所产生的商誉及其揭示

1.10.3 其他因企业合并而需本注册会计师关注的事项

2. 审计标准与质量控制

2.1 贵所执行的审计标准简述

2.2 贵所对该公司的审计有否拟订总体审计计划与具体审计计划，并经复核、审批

2.3 贵所对该公司会计报表层次的审计重要性水平的确定

2.4 贵所对该公司的审计有否依赖其他会计师事务所？如有，请提供详情

3. 控制测试程序

内　　容	结　果			备　注
	有	否	不适用	
3.1　贵所是否对该公司内部控制的有效性进行测试？				
3.2　在测试过程中，有否发现重大缺陷（并说明缺陷所在）？				
3.3　对于重大内部控制的缺陷，贵所采用何种方法与公司沟通？请说明。				
3.4　对于存在重大内部控制缺陷的相关账项，贵所有否扩大相应的实质性测试程序予以证实（请详细加以说明）？				
3.5　贵所对符合性测试结果在实质性测试的运用程度是否感到满意？				

4. 重要账项的实质性测试

内　　容	结　果			备　注
	有	否	不适用	
4.1　银行存款。				
4.1.1　有否向该公司开户银行发函询证银行存款余额？				
4.1.2　有否对资产负债表日的银行存款调节表进行复核？				
4.1.3　有否对资产负债表日前后的银行存款对账单进行检查？并对其中重大的收支业务追查至原始凭证？				
4.2　应收账款、其他应收款。				
4.2.1　有否抽取一定样本的应收账款、其他应收款，向债务人发函询证？				
4.2.2　对未收到回函或回函不能确认的样本，有否采用替代程序（请加以说明）？				
4.2.3　有否发现属于抵押或投资性质的债权？				
4.2.4　有否对应收款项的可收回性进行评估？				
4.2.5　有否对坏账准备的计提及坏账的核销进行复核、追查？				
4.2.6　有否对包含在应收款项中的利息部分进行复核？				

内　　容	结　果			备　　注
	有	否	不适用	
4.2.7　有否对包含在应收款项中的关联交易进行分类?				
4.3　存货。				
4.3.1　有否对期末存货（包括存放于公司外的存货）进行监盘并索取盘点之存货清单?				
4.3.2　对于未进行监盘的存货，有否在外勤适当日进行盘点，并进行倒轧测试?				
4.3.3　对于未实施盘点的存货，有否进行替代测试或在审计报告中提示（请加以说明）?				
4.3.4　对存货重大的盘盈、盘亏有否获取公司的解释及调整的授权批准文件?				
4.3.5　有否对重大的购货项目进行计价测试?				
4.3.6　有否对资产负债表日前后的存货收发情况进行截止测试? 并对重大的跨期存货项目和金额进行调整（若有，请详细说明）?				
4.3.7　有否了解和确定属于残次、陈旧、冷背、积压的存货? 对上述存货是否提取存货跌价准备，并分析对当期（或前期）损益可能产生的影响，并获取公司对其说明原因的书面陈述及调整的授权批准文件?				
4.3.8　有否对委托加工材料、委托代销商品等项目发函询证，并追查至有关合同和凭证?				
4.4　长期、短期投资及委托贷款。				
4.4.1　有否就各种投资、委托贷款获取完整的法律性文件?				
4.4.2　有否对属于往来性质的投资进行适当分类?				
4.4.3　有否对库存的股票、债券进行盘点?				
4.4.4　有否对股票投资的应计股利及债券投资、委托贷款的应计利息进行测算，并检查账务处理?				
4.4.5　有否对短期投资跌价准备和长期投资、委托贷款减值准备进行复核和检查?				
4.5　固定资产及在建工程。				
4.5.1　有否就所有固定资产的所有权追查至原始凭证?				
4.5.2　有否对固定资产及在建工程进行实地检视，以确定其实际存在?				

内　容	结　果			备　注
	有	否	不适用	
4.5.3　有否对资本性支出与收益性支出划分的正确性追查至原始凭证？				
4.5.4　有否对固定资产及在建工程的评估增值入账的正确性进行检查？				
4.5.5　有否根据固定资产及在建工程的购建合约检查相应的约定性资本支出？				
4.5.6　有否就固定资产及在建工程的增减变动追查至原始凭证？				
4.5.7　有否检查固定资产及在建工程的抵押担保情况？				
4.5.8　有否对固定资产、在建工程资产减值准备进行复核和检查？				
4.6　无形资产及其他资产。				
4.6.1　有否就无形资产及其他资产获取相应的法律性文件或追查至原始凭证？				
4.6.2　有否检查无形资产入账价值的合规性？				
4.6.3　有否对无形资产及其他资产的摊销进行计算复核？				
4.6.4　有否对无形资产减值准备进行复核和检查？				
4.7　应付账款、其他应付款。				
4.7.1　有否选择一定的样本向债权人发函询证？				
4.7.2　有否对未收到回函或回函不能确定的样本进行替代测试（请详细说明）？				
4.7.3　有否将债务中属关联交易部分进行分类？				
4.7.4　对长期未还的债务有否结转收益？并获取授权批准文件？				
4.8　长期、短期借款。				
4.8.1　有否就不同借款获取借款合同？				
4.8.2　有否选择不同借款一定的样本发函询证？				
4.8.3　对到期未还的借款有否获取客户的书面陈述？				
4.9　应交税金。				
4.9.1　有否计算复核应交税金的正确性？				
4.9.2　有否就应交各种税金的减免、退税、罚款、优惠等情况获取相应的法律性文件？				

续表

内　容	结　果			备　注
	有	否	不适用	
4.10　预计负债。				
4.10.1　有否审查预计负债的确认条件是否合规？				
4.10.2　有否复核预计负债金额的计算及其会计处理？				
4.10.3　有否审查预计负债金额的预期补偿确认金额及其会计处理？				
4.10.4　有否审查预计负债得以证实的会计处理？				
4.11　销售收入。				
4.11.1　有否就销售环节的凭证传递及入账时间进行抽查？				
4.11.2　有否比较分析各月及年度的销售收入？并就重大的波动原因获取证据？				
4.11.3　有否对各月的销售毛利率进行分析？并就波动原因获取证据？				
4.11.4　有否对重大的销售追查至原始凭证？				
4.11.5　有否对资产负债表日前后的销售收入进行截止测试？并对重大的跨期收入进行调整？				
4.12　产品销售成本。				
4.12.1　有否计算复核购货净额，并与材料采购账户核对？				
4.12.2　有否计算复核直接人工费用总额，并与生产成本账户核对？				
4.12.3　有否测算制造费用分配的合理性？				
4.12.4　有否就工资费用及主要产品销售成本进行各月及年度间对比分析，并获取波动发生原因的证据？				
4.13　营业费用、财务费用、管理费用。				
4.13.1　有否对比、分析各月份及年度发生额，并获取重大波动原因的证据？				
4.13.2　有否对重大的费用发生额追查至原始凭证？				
4.13.3　有否对汇兑损益进行测算？				
4.14　投资收益。				

续表

内　容	结　果			备　注
	有	否	不适用	
4.14.1　有否根据投资的法律性文件及被投资企业的会计报表、利润分配的董事会决议计算复核投资收益的正确性?				
4.14.2　有否将投资收益中属于利息收入的部分进行重分类?				
4.15　权益类账项。				
4.15.1　有否就实收资本（股本）的形成获取注册会计师的验资报告，并检查相关原始凭证?				
4.15.2　对实收资本（股本）的变动有否获取相关的法律性文件?				
4.15.3　有否就利润分配方案获取董事会（或股东大会）的决议?				

5. 总结与报告

内　容	结　果			备　注
	有	否	不适用	
5.1　有否就审计计划执行情况及审计目标是否实现等撰拟审计小结，并经合伙人审核?				
5.2　审计报告签发有否经合伙人审核?				
5.3　审计意见有无说明事项（如有，请详述)?				

6. 审计问卷的完成

对于BE公司二零零×年度会计报表审计的审计问卷（第×页至第×页共××页）业已填妥，并经合伙人审核。

××会计师事务所

经办注册会计师×××

二零零×年×月×日

三、合并抵销分录汇总表——上期

被审计单位名称：________________　　编制人：________________　　日期：________________

会计期间或截止日：________________　　复核人：________________　　日期：________________

金额单位：

序号	索引号	调整说明	借/贷	报表项目	会计科目	明细科目	借方金额	贷方金额
		合计						

四、合并抵销分录汇总表——本期

被审计单位名称：________________　　编制人：________________　　日期：________________

会计期间或截止日：________________　　复核人：________________　　日期：________________

金额单位：

序号	索引号	调整说明	借/贷	报表项目	会计科目	明细科目	借方金额	贷方金额
		合计						

五、合并现金流量表抵销分录汇总表

被审计单位名称：＿＿＿＿＿＿ 编制人：＿＿＿＿＿＿ 日期：＿＿＿＿＿＿

会计期间或截止日：＿＿＿＿＿＿ 复核人：＿＿＿＿＿＿ 日期：＿＿＿＿＿＿

金额单位：

序号	索引号	调整说明	报表项目	调整金额		客户调整情况
				调　增	调　减	
		合计				

第五部分

审计报告相关工作底稿示例

一、管理当局声明书

××会计师事务所并××注册会计师：

本公司已委托贵事务所对本公司××年12月31日的资产负债表，××年度的利润表、股东权益变动表和现金流量表以及财务报表附注进行审计，并出具审计报告。

为配合贵事务所的审计工作，本公司作出如下声明：

关于财务报表

1. 本公司承诺，按照《企业会计准则》和《××会计制度》的规定编制财务报表是我们的责任。

2. 本公司已按照《企业会计准则》和《××会计制度》的规定编制20×1年度财务报表，财务报表的编制基础与上年度保持一致，本公司管理层对上述财务报表的真实性、合法性和完整性承担责任。

3. 设计、实施和维护内部控制，保证本公司资产安全和完整，防止或发现并纠正错报，是本公司管理层的责任。

4. 本公司承诺财务报表不存在重大错报。贵事务所在审计过程中发现的未调整审计差异，无论是单独还是汇总起来，对财务报表整体均不具有重大影响。未调整审计差异汇总（见附件1）附后。

本公司就已知的全部事项，作出如下声明：

关于信息的完整性

5. 本公司已向贵事务所提供了：

（1）全部财务信息和其他数据；

（2）全部重要的决议、合同、章程、纳税申报表等相关资料；

（3）全部股东会和董事会的会议记录。

关于确认、计量和列报

6. 本公司所有经济业务均已按规定入账，不存在账外资产或未计负债。

7. 本公司认为所有与公允价值计量相关的重大假设是合理的，恰当地反映了本公司的意图和采取特定措施的能力；用于确定公允价值的计量方法符合《企业会计准则》的规定，并在使用上保持了一贯性；本公司已在财务报表中对上述事项作出恰当披露。

8. 本公司不存在导致重述比较数据的任何事项。

9. 本公司已提供所有与关联方和关联方交易相关的资料，并已根据《企业会计准则》和《××会计制度》的规定恰当披露了所有重大关联方交易。

10. 本公司已提供全部或有事项的相关资料。除财务报表附注中披露的或有事项外，本公司不存在其他应披露而未披露的诉讼、赔偿、背书、承兑、担保等或有事项。

11. 除财务报表附注披露的承诺事项外，本公司不存在其他应披露而未披露的承诺事项。

12. 本公司不存在未披露的影响财务报表公允性的重大不确定事项。

13. 本公司已采取必要措施防止或发现舞弊及其他违反法规行为，不存在对财务报表产生重大影响的舞弊和其他违反法规行为。

14. 本公司严格遵守了合同规定的条款，不存在因未履行合同而对财务报表产生重大影响的事项。

15. 本公司对所有资产均拥有合法权利，除已披露事项外，无其他被抵押、质押资产。

16. 本公司编制财务报表所依据的持续经营假设是合理的，没有计划终止经营或破产清算。

17. 本公司已提供全部资产负债表日后事项的相关资料，除财务报表附注中披露的资产负债表日后事项外，本公司不存在其他应披露而未披露的重大资产负债表日后事项。

18. 本公司管理层确信：

（1）未收到监管机构有关调整或修改财务报表的通知；

（2）无税务纠纷。

19. 其他事项。

【注册会计师认为重要而需声明的事项，或者管理层认为必要而声明的事项。如：

1. 本公司在银行存款或现金运用方面未受到任何限制。

2. 本公司应收款项等债权均属实，并对可能发生的坏账已计提足够准备。

3. 本公司对存货均已按照《××会计制度》的规定予以确认和计量；受托代销商品或不属于本公司的存货均未包括在会计记录内；在途物资或由代理商保管的货物均已确认为本公司存货。存货在年末已适当计提存货跌价准备。

4. 本公司不存在未披露的大股东及关联方资金占用和担保事项。】

附件：关于对财务承诺、或有事项和资产负债表日后事项有关问题的回复

被审计单位：××股份有限公司

（盖章）

法定代表人：（签名盖章）

主管会计工作负责人：（签名盖章）

二零××年×月×日

附件：

关于对财务承诺、或有事项和资产负债表日后事项有关问题的回复

	是	否
1. 财务承诺		
1.1　公司是否存在已签约或已批准未签约的对外投资？		
1.2　公司是否存在已签约或已批准未签约的固定资产采购事项？		
1.3　公司是否存在已签约或已批准未签约的工程发包项目？		
1.4　公司是否存在已批准设立分公司的计划？		
1.5　公司是否存在已签约或已批准未签约的租赁项目？		
1.6　公司是否存在已签约或已批准未签约的大额存货采购合同？		
1.7　公司是否存在对外提供的财产抵押或质押？		
2. 或有事项		
2.1　公司是否存在未决的法律诉讼？		
2.2　公司是否存在未决的索赔？		
2.3　公司是否为他人债务提供担保？		
2.4　公司是否与税务部门存在税务争议？		
2.5　公司的资产是否被政府征收或没收？		
2.6　公司是否存在可能无法收回的应收账款等往来款项？		
2.7　公司是否存在应收票据贴现？		
2.8　公司是否存在可能无法收回的对外投资款？		
2.9　公司是否存在向其他单位的拆借资金？		
3. 资产负债表日后事项		
3.1　公司是否在资产负债表日以后发行股票、债券？		
3.2　公司是否在资产负债表日以后以资本公积转赠资本？		
3.3　公司是否在资产负债表日以后对外巨额举债？		
3.4　公司是否在资产负债表日以后对外巨额投资？		
3.5　公司是否在资产负债表日以后发生巨额亏损？		
3.6　公司是否在资产负债表日以后发生自然灾害导致资产发生重大损失？		

续表

	是	否
3.7 外汇汇率或税收政策是否在资产负债表日以后发生重大变化?		
3.8 公司是否在资产负债表日以后发生重大企业合并或处置子公司?		
3.9 公司是否在资产负债表日以后对外提供重大担保?		
3.10 公司是否在资产负债表日以后对外签订重大抵押合同?		
3.11 公司是否在资产负债表日以后发生重大法律诉讼、仲裁或承诺事项?		
3.12 公司是否在资产负债表日以后发生重大会计政策变更?		
3.13 公司是否在资产负债表日以后作出债务重组的决定?		
3.14 公司是否在资产负债表日以后发生固定资产或长期投资的巨大减值?		
3.15 公司是否在资产负债表日以后证实某项资产在资产负债表日已减值,或为该项资产已确认的减值损失需要调整?		
3.16 公司是否在资产负债表日以后有事项表明应将资产负债表日存在的某项现实义务予以确认,或已对某项义务确认的负债需要调整?		
3.17 公司是否在资产负债表日以后有事项表明资产负债表所属期间或以前期间存在重大会计差错?		
3.18 公司是否在资产负债表日以后发生资产负债表所属期间或以前期间所售商品的退回?		
3.19 公司董事会或类似机构是否在资产负债表日以后制订利润分配方案?		

二、报告阶段的分析程序

被审计单位名称：__________ 编制人：__________ 日期：__________ 索引号：__________

会计期间或截止日：__________ 复核人：__________ 日期：__________ 页　次：__________

分析性复核	适用与否	工作底稿索引
1. 已审会计报表总体合理性分析		
1.1 计算已审会计报表与未审会计报表差异额及差异百分比（格式详见附件），分析差异额及差异百分比较大的原因。		
1.2 计算已审会计报表的各项财务指标，分析是否异常。		
1.3 与前两期会计报表进行环比计算，分析各项目增减变动趋势是否异常，有无合理解释。		
1.4 与前两期会计报表进行结构比计算，分析各项目结构变动趋势是否异常，有无合理解释。		
1.5 分析现金流量表主表相关项目的金额与资产负债表、利润及利润分配表的勾稽关系，如：		
销售商品、提供劳务收到的现金＝主营业务收入（应还原为含税金额）－（应收账款期末余额－应收账款期初余额）－（应收票据期末余额－应收票据期初余额）＋（预收账款期末余额－预收账款期初余额）－其他若存在差异，应作出解释。		
1.6 分析现金流量表附表相关项目的金额与资产负债表、利润及利润分配表和会计报表附注的勾稽关系，如："固定资产折旧"项目与"固定资产及其累计折旧"附注的勾稽关系。若存在差异，应作出解释。		
1.7 对已审现金流量表进行流入、流出结构分析及流入流出比分析，判断现金流量的流入、流出结构是否合理。		
1.8 计算销售现金比率（销售现金比率＝经营活动产生的现金流量净额÷销售额）并进行分析，判断销售活动获取现金的能力。		
2. 关联方交易分析		
2.1 将关联方交易与非关联方交易的价格、毛利率进行对比分析，判断关联方交易的公允性。		
2.2 将关联方交易与同行业交易的价格、毛利率进行对比分析，判断关联方交易的总体合理性。		
2.3 对关联方交易与非关联方交易款项支付情况进行对比分析，有无人为调节款项余额或转移不良资产，减少资产价值准备的计提藉以调整利润情况。		

分析性复核	适用与否	工作底稿索引
2.4　对年度间关联方交易增减变动趋势进行分析，了解有无过于依赖关联方交易实现利润情况。		
2.5　如果关联方交易占交易总额的30%以上时，应对关联方的交易情况进行分析。		
2.5.1　了解关联方的交易对象的基本情况，判断关联方的交易是否与关联方经营范围、经营规模不相吻合；		
2.5.2　取得关联方的交易价格及毛利率，并与非关联方交易的价格、毛利率进行对比分析，判断有无利用关联方交易的价格调整利润的现象。		
3. 持续经营能力分析		
3.1　对期后经营情况进行分析。		
3.1.1　与前两期会计报表及期后会计报表进行结构比、变动比分析，判断公司的财务状况和经营成果是否存在好转或恶化的趋势。		
3.1.2　与前两期会计报表及期后会计报表进行主要财务指标分析，判断公司偿债能力、盈利能力、资产管理能力有否提高。		
3.1.3　与上年经营情况对比分析（若有可比性），判断公司经营情况是否发生变化。		
3.1.4　对期后现金流量进行分析，考察公司获取现金的能力是否能够维持公司正常运作所需资金。		
3.2　对主要生产设备的生产能力进行分析，考察公司现有主要生产设备是否能够满足未来生产经营的需求，是否发生老化、过时、技术落后等情况而需要大量资金进行设备的更新换代。		
3.3　分析主要原材料供应商及产品销售客户，判断其是否过于集中，是否存在主要原材料供应商、产品销售客户变动对公司生产经营产生极大影响的情况。		
3.4　对公司到期债务进行结构分析，判断各期需要用于偿还债务的资金是否充足，是否存在到期无法偿还债务的可能。		
3.5　结合公司历史及期后融资情况，对公司筹资能力及筹资渠道进行分析，判断公司是否有足够的筹资渠道，筹集的资金能否满足生产经营、偿还到期债务及承担或有负债的需要。		
3.6　根据公司生产销售预测、当期及期后资产周转速度、历史费用水平等测算公司正常生产经营所需资金，分析公司现有及未来可能的筹资能力是否可以满足正常生产经营的需要。		
3.7　分析公司研发新产品、生产新产品能力，判断公司能否适应社会经济的发展。		

续表

分析性复核	适用与否	工作底稿索引
3.8 分析公司产品的市场前景和市场占有率及其变化情况、新产品推出计划及时间等，判断公司生产经营是否存在好转的可能。		
3.9 分析公司的对外担保情况，判断公司是否能够化解担保风险，是否需要计提预计负债。		
3.9.1 尽可能地取得被担保单位的财务资料，分析被担保单位的盈利能力及偿债能力，判断对外担保的风险程度。		
3.9.2 了解对外担保负债的到期日期，结合公司生产经营资金的需求及筹集资金的能力，判断能否化解对外担保的到期风险。		
3.9.3 分析公司化解对外担保风险的改进措施，判断公司准备采取的改进措施是否能切实降低及化解公司对外担保的风险。		

附件：

报表项目	已审会计报表	未审会计报表	差　异		差异原因分析
			差异额	差异百分比	
1. 资产负债表 资产 … … …					
负债 … … …					
所有者权益 … … …					
2. 利润及利润分配表 … … …					

三、复核及批准汇总表

被审计单位名称：__________ 编制人：__________ 日期：__________ 索引号：__________
会计期间或截止日：__________ 复核人：__________ 日期：__________ 页　次：__________

由外勤主管完成：

	是	否	不适用
1. 公司（包括子公司、合营企业及联营公司）的审计范围是否完全没有受到限制？			
2. 审计工作是否按照本所执业规程执行？			
3. 对所有重要项目是否实施了适当的测试，以致在报告书中对会计报表提出意见？			
4. 工作底稿内是否包括所有已完工作的详细说明，以及作出结论？			
5. 在执行审计工作时，对重大的或未决的会计及审计事项的备忘录（包括子公司、合营企业及联营公司）是否已在 MPA 工作底稿上列示？			
6. 是否撰拟了审计小结（FINAL MPA）？			
＊ 如果回答“否”，应在 MPA 工作底稿中予以说明。			

签名：__________ 级别：__________ 日期：__________

由项目负责经理完成：

	是	否
7. 审计报告未定稿是否合乎标准格式？		
8. 以上述第 7 条为依据，已审会计报表是否：		
8.1 符合国家颁布的企业会计准则和相关会计制度的规定？		
8.2 在所有重大方面公允反映了财务状况、经营成果及现金流量？		
＊如果回答“否”，应在 MPA 工作底稿中予以说明。		

签名：__________ 级别：__________ 日期：__________

项目负责经理声明 1. 工作业已适当地执行完毕，因此能对会计报表提出审计报告未定稿中的意见，对此我表示满意。 2. 我建议发出审计报告及已审会计报表，但受到我在 MPA 工作底稿中说明的事项，以及需要项目负责合伙人注意进一步采取行动的事项的限制。 签名：＿＿＿＿＿　　日期：＿＿＿＿＿
项目负责合伙人声明 我已仔细阅读了审计报告及已审会计报表未定稿、审计计划、审计小结（FINAL MPA）、提请注意的重大事项（INTERIM MPA），并且对是次审计工作中我认为必要的其他问题进行了检查和讨论。根据以上复查，我支持发出审计报告及已审会计报表，但受到我在 MPA 工作底稿中说明的事项的限制。 签名：＿＿＿＿＿　　日期：＿＿＿＿＿
发出审计报告的最后批准 董事会或管理当局业已采纳已审会计报表，适当的声明书已收到，期后事项的检查业已执行，其他未决事项也已全部澄清，对此我表示满意。 项目负责合伙人签名：＿＿＿＿＿　　日期：＿＿＿＿＿

注："编制"栏由外勤主管签名，"复核"栏由项目负责经理签名。

四、合伙人复核事项表

被审计单位名称：__________ 编制人：__________ 日期：__________ 索引号：__________
会计期间或截止日：__________ 复核人：__________ 日期：__________ 页　次：__________

内　　容	是	否
一、一般问题		
1. 你复核过工作底稿了吗？		
描述/说明：		
2. 你对下列问题是否满意：		
（1）记录的审计证据是否支持得出的判断和结论？		
描述/说明：		
（2）工作底稿中是否包含对公司利益不利的未解决事项？		
描述/说明：		
（3）上次检查中的适当变化，如果有的话，是否已经做过总结？		
描述/说明：		
3. 关于下列事项，工作底稿是否包含充分的证据：		
（1）会计政策变更？		
描述/说明：		
（2）符合会计准则的规定或其他会计基础？		
描述/说明：		
（3）上次检查中的适当变化，如果有的话，是否已经做过总结？		
描述/说明：		
4. 是否复核过财务报表中重要事项的审计结论？		
描述/说明：		
5. 基于你的复核和对客户的了解，财务报表是否公允表达了公司的财务状况、经营成果和现金流量？		
描述/说明：		
6. 审计工作与客户要求是否一致？		
描述/说明：		
7. 审计工作是否在所有重大方面符合公司质量控制的政策？		
描述/说明：		
8. 基于计算机辅助审计技术的文件记录是否经计算机专家审核？		

续表

内　容	是	否
描述/说明：		
9. 必要工作的评估表格是否填写完毕？		
描述/说明：		
二、财务报表		
1. 报表内的所有数字、披露事实都已与审计工作底稿进行了核对？		
描述/说明：		
2. 资产负债表日、利润表涵盖期间、现金流量股东权益真实吗？		
描述/说明：		
3. 所有正常披露都已包含于或者遗漏这些披露事项的理由都已记录于审计工作底稿？		
描述/说明：		
4. 所有重要的期后事项都经过评估和适当的处理已经充分披露了吗？		
描述/说明：		
5. 附注是否充分披露？是否真正传达了事实？		
描述/说明：		
6. 财务报表是否保持一贯的格式、分类、标题和样式？		
描述/说明：		
7. 其他信息是否与财务报表和审计报告一致？		
描述/说明：		
三、审计报告		
1. 审计报告的收件人是否正确？		
描述/说明：		
2. 审计报告的措辞是否恰当？		
描述/说明：		
3. 当差异事项存在时，审计报告的说明段是否适当？		
描述/说明：		
4. 审计报告日期是否适当？		
描述/说明：		
5. 审计报告的意见类型是否适当？		
描述/说明：		
6. 审计意见、财务报表和附注披露是否充分？		
描述/说明：		

续表

内　　容	是	否
四、客户关系		
1. 审计程序是否符合事先计划（包括客户提出的额外服务的要求）		
描述/说明：		
2. 你对审计中未能披露违规和违法可以行为是否满意？		
描述/说明：		
3. 你对客户持续经营状态是否满意？		
描述/说明：		
4. 对于以下事项的计划是否完成：		
（1）客户复核和认可提议的调整事项？		
描述/说明：		
（2）客户审阅草拟的审计报告？		
描述/说明：		
（3）就内部控制系统的报告状态和实质性缺陷是否进行沟通了？		
描述/说明：		
5. 经管理当局声明书是否包括了所有会计责任？		
描述/说明：		
6. 你对于审计过程中没有发现客户异常问题是否满意？		
描述/说明：		
五、报告撰写		
1. 指导是否具体，如报告类型、客户编号、需要的资料、完成日期和递交时间与方式？		
描述/说明：		
2. 报告的风格和样式是否规范或符合约定书要求？		
描述/说明：		
3. 报告的言语是否简练准确？		
描述/说明：		
签名（审计合伙人）： 日期		

五、项目工时统计表

被审计单位名称：________　　编制人：________　　日期：________　　索引号：________
会计期间或截止日：________　　复核人：________　　日期：________　　页　次：________

姓名	级别	预备调查					外勤期间																								内勤期间												工时合计	每小时收费率	工时成本
合计																																													

注：1. 本表中每位员工工时数应与“员工工时统计表”中项目工时数相一致。
2. “级别”栏应按员工级别由高至低（如：合伙人、高级经理、经理、经理助理、项目经理、审计员）填写，包括参加审核工作的合伙人、经理。
3. 本表记载的工时应包括加班工时，该加班工时必须经外勤主管、项目负责经理、项目负责合伙人审核批准。
4. 本表中各级别的“工时合计”和“工时成本”应与“约定项目工时成本控制表”相一致。

六、约定项目工时成本控制表

被审计单位名称：__________　　编制人：__________　　日期：__________　　索引号：__________

会计期间或截止日：__________　　复核人：__________　　日期：__________　　页　次：__________

级别	小时收费率	预　算		预算调整		实　绩	
		工时	工时成本（RMB）	工时	工时成本（RMB）	工时	工时成本（RMB）
合伙人							
高级经理							
经理							
经理助理							
项目经理							
审计员							
助理审计员							
合　　计							
审计公费（RMB）							
回收率			%		%		%
项目负责经理审核：							
项目负责合伙人审核：							
重大差异原因分析：							
预算调整与预算的差异原因分析：							
实绩与预算调整的差异原因分析：							

七、调整分录汇总表

被审计单位名称：__________　　编制人：__________　　日期：__________　　索引号：__________
会计期间或截止日：__________　　复核人：__________　　日期：__________　　页　次：__________

编号	调整分录及说明	索引号	调整金额		影响利润 +（－）
			借　方	贷　方	

八、重分类分录汇总表

被审计单位名称：__________　编制人：__________　日期：__________　索引号：__________
会计期间或截止日：__________　复核人：__________　日期：__________　页　次：__________

编号	重分类分录及说明	索引号	重分类金额	
			借　方	贷　方

九、转回分录汇总表

被审计单位名称：__________　编制人：__________　日期：__________　索引号：__________
会计期间或截止日：__________　复核人：__________　日期：__________　页　次：__________

编号	转回分录及说明	索引号	调整金额		影响利润 +（－）
			借　方	贷　方	

十、未调整不符事项汇总表

被审计单位名称：__________　编制人：__________　日期：__________　索引号：__________
会计期间或截止日：__________　复核人：__________　日期：__________　页　次：__________

编号	未调整的分录及说明	索引号	未调整金额		备　注
			借　方	贷　方	

未予调整的影响

项　目	金　额	百分比	计划百分比
1. 净利润	______	______	______
2. 净资产	______	______	______
3. 资产总额	______	______	______
4. 营业收入	______	______	______

结论：

十一、试算平衡表——资产负债表（资产部分）

被审计单位名称：__________ 编制人：__________ 日期：__________ 索引号：__________
会计期间或截止日：__________ 复核人：__________ 日期：__________ 页 次：__________

项　　目	审计前金额	调整金额		重分类调整		报表反映数
	借方	借方	贷方	借方	贷方	借方
流动资产：						
货币资金						
交易性金融资产						
应收票据						
应收账款						
预付账款						
应收股利						
应收利息						
其他应收款						
存货						
其中：消耗性生物资产						
待摊费用						
一年内到期的非流动资产						
其他流动资产						
流动资产合计						
非流动资产：						
可供出售金融资产						
持有至到期投资						
投资性房地产						
长期股权投资						
长期应收款						
固定资产						
在建工程						
工程物资						
固定资产清理						
生产性生物资产						
油气资产						
无形资产						
开发支出						
商誉						
长期待摊费用						
递延所得税资产						
其他非流动资产						
非流动资产合计						
资产总计						

十二、试算平衡表——资产负债表（负债和权益部分）

被审计单位名称：__________ 编制人：__________ 日期：__________ 索引号：__________
会计期间或截止日：__________ 复核人：__________ 日期：__________ 页　次：__________

项　目	审计前金额	调整金额		重分类调整		报表反映数
	贷方	借方	贷方	借方	贷方	贷方
流动负债：						
短期借款						
交易性金融负债						
应付票据						
应付账款						
预收账款						
应付职工薪酬						
应交税费						
应付利息						
应付股利						
其他应付款						
预提费用						
预计负债						
一年内到期的非流动负债						
其他流动负债						
流动负债合计						
非流动负债：						
长期借款						
应付债券						
长期应付款						
专项应付款						
递延所得税负债						
其他非流动负债						
非流动负债合计						
负债合计						
所有者权益（或股东权益）：						
实收资本（或股本）						
资本公积						
盈余公积						
未分配利润						
减：库存股						
所有者权益（或股东权益）合计						
负债和所有者（或股东权益）合计						

十三、试算平衡表——利润表

被审计单位名称：＿＿＿＿＿　编制人：＿＿＿＿＿　日期：＿＿＿＿＿　索引号：＿＿＿＿＿
会计期间或截止日：＿＿＿＿＿　复核人：＿＿＿＿＿　日期：＿＿＿＿＿　页　次：＿＿＿＿＿

项　目	审计前金额	调整金额		报表反映数
		借　方	贷　方	
一、营业收入				
减：营业成本				
营业税费				
销售费用				
管理费用				
财务费用（收益以“－”号填列）				
资产减值损失				
加：公允价值变动净收益（净损失以“－”号填列）				
投资净收益（净损失以“－”号填列）				
二、营业利润（亏损以“－”号填列）				
加：营业外收入				
减：营业外支出				
其中：非流动资产处置净损失（净收益以“－”号填列）				
三、利润总额（亏损总额以“－”号填列）				
减：所得税				
四、净利润（净亏损以“－”号填列）				
五、每股收益：				
（一）基本每股收益				
（二）稀释每股收益				

十四、重大事项汇总表

被审计单位名称：__________　编制人：__________　日期：__________　索引号：__________
会计期间或截止日：__________　复核人：__________　日期：__________　页　次：__________

事项	描述/说明	索引号
1. 引起特别风险的事项		
1.1　审计目标		
1.2　重大错报风险评估结果及得出评估结果的理由		
1.3　总体方案和发现		
1.4　具体审计程序		
1.5　结论		
2. 实施审计程序的结果		
2.1　修正以前对重大错报风险的评估和针对这些风险拟采取的应对措施		
2.1.1　对以前重大错报风险评估结果的修正及原因		
2.1.2　对修正后的重大错报风险评估结果的应对措施		
2.1.3　对进一步审计程序的总体方案的重大更改		
2.1.4　对拟实施的进一步审计程序的重大更改		
2.2　财务报表中未更正的错报		
2.2.1　审计目标		
2.2.2　导致难以实施的情形及其解决方法		
3. 可能导致出具非标准审计报告的事项		
3.1　事项及解决方法		

十五、披露清单控制表

被审计单位名称：__________　编制人：__________　日期：__________　索引号：__________
会计期间或截止日：__________　复核人：__________　日期：__________　页　次：__________

页码	财务组成要素	可适用吗？（是/否）
	说明	—
	借款费用	
	资本承诺	
	或有负债	
	董事及董事薪酬	
	外币折算	
	无形资产	
	投资	
	对联营公司的投资	
	对子公司的投资	
	房地产投资	
	租赁义务	
	贷款、银行透支、债券和利息费用	
	给官员和职员的贷款	
	资产负债表日后事项	
	上年调整、例外项目、异常项目	

续表

页码	财务组成要素	可适用吗？（是/否）
	厂场设备	
	准备、准备金及其他负债	
	关联方及相关交易	
	研发成本	
	收入与营业额	
	股份、可转换证券、股票溢价与股利	
	股票、长期合同与在建工程	
	税款与递延税款	
	其他（对所有有限公司而言）	
	上市公司的附加披露	
	——业务与经营说明书	
	——每股收益	
	——除董事外报酬最高的人员	
	——其他（对上市公司而言）	
	——养老金	
	现金流量表	

注意：1. 由外勤负责人**选择**适用于你的客户的财务报表的财务组成要素。

2. 由外勤负责人**填写**相关财务组成要素的有关工作表；或者授权职员确保财务报表符合有关披露要求。**不得填写、打印并保存**不适用于你的客户的工作表。

3. 该清单必须同时由经理和合伙人**复核并签字**。

十六、与客户沟通备忘录

被审计单位名称：__________ 编制人：__________ 日期：__________ 索引号：__________
会计期间或截止日：__________ 复核人：__________ 日期：__________ 页　次：__________

委托方参加人员： 姓名　　　　职务	受托方参加人员： 姓名　　　　职务
检查中发现的问题及处理意见	与委托方交换后的处理意见

委托方代表签名：__________　　　　受托方代表签名：__________

年　月　日　　　　年　月　日

十七、审计风险控制自我评估

被审计单位名称：__________ 编制人：__________ 日期：__________ 索引号：__________
会计期间或截止日：__________ 复核人：__________ 日期：__________ 页　次：__________

	已实现的目标
一、接受与保留业务 根据你对客户、公司的各项风险管理战略和所有相关的业务接受活动的了解，你能确保接受决策是适当的吗？包括基本情况了解、初步评价风险、签订业务约定书及适当的批准。	□是　□不详
二、了解企业风险 审计小组充分理解了企业风险管理流程并确定了其对审计方法的影响了吗？	□是　□不详
三、重要性 审计小组对重要性进行初步评估以及确定可容忍误差水平了吗？	□是　□不详
四、舞弊风险评估 审计小组评估重大财务报表舞弊风险了吗？	□是　□不详
五、企业风险评估 1. 审计小组对企业关键的战略和经营的成功要素进行适当汇总，并且与客户进行确认以便作为：（1）我们理解客户的战略和关键的成功要素；（2）确定现有事项和交易是否是企业风险的原因或结果的依据了吗？ 2. 审计小组理解管理层企业内部控制流程吗？	□是　□不详
六、对企业绩效评价的复核 1. 审计小组适当地评估了公司目前与预算、行业成果、主要竞争对手和以前业绩相关的商务绩效了吗？需考虑的因素包括变现能力、现金流量与收益之间的对应关系、资本充足率、举债经营率和营利能力。 2. 审计小组评价了今后几年的重要现金流量问题风险了吗？你们应当考虑由客户编制的现金流量预测，或者是审计小组的分析。	□是　□不详
七、商务信息框架 1. 确认关键企业控制流程并评价与信息流相关的风险了吗？ 2. 审计小组理解了企业交易和经济事项、通过财务处理及系统、再到财务报表和管理层报告整个信息了吗？	□是　□不详
八、企业风险模型 你对审计小组在考虑企业情况并确认潜在企业风险时有效地利用企业风险模型（BRM）的情况感到满意吗？	□是　□不详

续表

	已实现的目标
九、了解企业情况的结论 业务合伙人和经理已复核“了解企业情况”这一部分。独立复核合伙人（如果可行）已复核“了解企业情况”这一部分并同意审计小组的专业判断。	□是　□不详
十、评估客户的风险控制并确定 RAR 1. 审计小组使用风险控制流程框架来确认对记录在底稿中的所有财务报表错报风险进行处理的具体和普遍风险控制，并且记录这种理解了吗？ 2. 对于记录在某底稿中的每一个财务报表错报风险，审计小组确认了客户是如何知道他们的风险控制是有效运行的吗？ 3. 审计小组对他们拟依赖的关键风险控制进行确认了吗？ 4. 你对关键控制在使审计风险（与有关的财务报表账户和风险类型相关）降低到可接受水平方面是否有效的情况，进行评价了吗？ 5. 根据上述评价，你对审计小组已适当确认了应当予以测试的客户风险控制的情况感到满意吗？ 6. 审计小组设计了适当的测试，来确定关键控制对拟依赖的每一个关键是否适当并有效运行了吗？ 7. 审计小组实施测试（对系统控制最好是以电子方式，对人为控制最好是以手工方式）以便确定关键控制是否适当和有效运行了吗？ 8. 对于在某个底稿中记录的每一个风险，你确认了致使某一重大财务报表错报不能降低到可接受水平的控制缺陷（即剩余审计风险）了吗？这样的剩余审计风险应当予以处理，以便（通过完成管理剩余审计风险中的活动）使其降低到可接受水平。 9. 你考虑过 1 ~ 8 项活动对下列内容早先所做的评估的影响吗： （1）接受和保留业务。 （2）舞弊风险。 （3）企业生存能力（失败）的（各种）风险。 （4）非故意的财务报表错报风险。	□是　□不详
十一、事务所建议 对于在某个底稿中记录的每一个风险，你确认了致使某一重大财务报表错报不能降低到可接受水平的控制缺陷（即剩余审计风险）了吗？这样的剩余审计风险应当予以处理，以便（通过完成管理剩余审计风险中的活动）使其降低到可接受水平。	□是　□不详
十二、控制与控制风险结论 业务合伙人和经理已复核“评估客户的风险控制并确定剩余审计风险”这一部分。独立复核合伙人（如果可行）已复核“评估客户的风险控制并确定剩余审计风险”这一部分并同意审计小组的专业判断。	□是　□不详

续表

	已实现的目标
十三、管理剩余审计风险 1. 对于尚未降低到可接受水平的每一个剩余审计风险，你确定了是否有可能设计测试（如果有效，可使剩余审计风险降低到可接受水平）吗？ 2. 审计小组曾确定将要（由客户在其分析中或者由审计小组在实施降低风险的方法中）使用的内部管理或会计信息（针对 BIF 方面的工作）是否可靠吗？ 3. 审计小组曾确定并且在适当的时候测试客户已采取什么行动来分析并/或纠正无法控制的风险及其在控制余下的剩余风险方面已经有效的程度了吗？ 4. 如果已实施控制改进并将依赖它们，审计小组对它们是适当的并且有效运行的情况进行测试了吗？ 5. 如果客户分析和控制改进未能使剩余审计风险降低到可接受水平，审计小组设计并实施其他审计测试了吗？ 6. 你对由审计小组实施的降低风险程序在使剩余审计风险降低到可接受水平方面是有效的这一情况感到满意吗？	□是　□不详
十四、报告期要求 在我们出具报告前，已履行所有适用的专业要求和报告期要求了吗？	□是　□不详
十五、完成审计工作并出具报告 1. 你考虑了“评估客户的风险控制和确定剩余审计风险”那一部分中的活动结果对下列内容的影响了吗： （1）接受和保留业务。 （2）舞弊风险。 （3）企业生存能力（失败）的（各种）风险。 （4）非故意的财务报表错报风险。 2. 你对所有关键判断都适当而综合地记入审计工作底稿的情况感到满意吗？ 3. 你记录这次自我评估阶段时注意到的最优实务或改进建议是否汇总到事务所的控制模板中了？	□是　□不详
十六、最终结论 业务合伙人和经理对于风险基础审计的全部要素都已根据公司和专业标准令人满意地完成的情况感到满意。独立复核合伙人（如果可行）已复核并同意审计小组的专业判断。	□是　□不详
十七、舞弊结论 1. 已告知审计小组的全体成员（可行的话，还有其他分所）“舞弊风险要素”（如认为适当，可提供一份清单）并指示他们报告所发现的任何额外要素。 2. 业务合伙人、经理和独立复核合伙人（如果可行）同意对舞弊风险的初步评估和对已确认的各种风险的相关回应（如果有的话）。 3. 业务合伙人、经理和独立复核合伙人（如果可行）同意对舞弊风险的最终评估和对已确认的各种风险的相关回应（如果有的话）。	□是　□不详

<table>
<tr><td></td><td>已实现的目标</td></tr>
<tr><td>十八、提供超出期望的其他服务
已确认关键客户期望并且适当地进行了后续处理。</td><td>□是　□不详</td></tr>
<tr><td colspan="2">十九、必要的审批签字
我们同意该项业务中的上述自我评估与结论。
<table><tr><td>业务合伙人</td><td></td><td>日期</td><td></td></tr><tr><td>业务经理</td><td></td><td>日期</td><td></td></tr><tr><td>独立复核合伙人</td><td></td><td>日期</td><td></td></tr><tr><td></td><td></td><td></td><td></td></tr></table></td></tr>
</table>

注：如果选择不详，应陈述事实、理由和建议。

十八、审计工作完成核对表

被审计单位名称：__________ 编制人：__________ 日期：__________ 索引号：__________

会计期间或截止日：__________ 复核人：__________ 日期：__________ 页　次：__________

底　稿		完成情况		说明	索引号
		是	否		
1	是否正确签订或补充了审计业务约定				
2	是否识别报表层次重大错报风险				
3	是否评估认定层次重大错报风险				
4	是否了解被审计单位及其环境				
5	是否了解和评价公司整体层面内部控制				
6	是否了解和评价公司业务循环内部控制				
7	是否确定的截止测试项目				
8	是否实施了存货监盘或抽盘				
9	是否实施了固定资产抽盘				
10	是否实施了应收账款函证				
11	上年审计调整事项是否全部处理审查				
12	是否实施了期后事项财务影响评价				
13	是否实施了或有事项财务影响评价				
14	是否审阅重要的董事会记录				
15	董事们的报酬证明是否已获得				
16	是否编写了审计工作总结				
17	审计工作底稿是否复核				
18	审计项目小组成员的分工事项是否都已完成				
19	如果出具非标准审计报告，所使用的表达形式是否经项目负责合伙人批准				
20	下年度审计时需要考虑的重要事项的备忘录是否已经存档				
21	我们有没有收到相关事项的声明书				
22	董事会或管理当局是否已经采纳已审会计报表				